KB186969

〈동아시아연구총서 제8권〉

재일코리안 사회 형성과 시대적 표상

동의대학교 동아시아연구소 편

이수경·이자오 도미오·권오정
마키노 에이지·이경규·이행화 공저

동아시아연구총서 제8권을 발간하면서

　근대의 제국주의 국민국가들은 자신들의 권력과 그 배경의 무력, 자본, 종교를 하나로 동원하여 세계의 약자를 침략했다. 한국을 비롯한 아시아 아프리카 등의 많은 나라들이 식민지로 전락해 그들이 가꾸어 온 역사는 단절되었고 존엄성은 추락하고 말았다. 제국주의 국민국가의 침략으로 비롯된 단절의 역사는 한반도에서 볼 수 있듯이 국토를 분단시키고 나라의 사람들을 분산시켰으며 그로 인한 갈등과 마찰은 지금도 계속되고 있다. 또한 제국주의 국가들처럼 폭력적인 거대 조직을 갖지 못한 원주민들은 제국주의 문명국가의 침략 앞에서 제대로 저항하지 못하고 소멸의 길을 가야만 했다.

　근대 국민국가로 새롭게 탄생한 일본은 홋카이도를 자국 영토로 편입하고 홋카이도 개척사업을 본격적으로 추진했다. 이 사업의 추진과 더불어 전국으로부터 많은 인력을 모아 홋카이도로 이주시켰다. 이때 홋카이도로 이주해온 사람들 중에는 일본사회에서 소외되거나 배제되어온 사람이 많았다. 그 중 대표적인 사람이 조선인 노동자들이었다. 한반도에서 빈곤과 싸우던 사람들, 일본이 추진한 토지조사사업으로 경작권을 잃고 방황하던 사람들, 한반도의 소외된 마이너리티가 노동의 기회를 얻기 위하여 일본에 왔고 다시 일본 사회의 소외된 마이너리티로 전락한 조선인 노동자들이었다. 이들이 홋카이도로 이주함으로써 홋카이도의 붙박이 올드 마이너리티 아이누와 떠돌이 뉴 마이너리티 조선인 노동자가 만나게 된다. 노동 현장에서 일상적으로 만나는 경우도 있었지만 이들의 만남은 특별한 곳에서, 특별한 모습으로 이루어졌다. 이들의 특별한 만남에서 메이저리티와 마이너리티, 국가와 개인 간의 부조리한 관계를 읽을 수 있다.

조화보다는 지배를, 나눔보다는 배제를 선택하는 것은 일본뿐만 아니라 일본 속 마이너리티와 관련되는 모든 국가가 한결같이 일본과 같은 모습을 보여왔다. 한국과 북한은 재인코리안의 조화보다는 자기 편 만들기에 열중하여 결과적으로 동포사회의 분열을 조장했다. 한국은 재일코리안을 배제하고 차별까지 하며 정치적 이유로 반일 정서를 부채질하여 일본 거류자인 재일코리안을 어렵게 하고 있다. 북한은 재일코리안에 대하여 자기 세력의 확장만을 획책하여 기만적인 귀국사업을 자행하기도 했다. 미국은 재일코리안을 해방민족으로 대우하지 않았고 동서대립체제가 가시화되면서 동측체제에 경도되어가는 것만을 우려해 오히려 억압했다. 체제유용성의 잣대만으로 재일코리안 문제를 다루고자 했던 것이다. 당시 소련 역시 아이누의 일부와 조선인을 억류했고 조선인을 중앙아시아로 강제 이동시키기도 했다. 인간으로서의 권리와 존엄은 아랑곳하지 않고 오직 자신들의 체제유용성만을 우선하여 그들을 다루었던 것이다. 거기에서 인간의 공생 질서라는 것은 찾아볼 수 없었다.

이 책의 출간은 일본 속의 재일코리안 사회와 역사를 살펴보고, 이들 재일코리안 사회가 어떻게 형성되고 표상되어가고 있는지에 대해 다양한 관점에서 논의해 보고자 하는 시도에서 비롯되었다. 재일코리안 사회와 역사에 있어서 존재하는 다양한 문제들을 파악하고 향후의 문제에 대해서도 조망하고자 한다. 그러나 재일코리안 사회에 대한 연구가 거대 담론 수준에 머물러서는 안 될 것이다. 재일코리안 사회의 다양한 개별 사례들을 통해 일본 속 마이너리티의 전체상을 파악하고, 다시 재일코리안 사회의 지역성과 시대성을 살펴보는 관점의 전환이 필요하다고 생각한다. 이번 동아시아연구총서 제8권의 발간은 재일코리안 사회를 구체적으로 이해하기 위한 담론을 구축해 나가는데 있어서 시사하는 바가 크다고 생각한다.

　이 책은 동아시아연구소가 최근 개최한 재일코리안 관련 국제학술심포지엄 주제와 관련된 글을 모아『재일코리안 사회 형성과 시대적 표상』이라는 주제로 엮은 것이다. 이번 동아시아연구총서를 발간함에 있어서 흔쾌히 출판에 동의해주시고 원고 집필에 협조해주신 집필진 교수님들께 깊이 감사드린다. 특히 홋카이도를 비롯한 일본 각지의 현지 자료조사를 통해서 얻은 데이터를 바탕으로 귀중한 글을 집필해주신 권오정 교수님과 이수경 교수님께 진심으로 감사드린다. 끝으로 이번 총서 출판에 아낌없는 후원을 해주신 도서출판 박문사에 감사를 드리는 바이다.

2022년 4월
동의대학교 동아시아연구소

소장 이경규

목차

동아시아연구총서 제8권을 발간하면서 · 003

제1장

009 근대 일본의 제국주의 행보와 전후 평화 지향의 시민력 ··· 이수경
─시민들의 조선인 노동자 기록과 추모─

1. 들어가며   10
2. 주요 문화 및 사고에 대해서   18
3. 서양문화와의 접촉과 근대화, 그리고 신생 국가로의 행보   34
4. 일본 내 조선인 노동자 현장과 희생자를 추모하는 일본 시민들   70
5. 맺으며   181

제2장

187 야마구치에서 바라보는 한국 그리고 재일조선인 ··· 이자오 도미오
─한국은 정말 가까운데, 재일조선인은 너무도 멀어─

1. 들어가며   188
2. 영토확장론과 조선인이 있는 장소   190
3. 제국의 붕괴·관계의 재구축에 대한 모색과 좌절   202
4. 가까운 한국, 머나먼 재일조선인   212
5. 맺으며   217

제3장

219 다문화공생과 일본 속의 올드 마이너리티·뉴 마이너리티 ··· 권오정
─아이누와 재일한국인의 「공생권」 문제─

1. 프롤로그   220
2. 다문화공생의 질서 파괴와 회복을 위한 노력   227

3. 제국주의 국민국가와 원주민: 아이누의 마이너리티로의 전락 과정 272

4. 국가에 의해 좌우되어온 마이너리티의 운명 310
　　－재일한국인의 법적지위와 권리－

5. 에필로그 336

《부록》 시간계열로 보는 다문화공생을 위한 세계의 노력과 344
　　　　일본 속 마이너리티의 지위와 권리

제4장

347 다문화 공생사회와 재일코리안의 에스닉 아이덴티티 … 마키노 에이지
　　－외부로부터 그리고 내부로부터의 차별에 직면하여－

1. 들어가며 348
2. 신형 코로나 바이러스의 감염 확대와 새로운 「외부로부터의 차별」 350
3. 재일코리안 내부에서의 차별 구조 354
4. 재일코리안의 에스닉 아이덴티티 다양화와 변모 361
5. 일본 사회의 「다문화 공생사회」 실현을 위해 369
6. 맺으며: 「다문화 공생사회」와 「재일코리안의 에스닉 아이덴티티」의 372
　　전망

제5장

375 법적지위협정 시행과 재일한인 사회의 형성 … 이경규・이행화
　　－한국정부 생산 외교문서를 토대로－

1. 들어가며 376
2. 재일한인의 법적지위협정 379
3. 법적지위협정에 대한 한일 양측의 기본적인 입장 384
4. 재일한인의 법적지위협정 시행에 따른 문제점 385
5. 맺으며 400
《부록》 법적지위협정 시행 관련 외교문서목록 403

참고문헌・467
찾아보기・485

제1장

근대 일본의 제국주의 행보와 전후 평화 지향의 시민력

-시민들의 조선인 노동자 기록과 추모-

이수경(李修京)

일본 리츠메이칸(立命館) 대학 대학원에서 사회학박사(역사사회학 전공)를 취득 후, 야마구치현립대학 및 동대학원 준교수를 거쳐 2005년부터 교사양성대학인 도 교가쿠게이대학 교육학부 교수로 재직 중이다. 2009년부터 일본 사이버대학 객원 교수도 겸하고 있다. 2015년부터는 교육학박사 전문양성대학원인 연합학교 교수를 겸직 중이다. 그 외, 학술연구단체인 Korea연구실 대표, 동아시아 교수간 학술교류 단체인 BOA의 상임이사 외, 일본사회문학회 평의원 및 전국이사, 한국사회과교과 교육학회 이사, 한국문학회 해외이사 등을 맡고 있다.

2005년도 제9회 일본여성문화상과 2012년도 서울문화투데이 글로벌문화대상을 수상하였다. 저서로는 『韓国の近代知識人と国際平和運動』, 『帝国の狭間に生きた日韓文学者』, 『この一冊でわかる韓国語と韓国文化』 및 편저 『クラルテ運動と「種蒔く人」』, 『韓国と日本の交流の記憶』 『海を越える100年の記憶』, 『グローバル社会と人権問題』, 『誠心交隣に生きる』, 『多文化共生社会に生きる』 등 다수의 논저가 있다.

1 들어가며

이 글은 먼저 일본의 근대 국제사회에의 편입으로 이어지는 근대 국가 형성의 배경과 그 과정, 제국주의 세력 확장 속에서 식민지 통치 지배를 하는 과정에 주목한다. 그리고 세력 팽창의 야욕이 일으킨 중일 전쟁으로 인한 군국주의 전개까지 흐름을 확인한 뒤, 식민지 노동력으로 구축되는 일본 각지의 근대화 시설 정비 및 군수 산업 시설. 탄광, 광산, 댐 등의 공사에 동원된 재일조선인[1] 들과 관련된 여러 현장을 통하여 전시 체제의 노동 환경을 재확인하기로 한다. 그러한 과정에서 존재조차 은폐당하고 희생을 당한 조선인 노동자들의 한(恨)과 넋을 기리고 추모하며 역사의 아픔을 기록하여 미래의 평화적 발판으로 이어가려는 일본 시민들의 움직임에 대해서 확인해 보려는 것이 이 글의 취지이다.

주지하듯이 전시 조선인 강제노동에 대해서는 1999년에 국제노동기구(ILO)가 ILO29호 조약에 위반한 것이라고 인정한 바 있으며, 전시 현장 상황을 차세대의 평화를 위해 기록하고 인권 유린을 당한 노동자들의 희생의 사실을 역사적으로 기억하여 전쟁이 없는 사회를 위하여 많은 시민들이 활동을 해 오고 있다.[2] 「생명의 존엄성과 자유·평등·박

---

1) 이 글에서는 일제 강점기와 그 이후의 분단국가 등의 복잡한 역사에서 생겨난 다양한 호칭을 통일하여, 강점기 당시 불리었던 「조선인」으로 기술한다. 단, 문장 맥락상 필요할 때는 한국인, 조선인, 코리안이란 표기를 적당히 사용하기로 한다.

2) 예를 들면 후술하는 다케우치 야스토(竹内康人)(「徴用工―80万人の強制労働の歴史を捉えなおす―」『季刊 社会運動』제436호, 2019년 10월호) 등의 역사 연구자들은 평생을 통해서 현장 조사 및 자료 수집, 전시노동자 명부 수집,정리 작업을 통하여 처참했던 전시 노동 환경을 고발하고 당시 강제연행 노동자들의 실상을 공표해 오고 있다. 일반사회법인 시민섹터 정책기구에서도 그러한 내용을 정리하여 발신하고 있다. (참고 HP: http://cpri.jp/2946/)

애와 평화」 활동을 실천적으로 행하는 시민사회의 활동이 존재하기 때문에 일부 호전적 역사수정세력의 난폭한 움직임에도 그들의 폭주를 막을 수 있는 시민적 양심의 방파제로 이어지고 있는 것이다.

필자가 이 글을 쓰게 된 계기는 「국가」 정책이나 「일부 헤이트 스피치 세력」의 행동과 「시민 개개인」을 동일시하여 배타적 성향으로 시민 교류까지 부정하려는 편협한 내셔널리즘의 움직임에 대한 노파심 때문이다. 최근 경색된 한일 관계3)로 인해 미래를 함께 모색해야 할 차세대 청소년 교류가 연이어 취소4)가 되었고, 2000년대의 한류열풍으로 시작된 밀월 관계가 무색할 정도로 혐한 반일의 증오 표현이 한일 양국의

---

3) 「한·중·일 정상회담 2년 연속 연기 전망…한일관계 전후 최악」『경향신문』 2021년 11월 14일자 참조. https://www.khan.co.kr/world/world-general/article/202111141345001 「한일 사상 최악의 상황, 정상들의 결단이 필요」『한국일보』 2019년 6월 11일자 참조. https://www.hankookilbo.com/News/Read/201906101311357532 「日韓関係は「史上最悪」…対立根本に「安倍首相と文大統領の相性の悪さ」」『Aera』 아사히신문사(2019.5.28.) 참조. https://dot.asahi.com/aera/2019052400012.html 외 다수의 언론.

4) 2019년 여름, 일본의 Y시에서 청소년 교류를 담당하며 일본측 중학생들에게 한국 학생들과의 교류를 위한 한국어 학습 지원과 한국 요리 및 다양한 이벤트를 준비하던 필자의 제자 O로부터 한국의 G시측이 한일 간 정치 악화로 인해 청소년 교류를 잠정 중단한다는 연락을 받았는데 그 공문을 번역하는 작업이 참으로 가슴 아팠다는 연락을 받았다. 순수하게 한국 문화를 좋아하여 한국 유학까지 했던 제자는 한국에서 방문하는 중학생들을 위해 근방의 관광 및 신년 준비며 이벤트를 기획했는데 정치 문제로 인해 어린 학생들이 상처를 받은 것 같다는 이야기와 더불어, 과연 어른들의 문제 해결 방법으로 25년씩이나 지속해 왔던 청소년 교류를 중단하는 것이 옳은 해법인지, 과연 아이들이 받은 상처가 미래의 걸림돌이 되는 것은 아닌지 고심하며 푸념을 털어놓았다. 아이들의 성장 발달을 돕는 교사 교육을 하는 필자 자신도 갑작스런 교류 중단으로 인해 상처를 받았을 차세대 아이들이 간직할 씁쓰레한 기억들이 과연 도움이 될 것인지, 아니면 어른들이 해결해야 할 문제들이지만 감정적 단절보다는 차라리 미래를 짊어질 청소년들이 적극적으로 만나서 대화를 하고 상호 이해를 통해 미래를 열어 나가야 하는 것이 바람직한 것은 아닌지를 생각하는 계기가 되었다. 2019년 7월 28일, 8월 26일 연락 내용 참조. 참고로 2019년 7월에는 한일 역사 문제 및 일본의 경제 보복 등에 대한 한국측 반발로 각지의 몇십 년 교류 관계를 가졌던 청소년 교류 사업이 줄줄이 취소되었다.

인터넷 댓글에 범람 한다. 일본 정부나 정부 권력 보호 속에 거대 재벌로 성장해 온 군수 산업체의 역사 청산에 대한 미온적 태도나 역사 은폐혹은 수정 문제 및 경제 대응, 그러한 움직임을 마치 애국행위 처럼지지하며 혐한 행위를 하는 헤이트 스피치 등이 발단이지만, 국내의일본 관계 뉴스의 댓글을 보다 보면 섬뜩한 언어들로 점철된 혐오 표현은 일본 전체를 향하는 경향이 있다. 경제 성장과 더불어 자민족 우월주의, 자문화 중심주의 내셔널리즘이 서로 강하게 대립하는 양상을 보이고 있는 것이다. 하지만 분명한 것은 인권의 가치나 인간의 존엄성을소중히 여기며 사람의 도리와 평화 사회 지향을 갈구하는 시민들은 국가나 민족을 초월하여 어느 나라에서나 시민력을 발휘하고 있다는 것이다. 비록 시대 흐름과 함께 역사적 사실을 기억하는 사람들의 감소와그들을 기억하려는 사람들의 고령화로 인해 목소리가 낮아졌다고 하여도 그러한 시민력이 존재하므로 일본 군국주의의 희생이 되었던 수많은 사람들의 발자취를 기억하고 추모하는 움직임이 전국 각지에서 지속적으로 행해지고 있고, 한국의 의식있는 많은 시민들이 그들과 함께행동하고 있다.

　이 글에서는 우선 일본이 19세기에 들어서서 단기간에 열강 편입이되는 과정과 세력 확장 및 제국주의 전개로 한반도를 식민지화 하는배경에 대하여 확인한 뒤, 일제 강점기 초기에서 전쟁 말기에 동원되는조선인 노동자들의 일본 각지의 현장에 대하여 소개하며, 그 곳에서희생이 된 사람들을 추모하며 평화 사회 구현을 다짐하는 일본의 시민활동과 조선인 노동자들을 기억하고 기록하는 연구 작업에 대하여 소개하려고 한다.

　참고로, 뒤에서도 언급하겠지만, 일제 강점기 조선인 노동자 연구는 일찌감치 그 현황을 조사하여 온 연구자들의 노력에 의하여 비교적 상당한 성과물이 축적되어 있다. 하지만 그런 재일조선인 노동자들의 흔적을 추모하고 기록 혹은 기억 작업에 힘을 쏟아 온 일본인 시민력에 대한 한국측 연구는 정리되어 있지 않다. 물론 일부 언론에서 현지 특파원들의 현장 행사 등의 소개로 시민들의 활동을 기사화하는 경우는 종종 있다. 그러나 전국 각지에서 몇십 년씩 이어지고 있는 시민 활동 혹은 시민력에 대한 종합적인 연구는 그다지 적극적이라고 볼 수 없다. 그만큼 한국의 역사에 안긴 일본의 상처를 초월하여 그 배경에 있는 시민의 활동에 주목하기에는 아직도 넘어야 할 과제가 많다는 의미라고 볼 수 있다.

일본의 근대사와 재일조선인 관계에서 보는 기존의 연구는 주로 재일조선인에 대한 일본 지배권력의 횡포나 조선인 노동자에 대한 학대 착취 역사, 혹은 재일동포들의 일본에서 겪어 온 차별과 편견 등을 다룬 내용이 많다. 그렇기에 이 글에서는 36년간 일본 생활 중인 필자가 전국 47개 도도부현과 섬 등을 답사(field work)하는 과정에서 만난, 각 지역 조선인 노동 관련 현장에서 희생이 된 사람들을 추모하며 전쟁과 폭력에 반대하고 인간의 존엄성에 충실하려는 평화와 정의 사회 구현에 노력하는 일본의 시민력을 재일조선인 노동 현장과 함께 소개해 보려고 한다.

주지하듯이 전체주의(totalitarianism) 영향 속에 형성된 국가주의나 자민족 중심주의(ethnocentrism)의식에 사로잡힌 배타적 충돌은 글로벌 공조가 절대적으로 필요한 지구촌 사회에서 상생과 협력을 불가능하게 만든다. 말을 바꾸자면, 인권의 가치를 공유하며 사회적 책무를 가진 국제사회의 책임있는 구성원으로서 지구촌 유일 인종인 「사람」을 존중하여 전쟁과 폭력이 없는 평화적 공동체를 형성하려는 시민력을 부각시키는 작업은 국경을 초월한 인류 평화의 상생을 위해 기본적으로 필요한 것이다. 특히 근접 국가면서 역사 문제가 외교적 사회적 갈등을 야기시키며 미래의 걸림돌이 되고 있는 한일간 구조 같은 경우는 서로 신뢰할 수 있는 시민력의 소개 및 확대 작업이 갈등 관계를 해소할 수 있는 대화와 교류의 기회를 높이는 계기가 된다. 한일 사회의 단편적인 혹은 자극적인 내용의 기사로 대중영합을 꾀하며 갈등 구조를 부추켜 온 각종 언론이나 출판물, 정계, 학계도 이제는 희생자의 존재 및 유족들의 아픔을 헤아리면서 미래지향적인 동아시아 공동체 형성을 위해 한일 사회의 시민력을 부각시키며 서로의 상생을 위한 지혜를 제시하는 것이 건설적이고 바람직한 역할이라고 할 수 있을 것이다. 그런 의도에서 필자는 일본의 현장에서 재일조선인 노동자 희생의 현장 및 위령재 혹은 기억 행사 등을 통해서 노력하는 시민들의 움직임을 필자의 시간과 지면이 허락하는 한도 내에서 개괄해 보려고 한다.

후술하겠지만, 이 글에서는 재일코리안 이야기는 그다지 다루고 있지 않다. 주로 일본이라는 국가가 행한 군국주의 체제하에서 희생이 되는 조선인 노동자, 그들의 존재를 조사하고 기록하여 역사 공유에 힘을 쏟는 시민들의 움직임이 이 글의 요지이다. 물론 그러한 시민들의 움직임에 영향을 준 것은 재일코리안의 노력이기에 재일코리안의 이야기도 필요한 장면에서는 넣기로 한다.

근대 열강 편입 이후 주변국가에 대한 제국주의 전개와 군국주의 체제로 전쟁 국가의 역사를 걸어 온 일본이 근대화 및 전시 노동력으로 투입한 조선인 노동자에 대한 실태 조사를 비롯하여 재일코리안(한국계, 조선적 총칭)과 함께 공생하기 위해 노력한 일본 시민의 활동이 가장 적극적이었던 것은 해방 직후이다. 그만큼 당사자 혹은 현장 상황을 명확히 기억하는 사람들이 많았고, 그들을 옹호하려는 진보적 지식인들의 활동5)도 활발했던 것이다. 물론, 당시의 고용측이 공개하기에는 불리하다고 생각하는 자료나 통계를 패전의 혼란 속에 소각이나 은폐한 것도 적지 않지만,6) 당시 상황을 가급적 남기려고 노력했던 움직임들도 있었기에 현재 다양한 기록으로 남겨져 있다. 배타적인 군국주의 일본 중심주의 의식이 지금도 사회의 저변에 영향을 미치는 일본에서 해방 후 수많은 재일코리안이 터전을 마련하고 생활을 할 수 있었던 것은 역사 이해와 공생 의식을 가진 시민들의 협력과 지지도 어느 정도

---

5) 1945년 12월부터 간행한 시사잡지『世界』(1946년 1월 창간, 도쿄, 岩波書店)는 전후 진보적 지식인들의 아성으로 자리매김하며 숱한 논객들을 통해 재일코리안과의 공생을 논하여 왔다. 늦은 바는 있지만 외국인 공기업 고용에 대한 국적 제한에 많은 일본의 지성들이 움직여서 1982년 8월 20일, 제96회 국회의 최종일에 「국립 또는 공립대학의 외국인 교수 임용 등에 관한 특별조치법(외국인 교원 임용법)」을 성립하여 같은 해 9월 1일에 법률 제89호로 공포 시행되면서 재일코리안의 국공립 대학 취직이 가능하게 되었다.

6) 예를 들면 1944년 7월에 홋카이도 치시마의 군사 시설 건설에 연행되었던 조선인 노동자들이 탔던 징용선 타이헤이마루가 미국의 어뢰를 맞고 침몰하는데, 승선했던 조선인 노동자들에 관한 연행 관련 자료나 민간업자 개입 여부, 사망 전후의 정확한 자료를 일본 정부는 갖고 있지 않다고 국회에서 답변하고 있다. 국책에 의해 강제 연행되었던 수많은 사람들이 억울하게 목숨을 잃었는데도, 전쟁 중이었다는 이유로 자료조차 없다고 하는 정부의 어설픈 태도는 결코 신뢰할 수 있는 성실한 모습이라고는 할 수 없다. 그 당시, 비록 강제 연행을 당한 조선인이라도 식민지였기에 일본의 국민으로 취급되었기에 자국민 관리조차 어설픈 국가가 어떻게 전쟁을 했는지 이 대응만으로도 일본의 전쟁 전후의 여러 단면을 엿볼 수 있다. 참고로 이런 미온적 태도가 역사를 미화시키려는 수정주의자들에 의해 역사 은폐 행위로 이어지는 구실을 제공하고 있다고 볼 수 있고, 미래의 한일관계 조차 저해 요소가 되고 있다는 것을 지적하지 않을 수 없다.

존재했기에 가능하였다고 할 수 있다.[7]

주지하듯이 남북 이념 갈등이 첨예하게 대립하는 일본이란 공간에서 태어나고 자란 재일코리안은 패전 직후에는 제도권 밖에 놓여 노골적인 편견과 차별 속에서 자라야 했다. 지금에서야 모국의 관심도 높아졌지만[8] 코리안이란 이유만으로 사면초가에 내몰렸던 많은 사람들을 모국은 포용한 여유조차 없었기에 자력으로 살아야 했다. 그런 와중에 의식있는 일본 시민의 도움이나 이해가 부분적으로 존재했지만 사회 전체가 버팀목이 되어 준 것은 아니었기에 모국을 발전시켜야 한다는 일념으로 모국 돕기를 해 온 역사가 있다. 모국이 위험에 처하거나 국제사회로 성장하려고 할 때마다 생활비를 아끼고 사축하여 해방 후의 혼란스런 사회 복구는 물론, 정치, 경제, 교육, 문화(특히 각종 올림픽 등의 국제 행사) 등 각 분야에 걸쳐서 천문학적인 지원금으로 나라 발전을 도왔다.[9] 비록 사난에 떠밀려 떠나온 나라였으나 재일코리안의 삶이란

7) 물론, 숱한 편견과 차별과의 치열한 싸움이 존재했던 것은 다양한 사례로 확인할 수 있고, 아직도 배타적인 차별 행위가 존재하지만 지면상 생략하기로 한다. 일부 사례에 대해서는 민단중앙본부에서 편집한 다음 책에서 확인할 수 있다. 『歷史教科書 在日コリアンの歷史』作成委員会編(2006) 『歷史教科書 在日コリアンの歷史』(도쿄, 明石書店), 『在日コリアンの人權白書』制作委員会編(2018) 『在日コリアンの人權白書』(도쿄, 明石書店) 참조.
8) 아직도 국내에는 재일동포에 대한 차별이 존재한다. 「국내 거주 재일동포, 한국정부 복지정책에서도 차별 받아」『매일경제』(2020년 7월 1일자) 인터넷 참조. https://www.mk.co.kr/news/politics/view/2020/07/674922/
9) 다음 글에서 교육과 경제 지원의 일부를 확인할 수 있다. 이수경(2019) 「在日韓国人の母国への教育・奬学事業の貢献について」『学校法人金井学園 秀林外語專門学校創立30周年記念誌』(学校法人金井学園, pp.42~66 참조). 이수경(2018) 「재일동포 기업가의 한국에서의 육영 장학사업 공헌에 대하여」『변화하는 아시아의 이민과 다문화』(광주시교육위원회 후원, pp.183~201 참조), 또한 다양한 현지 조사 및 관계자 증언, 자료 등을 엮은 다음책에서 재일동포의 모국에 대한 공헌을 확인할 수 있다. 이민호(2008) 『모국을 향한 재일동포의 100년 족적』(재외동포재단), 이민호(2015) 『신한은행을 설립한 자이니치 리더』(통일일보사), 그 외에, 기업 등의 공헌에 대한 연구로 다음과 같은 논고가 참고가 된다. 長野愼一郞(2010) 『韓国

언제나 「민족」, 「모국」, 「고향」에 예속된 삶이었고, 망국의 노동자로 목숨까지 잃은 동료들을 기억하며 모질게 견디어 해방을 맞이한 재일코리안의 절반은 귀국선에 오르지만 모국에 기반이 없었던 이들은 일본에 남아서 물심양면으로 모국 발전을 지원하였다. 그런 재일코리안 사회는 현재 6~7세대로 이어지는 역사를 가지고 한반도와 일본을 잇는 가교적 역할을 하고 있다. 재일 코리안 100년의 역사와 피지배국 출신자의 수난을 버틸 수 있었던 배경에는 배타적인 국가 체재와 차별 사회를 질책해 온 정의로운 시민들의 목소리도 있었음을 부인할 수 없다. 그렇기에 앞에서도 말했듯이 반성없는 국가나 역사 미화에 급급한 세습권력층이나 그들의 허수아비 노릇하는 혐한 세력 등을 절대적으로 견제할 수 있는 시민력의 육성이 시대를 초월한 사회 기반이 되어야 한다. 생명의 존엄성이라는 인류 보편의 가치를 공유하며 평화 공생을 실천하려는 시민력에 주목하여, 시민 연대의 가능성을 부각시키고, 미래 지향적 로드맵을 모색해야 하는 것이 차세대를 위한 우리들의 책무라고 할 수 있고, 이 글을 쓰는 필자의 취지이기도 하다.

이 글에서는 근대 일본의 부국강병책과 서구 문화 수용을 통한 근대화 성공, 제국주의 열강과의 각축이라는 일본의 급성장 배경을 확인한 뒤, 일본의 식민지 확대에서 군국주의적 전쟁 국가로의 전개 및 식민지 노동자들, 특히 조선인 노동자들의 군수공장, 토목공사 현장, 탄광, 댐

の経済発展と在日韓国企業人の役割』(도쿄, 岩波書店), 河明生(2003) 『マイノリティの起業家精神-在日韓 国人事例研究』(ITA), 林永彦(2007) 「在日コリアン企業家の経営活動とネットワークの展望」(『大原社会問題研究所雑誌』 No.588), 林永彦(2008) 「在日コリアン企業家の起業動機と企業類型化研究』『立命館国際地域研究』 Vol.28 외 다수.

제1장 근대 일본의 제국주의 행보와 전후 평화 지향의 시민력 … 이수경 17

등의 노동 현장 실태를 개괄한 뒤, 희생자를 기억하고 추모하고 기록하는 일본 시민 활동에 대하여 주목하기로 한다. 단, 시간적 지면적 한계 상황 속에서 각 지역의 자세한 현장 연구 혹은 사료나 자료의 정밀 분석은 별도의 기회를 갖기로 하고, 이 글에서는 일본이 근대 발전을 하면서 전쟁국가로 치닫게 된 배경 확인과 근대 제국주의 및 군국주의 전개 과정에서 희생이 된 조선인 노동자들에 대한 기억 및 기록 작업을 통하여 평화적 미래를 추구하며 정직한 역사 의식으로 활동하는 시민들의 움직임을 이해하기 쉽도록 서술적으로 개괄하려고 한다.

 2 주요 문헌 및 자료에 대해서

일본의 조선인 노동사 혹은 강제연행 노동사에 대한 기록은 전후 재일코리안 및 일본인 연구자들에 의하여 다양한 성과물이 축적되어 왔다. 하지만 이 글에서 그런 방대한 연구물을 전부 소개하기에는 한계가 있고, 무엇보다 Covid19 창궐로 인한 온라인 사용의 재택업무 중에 도서관 서고의 문헌 및 자료를 충분히 사용할 수 없음을 미리 양해를 구한다.

한편, 이 글은 조선인 노동자의 희생이 있었던 현장에 대한 기록과 위령제 등을 지내는 일본의 시민 활동에 대하여 언급할 예정이므로, 필자가 방문한 현장 상황과 관계자로부터 제공받은 문헌 및 자료의 사용, 그리고 인터넷에 공개된 관련 연구 내용도 적극적으로 이용하기로 한다.

<사진> 코리아연구실 소장의『季刊 三千里』제2권~제42권. 2022년 1월 6일 현재

2.1 전반적인 참고 문헌 및 자료

참고로 이 글에서 전반적으로 사용하는 문헌 및 자료는 다음과 같다.

竹内康人編「朝鮮人強制労働現場一覧」

https://ksyc.jp/sinsou-net/takeitu-itiran.pdf

朝鮮人強制連行真相調査団編(1974)『朝鮮人強制連行強制労働の記録―
　　　北海道·千島·樺太篇』現代史研究会(도쿄)

朴慶植(1965)　朝鮮人強制連行の記録　未来社(도쿄)

『季刊 日本·朝鮮·中国』제4호, 1971년,青年アジア研究会(가와사키시)

『季刊 三千里』(제2권~제42권까지. 일본 사회와 재일코리안 관련 내용
　　　이 중심)

飯沼二郎編(1984)『在日朝鮮人を語るⅠ 七十万人の軌跡』麦秋社(도쿄)

梁泰昊編, 朴慶植·山田昭次監修(1993)『朝鮮人強制連行論文集成』明石
　　　書店(도쿄)

芝竹夫編著(2000)『フィールド·ガイド　炭鉱と強制連行』「筑豊」塾刊
　　　(후쿠오카)

芝竹夫編著(2003) 『フィールド·ガイドVol.2 炭鉱と強制連行』「筑豊」
　　塾刊(후쿠오카)

長澤秀(2011) 『戦後初期在日朝鮮人人口調査資料集 1 』綠蔭書房(도쿄)

外村大(2012) 『朝鮮人強制連行』岩波書店(도쿄)

内田雅敏(2020) 『元徴用工和解への道―戦時被害と個人請求権』ちくま
　　書店(도쿄)

山田昭次·古庄正·樋口雄一共編(2005) 『朝鮮人戦時労働動員』岩波書店
　　(도쿄)

山田昭次編(2012) 『朝鮮人強制動員関係資料(1)』綠蔭書房(도쿄)

山田昭次編(2012) 『朝鮮人強制動員関係資料(2)』綠蔭書房(도쿄)

『歴史教科書在日コリアンの歴史』作成委員会編(2006) 『歴史教科書 在
　　日コリアンの歴史』明石書店(도쿄)

『在日コリアンの人權白書』制作委員会編(2018) 『在日コリアンの人權
　　白書』明石書店(도쿄)

三輪宗弘「戦時中の朝鮮人徴用工の賃金と貯金について:炭鉱企業の資
　　料からわかること(전시중 조선인징용공의 임금과 저금에 대하
　　여 탄광기업의 자료에서 알 수 있는 것)」제11차 원광대학
　　교 원불교사상연구원 월례연구발표회』(2018.04.27)

　　재일조선인 강제연행 노동자에 대한 실태 기록을 세간에 널리 알린 대표적인 초기 연구자로는 박경식(1922~1998), 야마다 쇼지(1930~), 하야시 에이다이(1933~2017) 등을 손꼽을 수 있다. 또한, 근래에 와서 근현대사 연구가인 다케우치 야스토(竹内康人)가 조사한 일본 전국의 전시 조선인 관련 노동에 대한 자료집 『戦時朝鮮人強制勞働調査資料集―連行先一覽·全國地圖·死亡者名簿』(2007) 역시 괄목할만한 연구 성과이다. 각지의 현장 조사와 방대한 증언, 자료 정리 등을 집대성한 이들의 기록은 필자를 비롯한 많은 후학들의 선행 연구로 사용되고 있다. 또한

일본 정부나 기업측이 동원 인원수를 축소하거나 사실 규명에 소극적인 태도를 보일 때, 진실을 밝히려는 양심에서 치밀한 조사 작업을 통하여 그 실태나 당시 상황을 알려 왔으며 역사 왜곡을 막는 기록의 작업을 하여 왔다. 예를 들면, 다케우치 야스토는 방위성 자료 등을 토대로 조사한 「조선인 군인·군속(군무원)의 강제동원수ㅡ37만 명 이상의 동원과 지워진 성명 불명의 13만 명」[10](『大原社会問題研究所雑誌』 686호, 2015년 12월호)에서 다음과 같이 지적하고 있다.

> 1956년 일본 외무성 아시아대양주국 제1과가 만든 「조선인 전몰자 유해 문제에 관한 건」 자료에서 일제에 징용된 조선인 군인·군무원 수는 육군 25만 7천 명, 해군 약 12만 명 등 합계 37만 7천 명으로 적시됐다. 그러나 한일국교정상화 협상이 본격 진행되던 1962년 일본 후생성은 「조선재적 구(舊)육해군 군인군무원 출신자별 통계표」에서 조선인 군인·군무원의 수를 육군 14만 3천 373명, 해군 9만 8천 968명 등 합계 24만 2천 341명으로 정리했다. 6년 사이에 육군 11만 여명, 해군 2만여명 등 징용된 조선인 군인·군무원 약 13만 명이 일본 정부 통계에서 빠진 것이다. (중략) 부대 원부(原簿)와 유수(留守) 명부(일제 강점기에 일본군이 작성한 문서로, 강제 징병된 한국 군인·군무원 등의 병적(兵籍)이 적혀 있음) 등을 토대로 1950년대 집계한 조선인 징용 군인·군무원은 37만여 명이었지만 그 중 명부에 이름이 남아있지 않은 13만여 명을 뺀 채로 1962년 재집계했다는 것이다. 그 근거로 다케우치는 일본 정부가 육군의 경우 명부에 이름이 남아 있는 피징병자를 「명부 내(內)」, 남아있지 않은 사람을 「명부 외(外)」로 분리한 채 통계 자료를 만든 사실을 확인했다고 소개했다. 육군 「조선인 인원표」 상에 「명부 내」로 분류된 사람 수는 1962년 후생성 통계

---

10) 竹内康人(2015)「朝鮮人軍人軍属の強制動員数：37万人以上の動員と消された氏名不明の13万人(特集 朝鮮人強制連行研究の成果と課題：「戦後70年」の現在から考える(1))」『大原社会問題研究所雑誌』 Vol.686, 2015년 12월호, pp.17~36

치와 거의 일치했다고 다케우치는 밝혔다.[11]

13만 명이란 사람들의 존재가 지워진 경위를 규명한 연구 결과이자 일본이 자랑할 수 있는 시민력의 건재함을 볼 수 있는 단면이기도 하다. 참고로, 다케우치는 그 논문 발표 직후, 조선인 강제 노동에 관한 조사 내용을 네 권의 자료집으로 묶어서 출판하는데, ① 탄광편 ② 재벌 광산편 ③ 발전 공사·군사 기지편 ④ 군수공장·항만편으로 분리하여 강제 노동의 실태를 상세하게 확인할 수 있도록 정리하고 있다(竹内康人 (2016) 『調査·朝鮮人強制労働①~④』, 社会評論社).

해방 후 77년째를 맞는 2022년 현재, 당사자 및 관계자의 고령화 혹은 사망으로 인한 역사적 풍화가 염려되는 상황이지만, 이러한 시민 양심을 관철하고 있는 연구자들에 의해 조선인 노동자, 특히 강제연행에 대한 배경 및 실태 파악이 가능하다.[12] 예를 들면 최근 일본이 유네스코 세계문화유산으로 등재시키려는 사도광산(사도가시마광산)에는 조선인 강제연행이 없었다는 정치가들의 주장이 강해지는 경향이 있는데, 이에 대하여 니카타에서 교편을 잡고 있었던 히로세 테이죠는 상세한 사료 등을 활용하여 당시 사도광산의 조선인 노동자들이 얼마나 있었고, 어떤 노동을 했는지 당시의 언론 등을 분석하며 정리하고 있다.

---

11) 조준형 「日연구자 징용 조선인 군인·군무원 13만 명 명부 증발」『연합뉴스』 2016년 4월 8일 게재, 열람: https://www.yna.co.kr/view/AKR20160407092600073
12) 히로세 테이죠는 사도광산의 조선인 노동자에 대하여 구체적으로 정리하고 있다. 広瀬貞三(2000) 「佐渡鉱山と朝鮮人労働者(1939~1945)」『新潟国際情報大学情報文化学部紀要人文科学編』(3)
https://cc.nuis.ac.jp/library/files/kiyou/vol03/3_hirose.pdf?fbclid=IwAR2x2B-QokPYuzcGgRLB6d9ne7YKwLOMMYqjvcwzaCUwqVCBpytnu0IhRsk 참조.

패전 전에 사도 광업소(佐渡鉱業所)가 조선에서 노동자를 모집한 지역은 충청남도 80%, 충청북도·전라북도 20%였다고 한다. 조선인 동원은 1945년 7월이 마지막으로, 노동자만 하여도 「회를 거듭하여 총수 1,200명」이었다고 한다. 여기에 가족까지 더하면 적어도 1,300명 가까운 조선인이 사도광산에서 생활했다고 추정된다.」[13]는 언급과 더불어, 「1941년 4월 현재, 사도광업소 조선인 노동자는 600명이지만 가족 동반은 50명에 지나지 않고, 대부분은 기숙사에서 생활하고 있었다. 사도광업소에서는 「이러한 반도 노무자들 반영구적으로 머물 수 있는 방침 하에 그 가족을 순차적으로 부르게 되어 이달 40가족 약 100명, 다음 달 80가족 약 200명을 맞이해야 하기에 준비 중」으로, 또한, 조선인 아동들을 위해 「전문 교사를 특별 조치한다」는 계획이었다.[14]

이러한 사도 광산 등에 동원된 조선인 노동자의 강제 노동에 대해서 오랫동안 연구해 온 토노무라 마사루(外村大)[15]는 이와나미 문고판 『朝鮮人強制連行』을 통하여 강제 연행되었던 노동자들의 실태를 논하고 있고, 실제로 징용공 문제의 변호를 맡았던 우치다 마사토시 변호사의 치쿠마신서 『元徴用工和解への道──戦時被害と個人請求権』 등도 강제 연행에 대한 내용으로 주목할 만하다. 물론, 필자가 이 글에서 징용공 혹은 강제연행 노동자만을 취급하는 것은 아니지만 이러한 책들은 이 글의 배경 이해에 많은 도움이 된다.

---

13) 상게서, 広瀬貞三(2000) 「佐渡鉱山と朝鮮人労働者(1939~1945)」『新潟国際情報大学情報文化学部紀要人文科学編』(3), p.8
14) 「半島人戦士 佐渡鉱業所に約六百名」『新潟新聞』(1941년 4월 14일). 広瀬貞三(2000) 「佐渡鉱山と朝鮮人労働者(1939~1945)」『新潟国際情報大学情報文化学部紀要人文科学編』(3), p.10. 기사 재인용.
15) 토노무라 교수는 사도 광산의 강제 노동에 대하여 협박에 의한 노동이었고, 현재 관점으로 보면 강제 노동이 분명하다고 명언하고 있다. 「도쿄대 역사학자의 사도광산 팩트체크⋯조선인 강제노동은 분명」『JTBC뉴스』(2022년 2월 9일). 도쿄대 역사학자의 사도광산 팩트체크⋯조선인 강제노동은 분명 | JTBC 뉴스(joins.com)

2.2 기존 연구에 대한 비판적 견해

한편, 큐슈대학의 미와 무네히로(三輪宗弘)는 제211차 원광대학교 원불교사상연구원 월례연구발표회에서 「전시중 조선인 징용공의 임금과 저금에 대하여 — 탄광기업의 자료에서 알 수 있는 것 — 」에서 기존의 조선인 노동자 연구가 비판 없는 자의적인 자료를 이용해 왔다고 지적하고 있다. 예를 들면, 박경식의 연구는 식민지 — 피식민지의 이항 대립구조와 경제적인 착취의 면이 강조되어 글로벌한 사물·사람·돈·기술·문화 교류라는 측면이 결여된 점을 지적하고 있다. 일본처럼 근대국가를 지향하고 문명개화를 성취했던 지배국과 쇄국정책으로 무력 지배를 당하게 된 식민지 사이에서 과연 얼마만큼의 대등한 글로벌 관계가 성립 가능했는지 단순히 경제나 정치 논리로는 단언하기 어려운 부분도 있을 듯하다. 참고로 앞에서 인용한 토노무라 마사루의 강제연행 연구에 대해서 미와는 다음과 같이 비판하고 있다.

『조선인강제연행』(岩波書店, 2012)은 자신의 설에 유리한 곳만을 인용하면서 논지를 전개하고 있다. 가령 토노무라의 『조선인 강제연행』의 178쪽에는 「자고 있는 틈을 타거나 논에서 일하고 있는 사람을 막무가내로 연행하는 등」이라고 쓰면서, 실로 폭력적인 「강제연행」이 행해진 결정적 증거로 인용하고 있다. (그러나) 그런 식으로 사람들을 모았다면 「두 사람밖에 모이지 않았다」는 말이 가능할까? 이상한 일이다. 노동자 모집의 북탄(北炭) 노무계(勞務係)의 출장보고서(홋카이도대학 부속도서관 소장)의 일부를 교묘하게 발췌하여, 사실인 것처럼 침소봉대하여 각색해 나가는 것이다. 자신의 형편에 유리하게 전체 문맥에서 분리시켜 특정 부분만을 인용하고, 그것을 일부러 강조하여 마치 조선인 노동자의 대다수가 「막무가내로 연행」된 것처럼 스토리를 전개해 나가는 것이다. (pp.19~20)

여기서 미와가 지적하는 것은 토노무라의 조선인 강제 연행에 대한 지적인데, 조선인 대다수가 막무가내로 연행된 [강제 연행 노동자]라는 용어는 시대 범위를 정하여 신중히 사용할 필요가 있다. 후술하겠지만, 초기 민간 알선업자의 모집을 통하여 돈벌이를 위해 바다를 건넌 노동자들도 상당수 있다. 가난과 유교적 계급 사회의 폐단이 만연하던 조선의 식민지 압박 공간에서 벗어나려고 고향을 떠났던 돈벌이 노동자들과 토노무라가 취급하는 「조선인 강제연행」 노동자와는 구별이 필요한 부분이다. 「강제연행」이란 것은 본인의 의사와 관계없이 지배 국가의 거대한 공권력의 작용에 의하여 강제로 끌려간 인력 수탈을 말한다. 강제 연행된 자들이 자의를 논하고 자유를 구가하는 것이 절대 불가능했다는 것은 전쟁터나 험난했던 노동 현장을 피할 수 없어서 죽어간 미증유의 피해자수를 보면 쉬이 알 수 있는 것이다. 토노무라는 1937년의 중일전쟁 이후, 1939년 9월의 아시아 태평양 전쟁 발발에서 1945년 8월의 종전에 이르기까지 행해진 강제 연행을 논하고 있는데, 이 시기의 강제 연행이란 일본인도 식민지 조선인도 자의가 통용되지 않는 거국일치, 총력전을 외치던 전시체제 공간이었으므로 막무가내식 인력 동원이 강제적으로 이루어지던 상황이었다.

참고로 전쟁 말기에 이르면 일본 군부는 패색이 농후한 현실을 직시하고 자살 폭격대인 가미카제(神風) 특공대나 육박대(肉迫隊), 특공정(特攻艇) 신요(震洋) 등의 결사 공격대로 연합군에 대응하는 것은 물론, 일반인도 일본인의 정신적 개념으로 미화된 야마토다마시(大和魂)를 가진 일본인답게 전원 자결(자멸)을 각오하자는 「1억 옥쇄」의 구호를 내걸게 된다. 국민 전원의 자결을 외치는 광기 어린

정황16)이 이루어지던 일본에 과연 언어도 문화도 다르고 지리적 감각도 없었던 그 많은 식민지 출신자들이 어떻게 전국의 각 군수공장이나 공사 현장에 배치되게 되었는지를 생각해 보면, 연행 배치 행위가 없었다면 불가능했음을 간단히 알 수 있다.

미와는 또한, 1933년 탄광촌에서 태어나고, 숱한 조선인 탄광 노동자나 관계자의 증언과 기록으로 현장의 실태를 알리고 기록해 온 하야시 에이다이에 대해서 다음과 같이 비판하고 있다.

하야시 에이다이17)는 인터뷰를 자의적으로 넣으며 논지를 전개하고, 사진에는 자신의 사관(史觀)에 유리하게 날조하거나 엉터리 캡처를 달고 있다(『사진기록 치쿠호(築豊)·군함도－조선인 강제연행, 그 후』(2010, 弦書房); 『청산되지 않은 소화(昭和)－조선인 강제연행의 기록』(岩波書店, 1990, 사진·글 하야시 에이다이, 서문 박경식, 해설 다카사키 소우지(高崎宗司)). 하야시 에이다이는 인터뷰 기록도 간행했는데, 대부분에서「강제연행」이라는 말을 넣고 있다. 임금에 관해서는 무급이었다거나, 강제 저금을 시켰다거나, 감시숙소(タコ部屋)나 헛간에 가두어 자유로운 행동이 불가능했다거나, 도망한 것은 노동 환경이 가록(가혹?－필자 주)했기 때문이라고 쓰고 있다. 위험한 곳은 조선인 노동자에게 일을 시켰다는 등,

---

16) 오키나와전에서 섬 주민들을 군이 자결을 명한 내용을 적은 오에 겐자부로와 출판사를 상대로 일본군 지휘관 유족들이 민사소송을 일으킨 재판. 결국 5년간의 이 재판에서 실제로 당시 오키나와 군 지휘관 등이 주민들에게 집단자결을 명한 것이 인정되어 오에 겐자부로 및 이와나미 서점이 승소하였다. 이 자결 명령은 전쟁 말기가 되면 오키나와 뿐이 아니라 사이판 등 각지에서 횡행하였다. 집단자결의 내용 및 재판에 대해서는 다음 책에서 상세히 읽을 수 있다. 岩波書店編(2012) 『記錄·沖繩「集団自決」裁判』 도쿄, 岩波書店.

17) 林えいだい(본명은 林栄代(하야시 시게노리), 1933~2017) 일본의 기록작가로 강제연행 진상규명 네트워크 주최 인물. 그가 성장한 곳은 후쿠오카 치쿠호 탄광으로 오랜 세월을 타가와 지역을 비롯한 주변 탄광에 연관되었던 수많은 노동자들과 인연을 가져왔다.

근거를 제시하지 않고 인터뷰 기사나 사진에 대한 자의적인 해석으로 자신의 논의를 전개하고 있다. 만약에 그와 같은 일이 사실이었다고 한다면, 일본인의 갱내 노동자에 비해 조선인 노동자의 사망률은 상대적으로 높았을 것이다(1,000명당 5명). (그러나) 전쟁터에 군인으로 징용된 일본인 노동자보다 사망률이 훨씬 낮다. (p.20)

전후 세대의 연구자들이 당시의 관계자나 당사자의 체험 혹은 현장 이해에 필요한 중요한 증언 등을 경시하고 일본 정부 혹은 고용한 군수 기업측의 1차 자료에서만 그 근거를 찾는다면 고용측의 부분적 정황은 이해할 수 있으나 당시 노동자들의 생활 등 전체적인 실태를 파악하기는 어려워진다. 무엇보다 당시 전쟁 말기의 전시 노동자 환경이 얼마나 열악하였는지는 야마구치 쵸세이(長生)탄광 하나를 보더라도 알 수 있다. 물론 영세업자와 거대 재벌의 운영 형태나 노동 환경은 차이가 있었다. 쵸세이 탄광에서 가혹한 학대를 받고 구사일생으로 살아 남은 김경봉 옹은 해저 탄광에서의 채탄 작업이 가혹하고 힘들어서 동네 형과 함께 도망치다가 잡혔는데, 그들을 다른 노동자들 앞에서 본때를 보인다고 하여 그 형을 개처럼 두드려 패서 죽이는 것을 보았다고 한다. 자신은 막내였기에 완전히 죽이지는 않았지만 맞고 난 뒤, 죽기가 싫어서 목숨 걸고 다시 도망을 쳐서 후쿠오카의 야와타제철의 인부를 알선하는 동포 업자에게 소개받아서 잠시 일을 했는데, 야와타 제철은 회사 규모도 컸거니와 쵸세이 탄광 처럼 린치로 맞아 죽는 사람은 그곳에서 일하는 동안에는 주변에 없었다고 술하고 있다.[18]

---

18) 2008년 7월 21일. 필자가 초청한 도쿄가쿠게이대학 강연 및 도쿄 체재 중에 다양한 당시 현장 내용을 들을 수 있었다. 분명한 것은 현대 문명 속에 인권을 논하며 살고 있는 우리들에게는 상상하기 어려운 인권 유린과 지옥 같은 고통스러운 나날의 연속이었다고 한다.

하야시 에이다이가 평생을 조선인 노동자 조사에 몰입했던 것은 어쩜 일본인으로서 자신들의 어두운 역사를 밝히려는 자기 성찰적인 자존심에서 우러난 양심적 발로가 기록 작업으로 작용했을지 모른다. 하야시 만큼 직접 관계자와 인터뷰 혹은 증언을 기록한 사람도 그렇게 많지 않은 만큼, 하야시의 기록 작업은 조선인을 비롯한 탄광 노동의 연구에는 귀중한 연구 자료라고 할 수 있다. 현장 경험자들의 생생한 증언과 관계 가족들 등의 증언, 그를 뒷받침하는 고용 기업측 혹은 정부측 자료를 보완하면 당시의 현장 상태가 어느 정도 확인될 수 있을 것이다. 물론, 증언 내용의 확인 작업을 위한 현장 관련 자료 혹은 당시의 같은 입장의 노동자들이나 그 가족들 등의 이야기를 듣는 것도 중요한 작업이다. 그런 증언과 자료를 통하여 상황 fact가 부각되고, 당시 상황과 문제점 혹은 진실 여부가 밝혀지는 것이다. 그렇기에 1차 자료라는 공개된 기업측 혹은 정부측 자료만으로는 실제 노동자들의 실태가 전부 확인되지 않는 것도 염두에 둘 필요가 있다. 즉, 고용측 기업이나 정부측이 마련한 1차 자료만이 유일한 근거처럼 고집한다면 앞에서 언급한 다케우치 조사처럼 동원 노동자들의 명부 증발 등으로 모든 정황이나 실태를 확인하기 어렵게 된다.

한편, 하야시 에이다이에 대한 미와의 비판에서 공감하기 어려운 논리 전개에는 의문을 불식할 수 없다. 예를 들면 「도망한 것은 노동 환경이 가혹했기 때문」이라는 것을 인터뷰 기사나 사진에 대한 자의적 해석으로 논의를 전개한다고 하지만, 실제 가혹했던 전시 때의 노동환경을 구체적으로 자인하는 양심적인 회사들이 과연 있었던가. 일본의 노동력 부족 속에서 엄청난 채광량의 성과를 보였다는 것은 그만큼 많은 노동자들(일본인 수인 노동자 포함)의 피땀 흘린 결과일 것이고, 단기간에 기계가 아닌 인력으로 그만큼의 성과를 낸 것은 착취나 엄청난 임금 지불이 동반되지 않으면 불가능했던 것이다. 즉, 정황 이해(체험담 증언 등)를 배제한 1차 자료만으로 근대 노동 환경의 해석은 불가능하다고 지적할 수 있다. 무엇보다 초기의 탄광 작업 때 정보도 언어도 불충분한 식민지 노동자들에게는 많은 어려움이 따랐을 것이고, 사고도 다발했을 것은 간단히 추측할 수 있는 부분이다. 일본 각 탄광이나 댐. 공사 현장 근처에 있는 무연고자들의 유골이 묻힌 돌 표식(무엔보토케)은 그만큼 사고로 인한 사망이 많았다는 것을 말한다. 물론 유골을 수습하여 제사나 추모를 지내주는 사찰 등도 있고, 큐슈의 이이츠카(飯塚) 공원 묘지의 조선인 유골이나 슈마리나이(朱鞠内)호의 우류(雨龍)댐 건설 등 홋카이도 전역의 귀향 유골들은 물론, 구시로 시온다이(釧路 紫雲台)의 태평양 광산의 사망자들 등에 대해서도 뒤에서 언급하겠지만 모두가 가혹한 노동으로 인한 희생자들이다. 전후에 남겨진 1차 자료란 이런 경우엔 어디까지나 정황 이해를 위한 참고 자료이고, 전후의 시대 상황 속에서 고용 측 입장의 기록 자료가 대부분임을 기억할 필요가 있다.

일본의 전시체제 하의 노동 환경이 얼마나 열악했던가는 당시를 기억하는 일본인 가해자들도 부인할 수 없는 이야기이다. 노동 환경이 좋았다면 사상자가 그렇게 나올 수 없는 것이다. 그렇기에 당시 현황을 확인하기 위해서는 1차 자료를 비롯하여 노동자나 관계자들의 경험담을 듣는 오럴 히스토리를 기록하는 것은 연구자의 기본적인 작업이다. 물론 전체 중에서 어느 부분을 인용할 것인지는 연구자의 역량에 달려 있다. 그렇기에 미와가 지적하는 부분 혹은 같은 논조의 연구자들 및 관계자들의 동조 압력이 미치는 학계의 경향에 대한 지적은 배제할 수 없는 부분이다. 이

부분은 자칫하면 역사 소유 혹은 역사 비즈니스를 의도하는 세력들과 이어지는 「유착 관계」를 만들 수 있기에 주의가 필요하다.

미와 논문에서 언급한 「전쟁터에 군인으로 징용된 일본인 노동자보다 사망률이 훨씬 낮다」라는 것은 적합한 예가 아니다. 조선인 노동자의 사망률을 아시아 각지에서 전쟁을 일으키느라 징용되어서 죽어 간 모든 일본인 병사들과 어떻게 비교할 수 있단 말인가. 당연히 일본 군국주의 체제 하에서 이루어진 총력전이었기에 일본인이 동원된 전쟁이고, 미증유의 희생이 있었던 것은 굳이 언급할 필요도 없다. 일본인들이 전쟁터로 불려 나가자 전시 체제 유지를 위해 이국땅의 식민지 출신자들이 전시 노동력으로 대체 동원된 것이고, 총력전 결과 1억 옥쇄를 외쳐대는 광기어린 거국일치로 패망을 하게 된 것이다. 타민족이 일으킨 전쟁에 끌어들인 타민족 희생자수를 동등하게 비교하여 논한다는 자체가 논리적으로 맞지 않다고 할 수 있다.

한편, 무모한 전쟁으로 주변국가 2000만 명, 일본인 300만 명의 희생으로 패전을 맞게 된 일본은 두번 다시 전쟁을 일으키지 않는다는 약속으로 국제 사회에 복귀한 나라이다. 전 세계가 전쟁이 없는 평화 사회를 지향하며 모든 인간의 존엄성과 기본적인 인권을 중요한 사회적 가치로 여기는 글로벌 사회에서 일본 군수 기업체들이 과연 얼마만큼 양심적인 당시 상황을 토로할 수 있을까? 글로벌 기업으로 국제 사회에 진출하고 있는 기업들이 자신들의 이미지에 불리한 자료를 용기있게 내놓을 수 있을까? 만약 표면적인 1차 자료만을 근거로 앞세운다면 우리는 고용측의 통계 만으로 전체 상황을 봐 버리는 우행을 하게 될지 모르기 때문에 그만큼 근대 조선인 노동자 혹은 근대 탄광 노동자 관련 연구는 다양한 각도에서 이루어져야 그 실태를 확인할 수 있을 것이다. 그리고 어느 나라 어느 민족이든 「사람」이 중시되는 인류의 보편적 가치관에서 논리를 전개하는 것이 학자의 양심이라고 할 수 있을 것이다.

무엇보다 「노동 환경이 편했더라면, 인간적인 취급을 받았더라면 그들이 과연 그만큼 도망을 했을까?」라는 당연한 반문이 전시 체제하의 식민지 출신 노동자 이해에 동반되어야 하는 것이다. 이러한 내용들은 뒤에서 사례를 통하여 재차 언급하기로 한다.

2.3 이 글과 관련한 필자의 연구 소개

참고로, 필자도 그동안 재일조선인 노동자 현장 조사 및 관계자 혹은 연구자에게서 당시 정황을 듣고 발표해 왔던 글 중에서 아래의 선행 연구를 이 글에서 활용하고자 한다.

李修京(2005) 『帝国の狭間に生きた日韓文学者』(도쿄, 緑蔭書房)

李修京編(2006) 『韓国と日本の交流の記憶』(도쿄, 白帝社)

李修京編(2011) 『海を超える100年の記憶』(도쿄, 図書新聞)

李修京(2020.4) 「日本国内における戦争加害の痕跡について(1)」『季論21』

李修京(2020.7) 「日本国内における戦争加害の痕跡について(2)」『季論21』 제49호, pp.81~93

李修京(2020.10) 「日本国内における戦争加害の痕跡について(3)」『季論21』 제50호, pp.195~213

일본 각지의 사례에 대해서는 지역별로 구분하려 하는데, 필자가 현지 연구자들 혹은 시민 활동가로부터 제공 받은 개인적인 자료 및 기사 등을 내용 속에서 적당히 소개하기로 하고, 여기서는 다음과 같은 문헌 및 자료를 소개해 두기로 한다.

《홋카이도 지역》

木村玲子(2016)『イトムカからのメッセージ』자비출판(삿포로)

島崎尚子・中澤秀雄・島西智輝・石川孝織共編(2018)『釧路叢書 第38巻 太平洋炭砿(上)』釧路市教育委員会(쿠시로)

島崎尚子・中澤秀雄・島西智輝・石川孝織共編(2019)『釧路叢書 第39巻 太平洋炭砿(下)』釧路市教育委員会(쿠시로)

도노히라 요시히코 저, 지상 역(2021)『70년 만의 귀향』후마니타스(서울)

《도쿄 및 시즈오카 지역》

在日韓国・朝鮮人生徒の教育を考える会編(1996)『東京のなかの朝鮮』明石書店(도쿄)

小池善之(2003.3)「大井川流域における電源開発と朝鮮人」『本川根町史』通史篇3近現代

《나가노 마츠시로 지역》

松代大本営の保存をすすめる会編(1991)『松代大本営と崔小岩』平和文化(도쿄)

松代大本営の保存をすすめる会編・発行(1995)『マツシロへの旅』

松代大本営の保存をすすめる会編(2002)『学び・調べ・考えようフィールドワーク松代大本営』平和文化(도쿄)

《그 외》

李修京・湯野優子(2008)「宇部の長生炭鉱と戦時中の朝鮮人労働者」『東京学芸大学人文社会科学系Ⅰ』59, pp.105~119

류기헌 저・이수경 감수(2013)『일본탄광도시: 큐슈 후쿠오카현 치쿠호 지방편』(서울, 라이프, 한국어)

柳基憲著・李修京監修(2013)『日本炭鉱都市:九州福岡県筑豊地方編』(서

울, 라이프, 일본어)

앞에서도 언급했듯이 일본 전국의 재일조선인 탄광 혹은 노동자 실태
를 기록한 연구 문헌 및 자료 소개, 각 지역의 상세한 시민 활동을 소개
하기에는 시간상 지면상 한계가 있음을 밝혀둔다. 그리고, 이 글에서 사
용하는 것은 대부분이 일본어 문헌 혹은 자료인데, 이는 일본측 자료
혹은 연구 동향을 국내에 소개하려는 의도도 있다. 물론, 일본 내의 기록
뿐 아니라 한국 정부 차원에서 대대적으로 진상 조사를 규명하여 정리한
자료집이 이미 존재한다. 또한 한국의 연구자들이 노력하여 엮은 성과물
도 다양하게 나와 있으므로 사료실 혹은 국회도서관 등에서 간단히 입수
할 수 있을 것이다.[19] 단, 이 글에서는 전시노동자 혹은 징용공을 중심
으로 소개하는 것이 아니라, 일본 각지의 재일조선인 노동자의 흔적이
남아있는 중에서도 필자가 직접 확인했던 곳을 중심으로 기술하되, 역사
사회학적 시점에서 접근하여 확보해 온 내용을 독자가 이해하기 쉽게

---

[19] 예를 들면 다음과 같은 한국인 연구자들에 의해 발표된 글이 일본어로 번역된
책도 있다. 金廣烈·朴晋雨·尹明淑·任城模·許光茂共著, 朴東誠監訳, 金耿昊·高賢
来·山本興正共訳(2010)『帝国日本の再編と二つの「在日」』(도쿄, 明石書店). 국내
에서도 다양한 보고서 발행이 진행되고 있는데, 대표적인 것으로 일제강점하강제
원피해진상규명위원회편(2006)의 『타이헤이마루사건』이나 국무총리 산하 대일항
쟁기강제동원피해조사 및 국외강제동원 희생자 등 지원위원회(2010년 설립, 2016년
6월 해산 조직)의 『활동결과보고서』(2016), 탄광·광산에 대한 진상을 보고하는 『홋
카이도 가야누마(茅沼)탄광 진상조사보고서』(2010)와 『아소광업 관련 진상조사보
고서』(2011), 가야누마 진상조사 대표연구자인 정혜경이 엮은 정혜경(2013)『홋카
이도 최초의 탄광 가야누마와 조선인 강제 동원』(선인) 등이 있다. 또한, 일제강제
동원피해자지원재단의 『비바이 탄광 학술용역보고서』(2018), 『일본지역 탄광 광
산 조선인 강제동원 실태-다카시마(高島)탄광을 중심으로』(2019), 『일본지역 탄
광 광산 조선인 강제동원 실태-미쓰비시(三菱) 광업(주) 사도(佐渡) 광산을 중심
으로』(2019) 등의 학술연구용역 보고서를 비롯한 많은 연구자들에 의한 진상 조사
연구가 이루어져 왔다. 하지만 일본 정부나 고용측은 이들의 연구 내용에 대해서
제대로 언급을 하지 않고 있다는 것이 현실이다.

서술적으로 소개하려고 한다. 그런 과정에서 근대 사회의 변혁, 한반도 및 일본 내의 복잡한 양상에 휘말린 재일한국·조선인의 갈등과 대립, 시대의 흐름과 더불어 현저한 입장 차이를 보이는 일본 정부와 시민의 갈등 등에 대해서도 확인해 보려고 한다. 그 연장선에서 동아시아의 평화를 위한 한국과 일본 시민의 돈독한 연대의 필요성을 지적하고, 역사 청산의 키워드인 「기본적 인권」과 「인간의 존엄성」의 가치를 공유하며 실천하는 시민력에 우리의 미래가 있음을 재확인하려고 한다.

3. 서양문화와의 접촉과 근대화, 그리고 전쟁 국가로의 행보

일본은 16세기 이후 서양 문화와의 만남과 서양인들과의 직접 교류를 통한 외교 경험의 기억으로 쇄국적 동향에도 서구 선진 기술과 문물을 지속적으로 받아 들여 왔다. 나가사키 등의 한정적인 공간에서 이루어진 외국과의 교류였으나 난학 연구와 의학, 과학, 기술, 종교, 교육 등의 신문화는 끊임없이 사회를 자극해 왔다. 각 번의 운영 및 에도 시대의 질서를 위한 외세 거부 및 금교 등 쇄국적 자세를 취해 왔던 시대에도 꾸준히 새로운 기술 문화를 도입해 왔던 일본은 1853년에 미국의 매튜 페리(Matthew Calbraith Perry, 1794~1858. 당시 동인도함대 사령관) 제독이 이끌고 온 함선 「쿠로후네(黑船)」의 출현으로 인한 충격 이후, 강압적 불평등 조약 요구 속에서 국력의 열세를 통감하게 된다. 서구 열강의 압도적인 군사력과 기술력, 경제력에 충격을 받았던 일본은 생존을 위한 부국강병책과 근대적 국민국가 형성을 서두르게 된다. 우선 일본이 근대 열강 세력에 편입하면서 제국주의를 거쳐 전쟁국가의 역사를 걷게 되는 배경에 대해서 확인을 해 두기로 하자.

3.1 일본의 서양 문화와의 만남과 교류의 축적

근대 국가 형성에서 비롯된 중앙 집권 체제로의 통합과 열강 세력의 확장에서 군국주의 전개에 이르기까지 일본의 근대사에서 반드시 소개되는 것은 1853년의 쿠로후네 등의 서양 열강의 등장에서 열세를 확인하고 시대 변혁을 갈망하던 주역들의 활약으로 성공하게 된 메이지 유신의 사례이다. 그러나 메이지 유신을 이끈 인물들이 서양 열강의 힘에 충격을 받으며 시대 변혁을 필요로 한 것은 분명하지만, 도쿠가와 막부의 봉건 체제 변화를 위한 결기가 가능했던 배경에는 그 이전의 경험적 기억이 축적되어 일본의 근대화 성공의 자양분이 되었음을 이해할 필요가 있다. 일본 사회는 1853년의 서양 열강과의 만남 이전에 이미 나가사키 데지마를 통해서 서양 상인들과의 교류와 선교사들의 활동이라는 문화 접촉이 있었고, 그런 서양 문물의 접촉과 문화 교류를 통한 외교적 경험을 축적하면서 서양식 근대화 사회와 메이지 유신의 가능성을 키워 왔다고 지적할 수 있다. 그렇다면 일본은 언제부터 서양 문화를 접하게 된 것일까?

1543년, 한 척의 중국 선박이 큐슈의 다네가시마(種子島)에 표류하는데, 그 배에 탔던 포르투갈 상인들에 의해 두 자루의 철포(鐵砲, 火縄銃, 조총)가 전래된다. 당시 첨단 무기였던 철포(총)는 전국 각지에 전해지게 되는데,[20] 이 철포는 전국시대의 전쟁의 흐름을 바꿔놓았다고 역사

---

[20] NHK(for school) 웹사이트 참조. 2022년 1월 9일 열람.
https://www2.nhk.or.jp/school/movie/clip.cgi?das_id=D0005403060_00000

적으로 평가되고 있다. 그 뒤, 1550년에 나가사키의 히라도항에 포르투갈의 배가 들어오면서 서양과의 교류가 시작되는데, 이러한 교류를 통해 외교적 경험을 쌓게 되는 일본은 서구식 과학·기술과 다양한 서양 문물을 접하면서 문명 개화의 필요성을 갈구하게 된다.

한편, 1549년에는 서양 선교사인 프란시스코 사비에르(Xavier, F. 1506~1552, 「하비에르」 혹은 「자비에르」로도 받음) 일행이 가고시마에 오면서 복음 전파를 위한 학교 설립과 종교 문화 등 다양한 서양 문화의 메신저 역할을 하게 된다. 동양, 특히 일본에서 선교 활동을 하며 서양문화를 전하였던 사비에르의 존재는 서양에서도 크게 평가 받는다.[21]

중세 로마 가톨릭 교회의 부패와 타락으로 인한 종교적 불신을 타파하기 위해 1517년에 일어난 마틴 루터의 종교개혁 운동 후, 개신교 전향사의 전도를 막기 위해 「청빈·정결·순명」이라는 수도사의 서원으로 이나시오 로욜라(Ignacio de Loyola, 1491~1556)를 비롯한 7명이 1534년에 예수회(Societas Jesu, 耶蘇会)를 설립하게 되는데, 사비에르는 그 7명의 창설자 중의 한 사람이다. 예수회는 1540년에 로마 교황으로부터 인가를 받고, 스페인 귀족 출신으로 파리대학 등에서 신학 공부를 하여 예수회 첫 선교사가 된 사비에르가 직접 동양의 선교 활동에 나서게 된다. 당시 포르투갈과 스페인의 영토 확장 경쟁, 이슬람 종교와의 대항 및 향료 확보 등의 격한 시대적 움직임 속에서 포르투갈계의 예수회는 아시아의 포교 활동에 주력하게 된다. 그 과정에서 말라카에서 일본인

---

21) 필자가 2010~2011년에 유럽에서 안식년을 가졌을 때 들렀던 케임브리지의 성당을 비롯한 여러 곳의 성당에 놓여있던 팸플릿에서 사비에르와 일본 이야기가 비중 있게 소개되어 있는 것을 본 적이 있다.

야지로를 만나게 된 사비에르는, 1549(天文18)년 8월 15일에 7명의 로마 가톨릭 사제 토르레스(Torres,L)와 수사인 페르난데스와 함께 야지로[22]의 안내로 가고시마에 상륙하게 된다.[23] 그들은 각 행정(번) 수장들과 만나서 서양 문화 전달 및 포교 활동을 전개하는데, 2년 동안 히라도와 야마구치, 붕고(豊後, 현재의 오이타 지역)체제 중에 500명 이상이 세례를 받았다고 한다. 1552년에는 백제와 인연이 깊은 야마구치 지역을 지배하던 다이묘 오우치 요시타카(大内義隆)의 포교 허락 하에 일본 첫 기독교 교회가 건립되었고, 그 해 12월 24일에 첫 성탄절 미사가 개최되었다.[24]

〈사진〉 왼쪽은 1550년 가을에 사비에르가 시모노세키에 상륙한 기념비. 가운데는 야마구치의 사비에르 성당. 오른쪽은 사비에르 성당 맞은편에 세워져 있는 사비에르 동상

---

22) 사츠마반도(큐슈)에서 무역을 하며 포르투갈어를 습득했던「池端弥次郎重尚」를 칭함. 梅北道夫『日本経済新聞』1992년 4월 16일. 供田武嘉津(1996)『日本音楽教育史』音楽之友社, p.174 재인용.
23) 위와 같음. 供田武嘉津(1996)『日本音楽教育史』, p.174
24) 일부 내용은 사비에르 성당 안내판 참조.「宣教師ザビエルと日本で初めてのクリスマス」『九州圏広域地方計画推進室』홍보 웹사이트 참조. 2022년 1월 9일 열람. http://www.qsr.mlit.go.jp/suishin/story2019/04_3.html

또한 동행했던 일행은 서구 중세의 교회 제학교에 유래하는 초등학교나 신학교 등을 잇따라 건립하였다.[25] 1561년에는 붕고 지역의 후나이(府内)교회 부속 초등학교를 설치하고 기독교 교리 확대책으로 여자 아이의 입학도 허가하였다.[26] 개개인에게 위안과 믿음으로 이어지는 기독교의 파급력을 위험 세력으로 보았던 도쿠가와 막부는 4차례의 쇄국령이나 금교조치(禁敎措置)를 명하였고, 엄명으로 인해 기독교는 궤멸[27] 상태에 이르다가 메이지유신 이후 서양 문화와 더불어 바깥 세상으로 나오게 된다.[28] 1636년에는 나가사키 데지마에 네델란드인을 거주시켜서 포교활동을 저지하였고, 1641년에는 히라도의 상관(商館)을 데지마로 옮겨서 1859년까지 서양과의 유일한 교류 창구로 활용하였다. 비록 한정된 공간에서 허락된 문화 교류이기는 하였으나 데지마 네델란드 상관(出島和蘭商館)을 통해서 들어 온 서양 서적을 연구하는 난학(蘭學)은 일본 사회에 상당한 영향을 미치게 된다. 필자가 이 난학에 주목을 하는 것은 결국 서양의 첨단 문화를 난학을 통해서 연구하게 되고, 그러한 난학 연구의 연장선에서 서양 의학 기술의 발달과 더불어 전쟁국가의 역사를 가능하게 하는 서양식 근대 군대 정비가 이루어지기 때문이다.

1823년에 독일 출신의 상관 전속 의사인 시볼트(Philipp Franz Balthasar von Siebold, 1796~1866)가 부임하여 데지마 근처의 나루타키(鳴滝塾)에서 일본인 의사들에게 수술 방법을 포함한 서양 의술을 지도하게 된

---

25) 이수경(2021)「일본의 초기 서양음악의 동향에 대한 일고찰」『제12회 코리아 연구실·BOA 학술 세미나-근대 한국의 서양문화와 초기 서양음악-』2021년 9월 25일 발표집, pp.19~20 참조.
26) 供田武嘉津(1996)『日本音楽教育史』p.187 참조. 참고로 供田는 당시 상황을 생각하면 서구 중세의 문답학교「問答学校」(Catechetical School)의 교육방침을 답습하고 있었다고 보고 있다.
27) 상게서, 供田武嘉津(1996)『日本音楽教育史』, p.184
28) 전게서, 이수경「일본의 초기 서양음악의 동향에 대한 일고찰」, pp.19~20 참조.

다.29) 당시 의사들 중에는 오사카의 명문 난학 및 양의학 연구 학원이었던 데키쥬쿠(適塾)출신으로 시볼트에게 사사를 받으며 서양 의학서에 심취하다 서양식 군사학과 병학 연구에 주력하여 「일본 군대 혹은 육군의 아버지」라고 불리는 오무라 마스지로(大村益次郎, 1824~1869년, 야마구치 출신, 메이지유신 10걸 중의 한 사람)가 있다. 야마구치의 마을 의사였던 오무라는 서양 의학(蘭学)을 연구하면서 근대식 군사 제도 및 병학을 접하게 된다. 마침 1853년의 쿠로후네를 비롯한 서양 열강들의 출현에 서양학의 수용을 절실히 느끼며 일본의 강대국화를 위한 근대화를 서둘러야 한다는 강박감과 함께 서양 군함과 난학 번역 작업에 착수한다. 그리고 쵸슈한의 학교인 메이린칸(明倫館)30)에서 서양 병학 교수를 맡으며 군대 재편과 전술 지도를 하여 막부군의 쵸슈한 정벌 싸움에서 압도적인 활약을 보인다.

〈사진〉 요시다쇼인 강의 기념비가 있는 하기시의 메이린칸. 2022년5월7일 촬영

---

29) 참고로, 시볼트의 딸 구스모토 이네(楠本イネ)는 일본의 근대식 첫 여성 부인과 의사였으며, 오무라 마스지로가 습격을 당한 뒤, 마지막까지 간호를 한 것도 구스모토 이네 모녀였다.
　李修京(2009)「楠本イネ 日本初の女性産科専門医」『国際社会で活躍した日本人 明治～昭和13人のコスモポリタン』弘文堂(도쿄), pp.1~20 참조.
30) 오카야마(岡山)의 시즈다니(閑谷)학교와 미토(水戸)의 코도칸(弘道館)과 더불어 일본 3대 한코(藩校)로 불린다. 이 쵸슈한 메이린칸은 요시다 쇼인과 다카스기 신사쿠, 이노우에 가오루 등의 걸출한 메이지 인물들을 배출한다.

그 뒤, 1663년에 다카스기 신사쿠(高杉晋作)가 창설하는 한시(藩士) 외의 비정규직 하급무사 및 서민으로 구성한 민병집단 키헤이타이(奇兵隊)31)에게 서양식 병제와 군사학 강의와 근대식 군사 훈련을 시키며 근대식 군대 창설을 돕게 된다. 정예군과 같은 근대식 군사 훈련을 받고 보병, 포병 부대 등으로 편성된 키헤이타이는 일본 근대 군대의 모태라고 할 수 있다. 이들은 막부군과의 싸움에서 활약을 하는데, 특히 메이지 신정부군에 배치되어 천황의 깃발 아래 정규군과 같은 전술로 임하게 된 키헤이타이는 구 막부군과의 총력전이 된 도바·후시미전(鳥羽伏見の戦い)과 보신전쟁(戊辰戦争)에서 치열한 혈전을 치른다. 키헤이타이 등의 활약과 희생으로 혼란스러운 전쟁이 마무리되자, 오무라는 새로운 국가를 위해 철저한 충성을 바칠 군제 정비를 모색하고, 병부대보(兵部大輔,국방차관에 해당)로 군정을 맡으며 메이지 유신에서 희생된 전사자 추모 장소를 메이지 천황에게 제안하여 1869년에 「도쿄 초혼사」(1879년에 야스쿠니신사(靖國神社)로 개명)를 건립하게 된다.32)

오무라는 1869년 11월에 오사카 교토 등의 군사 시설 확인차 교토를 방문 중에 반대 세력의 습격으로 45세의 생을 마감한다. 일본 건군의 상징적 인물이 된 오무라를 기리기 위해 야스쿠니신사 입구에는 거대한 일본 최초의 근대식 동상이 세워져 있다. 인명을 중히 여기는 의사가 일본 군국주의의 상징인 야스쿠니신사의 입구에 서 있다는 것은 아이러니하다고 할 수 있다. 참고로, 야스쿠니신사는 메이지유신 때 희생한 키헤이타이 대원을 비롯한 전사자들의 넋을 기리는 곳에서 시작된 것을 알 수 있다.

---

31) 다카스기 신사쿠(高杉晋作)에 의해 1863년에 결성. 근대 일본군대의 모체로 이토 히로부미(伊藤博文)나 야마카타 아리토모(山縣有朋) 등도 관련.
32) 다카스기 신사쿠(1839~1867)가 쵸슈한 희생자를 기릴 초혼사(招魂社) 조성을 발의.

〈사진〉 왼쪽부터 키헤이타이 본거지였던 시모노세키의 아카마신궁, 가운데는 1864년
하기 정부군과의 전투에 임하는 다카스기 신사쿠(1839~1867)·이토 히로부미(1841~
1909)·야마카타 아리토모(1838~1922) 등이 지휘하던 키헤이타이가 진을 쳤던 오
타 긴레이샤(大田·金麗社). 오른쪽 사진은 야마구치 스젠지(鋳銭司)의 오무라 마스
지로 부부 묘. 2019년 2월 촬영

이렇게 일본은 1543년부터 서구의 철포를 접하면서 서구 문화와의
접촉을 근대화 역량의 자양분으로 삼으며 막번체제에서 중앙집권체제
의 통일국가를 모색하였고, 서구식 군사 제도를 도입한 근대식 군대
육성의 부국강병책으로 문명개화와 국제사회에 인정받는 열강의 체제
를 갖추게 된다. 천황을 중심으로 하는 중앙집권체제의 강화와 국가 운
영을 위한 국민 편성을 추진하며 신분 제도의 철폐와 장발에서 단발
및 양복 등의 급격한 문화 변화에 대한 반발로 사회적 제도적 혼란도
속출했으나, 이미 세계정세의 시대 변혁 속에서 근대국가 형성과 열강
을 지향하던 신정부 세력은 정치, 경제, 사회, 문화적 기반과 제도 정립,
철도나 전화, 건축 등의 첨단 과학 기술을 흡수하며 질풍노도와 같은
추진력으로 근대국가 건설에 주력하는 것이다.

3.2 일본의 서양 열강 편입과 세력 확장

서양 열강의 위력에 충격을 받은 일본은 1858년에 불리한 조건임에도 불구하고 미국·네델란드·러시아·영국·프랑스와 통상조약을 체결하게 된다. 그리고 1859년에 가나가와(神奈川)의 요코하마(横浜), 하코다테(箱館; 函館), 나가사키(長崎)를 개항하며 1867년에는 효고(兵庫)의 고베(神戸)를, 1869년에는 니카타(新潟)를 개항하여 구미 국가들과의 활발한 무역 교류와 서양 문물 수용, 서양 사회에 일본 문화의 소개 등을 하게 된다. 낮은 관세율 책정으로 인한 자국의 물가 폭등과 서구 물품 유입에서 파생된 사회적 혼란을 야기하면서도 일본은 서양 문물을 실리적으로 수용하며 근대 국가의 기반 정비에 주력하였다. 1866년 당시 병인박해 및 병인양요를 계기로 흥선대원군이 열강과의 통상 수교를 거부하며 쇄국정책을 시행하던 조선이 양상과는 다른 행보를 볼 수가 있다.

서양 문명에서 받은 충격으로 봉건주의 시대의 변혁이 필요하다는 것을 절실히 느낀 일본은 근대적 군대 정비 및 해군 증강을 주장하던 사쿠마 쇼잔(佐久間象山)[33]을 비롯하여 요시다 쇼인(吉田松陰), 고바야시 도라사부로(小林虎三郎), 하시모토 사나이(橋本佐内), 사카모토 료마(坂本龍馬), 가츠 카이슈(勝海舟) 등의 사쿠마의 제자들과 메이지 유신의 3걸(三傑)로 알려진 오쿠보 도시미치(大久保利通), 사이고 다카모리(西郷隆盛), 기도 다카요시(木戸孝允) 등의 걸출한 인물들의 출현으로 무사(사무라이) 중심의 봉건주의적 사회를 자립적 근대화 사회로 변혁시키는데 성공하게 된다.

---

33) 1811~1864. 후술하는 나가노현 마츠시로에서 태어나서 54세 때 교토 산조 기야마치에서 암살당함. 수학 및 동양학에 능통할 뿐 아니라 네델란드어를 배워서 양학, 서양 병학 및 서양 문물에 대한 해박한 지식으로 제자들을 가르치며 막부 해체 및 개국론을 주장. 메이지 유신을 이끈 인물들의 스승으로 널리 알려져 있다.

〈사진〉 사이고 다카모리(西鄕隆盛)·기도 다카요시(木戶孝允)·오쿠보 도시미치(大久保
利通)가 막부군을 토벌하기 위한 군사동맹(薩長同盟)을 협의하기 위해 회견한 야마구
치시의 마츠다야(松田屋)

존왕양이(尊王攘夷; 천황제 복고와 더불어 권력의 중심인 천황을 받
들고, 외국 세력을 배척하자는 슬로건)를 내걸고 도쿠가와 막부 세력을
장악한 번벌 관료들은 자신들의 권력 비호를 위한 절대적 세력으로 메
이지 천황을 왕정복고의 대호령34)을 통해 권력의 중심에 앉게 한다.
그리고 행정관 포고 제1호에 의해 천황 1대에 걸쳐 하나의 연호를 사용
한다는 일세일원(一世一元)제 도입을 정하여 메이지(明治) 천황의 시대
가 선포되었다. 도쿠가와 막부를 옹호하던 구막부 세력과 천황 중심의
정치 제도를 부활시킨 신정부 세력과의 싸움은 보신전쟁(1868년 1월~
1869년 5월)으로 치닫지만 하코다테 고료카쿠(五稜郭) 함락으로 종결
이 되고, 1871년에 중앙 통일 국가 개개를 위한 다번 개개의 체계35)로
일본은 근대 국민국가의 틀을 갖추며 문명 개화국으로 나아간다. 불과

---

34) 1867년 11월 9일에 에도 통치권자였던 도쿠가와 막부 제15대 장군인 도쿠가와
요시노부가 교토의 2조성에서 통치권을 조정에 반납하는 대정봉환이 이루어지고,
1868년 1월 3일 메이지 천황 중심의 천황제 부활과 신정부 수립을 의미하는 왕정복
고 대호령으로 도쿠가와 막부가 폐지되고 에도 265년의 역사는 막을 내린다.
35) 하이한치켄(폐번치현; 廢藩置県. 메이지 정부가 중앙 집권 개혁을 위해 기존의
각 지역의 다이묘가 지배하던 영지 혹은 지방 지배를 맡았던 261개의 한(藩)을
폐지하고, 1871년에 3부 302현(3府; 東京·大阪·京都를 포함한 302県)의 전국 통일
국가 체제로 이행한 개혁 제도. 점차 조절하여 2022년 현재 일본의 행정구획은
도쿄도, 홋카이도, 오사카부, 교토부를 합친 47개 도도부현.

반세기라는 짧은 기간에 자립적 근대화 혁명에 성공한 산업 국가 일본
은 서구 열강과 어깨를 나란히 하는 아시아 유일의 열강이라는 자부심
으로 세계를 향하여 개국하는 것이다. 자신감으로 충만해 있던 메이지
정부는 보다 강한 통일 국가 형성을 위하여 메이지 2년(1869년)에 일본
전체 영토의 약 22.1%(77,983.90km². 네덜란드의 2배, 오스트리아와 같
은 면적)에 해당하는 아이누족[36]의 땅 아이누모실[37]에 홋카이도 개척
사를 두고, 기존의 호칭인 에조치(蝦夷地)에서 「홋카이도」로 명칭을
개칭하여 메이지 정부의 행정구역으로 편입시킨다. 대한민국 면적의
83%(2021년 현재)에 해당하는 아이누모실을 침탈하고 세력권을 확장
한 메이지 정부는 대륙 진출의 야욕을 펼치게 된다. 1871년의 타이완
출병[38] 이후, 열강이 일본과 불평등 조약을 체결했듯이 일본 또한 1875년

---

36) 지금의 홋카이도(개칭 전의 이름은 「아이누모실」; 사람이 조용히 사는 대지) 및 사할
린, 쿠릴열도, 캄차카 반도 등에 살았던 선주민족. 아이누는 문자를 갖지 않은 민족이
었기에 역사는 지배층에 의해서 기록되어 전해 내려왔으나, 홋카이도의 지명 등 고유
명사는 예전부터 불리어온 이름에 메이지 정부가 한자 음을 붙였다. 참고로 아이누
민족에 대한 토지 및 자원 수탈 행위는 15세기부터 인데, 지금의 일본 혼슈에 살던
와진(和人)들이 자원의 교역이라는 명분으로 점차 아이누 모실을 장악하며 지배적
침탈 구조에 두게 되었다. 홋카이도청 공식 웹사이트 참조. 2021년 12월 31일 열람.
https://www.hkd.mlit.go.jp/ob/tisui/kds/pamphlet/tabi/pdf/03-04-wajin_kakawari-
p13643.-1pdf
37) 홋카이도(北海道)라는 명칭 유래는 1869년(메이지 2년) 8월 15일의 다죠칸(太政官)
포고(布告)에서 정하였는데, 일본의 행정구획명인 47개 도도부현 속에서 유일하게
도(道)라는 이름을 사용하고 있다. 홋카이도 도청 공식 웹사이트 참조. 2021년 12월
30일 열람. https://www.pref.hokkaido.lg.jp/ks/bns/yurai.html
38) 1871년에 류큐(현 오키나와 지역) 표류민 54명이 타이완 모란샤(牡丹社) 원주민에
게 참살당한 2년 뒤, 오카야마의 표류 승무원 4명이 타이완 원주민에게 약탈을
당하자 메이지 정부는 결국 타이완에 출병한다. 1874년(메이지7) 5월에 메이지
유신의 영웅인 사이고 다카모리의 동생이자 육군 중장인 사이고 츠구미치(西郷從
道)가 이끈 3600명의 일본군이 출병하여 원주민을 제압한다. 이 사건으로 일본은
청나라로부터 조난민 배상금을 지불받고 국제사회에 류큐(오키나와)가 메이지 정
부에 귀속하여 있음을 표명하게 된다. 隈元信一, 西正之, 佐藤和雄「歴史は生きて
いる；維新で揺れるなか、なぜ出兵」『朝日新聞』特集サイト(DEGITAL), 2021년 12월
31日 閲覧. https://www.asahi.com/international/history/chapter01/02.html

에 강화도 도발로 인한 조선과의 불평등조약(1876년의 「강화도조약」 혹은 「조일수호조규;朝日修好條規」로 칭함)을 체결하며 한반도를 대륙 진출의 전초 기지로 식민지 통치 지배를 꾀하게 된다.

한편, 1872년에는 철저한 구미 열국의 학제 연구 조사를 통해 아동의 취학제로 이어지는 학제를 공포하여[39] 국민 형성의 교육 기반을 다지고, 그런 전제적 국가 중심 체제에 반대하며 국민의 권리 향상을 주창하는 자유 민권 운동이 1870년대 후반부터 1880년대에 일어난다. 그 사이에 국제사회에 통용하는 문명 개화의 국가적 면모를 다지기 위한 선진 문화 시찰에 외무대신 이와쿠라 도모미(岩倉具視, 1825~1883)를 전권대사로 한 정부 요인들의 구미 12개국 사절단이 파견된다. 1년 10개월 간(1871~1873)의 장기 시찰을 통해 국토를 잇는 철도나 통신 과학 등의 기술에 문화적 충격을 받고 돌아온 그들은 조선의 쇄국 정책을 무력으로 개국시키려던 사이고 다카모리의 정한론이 시기상조임을 논하며 일본의 근대화를 우선 과제로 한다. 즉, 세력 확장을 위한 근대식 국가 기반 형성이 우선이므로 조선을 비롯한 대륙 진출은 미루어진 상황이었을 뿐, 침탈하지 않는다는 것은 아니라는 것이다.

내각제도를 통해 1885년에 초대 수상(내각총리대신)이 된 이토 히로부미는 유럽에서 프로이센(독일)헌법 연구를 하고 귀국하여 입헌군주제 국가의 기초인 헌법 초안을 작성한다. 프로이센 헌법보다 천황 권한을 강조하는 시대 역행적 내용을 다분히 내포한 전제군주적 대일본제국헌법(메이지헌법)이 1889년 2월 11일에 공포되고, 다음 해인 1890년

---

39) 이 당시는 프랑스 교육제도를 참고한 소학교 4년간의 의무교육.
상게서, 供田武嘉津(1996)『日本音楽教育史』, p.226 참조. 전게서, 이수경 「일본의 초기 서양음악의 동향에 대한 일고찰」, pp.19~20 참조.

에 제국의회를 개설하여 제도적인 근대국가 체제가 확립이 된다. 같은 해 10월 30일에는 천황에 절대적으로 충성하는 신민 교육을 위한 「교육에 관한 칙어(教育ニ関スル勅語)」가 발표되는데, 신격화한 천황의 국가를 위해 서슴치 않고 희생을 할 수 있는 국가주의 정신은 그 뒤의 제국주의 전개 및 군국주의 기반을 지탱하는 지침이 되었을 뿐 아니라 전후 민주주의 시민 의식이 성장한 2022년 현재에도 여전히 일본 사회 곳곳에 뿌리 깊게 남아 있다.

한편, 열강들의 각축의 장이 된 조선을 배경으로 일어난 세력 싸움이 된 1894년의 청일전쟁 결과, 막대한 배상금[40]을 획득하게 된 일본은 전쟁 비즈니스의 승진 성형에 도취되어 제국주의의 패권 싸움으로 치닫게 된다.

〈사진〉 청일강화조약 장소인 시모노세키 슌판로(春帆楼)의 기념비 및 슌판로 입구의 일본측 대표 동상

1902년 영일 군사동맹을 맺고 세계 최고의 기술력을 자랑하던 영국의 군함 제조 기술을 도입하며 해군력을 강화시키는 한편, 1904년 2월,

---

40) 일본측 이토 히로부미와 청나라 북양 대신인 이홍장은 1895년 4월 17일 시모노세키 조약을 통해 당시 일본의 1년 예산의 4배에 해당하는 은화 2억 냥의 배상금과 청나라의 요동반도 및 타이완 지역을 할양받았다. 전승으로 막대한 이익을 얻게 된 이 경험은 일본이 군국주의에 취하여 전쟁 국가의 길을 걷게 하는 요인이 된다.

만주 및 조선의 지배권 싸움으로 러일전쟁이 발발하자 일본은 1905년
에 러시아의 발틱 함대를 쓰시마(対馬)전에서 격멸시키며 사할린을 얻
게 되고, 1914년의 제1차 세계대전에서도 5대 전승국의 하나가 된다.
그리고 위안스카이(원세개) 정부로부터 「21개조 요구」를 수락받는 최
대 수혜자가 되어 군국주의 전쟁국가의 늪에서 헤어 나오지 못하게 된
다.[41] 서양 열강 세력에 뒤늦게 편입한 메이지 정부는 1895년에 식민지
가 된 타이완(청일전쟁 결과)에 이어 1910년에 대한제국(1897~1910)을
강제 병합하면서 대륙 진출의 병참 기지를 구축하게 된다.

〈사진〉 왼쪽은 청일전쟁 정예부대인 기병 제6연대. 1910년 2월 2일 촬영. 가운데는
식민지가 된 경성 시내를 걷는 일본군인들. 오른쪽은 1911년(메이지 44년) 11월 1일,
압록강 교량을 건넌 첫 열차로 안동현(현재, 단동)에 도착한 데라우치 초대 조선총독이
하차하여 남만주철도 안봉선 개축 공사의 종업원들 접견 사진. 일본 왕궁 서릉부 제공

　그리고 일본 내외의 근대화 인프라 정비 및 군수 물자 생산 시설 개
발에 필요한 노동력으로 그동안 세력 확장을 통해 확보한 식민지 노동
자들을 투입하게 되는 것이다.

---

41) 승승장구로 전승을 거듭하며 승리에 도취된 채 무리한 전쟁을 계속하였던 나폴레
옹의 말로가 비참하였듯이 일본 역시 후술하는 마츠시로 대본영에서 보듯이 처참
한 패전의 결과를 안게 된다.

3.3 근대 일본 노동 현장을 상징하는 「타코베야(감금)」 노동

근대자본주의 이식을 통한 식민지 근대화 과정에 필요한 철도, 댐, 하천 정비, 항만, 터널, 도로 건설 공사는 물론, 당시 국가 정책으로 중시되었던 석탄 채굴의 광산, 탄광 등의 노동 환경은 열악하기 이를 데 없었다. 특히, 혹독한 노동 환경 속에서 감금된 노예와 같은 타코베야(タコ部屋)의 장시간 중노동과 착취로 인해 부상을 당하거나 목숨을 잃는 노동자가 속출하였다. 이 글에서 취급하는 일본내 건설공사장 등에서 일하였던 많은 조선인 노동자가 열악하고 가혹한 노동 환경에 배치되었고, 억울하게 목숨까지 잃은 경우도 적지 않았다. 그런 노동 현장의 상징적 용어가 바로 「타코베야 노동자 혹은 감금 노동자」라고 할 수 있다.

이 글에 나오는 조선인 노동자들의 사망 배경에는 이러한 타코베야 노동으로 인한 착취 흔적이 적지 않다. 설령 타코베야 노동자 형태가 아니었다 하여도 언어와 문화가 다른 낯선 땅에서 절대적인 지배 피지배 관계가 작용하던 격리 공간에서 처참한 노동 환경에 내몰려야 했던 그들의 삶은 감금과 다를 바 없었다. 2022년 현재, 아시아 유일한 G7국가이자 첨단 선진 국가라고 자부하는 일본이지만, 현대판 노예처럼 외국인 노동자에 대한 타코베야 노동이나 폭행이 동반되는 사례가 발발하고 있다. 예를 들면, 2022년 1월 14일자 『山陽新聞』의 취재에 따르면 오카야마시의 건설회사 베트남인 기능실습생이 2019년 가을부터 2년간에 걸쳐 복수의 일본인으로부터 빗자루 등으로 상습적인 폭력을 받아 왔으며, 배를 차여서 갈비뼈가 부러지는 등의 폭행으로 후쿠야마시 노동조합에 보호를 받고 있다고 한다. 피해자는 「인간으로서 취급해 주지 않았다. 매일 오늘은 무사히 넘어 가도록, 평화로이 지낼 수 있기를 빌면서 출근을 했다」고 한다.[42] 며칠 뒤, 이 내용을 후지TV 계열 뉴스에서는 보다 구체적으로 보도를 하고 있다. 구체적인 내용 인용을 소개하자면 다음과 같다.

트럭 짐받이에서 작업을 하는 남성이 빗자루로 두드려 맞으며 폭행을 당하고 있다. 폭행당한 남성은 41세의 베트남인 기능실습생[43]으로, 약 2년에 걸쳐서 직장에서 폭행을 받았다고 호소하고 있다. 폭행 피해를 호소하는 베트남 기능실습생(41세)「가족이나 주위 실습생들을 생각하면 폐를 끼치고 싶지 않아서 참았다」1월 17일에 회견한 노동조합에 따르면 남성은 2019년 가을에 일본으로 와서 오카야마 시내의 건설회사에서 일하기 시작했다. 그러나 얼마 안 되어서 복수의 일본인 종업원들로부터 폭행을 당한다. 남성은 약 2년에 걸쳐서 허리와 배를 차이는 등의 폭행을 당하여 왼쪽 늑골을 3개 골절당한 적도 있었다고 한다. 그럴 경우, 회사측은「기숙사 계단에서 떨어진 것으로 해 둬」라며 입막음을 당했다고 한다. 남성은 베트남에 아내와 다섯 살 된 딸이 있다. 실습생으로서 일본에 오기 위한 비용 100만엔의 빚을 졌다. 회사를 그만 두게 되면 그 비용의 변제나 가족에게 송금을 할 수 없기 때문에 폭행을 받아도 참을 수밖에 없었던 것이다. 그리고, 2021년 6월, 인내의 한계에 달하여 일을 중개하는 역할의 감리단체에 의뢰했으나 폭행은 그치지 않았기에 신습생을 지원하는 히로시마·후쿠야마시의 노동조합에 상담하여 2021년 10월에 보호를 받게 되었

42) 「ベトナム人技能実習生「暴行2年受け続けた」岡山で就労, 監督機関が調査」『山陽新聞』디지털판, 2022년 1월 14일 참조. https://www.sanyonews.jp/article/1217756
43) 일본의 노동력 부족을 보완하려는 강구책으로 나온 제도라고 할 수 있는데, 기능실습제도 및 외국인 연수 제도는 1993년에 도입된 「기능실습」, 「연수」 자격으로 도일한 외국인들이 보수를 받으며 일정 기간 동안 일본에 체류하여 기능을 배우며 그 분야의 연수를 받는 제도이다. 하지만 그 제도를 이용한 저임금 착취 노동으로 인해 현대판 노예제도라고 불리는데, 점차 관리 기관을 두거나 제도 문제의 시정은 하고 있으나 여전히 가혹한 노동 현장에서 피해를 입는 약한 입장을 악용하는 영세 기업들이 있다.

다고 한다. 남성은 「가족을 위해서 일본에서 일하고 싶다」며 다른 회사에서 일할 것을 희망하고 있어서 경찰에 피해신고는 하지 않았다. 앞으로 건설회사와 감리단체에 대해서 사죄나 손해배상 등을 요구할 방침. 건설회사의 대리인은 FNN의 취재에 대하여 「협상 중이므로 지금은 코멘트할 수 없다」고 하고 있다.[44]

　기능실습제도는 1993년에 도입된 외국인 기능실습생을 받아들이는 제도인데, 일본의 농업, 건설, 기계, 금속, 섬유직 등 다양한 기업에서 일정한 시급을 받으며 기능을 배울 수 있고, 최장 3년까지 있을 수 있다. 2020년 현재 기능실습생 수는 256,408명이고, 가장 많은 나라는 베트남 국적으로 143,742명에 이른다.[45] 그 외 중국, 인도네시아, 필리핀, 미얀마, 태국 출신 등이 있다. 이 제도는 주로 영세 기업의 부족한 노동력 보완책으로 이용되고 있는데, 여권 몰수 및 감금 행위, 일상적인 착취 및 폭력 행위 등이 일어나도 언어 소통 문제 혹은 일본에 오기 위해 빌린 빚 등의 경제적 약점으로 인하여 참다가 부상을 당하는 사람도 많아서 현대판 노예제도라는 혹평을 받고 있기도 하다. 구조적으로는 근대의 타코베야 노동 형태와 유사한 인권 문제가 초기부터[46] 지금까지 발생하고 있다. 바꾸어 말하자면 경제적 궁핍에서 나라를 떠나온 외국인 노동자에 대한 타코베야식 노동 문제는 과거 문제가 아니라 현재

---

44) 「実習生をほうきでたたき暴行「ろっ骨3本骨折...会社は口止め」悲痛な告白」『FNN プライムオンライン』実習生をほうきでたたき暴行「ろっ骨3本骨折...会社は口止 め」悲痛な告白(msn.com) 2022年 1月 17日 열람.

45) 일본 정부 통계 참고. 2022년 1월 20일 열람.
　　https://www.otit.go.jp/files/user/toukei/211001-1-5.pdf

46) 중국 외국인 기능실습생의 시급 300엔(당시 현의 최저임금은 738엔)에 휴일은 1년에 며칠, 시급 시정을 요구하자 해고로 강제귀국을 당하는 사례 기사. 「日本 : 外国人技能実習制度問題 時給300円、休みは年に数日 抗議したら強制帰国　海外からも厳しい目に」『共同通信』 2015년 1월 5일자 참조.

의 사회 저변에서 일어나고 있는 문제이기도 하다.

마침 고단샤(講談社)에서 발행하는「머니 겐다이(현대)」(2021년 9월 30일자)에 노동문제를 주제로 한 타코베야 노동에 대하여 상세히 설명한 기사가 게재되어 있기에 당시 희생이 된 조선인 노동자들의 환경을 이해하기 위하여 장문이지만 번역, 인용해 두기로 한다.

예전에 홋카이도나 카라후토(樺太, 사할린)를 중심으로「타코(タコ)」라고 불리는 노동자들이 있었다. 그들은「타코베야(タコ部屋)」라고 불리는 숙소에 집어넣어져, 대부분이 오락도 없이 말하는 것도 금지되고 만족스러운 식사도 제공받지 못하고 가혹한 노동에 종사해야만 했다고 한다. 그 역사는 1890년(메이지 23년)으로 거슬러 올라간다. 홋카이도 개척기 초기는 수인(죄수)을 사용하였던 공사가 폐지되어, 전국에서 모은 노동자가 철도, 도로, 항만, 용수로 같은 공사에 관련되었다. 이런 노동자가「타코」라고 불리는 사람들이었다.

「타코」란 이름의 유래는 몇 가지 설이 있다. 유괴나 협박, 사기 등으로 홋카이 바깥에서 데려왔기 때문에「타고(他雇, 외지인의 고용-필자 주)」라고 불린 것에서 유래한 설, 오랜 노동으로 어깨에 굳은살이 박힌 숙련공이 기술과 노동력을 파는 것을「굳은살(タコ)을 판다」해서「타코(굳은살을 의미하는 일본어-필자 주)」로 불리게 된 설. 혹은, 한 번 숙소에 들어가면 거기서 빠져나오지 못하고 붙어(일본어로 다코   필자 주)가 자신 손발을 먹으며 연명하듯이 자신의 몸을 팔아서 살기 때문에「문어」에서 불리운 설, 가혹한 노동에서 항상 도망갈 기회를 노리며 실이 끊어진 것처럼 도망가기 위해「연(凧, 일본어로 타코라고 부름-필자 주)」에서 왔다는 설 등이 있는데, 일정하지 않다.[47] 어쨌거나 대부분의 노동자들은 원하지

---

47) 이에 대해서 다음 책에서는 히츠보 야스유키(筆宝康之)의 다음 논문 내용을 인용하여 몇 가지 설을 소개하고 있다. (「建設業における労資関係制度」『経済学研究』제 21권 제2호). 「감방이라는 어원은 분명하지는 않다. 메이지 원년(1868년-필자 주) 구로다 키요타카의 홋카이도 개척시대에 도로 토목공사에 노동력 부족을 알린 결과, 범죄자를 이용해서 토목공사에 종사하게 하여 그들의 도망을 막기 위해 엄하게

않는 노동에 종사를 한 사람들이었는데, 예를 들면, 홋카이 밖에서 모집해 온 사람의 일부는 「좋은 돈벌이에다 편안한 일이 있다」고 하여 홋카이도로 오게 되었다. 그리고 타코베야 2층으로 끌고 가서 한 발자국도 밖으로 내보내 주지 않았다. 또한 홋카이도까지의 숙박 교통비는 빌려준 것이라고 하여 월급에서 정산하는 것이었다. 또, 홋카이도 안에서는 「타코츠리(蛸釣り, 문어낚시)」 방법으로 노동자를 모았다. 일자리를 찾는 사람이 보이면 하루 이틀을 유곽(성매매 업소)에서 놀린 뒤, 「슈센야(周旋屋)」로 불리는 입자한테 데리고 간다. 그들은 타코베야에 노동자를 데리고 다니는 것을 직업으로 하는데, 술과 여자로 망친 뒤 판단력을 잃은 상태에서 계약서에 도장을 찍게 하거나 정신이 들었을 때 지불한 비용을 청구하여 지불이 불가능하면 「좋은 직장을 소개해 주겠다」고 하여 타코베야로 보냈다. 더욱이 음식값이나 성매매 업소에서 사용했던 돈을 빚으로 처리하여 월급에서 빠지도록 하였다. 그렇기에 타코베야에 들어간 사람들은 쉽게 빠져나올 수 없었다. 게다가 타코베야는 마을에서 먼 곳에 만들어졌고 감시도 있었기 때문에 밖으로 물건 사러 가는 것도 불가능하였다. 노동자는 타코베야에서 필요한 도구나 일용품을 구입하게 되는데 그 가격은 폭리를 취하는 고가였다고 한다. 이렇게 타코베야에 붙잡힌 사람들은 노망가는 것도 허락되지 않고 오로지 일만 하였다. 동 트기 전부터 일어나서 날이 저물 때까지 하루 14시간 이상의 노동에다 폭력으로 지배당했다. 또 제대로 된 식사도 아니어서 각기병 같은 병이 만연하였다. 게다가 반항하거나 도망하려던 사람은 때리고 차고 도구 등을 사용한 폭력을 행사하여 부상을 입는 사람들이 속출하였다. 그러다가 도망에 성공한 사람도 있는데 그런 사람들을 인근에 사는 사람들이 감싸줘서 도망칠 수 있었다는 이야기도 있다. (중략) 한편 부상을 입은 사람은 만족스러운 치료도

감금한 곳으로 토공방을 그렇게 칭한 설이 있다. 또, 유괴 혹은 달콤한 말을 믿고 한번 토공방에 끌려오면 어느 일정한 기간은 바깥 세계와의 접촉이 끊어져 외출은 물론, 서면 발송의 자유조차 얻지 못하고, 형편없는 음식에 형편 없는 대접을 받아서 죄수와 별 차이가 없었기 때문에 감방과 같다는 이유에서 토공방 노동을 감(옥)방이라고 칭하였다고 한다.」朝鮮人强制連行真相調査団編(1974)『朝鮮人强制連行强制労働の記録 北海道・千島・樺太篇』도쿄, 現代史出版会, pp.111~112 참조.

못 받고 의사도 오지 않는 경우가 대부분이었다. 사망자도 많았는데 시체는 구덩이를 파서 한꺼번에 묻는 등 제대로 추모하는 일 조차 없었다. 또한 산 채로 묻힌 사람도 있다는 목격담도 남는다. 부상이나 병으로 움직이지 못하는 사람은 어떻게 되는지를 보여주기 위해 공사 현장에 묻었다고 한다. 이런 타코베야는 비합법적으로 만들어진 것이 아니라 기본적으로는 공공기관의 허가를 받아서 만들어졌다. (중략) 그런데 (홋카이도－필자 주) 개척의 일단을 맡았던 그들의 공적 기록 자료는 거의 남겨져 있지 않다. 이름도 남아 있지 않은 채로 그들은 역사의 그림자에 묻혀져 버리게 된 것이다. 그래도 그들의 기록은 함께 타코베야에서 일했던 사람들이나 주변에 산 사람들의 증언에 의해 남겨졌다. 또, 타코베야 폐지를 주장하는 언론은 메이지 시대부터 이미 있었고, 사회주의자나 기독교 신자, 신문 등에 의해서 주창되었다. 그러나 표면적인 규칙이 만들어졌으나 폐지에 이르지는 못했으며, 타코베야는 계속 존재해 왔다. 폐지가 된 것은 태평양 전쟁 종결 후, GHQ의 명령을 받고나서부터라고 한다. 이처럼 「타코」로 불린 사람들이 비참한 상황에 처해 있었다는 이야기는 많다. 그런 탓인지 홋카이도 내에서 그들이 일했던 장소에서는 그들의 유령이 나타난다는 이야기가 종종 전해지고 있다.[48]

타코베야 노동에 대해서 이해하기 쉽게 기사를 적은 아사리 쥬(朝里樹)는 이 후속 편으로 「터널 벽에서 박살당한 시체가 … 「인간 기둥」으로 묻혀진 노동자들의 「한」」이라는 제목의 기사도 발표하게 되는데, 터널 벽에 사상자를 묻었다는 내용은 나가노현의 명승지인 카미코치 가마 터널 공사 때 죽어간 조선인 노동자에 대한 일본인 S씨의 증언에서 필자도 확인한 바 있다.[49]

---

48) 朝里樹「一度入ったら、まず抜け出せない…」『マネー現代』(도쿄, 講談社), 2021년 09월 30일 인터넷판 참조. 2022년 1월 13일 열람.
https://gendai.ismedia.jp/articles/-/87654
49) 「필자가 인터뷰를 했던 카미코치터널 공사관계자 S씨(80세)는 터널을 팔 때 혹독한 노동으로 쓰러져 죽은 사람은 그냥 터널에 묻었다고 했다. 그 뒤 구체적인 필자의

이 타코베야 노동의 형태는 홋카이도만이 아니라 제국주의 유지를 위한 효율과 성과를 서두르는 정부나 고용측의 무리한 요구에 의해 행해진 것을 일본 각지의 현장에서 보게 된다. 초기에는 일본인 죄수들을 노동력으로 투입하지만 식민지 확보 이후에는 조선인이나 중국인 노동자들을 타코베야 노동 형태에 적용하여 성과를 올리려는 강압적 행위가 이루어졌다. 물론 앞에서도 언급했듯이 식민지 초기의 노동자는 강제징용이 아닌 민간업체에서 좋은 돈벌이가 있다는 감언이설의 유혹을 믿고 바다를 건넌 경우가 대부분이다. 그 배경에는 오랜 유교적 계급사회에서 오는 폐단과 일제 강점기의 식민지 정책 및 근대자본주의 이식의 폐해로 인한 가난과 고통의 굴레에서 벗어나기 위해 민간 알선업자들의 중개나 밀항 등으로 일본행 배를 탄 사람들이 많았다. 재일조선인 형성 과정에 대해서 박경식은 다음과 같이 말하고 있다.

재일 조선인은 1911년 말에는 약 2,500명이었으나 일본의 토지약탈 정책 수행에 의한 농민의 영락과 일본 자본의 노동력 수요 증대에 의해 1920년에는 3만 명을 넘었다. 3.1독립운동 후인 1919년 4월, 당국은 「조선인 여행 단속령」을 공포하여 일본 도항을 억제하였다. 그러나 20년대에 들어서 일본 도항자는 더욱 증가하여 30년 말에는 재류 인구가 30만 명으로 늘어났다. 일본의 중국침략은 37년에는 본격화하여 국가총동원법(1938), 국민징용령(1939)이 공포되고 조선에서도 군수물자, 노동력 동원이 대대적으로 행해졌다. 국민징용령은 조선에서는 「모집」형식, 「관 알선」형식, 「징

연구 의도를 설명한 장문의 편지와 반신용 봉투 등을 넣어서 보내었으나 아직까지 답은 없다. 나가노 현청에서 카미코치 지역 관리 담당 차 나와 있던 관리 공무원과 만났을 때 필자가 이런저런 걸 묻자 「카미코치에 조선인 노동자가 동원된 것을 명확히 밝힌 사람은 아직 없네요」라고 속내를 이야기해줬다.
졸고(2012) 「힐링의 땅 나가노(長野)에서 한국의 흔적을 만나다(1)」 『서울문화투데이』 2012년 5월 24일 인터넷판 참조. http://www.sctoday.co.kr

용」형식의 3단계로 적용되었는데, 그 모두가 국가 권력에 의하여 강제로
된 것임은 변함이 없고, 그 결과, 45년 8월까지 탄광, 금속광산, 군수공장,
토건업, 항만운수 등에 약 150만 명에 이르는 조선인이 연행되어 강제노
동에 동원되었다. 재류 인구는 39년에 약 90만명에서 45년에는 약 250만
명에 달한다.[50]

초기 도항 노동자는 일본인 노동자도 꺼려하는 중노동 현장으로, 일
본인의 절반 이하의 임금을 받는 곳에 보내어졌다. 오사카후 셋츠방적
기즈가와공장(摂津紡績 木津川工場, 1911), 효고켄방적 아카시공장(兵
庫県紡績 明石工場, 1912), 오카야마켄 동양관(岡山県 東洋館) 성냥공장
(1913), 오사카후 토요방적 산겐야공장(大阪府東洋紡績三軒屋工場), 효
고켄 가와사키조선소(兵庫県川崎造船所, 1914) 등에서 일하였고, 1917년
이후는 낮은 계층의 빈곤과 싸우며 일자리를 찾던 노동자들이 증가하
여, 오사카(大阪), 효고(兵庫), 와카야마(和歌山), 오카야마(岡山) 등의 방
적공장, 조선조, 제철소, 유리공장 등에서 저임금 육체노동에 종사하게
된다.[51] 그리고, 사람들의 시선이 닿지 않는 도시와 떨어진 험준한 산
속 깊은 노동 현장에서는 타코베야 노동이 이루어졌다.

3.4 타코베야(감금) 노동으로 살해당한 시나노가와 조선인 노동자 학살 사건

단기간에 열강에 합류하며 제국주의 전개와 식민지 확보를 통해 자
본주의 기업을 형성하게 된 기업체나 지주들은 보다 값싸고 효율적인
노동력 확보를 위해 자본주의 체제에 비교적 익숙하지 않은 조선인 노

---

50) 朴慶植(1986)「在日朝鮮人」『朝鮮を知る事典』도쿄, 平凡社, p.159
51) 朴慶植(1965)『朝鮮人強制連行の記録』도쿄, 未来社, p.22 참조.

동자를 요구하게 된다. 특히 인적이 드문 깊은 산속이나 계곡 등의 건설 현장이나 탄광 등지에는 일본인 조차도 현장 일은 위험 부담으로 꺼리는 경향이었다. 요즘 시대와는 달리 노동 현장은 안전 대책이나 복지 설비가 정비되지 않아서 사고 다발의 위험을 안고 있었고, 감독 등 고용자측의 노동자 관리에는 착취나 폭행이 공공연히 이루어지던 시대였다.[52] 위험 부담이 많은 곳에는 일본인 중에서도 수인[53]이나 부랑자 등 당시 사회적으로 활동할 수 없는 사람들이 동원되었다. 참고로, 타코베야 노동과 유사한 형태가 죄수들에게 가해진 강제 노역으로 잘 알려진 수인노동(囚人勞働)이다. 물론 이 형태는 주지하듯이 고대 이집트나 로마 시대를 비롯하여 근대 자본주의 사회 발전 속에서도 안이한 노동자 확보 방법으로 행해졌던 비인도적 노동 형태인데, 근대 일본에서는 홋카이도 개척 시기에 횡행했던 형태이다. 이에 대해 『日本大百科全書』 (小學館)에 고가 가즈미치(伍賀 一道)가 설명한 내용을 빌리자면 아래와 같다. 조선인 노동자들도 유사한 고역을 당했던 사람이 많기 때문에 이를 이해하기 위해 장문이지만 인용해 두기로 한다.

　　일본에서는 탄광, 광산, 홋카이도의 개척사업 등에 사용되었다. 생산·

---

52) 1929년에 발표된 고바야시 다키지의 『게공선』에는 당시의 혹독한 환경과 착취와 폭행, 과로와 학대를 받는 노동자들의 힘든 생활이 자세히 적혀져 있다. 검열에 의한 발매금지로 이 소설은 종전 후에야 빛을 보게 된다. 小林多喜二(2003) 『蟹工船　一九二八・三・十五』, 도쿄, 岩波文庫 참조.
53) 죄수에게 가해지는 수인노동에 대해서 고가 가즈미치는 『日本大百科全書』(小学館)에서 다음과 같이 설명하고 있다. 「자본주의의 원시적 축적과정에 있어서 저임금 노동력의 안정적 확보를 목적으로 이용한 수인에 대한 강제적 노역형태를 말한다. 당시 재생산 구조상 중심적 위치를 차지하고 있던 점에서 오늘날의 형무소 작업과는 구별하여 사용한다.」
https://kotobank.jp/word/%E5%9B%9A%E4%BA%BA%E5%8A%B4%E5%83%8D-77086 (2022년1월25일 열람).

작업 현장 근처에 슈지칸(集治監, 장기수 감옥)이 설치되었다. 탄광은 자본주의 확립을 서두르는 일본의 기간산업이었지만 탄광노동은 천한 업종 취급을 받아서 노동력 확보가 상당히 어려웠기 때문에 메이지 정부는 수인노동을 채용하였다. 수인노동은 이미 막부 말기(1850년대)에 시라누카(白糠)탄광(홋카이도)이나 요코스카제철소(横須賀製鉄所)에서 이용되었지만 메이지 이후는 1873년(메이지 6년)에 미이케탄광(三池炭鉱, 후쿠오카·구마모토켄)에서 이용하기 시작한 이후, 다카시마탄광(高島炭鉱, 長崎県), 코사카광산(小坂鉱山, 秋田県), 호로나이탄광(幌内炭鉱, 北海道)에 도입되었다. 관영시대의 미이케탄광에서는 1883년 미이케 슈지칸(三池集治監)이 설립된 이후, 수인노동에 의존도가 증가하여 관영 최후인 1888년에는 수인 갱부의 비율은 전체 갱부 수의 69%에 달했다. 수인갱부의 채탄 작업에는 수당이 지불되었으나 일반 갱부의 절반 정도에다 감옥 경비를 공제했기 때문에 실제로는 거의 없는 것과 다름 없었다. 규폐(珪肺, 폐에 규산을 포함한 가루 먼지가 침착하는 병), 진폐증(塵肺症) 등의 병과 과로로 수인들의 사망이 이어졌고, 엄격한 벌칙을 받던 수인은 탈주를 시도하거나 폭동을 일으켰다. 미이케탄광에서는 미츠이 자본이 물러난 뒤에도 수인노동에 의존했지만 점차 기술혁신에 대응할 수 있는 직할부(直轄夫) 채용에 고용관리의 중점이 이행되었기 때문에 수인노동은 1896년을 정점으로 점차 감소하였다. 한편, 이와 달리 제2차 세계대전 중, 전쟁 출정으로 인한 남자 노동력이 부족하여 조선인이나 포로 수인이 탄광에서 강제 노동에 종사하였다.[54]

그리고, 1922년에는 조선인 노동자들이 가혹한 타코베야 수인노동 형태를 피하려고 도망을 시도하다가 살해당한 사례가 신문에 보도되었다.

---

54) https://kotobank.jp/word/%E5%9B%9A%E4%BA%BA%E5%8A%B4%E5%83%8D-77086 (2022년 1월 25일 열람).

〈사진〉 왼쪽은 나카츠카와 제1발전소 댐으로 가는 산 중턱에서 보이는 아키야마고(秋山鄕). 가운데는 나카츠가와. 오른쪽은 댐으로 가는 산 입구 터널. 2021년 9월 10일 촬영

푸른 산과 깊은 계곡 그리고 굽이굽이 흐르는 강의 중요로운 사인으로 알려진 니카타현의 나카츠가와 제1발전소 댐 건설에 투입된 조선인 노동자들의 혹사 형태가 밝혀진 것이다. 나가노와 니카타 지역의 전력 회사인 신에츠(信越) 전력회사는 당시 풍부한 수량을 자랑하는 시나노가와(信濃川)를 이용한 동양 최대의 발전소 건설을 위해 오쿠라구미(大倉組)에 건설을 맡겼고, 그들은 값싼 노동력을 각지에서 모았다. 그렇게 모인 조선인 600명을 포함한 1,000여 명의 노동자들은 단기간의 인해전술식 건설 현장에 투입되었고, 깊은 산과 강이 전부인 현장에서 가혹한 노동 환경에 내몰려야 했다.

지금도 위의 사진에서 보듯이 일본의 비경(秘境)으로 알려진 아키야마고(秋山鄕)가 내려다 보이는 첩첩산골의 숲길을 한참 돌아 올라간 현장은 마을과 동떨어진 격리 공간이었고, 이동 수단도 없으며 쉴 자유도 허락되지 않는 타코베야 노동, 수인노동과 같은 노동으로 조기 건설을 강요당하였다.

실제 필자가 2021년 9월 10일에 현지를 찾았을 때, 산 아래 마을에서 한참을 차로 달려서 올라가자 몇몇 인가가 모인 작은 마을 입구에서 왼쪽의 댐으로 향하는 좁은 산길이 있었다. 깊은 산속의 길을 달리다 보면 중간에 허름한 옛 건물 몇 곳이 나온다. 그곳에서 또 다시 미로와 같은 좁은 숲길로 한참 들어가자 나카츠가와 제1발전소 댐으로 가는 입구가 보이는데, 오후 4시경에 도착했을 때는 외부인 출입 금지로 문이 잠겨 있었다. 겨우 현장 입구와 주변을 확인하고 돌아가는 길 지도를 차에 입력시키려니 그곳은 Wi-Fi도 전화도 통하지 않는 곳이었다. 결국 휴대전화도 내비게이션 안내도 없는 어두운 숲속 댐 옆길을 감각적으로 돌아서 내려올 정도로 험준한 산길이었다. 2021년의 일본 각지를 제법 알고 있다는 필자도 불안을 불식하지 못했던 것을 감안한다면, 1921년 당시, 충분한 지리적 감각도, 언어 소통도, 마을 주민과의 교류도 없었을 협곡 속에서 노동을 해야 하는 그 자체만으로도 고통과 공포가 교차하였을 것이다. 더구나 전력회사는 발전소 건설을 서두르고 있었기에, 건설 담당을 했던 오쿠라구미(大倉組)는 노동력 착취로 빠른 성과를 내기 위해 격리된 공사 현장에서 어떻게 노동자들을 대했을지 감히 추측할 수 있는 곳이었다.

나카츠가와 제2, 제3발전소는 1919년부터 1923년에 이미 완성된 상태였고, 중심적인 제1발전소는 1922년에 착공하여 단 2년 만인 1924년에 완성하는데, 발전소 댐 건설과 자재 수송 수단인 철도 건설이 함께 이루어졌기에 엄청난 추진력이 요구되었던 것이다. 마치 수인노동 같은 타코베야 장시간 중노동의 과로와 구타에 견디지 못한 나카츠가와 켓토(穴藤) 발전소[55]의 노동자들이 도망치려고 하자 공사를 담당했던

오쿠라구미는 폭압적 노동 내용이 밖으로 알려져서도 안되거니와 다른
노동자들의 도주를 금지시킬 의도에서 조선인들을 살해하여 나카츠가
와에 던진 것이다. 강 상류에서 노동자들의 시체가 자주 떠내려 오자
1922년 7월 29일자 도쿄『요미우리신문』이 시나노가와 조선인 학살 사
건을 보도하여 세상에 알려지게 된 것이다. 조선인 대학살이 이루어진
1923년 9월 1일의 관동대지진이 일어나기 1년 전의 일이었다.

나카츠가와 발전소의 학살 사건이 알려지자 재일본조선노동자상황
조사회가 결성되었고, 경성에서도 진상규명과 학살 행위를 규탄하는
움직임이 일어났다. 조사위원으로 박열, 김약수, 나경석 등이 움직이고,
그 해 9월 7일에는 도쿄기독교 청년회관에서 시나노가와 조선노동자 학
살 문제에 대한 모임이 개최되었다.[56] 11월에 재일조선인 노동사 조사
를 위해 박광해(朴広海, 노동운동 지도자로 활동)가 나가노켄, 군마켄,
아이치켄 노동자들의 식생활 환경 조사를 실시하고, 박열[57] 등의 사회
운동가들은 동포 노동자들을 보호하기 위한 도쿄조선노동동맹을 결성

---

55) 현재는 도쿄전력이 흡수하여 고우노야마(高野山)댐으로 명명. 현재 위치는 新潟県
中魚沼郡津南町結東.
56) 조선인들의 대규모 연설회에는 박열을 비롯하여 정해운(鄭海雲), 나경석(羅景錫),
정태성(鄭泰成), 백모, 신모, 김종범(金鐘範), 김형두(金炯斗), 이강하(李康夏)가
참가하였고, 일본측에서는 헌정회 대의사 등의 의원들을 비롯하여 사카이 도시히
코, 오스기 사카에(大杉栄), 고마키 오우미(小牧近江) 등의 진보 지식인들이 대거
참가하였다. 1922년 9월 6일자『동아일보』참조. 참고로 이 사건을 조사하여 국내
에 보도한『동아일보』이상협 기자(초대 편집국장)의 보도 활동도 주목할 내용이다.
57) 1902~1974. 본명은 박준식. 경북 문경 출신의 아나키스트. 1923년의 관동대지진
당시 애인 가네 코 후미코와 박열사건으로 체포당한 뒤, 22년 2개월의 장기 수감을
당함. 해방 후인 1945년 10월에 석방된 이후 재일본조선거류민단 초기-5대 단장
으로 활동. 단장선에서 패배 후 귀국했으나 한국 전쟁 때 납북을 당하여 북에서
활동. 평양 신미리 특설묘지에 잠들어 있다. 참고로 박열 및 김천해 관련 내용은
다음 자료에서 참고하고 있다. 이수경(2016)「재일동포사회의 갈등 기로에 섰던
박열과 김천해-일본의 정치범 최장기수 박열의 삶과 김천해, 그들의 갈구」『인물
을 통해서 본 민단 70년사』(사)해외교포문제연구소, pp.13~62 참조.

하였는데, 당시 김천해[58]는 이 동맹의 실행위원으로 동참하여 진상 규명 활동을 하였다.

 가난에 쫓기어 일본에서 고통을 무릅쓰면 돈벌이가 가능하다는 일념으로 일본행 배에 오른 조선인 노동자는 조선의 경제적 궁핍에서 벗어나고자 해마다 증가하여, 1920년에 30,112명이었던 도일 조선인이 1921년에는 52,197명이 된다.[59] 일본인 노동자가 많고 도시와 가까운 공장과 같은 노동 현장에서는 비교적 환경 정비도 되어 있었으나 일본어 구사도 불충분한 조선인 노동자를 필요로 하는 곳은 주로 일본인 노동자들이 기피하는 열악한 환경과 저임금 지급으로 성과를 서두르는 영세 업체들이 많았다. 이러한 상황 개선을 위해 각지에서 노동자 연대 조직이 만들어지고, 부조리한 자본주의의 노동자 착취 구조에 저항하며 일본의 사회주의 노동운동을 이끌던 사카이 도시히코(堺利彦)나 오스기 사카에(大杉栄) 등의 사회주의 운동가들을 비롯한 진보적 사상가들은 무산자 노동 환경 및 처우 개선을 요구하는 연설회를 전개하였다.

---

58) 1898~?. 본명은 김학의. 경남 울산 방어진 출신의 좌익운동 활동가. 1928년부터 ~~공산당의 재건 운동을 벌였으나가 1945년 10월 10일 후츄형무소에서 석방. 비전향 성치범으로 같은 정치사상범으로 수감되었던 야마베 겐타로가 일시적으로 간병.~~ 석방 후 조선인연맹(조련) 결성 뒤 최고 고문에 취임. 1946년 10월 당시 조련 본부는 540개 지부와 2,000개를 넘는 분회를 갖고 있었다. 1948년에 사상적 전우였던 김두용의 북한 밀항. 1949년 조련 해산으로 공직 추방당한 김천해는 1950년 6월 10일에 돗토리 사카이미나토항에서 부산을 거쳐 북으로 밀항. 조선노동당원, 최고인민회의 대의원, 조국통일민주주의전선의장이 되었으나 1970년 노동당 제5회대회에서 이름이 사라짐. 참고로 박열 및 김천해 관련 내용은 위와 같은 자료에서 참고하고 있다. 전게서, 이수경(2016)「재일동포사 회의 갈등 기로에 섰던 박열과 김천해-일본의 정치범 최장기수 박열의 삶과 김천해, 그들의 갈구-」『인물을 통해서 본 민단 70년사』 pp.13~62 참조.

59) 제40~46회『日本帝国統計年鑑』日本帝国文部省, pp.48~53 참조. 李修京(2005)『帝国の狭間に生きた日韓文学者』, 도쿄, 緑蔭書房, pp.69~73 재인용.

3.5 중일 전면 전쟁의 노동력 부족 해소를 위한 식민지 조선인 동원

일본은 러일전쟁 이후 1905년 7월에 사할린까지 점령하면서 대륙 지배를 의도한 세력 확장에 힘을 쏟는다. 그리고 중국 만주 지역의 병참기지화, 창춘(長春)과 뤼순(旅順) 간의 열차 운영의 이권 획득, 남만주철도 보호라는 미명 하의 관동군 주둔 등으로 중국에서의 무력 지배 기반을 다양하게 모색한다. 그 와중에 관동군측에서 비호해왔던 봉천의 군벌 장쭤린(張作霖, 1875~1928)이 남만주철도와 관동군의 이권 사업에 개입하는 구미 자본측의 철도 사업을 구축하려 하자 방해물이 된 장쭤린을 폭살하여 제거시킨다(1928년 6월 4일, 張作霖爆殺事件). 1929년의 세계적인 대공황의 여파로 민심이 흉흉할 때 관동군 장교들은 만주에 무력적 폭주를 하게 되는데, 1931년 9월 18일에 자신들이 폭파한 봉천(지금의 선양) 교외의 만주철도를 폭파하여 중화민국 정부의 동북군 소행이라는 모략을 꾀한다(만주사변, 柳条湖事件). 삽시간으로 동북3성 등을 장악한 관동군은 중국 본토 싸움으로 번진 1932년의 상하이사변으로 국제사회의 비판이 일자 청의 마지막 황제 푸이(愛新覚羅溥儀)를 꼭두각시로 내세워 괴뢰 만주국을 수립하며 중국에서의 인적 물적 수탈을 통해 군국주의 세력을 넓혀 간다. 이런 행위에 대하여 국제연맹은 중국측의 항의로 리튼 조사단을 파견하였고, 1932년 9월에 「중일분쟁 조사단 보고서」(Report of the Commission of Enquiry into the Sino-Japanese)가 제출되어 국제연맹으로부터 관동군 철퇴를 권고받자 일본은 1933년에 국제연맹을 탈퇴하며 국제적인 고립을 택하게 된다. 일련의 군부 행위에 대해서 일본 내에서도 비판과 자성의 목소리가 일지만 관동군의 폭주는 멈추지 않았다.[60] 통제 불가능 상태로 치닫는 관동군과 일본의 군국주의 체제로 만들어진 괴뢰 만주국의 본질은 총무장관, 총무청 차장, 관동군 헌병대사령관, 남만주철도 총재, 만주중공업개발 사장 등 이른바 2키(도조 히데키, 호시노 나오키) 3스케(기시 노부스케, 아이키와 요시스케, 마츠오카 요스케)로 대표되는 일본인이 지배한 병참기지에 불과[61]했던 것이다.

한편, 1932년은 한반도뿐 아니라 근대 사회에 「여성과 전쟁」이라는 측면에서 또 다른 인권유린 행위가 일어난 해이기도 하다. 전쟁터의 군인을 상대하거나 국책 공사의 노무자 상대를 위해 일본 및 점령 각지에 「일본군 위안부(慰安婦)」가 배치된 것이다. 1932년 초, 상하이 파견군 참모부장이었던 오카무라 야스지(岡村寧次)가 일본군이 현지인들을 강간하는 사건을 막기 위하여 여성의 성으로 병사들을 위로하려고 「위안소」를 설치하는데, 일본의 각 전쟁터에서 사병들의 전의를 높이고 그들의 성욕구 해소를 위해[62] 「위안소」가 설치되어지자 일본 유곽의 여성

---

60) 일본 国立国会図書館 「資料に見る日本の近代―政党内閣の終焉」 참조. 2022년 1월 26일 열람. https://www.ndl.go.jp/modern/cha4/description01.html

61) 김재한 「I세상을 바꾼 전략J 푸이 내세운 만주국 건설은 일제의 「차시환혼」 책략」 『The Joong Ang』 2015년 3월 1일판 인터넷 참조. 2022년 1월 28일 열람. https://www.joongang.co.kr/article/17219?5#home

62) 2013년 5월 13일, 하시모토 도오루(橋本徹) 당시 오사카 시장은 일본의 「침략전쟁」 에 대해서, 전쟁에서 진 위정자의 책임에 대해 언급하며, 「일본은 구미사회에서 전시 중에 막무가내로 여성들을 납치하여 위안부로 한 강간국가라고 보고 있음을 인식해야 한다. 당시 분명히 군이 관여한 것은 사실이기에 일본은 군을 사용하여 국가적 강간을 행하였다고 비판받고 있다. 전쟁 책임에 대한 심정을 이해해야겠지 만 패전국이므로 졌다는 것은 받아들이지 않으면 안된다. (중략) 일본은 전쟁에서 패배를 하였기 때문에 인정해야 하는 것은 인정해야 한다. 목숨 건 용맹집단(猛者 集団)이었기에 위안부제도가 필요하였다. 당시 위안부 제도가 필요했던 것은 누구 라도 알고 있다. 식민지 정책은 있었다. 패전한 것이니 반성해야 한다」고 하시모토 는 당시 위안부문제 발언으로 비판을 받은 뒤 「패전의 책임」에 대하여 역설하였다. http://www.youtube.com/watch?v=xHecKbqWhlA 단, 2022년 1월 28일 현재 이 동 영상은 삭제되어 볼 수 없는 상황이다.

들만으로 부족하게 되어서 통치 지배를 하던 식민지 여성들을 동원하게 된다. 처음엔 자본주의 체제에 노출되지 않은 여성들을 「취직알선」을 표방하여 모집하게 되었다. 그리고 「관 알선」 조직과 유착한 민간 하청업자들을 시켜서 가난하고 교육의 기회를 얻지 못한 젊은 여성들을 유혹하여 전쟁터로 데려가는 형식이었다. 하지만 이 또한 전쟁 말기가 되면 전국민의 총 옥쇄론 슬로건 속에서 강압적인 위안부 조달을 행하게 된다. 1944년 8월에 「여자정신근로령」이 공포되고 14~40세의 조선·타이완 여성들이 동원된 것을 비롯하여, 군·관·관련업자에 의해서 전쟁터나 공사 현장으로 끌려간 8만~20만 명의 여성들 중에서 고향으로 돌아가지 못한 사람들도 많다. 즉, 버려진 몸으로 고향을 찾지 못한 사람도 있지만 일본의 패전과 더불어 패잔병의 귀국 때 현장시 그들에게 죽임을 당한 사람들도 적지 않다는 것이다. 그러한 비인간적 행위가 횡행했던 전쟁 말기의 극한 상황에 놓였던 군인들의 광기 행위야말로 일본군의 과거 횡포나 위안부로 끌려갔던 여성들의 존재 혹은 증언을 왜곡·은폐하여 역사를 수정하거나 지우려는 세력들이 필사적으로 움직이는 이유이기도 하다.[63]

이후, 군국주의 체제의 강화와 더불어 전쟁국가의 길을 걷는 일본은 1937년 7월 7일에 또 전쟁을 일으키며 중화민국과의 전면전에 돌입하게 된다. 필자는 2005년11월 12~13일에 중국 허베이(河北)대학에서 개최된 「중국 고바야시 다키지 국제심포지엄」에 초청되었을 때 일행들과 그 현장이었던 루거우차오(노구교, 盧溝橋)와 전쟁기념관을 둘러 보았다. 20세기 아시아 최대 규모의 전쟁이라 일컫는 중일전쟁 현장에 남겨

---

63) 위안부 관련 글의 초출은 필자의 다음 글이다. 李修京(2013) 「書評 安世鴻『重重 中国に残された朝鮮人日本軍「慰安婦」の物語』」『季論21』제22호, pp. 201~202 참조.

진 벽 등에 무수히 남아 있는 총탄의 흔적들이 당시의 교전이 얼마나 치열했는지를 말해 주었다.

일본의 고노에 후미마로(近衛文麿) 내각은 본격적인 대륙 침탈을 위한 전시 체제를 갖추며 일본 및 조선, 만주에 주둔하던 일본군단의 증파와 군비 증강으로 전쟁을 개시한다. 거국일치의 총력전 체제 하에서 대량의 인력이 병력으로 전쟁터에 배치되자 일본은 심각한 노동력 부족에 빠지게 되고, 각계 군수기업 등은 대체 노동력 확보를 위해 정부를 압박하게 된다. 그리고 탄광업체들 또한 조선인 전시노동자 동원책을 촉구하여 노동력 부족의 해소를 요구한다. 당시 석탄은 「검은 다이아몬드」로 불리며 탄광 기업은 정경 유착의 비호 속에서 성장을 하고 있었다. 근대 탄광 재벌에서 아소 타로와 같은 정치가가 태두하는 것도 그러한 관계를 상징하는 것이라고 할 수 있다.

1938년 4월 1일, 일본 정부는 「국가총동원법」을 공포하고, 1939년 7월 4일에 1939년도 「노무동원실시계획강령」을 각의 결정하게 된다.[64] 같은 해 7월 29일에 각의 결정을 보다 구체적으로 한 「조선인노동자 내지 이주에 관한 방침」 및 「조선인노동자 모집 요항」을 각 지방 장관에 전달하고, 7월 31일에 「조선인노동자 내지 이주에 관한 건」을 모집 요항의 보충으로 각 지방 장관에 보내고, 조선에서는 그 해 9월 1일에 「조선인 노동자 모집 및 도항 취급 요항」을 총독부 정무총감으로부터 각 도지사에게, 또한 총독부 경무국장에게서 각 도의 경찰부장에게 전달되었다.[65] 긴박한 전시체제 하의 「시국 산업」 노동력 모집은 그 전의

---

64) 이주 조선인수는 85,000명으로 정해졌다.
　　山田昭次·古庄正·樋口雄一(2005) 『朝鮮人戦時労働員』 岩波書店, p.77 참조.
65) 전게서, 山田昭次·古庄正·樋口雄一(2005) 『朝鮮人戦時労働員』, pp.77~79 참조.

민간업자들에 의해 모집된 노동력 모집과는 달리, 국가 권력이 앞장서서 개입했다는 점이 크게 다르다.

1938년 4월의 국가총동원법 실시 이후에 조선의 노무동원은 할당 모집(1938년 5월~1945년), 국민징용(1939년 7월~1945년), 관 알선(1942년 2월~1945년) 등 세 종류로 구분하는데, 일본 고용주가 요구하는 조선인 인원수를 일본 정부와 조선총독부가 조정·배당하여 확정하는 형식[66] 이었기에 거대한 일본의 지배 공간에서 빠져나가기란 쉽지 않았다.

조선총독부는 1939년 9월 중순부터 월말에 걸쳐서 홋카이도, 치쿠호(筑豊, 큐슈), 사가(佐賀), 죠반(常磐, いわき·北茨城地域) 탄광에 모집을 허가하였고, 9월 말에서 10월 초에 걸쳐 조선인 전시 노동력 2002명이 부산항을 출항하게 된다.[67] 당시의 전시 노무자 동원 현황을 보시면 통계에 명시된 전체 인원수(남방 지역 및 남양군도, 만주를 포함)는 7,534,429명으로, 한국과 일본, 남사할린의 동원자수는 7,524,709명에 이른다(아래 표 참조).

〈표1〉 노무자 동원 현황

(단위: 명)

합 계	국민 징용		할당 모집·관 알선		
	일 본	한 반 도	일 본	한 반 도	남 사할린
7,524,709	222,082	303,824	798,043	6,184,643	16,113

(출처: 대일항쟁기 강제동원 피해조사 및 국외 강제동원 희생자 등 지원위원회 편(2016) 『위원회 활동 결과보고서』, p.128. 「일제강제동원피해자지원재단」 공식 웹사이트에서 재인용. 2021년 12월 30일 열람. 단, 이 글에서 취급하는 내용은 주로 일본 관련이므로 남방의 국민 징용수 및 남양군도와 만주의 할당 모집과 관 알선 노무자는 생략하였다. 참고 사이트; https://www.fomo.or.kr/kor/contents/14)

---

66) 한국민족문화대백과사전(조선인 강제연행(朝鮮人强制連行) 참조. 2022년 2월 10일 열람. http://encykorea.aks.ac.kr/Contents/Item/E0073592
67) 전게서, 山田昭次·古庄正·樋口雄一(2005) 『朝鮮人戰時勞働動員』, pp.77~79 참조.

전시체제 하에서 국가 권력에 의해 정책적이고 계획적으로 동원된 사람들을 「노무자」 동원이라고 일컫는데, 그들은 한반도 각지의 공사 현장은 물론, 일본(남사할린 포함)·중국·동남아시아·태평양(남양군도) 등으로 동원되었고, 어린 여자들도 「여자근로정신대」라는 이름으로 전쟁터나 공사 현장 등에 동원되었다. 전시 노무자의 모집 유형은 할당 모집과 관 알선, 국민징용으로 나누어지는데, 보다 상세한 사례는 후술하겠으나 일단 기업이 필요한 인원수를 후생성에 신청하면 후생성이 인원을 할당하여 고용 허가를 하며, 허가받은 기업은 조선총독부에 모집 허가를 신청한 뒤 인원 조정 후 기업 담당자와 함께 지정된 지역에서 할당된 인원을 모집하여 집단적으로 배에 태워 일본으로 수송하는 것이었다.[68]

중일 전면 전쟁에서 비롯한 전쟁은 2차 대전이 종료되는 1945년까지 계속되는데, 전쟁 국가 일본의 노동력으로 동원된 재일한국 조선인이 가장 많았던 해는 전쟁 말기, 징병령과 여자 정신 근로령이 공포된 1944년으로, 1,936,843명에 이른다.

주지하듯이 1945년 8월의 일본 패전까지 대규모 노동력이 동원되었고, 탄광이나 광산, 군수 산업체 등의 동원 현장에서 수많은 희생자가 속출하였지만 패전국 일본은 생존 노동자들은 물론, 희생된 노동자들을 위한 전쟁 가해의 책임을 지는 모습은 보이지 않았다. 연합군 공습과 히로시마 나가사키 원자 폭탄 투하로 폐허가 된 일본 속의 조선인 차별을 피해서 귀국하려던 사람들에게 GHQ는 통화 1000엔[69]과 휴대 물건을 250파운드(약 113kg)로 제한하는 압박 속에서도 일단 귀국선에 오른다.

---

68) 「일제강제동원피해자지원재단」 공식 웹사이트에서 인용. 2021년 12월 30일 열람. https://www.fomo.or.kr/kor/contents/14

69) 1946년 물가를 보면 쌀 10kg의 소매가격이 36엔으로, 이 1000엔은 4명 가족이 몇 주밖에 생활할 수 없는 금액이기도 하였다. 『歴史教科書　在日コリアンの歴史』 (도쿄, 明石書店, 2006년), p.67 참조.

〈표2〉 연도별 일본의 기록과 외국인 등록법으로 보는 한국·조선적자별 인구 추이

연도	재일한국조선인수	연도	재일한국조선인수	연도	재일한국조선인수	연도	재일한국조선인수
1911	2,527	1938	799,878	1965	583,537	1992	688,144
1912	3,171	1939	961,591	1966	585,278	1993	682,276
1913	3,635	1940	1,190,444	1967	591,345	1994	676,793
1914	3,542	1941	1,469,230	1968	598,076	1995	666,376
1915	3,917	1942	1,625,054	1969	607,315	1996	657,149
1916	5,624	1943	1,882,456	1970	611,202	1997	645,373
1917	14,502	1944	1,936,843	1971	622,690	1998	638,828
1918	22,411	1945	1,115,594	1972	629,809	1999	636,548
1919	26,605	1946	647,006	1973	636,346	2000	635,269
1920	30,189	1947	598,507	1974	643,096	2001	632,405
1921	38,651	1948	601,772	1975	647,156	2002	625,422
1922	59,722	1949	597,561	1976	651,348	2003	613,791
1923	80,415	1950	544,903	1977	656,233	2004	607,419
1924	118,152	1951	560,700	1978	659,025	2005	598,687
1925	129,870	1952	535,065	1979	662,561	2006	598,219
1926	143,798	1953	575,287	1980	664,536	2007	593,489
1927	165,286	1954	556,239	1981	667,325	2008	589,239
1928	238,102	1955	577,682	1982	669,854	2009	578,495
1929	275,206	1956	575,287	1983	674,581	2010	565,989
1930	298,091	1957	601,769	1984	687,135	2011	545,401
1931	311,247	1958	611,085	1985	683,313	2012	530,046
1932	390,543	1959	619,096	1986	677,959	2013	519,740
1933	456,217	1960	581,257	1987	676,982	2014	501,230
1934	573,695	1961	567,452	1988	677,140	2015	491,711 (33,939)
1935	625,678	1962	569,360	1989	681,838	2016	453,096 (32,461)
1936	690,501	1963	573,537	1990	687,940	2017	450,663 (30,859)
1937	735,689	1964	578,545	1991	693,050	2018	449,634 (29,559)

*출처; 1911~2015년은 재일본대한민국민단 중앙본부 공식 웹사이트 참조.
(https://www.mindan.org/old/shokai/toukei.html)
단, 2015년 이후 (　)안은 조선적자 통계를 말함. 2016~2018년도는 일본 법무성 입국관리국 재류외국인 통계 12월 통계를 참조.
(http://www.moj.go.jp/housei/toukei/toukei_ichiran_touroku.html)

참고로 1911년부터의 일본측에 기록된 앞의 재일코리안 인구 표(밀항 등의 유동인구는 미상)를 보면 해방 다음 해인 1946년의 인구가 1944년에 비하여 약 3분의 1로 줄어든 것을 알 수 있다.

하지만 모국에 생활 기반이 있지 않은 사람들은 차별과 혹사를 버티며 모았던 돈이기에 무일푼의 무리한 귀국행보다 잔류하여 귀국 시기나 사회적 정세를 보려고 남게 된다. 그들은 전쟁에서 돌아온 일본인들의 증가로 사회적으로 더욱 불리한 위치에 내몰리게 된다. 그런 와중에 발발한 미소 대국의 대리전쟁인 한국 전쟁(1950~1953년)으로 인한 불안정한 정세가 계속되고, 전후의 이념 사상 갈등으로 각자의 방향을 가는 민단과 조련(1949년 해소) 대립 및 조련의 세력을 규합한 재일본조선인총련합회(조총련) 결성(1955년), 1959년부터 시작되는 북송사업(조총련은 귀국사업으로 칭함. 1959~1984년)으로 93,340명(남측 출신자가 대거 포함)의 북한행 등 시대 변화 속에서 재일코리안 사회는 긴장 정세가 계속되었다. 특히 이념 체제가 다른 분단국가의 형태를 맞아야 했던 한반도의 갈등이 고스란히 일본 내 동포들 사회에 투영되었고, 식민지 지배국이었던 일본측과의 복잡한 관계 구도 속에서 남북 간 괴리 존속, 재일코리안 사회의 세대 교체 변화 및 일본 국적 취득 혹은 국제결혼의 증가, 재일 코리안(민단, 조총련) 임의 단체의 이탈 증가, 올드커머(전쟁 때부터 거주한 구 정주자, 주로 특별영주자 및 그 후손)와 80년대 이후에 증가한 한국의 뉴커머 이주자 간의 보이지 않는 괴리, 저출산 고령화 현상 등이 얽히면서 재일코리안 사회의 기류도 많은 변화를 보이고 있다.

2021년 12월에 일본 정부가 공개한 통계에 따르면, 재일코리안(대부분이 경제 발전된 한국 국적을 취득. 원코리아 지향자 및 조총련적을 가진 조선적자 인구는 26,792명) 인구는 417,534명에 이르지만 위에서 언급했듯이 이미 많은 인구가 국적 취득 및 국제 결혼을 통하여 일본으로 귀화를 하였기에 실질적인 국적별 재일 외국인수는 현재, 중국과 베트남이 가장 많고, 한국이 3위가 되어 있다. 그만큼 일본 속 외국인 커뮤니티도 다양해지고 있다는 것을 지적할 수 있다.

 일본 내 조선인 노동지 현장괴 희생자를 추모하는
4 일본 시민들

위에서 왜 일본이 근대 국가 형성을 통하여 세력을 확대하고, 부국 강병책으로 제국주의와 군국주의 전개를 통해 신생국가를 지향하는지 그 배경 및 경위를 개괄하였다. 그리고 전쟁 노동력 부족의 해소를 위해 일본의 식민지 지배를 받았던 한반도의 많은 사람들이 섬김 제국이 된 일본행을 선택하는데, 식민지 초기에는 가난과 계급 압박의 공간에서 도피하려던 사람들이 많았다면, 1931년 이후에는 전시 체제에 돌입하며 관 알선에서 노무자, 징용, 강제 연행 형태로 이행하며 일본의 패색이 짙어가는 조급한 상황이 그대로 조선인 노동자들에게 반영되는 것을 볼 수가 있다.

앞의 참고문헌에서 언급하였지만 일본의 조선인 노동자들 중에서 학대나 착취를 당한 결과 혹은 사고사, 부상 치료를 하지 않은 결과 사망한 사람들을 일본측이 밝힌 숫자만이 정확한 사실이 아니라는 것이다. 강제 노역으로 끌려온 사람이 아니지만 1922년의 나카츠가와댐 건설 현장의 타코베야 노동에서 도망자를 구금 학살한 사례만 보더라도 일본의 근대화 제국주의 전개 속에서 조선인 노동자와 같은 약자층이 희생된 경우는 상당하다고 보는 것이 정황적으로 맞을 것이다. 물론 일본 정부나 고용한 기업측이 양심적으로 모든 사상자 및 동원 인력의 신빙성 있는 자료를 명확히 제시한다면 신뢰할 수 있겠으나 정보력이 없던 시대에 다양한 형태로 동원된 채 생존 흔적이 없는 사람들은 은폐 혹은 역사 수정으로 지우려는 움직임도 있기에 현재 제시된 자료만을 신뢰하기에는 어려움이 따른다. 탄광 및 광산에 대해서는 2019년에 발표된 실태 진상 보고서에서 확인할 수 있다.

(한국 정부 산하의－필자 주)위원회 진상조사 결과와 일제강제동원피해자지원재단의 학술연구용역 결과보고는 886개 탄광·광산 가운데 극히 일부이며, 모든 학술연구용역 결과보고서가 공개 자료가 아니다. (중략) 조선인을 동원한 일본지역 탄광·광산의 기업은 총 325개이고, 이 가운데 다수를 차지하는 기업은 니혼(日本)광업(주) 52개소, 미쓰비시(三菱)광업(주) 46개소, 스미토모(住友)광업(주) 37개소, 닛테츠(日鐵)광업(주) 36개소, 미쓰이(三井)광산(주) 33개소, 후루카와(古河)광업(주) 18개소 등이다. 작업장의 규모로는 니혼광업(주)이 가장 많은 수를 나타내고 있으나 일본을 포함한 제국 일본 영역 전체의 탄광·광산의 규모로 보면, 미쓰비시광업(주)의 비중이 매우 높다. 미쓰비시는 한반도 88개소, 남사할린 4개소, 태평양 지역 2개소 등 총 94개소의 탄광과 광산을 운영하고 있었다. 그러므로 미쓰비시광업(주)이 일본 식민제제가 탄광·광산 조선인 동원에 미친 영향력을 통해 조선인 탄광·광산 동원 피해의 일면을 살펴볼 필요가 있다. 특히 미쓰비시광업(주)이 운영한 탄광·광산 가운데 니가타(新潟)현 사도(佐渡)시 소재 미쓰비시(三菱)광업(주) 사도(佐渡)광산은 가장 역사가 오래되고 산출량이 높은 광산이었으며, 1989년 3월 31일까지 채굴했던 곳이었다. 사도광산은 전시기간 중 최대 1,200여 명의 조선인을 동원했지만, 상세한 강제동원 실태는 알려지지 않았다. 사도섬에 소재한 금은광인 사도광산은 1601년 처음 발견되어 500년이 넘는 역사를 가진 광산으로써 1896년 미쓰비시합자회사가 인수한 후 1989년 채굴을 중단할 때까지 103년간 미쓰비시그룹 소속 광산이었다. 사도광산에 동원된 조선인 가운데

위원회가 판정한 피해자는 148명이다. 강제동원의 현장이지만 일본 사회는 2021년 유네스코 세계유산 등재(사도금은산-금을 중심으로 하는 사도광산의 유산군)를 위해 노력하고 있다.」[70]

위의 내용을 비롯하여 수많은 진상보고서 속 사례나 사망자 등을 일본 정부나 고용자측이 순수하게 인정하는 사례는 볼 수 없는 게 현실이다. 그렇기에 연구자들의 노력으로 인한 사료 입수나 상황 입증 등을 통하여 당시의 상황에 접근하는 방법이 현재로선 사실을 알기 위한 최선의 방법이고, 당사자들의 목소리는 귀중한 사료이다.

〈사진〉 왼쪽은 야마구치 우베 쵸세이탄광 일본인 희생자를 위해 세워진 순난비, 가운데는 조선인 노동자들이 동원된 홋카이도 츄베츠(忠別)댐 옆에 세워진 위령비, 오른쪽은 홋카이도 슈마리나이호에 세워진 순직자 위령탑

한편, 일본의 탄광이나 광산, 댐 등의 노동 현장에서 사망한 노동자들의 넋을 기리는 「순난비」나 「순난」「위령」「현창(顯彰 혹은 표창)」 등이 새겨진 비석이 전국 각처에 세워져 있다. 그 중에는 개개인의 이름

---

70) 책임연구자 정혜경(2019)『2019년도 일제강제동원 피해 진상조사 학술연구용역보고서 일본지역 탄광 광산 조선인 강제동원 실태-미쓰비시(三菱) 광업(주) 사도(佐渡)광산을 중심으로―』일제강제동원피해자지원재단, pp.7~8.

이 작게 새겨진 경우도 있으나 대부분은 개인 이름이 없다. 이들 중에는 일본인 생존자나 고용측이 일본인 희생자란 이름 만으로 넣어 버리는 경우가 많다.

참고로, 일본의 『精選版 日本国語大辞典』[71])에 따르면 「순난(殉難)」이란 뜻은 국난이나 사회, 종교 등의 위험한 재난을 위해 일신을 희생한 것(国難や社会、宗教などの危難のために一身を犠牲にすること)을 말하는데, 적어도 식민지 지배기에 일본에 건너간 민간 노동자들도, 강제연행 노동자들도 재난을 위해 일신을 희생하려는 의도는 없었다는 것이다. 즉, 순난 대상으로 치부하는 것은 죽은 자들에 대한 산 자들의 양심적 표출로 보일지 모르나, 정확한 사망자의 이름도, 사망 과정도 표기하지 않은 채 모든 것을 적당히 얼버무리며 넘어가려는 안일함과 무책임한 태도라고 지적할 수도 있다. 그렇기에 순난비와 함께 구체적인 내용을 기록하고 어떤 사람이 어떻게 죽어 갔는지, 사고 과정이 어떠했는지를 명기하여 두 번 다시 반복되지 않도록 하기 위한 노력이 보일 때 진정성으로 이어질 수 있는 것이다. 최근에는 그러한 순난비에 내포된 강한 내셔널리즘적 의미를 떠나서 사건의 내용을 기록하고 기억하기 위한 추모비나 위령비 등을 세우는 경향에 있다. 시대적으로 섬차 순난비가 가시는 국가수의적 의미가 「사람」 중심의 기억으로 이어지고 있는 것을 볼 수가 있다. 여기서는 후술하는 각 추모회 시민단체들의 의도가 내포된 경우도 있기에 그들의 활동 그대로를 소개하기로 한다.

참고로 필자는 2021년 9월 10일부터 11월 5일까지 사할린과 근접한

---

71) 인터넷판. 2021년 12월 12일 열람.
   https://kotobank.jp/word/%E6%AE%89%E9%9B%A3-530079

남쪽 하코다테와 마츠마에부터 북단 와카나이(稚內)지역을 포함한 홋카이도 전역 및 동북 각지의 재일조선인 관련 현장을 답사하였다. 물론 Covid19 상황에서의 조사였기에 현장 조사를 위해서는 미리 약속한 최소한의 협력자들로부터 정보를 얻어야 했고,[72] 코로나 방역에 주의해야 했기에 관계자 인터뷰에는 한계가 있었다. 하지만 문헌 및 자료에서 보고 느낄 수 없는 현장과 관계자들의 목소리를 통해 추모가 어떻게 이루어지고 있는지, 연구 성과는 컸다고 할 수 있다. 이 글은 최근 조사했던 내용을 기록하는 의미에서 우선 홋카이도 지역의 일부 내용부터 소개하기로 한다.

그 뒤, 필자가 자주 답사를 다녔던 동북 및 나가노 지역에 대해서 논하려고 한다. 참고로 관서지방, 야마구치, 기타큐슈의 지쿠호 탄광 및 치란 반세, 아마미 등은 별도의 기회를 갖기로 한다.[73] 물론 일본 내의 재일조선인이 관계된 탄광산, 댐 등의 토목공사 현장 등은 앞에서 밝혔듯이 전국 각처에 존재하지만, 여기서는 시간관계상 필자가 특히 인상적이었던 사례의 일부만 소개하기로 한다.

---

72) 센넨지 후쿠시마 노리시게 주지승 및 유바리 가미스나가와쵸 위령제의 모토요시 에이지 대표, 삿 포로 민단지부 김태훈 고문 및 아사히가와 민단 김장항 단장은 주삿포로 대한민국 총영사관 안영선 전문관의 도움을 받았다. 사의를 표해 둔다.

73) 이에 대해서는 필자가 일본의 시사 잡지 『季論21』의 의뢰를 받고 3회(제48회~제50회)에 걸쳐서 연재를 한 논고를 참고가 된다. 李修京(2020.4)「日本国内における戦争加害の痕跡について(1)」『季論21』제48호, pp.99~112 참조. 李修京(2020.7)「日本国内における戦争加害の痕跡について(2)―「在日」100年の歴史、そして長州の陰影と宇部の長生炭鉱」『季論21』제49호, pp.81~93 참조. 李修京(2020.10)「日本国内における戦争加害の痕跡について(3)―九州各地の負の歴史を訪ねて」『季論21』제50호(최종호), pp.195~213 참조.

4.1 일본 제154회 국회 질문과 그 답변서에 보이는 조선인 강제연행 노동자들의 동향

민간 모집에 응한 노동자는 가난과 유교적 계급 및 식민지의 억압된 공간에 내밀려서 돈벌이를 겸하여 일본행 배를 탄 것이라고 앞에서 언급했다. 그러나 부국강병론에서 점차 전쟁국가 체제로 달리는 일본의 전시 노동력으로 동원, 연행된 노동자들이 어떠했는지, 전후 대응은 어떠했는지, 일본의 제154회 국회에서 나온 질문주의서를 통하여 살펴보기로 한다. 이 내용은 전쟁 말기인 1944년 7월에 홋카이도 근처의 치시마(千島)의 군사시설 공사 노동력으로 조선인 노동자를 태웠던 일본 징용선 타이헤이마루가 미군이 쏜 어뢰에 침몰하여 수백 명의 조선인 노동자들이 사망한 사건에 대하여 자세한 내용 파악과 그 대응에 대해서 묻는 질문주의서이다. 2002년 4월 9일에 곤노 아즈마(今野東, 1947~2013) 의원이 국회에 제출한 「아시아태평양전쟁 때의 치시마 조선인 연행에 관한 질문주의서」 내용을 살펴보기로 하자.

아시아태평양전쟁 때 치시마의 조선인 연행에 관한 질문주의서[74]

다음 사항에 대하여 질문한다.

Ⅰ. 타이헤이마루(太平丸)에 대해서 - 한국·북조선의 타이헤이마루 생존자, 유족으로부터의 임금지불 요구 대응에 대하여

　　1 오타루(小樽) 출항시의 배에 탔던 인원 수는?

　　2 승객이었던 군인·군속의 부대명과 각 인원수는?

　　3 승선했던 조선인 군속 수는?

　　4 조선인 군속의 신분은 고원(雇員)[75]인지 용인(傭人)[76]인지?

　　5 조선인 군속 소속은 육군(북방군 경리부)인지, 해군(오미나토해군시설부)[77]인지?

　　6 구시로(釧路)시의 스가와라구미(菅原組, 대표는 菅原正一)가 조선인 군속 동원과 키타치시마(北千島)에서의 노동에 관여했는가?

7 침몰로 사망한 승무원과 승객 각 인원수는?

8 조선인 군속 침몰에서 사망자 수는?

9 조선인 군속의 침몰 이외의 사망자 수는?

10 조선인 군속에게 지불하기로 했던 급여의 월급 금액은?

11 위에서 실제로 지불한 금액은?

12 미지불 임금에 대해서 한국인(대한민국 국민)의 타이헤이마루 생존자 혹은 유족으로부터 지불 요구가 있을 경우 어떻게 대응할 것인가?

13 지불 임금에 대해서 조선인(조선민주주의인민공화국)의 타이헤이마루 생존자 혹은 유족으로부터 지불 요구가 있는 경우 어떻게 대응할 것인가?

14 후생성 혹은 다른 정부기관에 승선했던 조선인 군속 명부, 사망자 명부는 보관되어 있는가?

Ⅱ. 치시마 전역－조선인 군속, 유족에 대한 역사적, 정치적, 도의적 책임 대응에 대해서

1 기타치시마, 나카치시마(中『島), 미나미치시마(南『島)의 지역별 조선인 군속과 업자공급 조선인 노동자 각각의 인원수는?

2 상기 각각의 사망자수와 사망 이유는?

3 치시마 해역에서 침몰한 수송선별 조선인 군속 승선자수와 사망자수는?

4 스가와라구미(菅原組), 세자키구미(瀬崎組), 치자키구미(地崎組)의 치시마에서의 군시설 건설공사의 공사 지역과 공사 수주액은?

5 상기 민간건설업자가 정부받은 군 공사는 해군(大湊海軍施設部)만이냐, 육군(北方軍経理部)도 있었는가?

6 군속 조선인 노동자 급여는 해군 혹은 육군이 직접 지불했는가? 공사를 수주한 민간건설업자가 지불했는가?

7 후생성이 보관하는 치시마에 관한 군속 명의에 여성의 이름은 없는가? 있으면 그 숫자는?

8 같은 타이헤이마루에 군속으로 승선하여 사망한 일본인에게는 그 유족에게 작년 말까지 1인당 총액으로 얼마의 조위금이나 유족연금 등의 국가에 의한 보상이 이루어져 왔는가?

9 사망한 조선인 군속이나 유족을 위해 위령(위령제－필자 주) 등도 포함하여 전후 일본 정부는 국고에서 얼마를 지출하여 왔는가?

10 타이헤이마루 및 유사 공격을 받고 사망한 조선인 군속이나 그 유족은 일본이 일으킨 전쟁에 노동력으로 동원당하여 돌아가신 희생자들이다. 법적 책임을 묻는 싸움을 초월하여 역사적, 정치적, 도의적인 책임이 있어야 한다고 생각하는데 어떻게 대응할 생각인가.

右(이상으로－필자 주) 질문한다.

이 질문 내용으로 보면 치시마 군사시설 공사에 연행되었던 조선인 노동자들을 태웠던 징용선 타이헤이마루가 전쟁 말기 미군의 어뢰 공격을 받고 침몰하여 많은 사망자가 발생했는데도 불구하고 그 경위나 사망자 대책이 확실치 않거나, 군이 직접 고용하고 지불한게 아니라 스가와라구미라는 민간고용업자를 개입시킨 것을 지적하며 국가 책임이 등한시된 사실에 언급을 보이는 질문이라고 할 수 있다. 이에 대한 답변은 2002년 5월 10일에 수령한 형태로, 내각총리대신 고이즈미 준이치로(小泉純一郎) 수상이 와타누키 타미스케(綿貫民輔) 중의원 의장에게 「내각중질154제56호(內閣衆質一五四第五六号)」를 제출하고 있다. 답변서 내용을 보면 다음과 같다.

중의원 의원 곤노 아즈마군 제출 아시아태평양전쟁 때의 치시마 조선인 연행에 관한 답변서(衆議院議員今野東君提出アジア太平洋戦争時の千島への朝鮮人の連行に関する質問に対する答弁書)[78]

중의원 의장 와타누키 타미스케 전
중의원 의원 곤노 아즈마군 제출 아시아태평양 전쟁 시 치시마 조선인 연행에 관한 질문에 대하여 별지 답변서를 송부한다.

---

74) https://www.shugiin.go.jp/internet/itdb_shitsumon.nsf/html/shitsumon/a154056.htm (2022년 2월 1일 열람)
75) 관청이나 회사 등의 정식 채용이 아닌 잡무를 위해 고용된 사람.
76) 雇員보다 더 낮은 계급으로 고용된 사람.
77) 大湊海軍施設部. 오미나토(大湊)警備府는 아오모리켄 무츠시에 있었던 구 일본군 해군경비부인데, 그 산하에 해군시설부를 두고 해군 관련 시설 설치 등을 맡아서 했다.
78) https://www.shugiin.go.jp/internet/itdb_shitsumon.nsf/html/shitsumon/b154056.htm (2022年 2月 1日閲覧)

중의원 의원 곤노 아즈마군 제출 아시아태평양 전쟁 시 치시마 조선
인 연행에 관한 질문에 대하여 별지 답변서

I 의 1~11에 대하여

질문이 있었던 타이헤이마루(太平丸)가 오타루(小樽)를 출항하였을
때 승선하고 있던 인원수, 승선 군인 및 군속의 소속 부대 이름 및 소속
부대별 인원수 및 승선하고 있던 조선반도 출신의 군속 인원수, 신분 및
소속, 조선반도 출신 군속에 대한 스가와라구미(菅原組) 관련 유무, 타
이헤이마루 침몰 때 사망한 사람의 인원수 및 사망한 조선반도 출신의
군속 인원수 및 사망원인, 조선반도 출신 군속에 지불하기로 했던 급여
의 월 임금 및 실제로 지불한 금액에 대해서는 조사한 바에 따르면 정부
내에 사실관계를 정확하게 파악할 수 있는 기록이 보이지 않으므로 답
변하기 곤란하다. 참고로 현재 후생노동성에서 구 육해군에 관한 자료
(이하, 「구 육해군 관계 자료」라고 한다.)에 따르면, 타이헤이마루 침몰
로 사망했다고 보는 사망자수는 902명으로 타이헤이마루 침몰에 의해
사망했다고 보이는 조선반도 출신의 군속(육군소속의 고원)의 인원수는
182명으로 추정된다.

I 의 12에 대해서

질문이 있었던 미지불 임금에 관한 채권을 포함한 대한민국 또는 그
국민의 일본국 또는 그 국민에 대한 채권이지 재산 및 청구권에 관한
문제 및 경제협력에 관한 일본국과 대한민국 사이의 협정(쇼와 40년 조
약 제27호. 이하 「청구권 협정」이라고 함.) 제2조 3의 재산, 권리 및 이
익에 해당하는 것은 재산 및 청구권에 관한 문제의 해결 및 경제 협력에
관한 일본국과 대한민국과의 사이의 협정 제2조의 실시에 따르는 대한
민국 등의 재산권에 대한 조치에 관한 법률(쇼와 40년 법률 제144호) 제
1항의 규정에 의해서 쇼와 40년(1965년 - 필자 주) 6월 22일에 소멸한 것
으로 되어 있다.

I 의 13에 대해서

질문이 있었던 미지불 임금에 관한 채권을 포함한 우리나라와 북조선
과의 사이의 재산 및 청구권 문제에 대해서는 일조 국교정상화 교섭에
서 협의해야 할 성격이라고 생각한다.

Ⅰ의 14에 대해서

질문이 있었던 타이헤이마루에 승선했던 조선반도 출신 군속의 명부 및 사망자 명부에 대해서는 조사한 바에 따르면 정부 내에 보관된 것을 확인할 수 가 없었다. 참고로 후생노동성에서는 타이헤이마루 침몰로 인해 사망한 것으로 보이는 182명을 포함한 사망한 조선반도 출신 군인 군속에 관한 자료는 보유하고 있다.

Ⅱ의 1~3에 대해서

질문은 치시마 방면에 배속된 조선반도 출신의 군속 및 치시마 방면에서 업자(민간-필자 주)에게 고용된 조선반도 출신자에 관한 것이라고 생각되는데, 이러한 자들의 인원수, 사망자수 및 사망 이유와 더불어 치시마 해역에서 침몰한 수송선 채로 조선반도 출신 군속의 승선자수 및 사망자수에 대해서는 조사한 바에 의하면 정부 내에 사실 관계를 정확하게 파악할 수 있는 기록이 보이지 않기 때문에 대답하는 것은 곤란하다. 참고로, 구 육해군관계 자료에 따르면 치시마 방면에서 사망했다고 보는 조선반도 출신의 군속은 708명이라고 추정된다.

Ⅱ의 4~6에 대해서

질문이 있었던 스가와라구미, 세자키구미 및 치자키구미의 치시마에서의 군시설 건설 공사에 대해서는 구 육해군 관계 자료에서 스가와라구미는 슈무슈토(占守島,しゅむしゅとう)의 항공기지 방공터널 공사를, 세자키구미는 에토로후토(択捉島)에서 텐네이(天寧)항공 기지[79] 공사를 각각 맡았다고 기재되어 있는데, 그 외에 대해서는, 조사한 바에 의하면 정부 내에 사실관계를 정확하게 파악할 수가 있는 기록이 없으므로 대답하기는 곤란이다.

Ⅱ의 7에 대해서

질문한 「후생성이 보관하는 치시마에 관한 군속명의」라는 것은 무엇을 의미하는지 확실치 않으나, 현재 후생노동성에서 보관하고 있는 구 육해군에 관한 인사 자료에는 성별 기재란이 없으므로 치시마 방면에 배속된 여성 군속의 유무를 대답하기에는 곤란하다.

---

79) 제2차 세계대전 중에는 일본군이 관할하여 일본군의 수주를 받은 업자와 조선인 노동자 등이 건설공사에 임했던 텐네이 비행장은 그 뒤, 새로이 러시아가 시설 등을 정비하여 2014년 9월에 부레베스트니크 공항(BVV)을 열었다.

Ⅱ의 8에 대해서

질문한 타이헤이마루에 군속으로 승선하여 사망한 일본인 유족에 대해서는 전상병자전몰자유족등원호법(戰傷病者戰没者遺族等援護法, 쇼와 27년 법률 제127호. 이하, 「원호법」으로 칭함.)에 따른 원호가 이루어지고 있지만, 원호법에 의거한 유족연금 및 일시금인 조위금 지급 총액은 유족연금의 신청 시기, 지급 대상이 되는 유족의 관계 등에 따라서 다르다. 예를 들면, 타이헤이마루에 승선했던 사람으로 원호법 제2조 제1항 제2호에 해당하는 사람의 처가 원호법 제정 당초인 쇼와 27년 4월부터 헤이세이 13년 12월까지의 월분의 유족연금을 조위금과 함께 수급했다고 가정하면, 약 4147만엔이 지급된 것이 되고, 타이헤이마루에 승선했던 사람으로 원호법 제2조 제1항 제4호에 해당하는 사람의 처가 원호법에 의한 원호 대상이 된 쇼와 38년 10월부터 헤이세이 13년 12월까지의 월분의 유족연금을 조위금과 함께 수급했다고 가정하면 약 4104만엔이 지급된 것이 된다.

Ⅱ의 9에 대해서

사망한 군인 군속 및 그 유족을 대상으로 한 위령사업 등에 대해서는 조선반도 출신자만을 대상으로 행하고 있는 것은 없지만, 군속 등으로 전사한 자의 유족으로 일본에 영주하고 있는 재일한국인 등에 대해서는 평화조약 국적이탈자 등으로 전몰자 유족 등에 대한 조위금 지급에 관한 법률(헤이세이 12년 법률 제114호)에 따라서 인도적 정신에 기인한 조위금을 지급하고 있는데, 북태평양 방면에서 전사한 군속 등에 관한 헤이세이 14년 3월 31일까지의 지급 건수는 16건으로 지금 총액은 4,160만 엔이다.

Ⅱ의 10에 대해서

일본국과의 평화조약(쇼와 27년 조약 제5호)에 근거하여 일본의 국적을 이탈한 군속 등의 보상에 관한 문제에 대해서는 우리나라와 대한민국 간에 체결한 청구권 협정에서 양국 및 그 국민 간의 재산, 권리 및 이익 및 청구권 문제는, 일한 양국 간에서는 법적으로는 완전히 그리고 최종적으로 해결된 것이 확인되고 있고, 또, 우리나라와 북조선 간의 재산 및 청구권 문제에 대해서는 일조국교정상교섭에서 협의되어야 할 성격의 것이라고 생각한다.[80]

---

80) 2002년 5월 10일 답변서. 2022년 2월 1일 열람.
　　https://www.shugiin.go.jp/internet/itdb_shitsumon.nsf/html/shitsumon/b154056.htm

이 장문의 질문과 답변서는 치시마 타이헤이마루 침몰 사건에 대한 사례에 지나지 않지만, 일본 정부 측의 강제 연행 사망 노동자에 대한 대응을 엿볼 수 있다. 2002년 4월 9일에 질문한 것에 대하여 한 달 뒤인 2002년 5월 10일에 답변을 하고 있다. 한 달의 조사기간 동안 어떤 조직에서 얼마나 조사를 했는지는 모르겠으나 결국 조선인 노동자의 자세한 인적상황이나 사망 규모, 강제 연행 과정, 민간 업자 개입에 관련한 충분한 자료를 정부는 갖고 있지 않다는 답변이었다. 분명 스가와라구미 등의 민간업자를 통하여 인력 확보를 했을테니 군부나 업자들은 자세한 내용을 갖고 있지 않으면 안되는 것이다. 정부 자체가 갖고 있지 않다고 하여도 조사할 의사만 있다면 민간업자들은 군의 청부 및 지불금을 받고 움직였으니 정부의 필요성에 따라서 보고할 의무가 있는 것이다. 일본은 사료나 자료 보존을 비교적 잘하는 나라이다. 만약 없다고 한다면 업자들이 은폐를 했거나 소각했을 것이고 그런 행위를 자체적으로 할 수는 없는 입장이므로 군부를 포함한 정부로부터 명령을 받았을 가능성이 있다. 그렇지 않다면 다른 기관에서 보존하고 있다는 이야기가 된다. 찾으려는 철저한 노력과 성의가 양국 간의 신뢰 구축으로 이어진다. 전시 노동력으로 강제로 끌려갔다 죽어간 사람들의 유족 입장에서는 전쟁 구조에서 죽은 것이 아니라 전쟁을 일으킨 일본이 죽인 것이 되는 것이다. 이런 과거의 전쟁 국가로서의 역사 및 노동자 동원과 희생자 대응에 대한 책무를 가지고, 피해자 및 유족의 입장을 이해하여 함께 과거사를 해결하는 노력을 보일 때 일본은 동아시아의 전쟁 피해국들과 신뢰 있는 파트너 관계를 구축할 수 있지 않을까?

4.2 홋카이도 각지의 조선인 노동자 관련 지역와 일본 시민 활동

앞에서도 언급했듯이 근대 일본 정부는 풍요로운 자원과 광활한 토지의 아이누 모시리를 지배하에 넣으면서 일본인 수인 및 타코베야 노동을 통해 일본인, 식민지 노동자들을 근대 시설 및 군수 설비 등의 인프라 정비에 투입하게 된다. 세력 확장과 근대화 정비를 위해 연행된 노동자들은 홋카이도 전 지역 및 사할린81)이나 치시마 열도 등 러시아에 근접한 지역에까지 징용되어 혹독한 환경 속에서 노동을 하였고, 경우에 따라서는 처참하게 목숨을 잃는 경우도 다반사였다. 그 일부 사례가 위에서 언급한 치시마 다이헤이마루 침몰 사건이라고 할 수 있다. 불행 중 다행이라면 당시의 그런 아픔을 기억하거나 기록하거나 추모하여 넋이라도 위로하려는 일본인 시민들의 활동이 각 지역에서 이루어지고 있다는 것이다. 물론 대부분이 고령자이고 과거를 기억하는 당사자나 현상을 기억하는 사람들의 목소리를 통해서 이어져 온 부분이 적지 않기에 향후 계승될지는 의문이지만 적어도 그들의 노력이 있었기에 사실 접근이 수월해진 것도 있고, 일본의 침략사 속에서 희생된 사람들의 존재가 부각되어 왔다. 그 중에서도, 일본 각지의 조선인 노동자

---

81) 제2차 세계대전 중의 국가총동원정책 하에 한국인을 사할린으로 끌고 가서 탄광이나 군수공장 등에서 일하게 하였다. 그런 면에서 최북단 지역의 와카나이는 사할린 강제연행의 출발점이라고도 할 수 있다. 참고로 일본의 패전 다음 해인 1946년의 사할린 잔류 한인은 약 43,000명이었으나 일본은 패전 후의 송환협정에서 일본인의 귀국에 한정지었기에 대상이 아닌 식민지 출신자들은 자신들의 의사와는 달리 사할린에 잔류할 수밖에 없었던 것이다. 1994년이 되어서야 한일 정부 간, 양국 적십자 간 협정으로 영주 귀국사업이 추진되었고, 2016년부터는 한국 정부가 단독으로 행하였는데, 2022년 현재 국내 영주귀국자는 4,408명에 이르고 있다고 한다. 「평균 88살…사할린동포법 첫 대상 1세대 21명 영주귀국한다」,『한겨레 신문』2021년 11월 25일자, 인터넷판 참조. 2022년 3월 15일 열람.
https://www.hani.co.kr/arti/politics/diplomacy/1020803.html

현장 조사 중에서도 특히 인터넷에 그 현장 일람을 공개 중인 다케우치 야스토의「조선인 강제노동현장 일람」[82]에는 홋카이도를 포함한 일본 전역의 2679개의 현장을 확인할 수 있다. 1차 자료를 통해서 작성된 일람 1에서 239번까지가 홋카이도 각지의 조선인 강제노동 현장인데, 이 글에서는 필자가 방문했던 현장 중에서 추모 행사를 이어오고 있거나 현장 유지를 위해 노력하는 일본인들의 노력에 대하여 소개하고자 한다.

참고로, 2020년부터 확산된 Covid19로 인한 비대면 온라인 활용은 물론, 인터넷이나 SNS의 사용이 급증하는 만큼, 시민들의 인터넷 및 다양한 SNS를 통한 귀중한 정보 발신 및 확산의 사례도 적지 않다. 특히 이 글에서 소개하고 싶은 것은 홋카이도 각지의 탄광, 광산, 철도 부설, 선주민, 조선인이나 중국인 강제 노동과 연관된 순난비, 위령비, 기념비 등을 찾아다니며 찍은 귀중한 사진이나 방대한 내용을 지역별, 장르별로 망라하여, 정리한 배경 설명과 사진을 공개하고 있는 아래의 인터넷 사이트이다.

「無名開拓殉難者の碑を巡る―道北の釣りと旅：監禁強制労働に斃れた土工夫(主に朝鮮人)の慰霊・顕彰碑等を巡る 3 (무명 개척 순난자비 찾아다니기 － 홋카이도 북부 낚시와 여행 － 감금강제노동으로 죽은 토공부(주로 조선인) 위령·현창비를 찾아 다니기 3)」
https://www.kitakaido.com/isibumi/jyonnan-10.html

---

82)「竹内康人作成·朝鮮人強制労働現場一覧」2022년 2월 19일 열람.
　　https://ksyc.jp/sinsou-net/takeitu-itiran.pdf

이 인터넷 사이트에는 운영자 소개를 찾기 어려웠으나 다른 사용 중인 SNS의 정보를 보자면, Twitter@Hrotoshi의 통명이 후쿠시 히로아키(福士廣秋)이고, 취미인 낚시와 사적 답사 여행, 산록 배회 등을 하는 간호사를 정년 퇴직한 홋카이도 아사히가와시 거주라고 소개하고 있다. 온라인상에서는 가명이나 닉네임을 사용하는 경우가 많기에 실명인지는 알 수 없으나, 사이트의 내용은 홋카이도의 각 노동 현장 관련의 방대한 내용을 이해하기 쉽게 정리하고 있어서 참고가 된다. 물론 내용을 보다 신뢰하기 위한 관련 사료 등의 재확인 작업도 함께 이루어져야 하겠지만, 깊고 험난한 산속 등 쉽게 가기 힘든 현장 곳곳을 다니며 찍은 사진과 정보를 정리하여 널리 알리고 있다는 점에서 그의 노력은 단순한 여행 사이트가 아니라 역사를 기록하는 작업이라고 평가할 수 있을 것이다.

4.2.1 구 국영철도 마츠마에(松前)선로 공사 희생자를 기리는 센넨지(專念寺) 추모식

홋카이도의 현관으로 불리는 하코다테(函館)에서 서남쪽 해안선을 따라서 약 2시간을 차로 달리면 에도 막부 때 아이누와의 교역 도시로 한때 번창하였던 마츠마에(松前) 마을이 나온다. 흥망성쇠의 역사 속에서 지금은 6,700명 인구의 마츠마에군 마츠마에쵸인데, 홋카이도 유일한 성이 있는 마을이기에 종전 직후 소실 뒤 1961년에 재건 조성된 마츠마에성과 공원이 있다. 그곳에서 서쪽으로 10분 정도 거리에 약 400년의 역사를 가진 홋카이도 정토진종(浄土真宗)계 가장 오래된 사찰인 센넨지(專念寺)[83]가 나온다. 「에조(蝦夷)지 염불 발상의 도장」이라는 역사가 느껴지는 경내로 들어서면 오른쪽에 마을 사람들이 만든 순난자 위령비(일본어 및 한글 혼용)를 가운데로, 좌우로 영어와 중국어로 된 위령비가 보인다. 가운데 순난자 위령비는 1941~1945년의 제2차 세계 대전 때 마츠마에 지역의 군수물자 운반용인 구 국영철도 마츠마에선 공사에 강제 연행되었다가 사망한 한국인, 중국인, 일본인들의 명복을 빈다는 내용으로, 건립일은 1985년 5월 3일 헌법의 날이 새겨져 있다. 이 마츠마에선 공사에는 조선인 노동자나 중국인 노동자 1000명 정도 가 동원이 되었는데, 단기간 건설을 위해 홋카이도의 가혹한 추위 등으 로 인하여 약 50명이 목숨을 잃었고, 그중에서 11명이 현재 센넨지에 묻혀져 있다.[84] 공사장에서 실려오는 시체를 받아들여야 했던 사찰은 그 후, 전쟁이 두번 다시 일어나지 않도록 평화 세계를 위하는 기도를 드리며 희생이 된 그들의 넋을 위로하는 법요식을 올리는 것이 마땅하 다는 당시의 주지승 후쿠시마 엔세이(福島円成)의 뜻을 받든 마츠마에 쵸 주민들과 재일코리안(한국계, 조총련계 포함)이 모여, 1985년부터 매년 센넨지에서 행사를 하고 있다. 현재는 하코다테오타니단기대학의 학장과 하코다테 한일친선협회의 회장을 겸하고 있는 후쿠시마 노리시 게(福島憲成, 1947년생, 후쿠시마 엔세이 주지의 손자)주지를 비롯하여 지역 주민들, 마츠마에불교회 등이 협력하여 매년 다양한 형태로 이루 어지고 있다.

---

83) 주소는 北海道松前郡松前町字唐津267番地이다.
84) 『函館新聞』2014년 5월 4일자. 2022년 2월 11일 열람.
   http://www.hakodateshinbun.co.jp/topics/topic_2014_5_4.html

〈사진〉 왼쪽은 1988년에 폐지된 마츠마에 선로 교각(피아), 가운데는 센넨지 입구, 오른쪽은 센넨지 입구의 위령비[85]

한편, 아래의 사진에서 보듯이 일본의 각 사찰에는 그 절에서 모시는 망자를 과거첩(過去帳)이란 것에 간단히 기록하고 있는데, 정토진종계 사찰에서는 속세 이름(속명)과는 달리 망자에게는 계명 앞에 석(釋)자 를 붙이는 것을 볼 수 있다.

〈사진〉 센넨지의 조선인 노역 사망자 이름이 적혀져 있는 과거첩. 오른쪽 아래는 새로이 정리된 과거첩에 옮겨 적은 조선인 사망자 명부. 센넨지 후쿠시마 노리시게 주지승 제공

---

85) 센넨지 관련 모든 사진은 2021년 9월 14일 현지에서 촬영한 것.

센넨지 과거첩 중에서도 마츠마에 선로 공사에도 전쟁 말기의 조급함이 반영되던 1944년(쇼와 19년)도 과거첩을 보면, 그 안에는 명확히 한반도 출신 조선인 등으로 표기된 사람 10명이 기록되어 있고(사진 참조), 그 외, 이름도 생년월일도 본적도 미상이지만 고용업체주가 같은 사람으로, 조선인 池原丁福와 金海四龍 같다는 표기(々)로 그들 옆에 기록되어 있으므로 조선인이었음을 알 수 있는 1명, 합쳐서 11명이 센넨지 과거첩에 기록되어 있는 것을 볼 수 있다. 참고로, 1944년 과거첩 원서를 보면 조선인 관계자는 아래의 표와 같다. 단, 이 과거첩에 기재된 내용은 극히 간단한 메모 기록 정도이지 그 사람을 확인하기에는 정보가 부족하다. 자세한 출생지, 생년월일 등이 미상인 경우는 알기 어려워서 기록 내용과 한국측 호적 등에서 창씨개명 전후의 명단에서 확인하는 수밖에 없으나, 후쿠시마 노리시게 주지에 의하면 현재까지 센넨지 경내에 매장된 유골을 반환해 달라는 유족의 요구는 없기에 그들을 포함한 추모행사를 치르고 있다고 한다.

〈표3〉 센넨지 과거첩에 기재되어 있는 1944년도 조선인 노동자 사망자 명단

이름 (법명)	생년월일	사망일	본 적	고용업체
金城聖浩 (釋讚歡)		1944년12월10일	반도(半島)	及川貞太郎
張本正雄 (釋信正)	1921년1월18일	1944년12월4일 (향년 23세)	中(원문)淸南道 洪城郡 城 川面 거사 張本旭急 장남	岩井組
朝本淳浩 (釋随順)		1944년12월17일 (향년 27세)		岩井組
南 相一 (釋善念)	1900년5월19일	1944년12월19일 (향년 44세)		及川貞太郎

金川一得 (釋寶宣)		1944년9월16일 (향년 35세)		建石野 老川貞太郎
茂野永吉 (釋照永)		1944년10월2일	朝鮮人	岩井組
池原丁福 (釋現祥)		1944년8월20일 (향년 28세)	建石野堀内組 철도인부 반도인(朝鮮ノ人)	及川貞太郎
金平禮智 (釋祥威)	1904년1월1일	1944년11월2일 (향년 40세)	朝鮮忠南大田郡九龍面中為 里660番地	岩井組
金海四龍 (釋昇龍)	1921년12월10일	1944년8월28일 (향년 22세)	建石野堀内組 철도인부 반도인(朝鮮ノ人)	老川貞太郎
平田完基		1944년6월10일	朝鮮京畿道楊州郡白石面防 城里226番地	
釋恵信		1944년9월6일		老川貞太郎

(출처: 센넨지 1944년도 과거첩 원서 및 최신 사본 과거첩에서 필자 작성.)

한편, 이 과거첩에서는 공사업체주 이름이 오이가와(及川)와 오이가
와(老川)로 되어 있는데, 이는 당시 시체를 옮긴 사람들로부터 업체 이
름을 듣기만 했으며 글로 건네받은 것이 아니었기 때문이라고 한다. 한
편, 조선인 노동자 이름(張本正雄, 金城聖浩, 朝本淳浩)이 기재된 페이
지 윗 쪽 메모에는 「1944년 8월 23일에 반도인 유골 3개분을 갖고 돌아
갔다. 이것으로 반도인 이와이구미 사람의 것은 전달 종료함. 공사업체
두령으로부터 약소하나마 잘 부탁한다며 사례를 받았다」고 기록되어
있다. 당시 공사 중에 죽은 사람들의 임시 처리장으로 사찰을 택한 것을
알 수 있는 메모이다.

참고로 2021년 12월 10일, 필자가 운영하는 코리아 연구실과 동의대
학교 동아시아연구소 공동 국제학술대회 「일본의 다문화화와 재일코리
안」을 개최하였는데, 그 대회에서 센넨지의 후쿠시마 노리시게 주지승

의 기조강연을 통해 재일코리안과의 공생 이야기를 들었다. 구체적인 시민 활동을 엿볼 수 있는 사례이므로 아래에 그 발표 내용을 우리말로 소개하기로 한다.

작은 마을에서 잔잔히 이어져 오고 있는 일한·일조 우호의 기도
—구 국철 마츠마에선(松前線) 희생자 위령제가 의미하는 것—

예전에는 키코나이(木古内)에서 마츠마에(松前)까지 국영 철도인 마츠마에선 전차가 다녔다. 1987년 4월 국철을 분할해서 민영화할 때 승객과 화물 감소로 채산이 맞지 않는 마츠마에선 폐지가 결정되자 어떻게든 철도를 남기려는 지역 주민의 폐선 반대 운동이 일어났다. 그 무렵 홋카이도 도청은 「홋카이도의 역사」 편찬을 기획하려고 그 역사의 출발점부터 파헤치는 작업을 시작하여 「마츠마에쵸사(町史)(전9권)」의 본격적인 편집 작업에 들어갔다. 도청은 이 편집 작업을 위해 역사 전문가를 마츠마에쵸에 파견하고 쵸에서는 「마츠마에쵸사 편찬실」을 설치하여 주민 중에서 학식 경험자(불교회도 포함)를 모아서 자료 수집이나 인터뷰 조사를 행하였다. 당시 조사에 관계한 위원 대부분이 징병 경험자로 그 중에는 억류자나 목숨을 건 인양자도 있었다. 또 주민 속에는 강제 노동을 당한 조선인도, 노동자를 감시했던 보가시라(棒頭)였던 사람도 있었다. 그런 과정에서 마츠마에선 부설공사에서 조선반도 출신의 순난자 존재만이 아니라 비참했던 당시의 정황까지 드러나자 주민들 사이에서 희생자의 위령비 건립에 대한 문제가 자연스럽게 제기되었다.

원래 마츠마에선은 태평양 전쟁 말기, 병기용 특수 강철 제조에 필요한 망간이 필요하여 양질의 망간광산이 있는 마츠마에 지역에서 우송선로의 부설이 필요했지만, 당시 국철선은 마츠마에까지 연결되지 않았기에 정부는 오시마요시오카(渡島吉岡, 福島町)에서 마츠마에쵸 서쪽 하라구치(原口) 사이 약 40킬로 노선의 부설공사를 서둘렀다. 1942년부터 1945년까지 마츠마에선 부설공사를 위해 일본인·조선인·중국인이 동원되어(900명

정도) 자유을 빼앗기고 가혹한 노동과 열악한 환경 속에서 착취를 당하고 이국땅에서 존엄한 목숨을 잃은 사람은 마츠마에선 공사 만으로도 50명 정도라고 하지만 그 대부분은 기록이 남아 있지 않다. 유일하게 센넨지에 만 묘지에 매장된 순난자 11명의 이름·출신지 등이 과거첩(過去帳)에 기 재되어 남아 있다. 과거첩에 기재되었다는 것은 간략하게나마 제대로 장 례를 치루고 묘지에 묻었다는 뜻을 의미한다. 죽은 자는 선로 옆에 묻었 거나 피아(교각)에 콘크리트와 함께 부어버렸다는 등의 전설이 있지만 함 바(광산 등 현장 작업원 식당 및 숙박시설)의 보가시라(인부들 우두머리) 는 받아 수기만 한다면 매장 시설에 묻어 주고 싶었던 기분이었을 것이다. 이 공사는 마을 주민들에게도 알려지지 않았지만 주민은 어떤 사람이 어 떤 식으로 일하는지는 모두 알고 있었다. 동네의 공사였다. 도망쳐 온 노 동자를 배에 태워서(마츠마에는 해안 지역이다 — 편지 주) 도망치게 하려 했던 사람이나 1년간 가족처럼 숨겨줬다는 이야기도 있다. 마을 사람들은 그들에게 동정적이었지만 그것이 밖에 알려지는 게 두려워서 침묵하였던 것이다.

 센넨지는 어떻게 해서 매장을 받아들였던 것인까? 나의 조부에 해당하 는 당시의 주식(후쿠시마 엔세이)는 40대에 직장을 그만두고 절에 들어올 때까지 정부의 농업지도원으로 오가사와라(小笠原)·미야자키(宮崎)·홋카 이도(北海道) 등에서 개척자와 생활하며 개척자의 가난하고 가혹한 생활 에 깊은 동정을 가졌던 것으로 사료된다. 국철 마츠마에선 폐지와 더불어 비참한 전쟁 체험이 있는 주민과 공사의 기억을 가진 많은 사람들로부터 부설공사를 위해 희생이 된 순난자의 위령을 하려는 계획이 일어나자 공 사에서 실제로 일했던 사람들이나 각 방면의 찬동·협력을 얻어서 1985년 (쇼와 60년) 센넨지 경내에 위령비가 건립되고, 마츠마에쵸·마을 주민·민 단·조총련이 하나가 되어 마츠마에불교회에 의한 법요식이 행해졌다. 그 뒤, 순난자 위령과 「다시는 이와 같은 참상을 반복하지 않도록」이라는 세 계 평화를 비는 의미를 담아서, 비석에는 일본어·한글·한문·영어로 새겨 져 있다. 그리고, 법요식 날을 평화헌법 제정일인 5월 3일로 정하고 매년 빠짐없이 위령제를 계속 지내고 있다. (중략) 정부는 지역 창생을 외치지만 저출산, 젊은이가 일을 찾아 떠나는 인구 유출이 해마다 가속화하여 최근 20년 동안에 12,000명이었던 인구가 6,000명으로 반으로 줄어든 지역이다. 마츠마에뿐만이 아니라 이 일대의 마을들은 그야말로 「노인과 바다」뿐인 마을이 되었다.

위령비 건립으로부터 37년.
당시를 기억하는 사람은 마츠마에쵸에는 한 사람도 없다. 불교회도 민단·조총련도 세대가 바뀌어 건립의 취지나 바램도 희미해지고 참배자도 줄어드는 가운데 앞으로 위령비를 어떻게 지켜나갈 것인지, 위령제를 어떻게 계승해 갈 것인지가 커다란 과제이다.[86]

인구 감소와 지역민의 세대 교체와 더불어 역사 풍화가 염려되는 것은 반드시 마츠마에쵸의 사례만은 아니지만 근대사의 아픈 기억을 잊지 않고 희생자들을 기리며 일본지역 주민들과 재일 남북 코리안 관계를 이어주는 센넨지의 37년간의 시민 교류를 위한 노력은 평화를 갈구하는 시민력의 표출이라고 할 수 있다. 이러한 역사의 아픔을 미래지향적인 시민 교류의 장으로 이어나갈 수 있도록 생명의 존엄성과 인권 의식을 학습해 온 차세대들의 관심이 필요한 시대이다.

4.2.2 홋카이도 중앙의 다이세츠잔 산록의 에오로시발전소와 쥬베츠댐

아이누모시리, 즉, 홋카이도 지역은 일부를 제외하고는 근대까지 개발이 늦었던 지역이었기에 겨울에도 혹독한 추위를 무릅쓰고 건설 공

---

86) 福島憲成(2021) 「小さな町で人知れず続けられている日韓·日朝友好の祈り 旧国鉄松前線殉難者慰霊法要の意味すること」『2021東義大学東アジア研究所·東京学芸大学Korea研究室共催国際学術大会日本の多文化化と在日コリアン』 2021년 12월 10일, pp.31~33 번역.

사에 임하게 된다. 동토의 땅으로 불리는 북방 지역에서 위험하고 힘든 공사 업무는 식민지 동원 노동자들의 몫이었고, 버티지 못하여 탈출을 시도하거나 죽어 나가는 경우가 다발하였다. 그중에는 가혹한 현장 공사에서 도망을 치다가 우연히 들어간 곳이 아이누 마을이었는데, 도망친 그들을 숨겨 준 아이누 마을에서 아이누 여인들과 생활하며 아이를 낳은 경우도 있으나 조선인 노동자들은 해방 후 귀국을 한 뒤, 한 번도 마을을 찾아오는 일이 없었다고 한다. 단, 모든 「귀국」 노동자의 사례는 아닐 수도 있다. 또한 그들과 함께 마을에서 산 사람은 이 글에서 제외하기로 한다.

필자는 2021년 9월 20일에 재일동포 연구 관련의 증언을 듣기 위해 삿포로시의 재일한국인 기업가 K회장을 인터뷰하였는데, 그 때, K회장은 아이누 여인과 결혼한 가족으로부터 그 내막을 들었다는 이야기를 하였다. 그 여인이 자란 아이누 마을에는 건설 현장에서 도망친 조선인 노동자가 부지런하게 일을 하였기에 아이누 여인들이 좋아하였고, 그들이 도망자였기에 법적 결혼은 하지 않았으나 아이를 낳고 생활을 하고 있었다고 한다. 하지만 해방이 되자 귀국을 한 노동자들은 두 번다시 아이누 마을을 찾는 일이 없었다고 한다.

같은 해 11월 2일, 필자는 그러한 이야기를 확인하기 위해 쿠시로시 아이누 코탄의 원로인 Y씨와의 인터뷰 기회를 가졌는데, Y씨는 앞에서 소개한 K회장이 언급한 마을과 다른 곳에서 자랐지만 그곳에도 도망쳐 온 조선인 노동자들이 있었다고 한다. 그들은 열심히 아이누 마을 사람들과도 협력하며 살았고,[87] 아이누 여인과의 사이에서 아이도 낳았으

---

87) 식민지 연구자인 석순희는 조선인의 지원과 정주를 도와준 아이누와의 만남에 대하여 다음과 같이 언급하고 있다. 「홋카이도의 선주민 아이누와 식민지 피지배

나 해방 후에 귀국한 노동자들은 아무도 마을에 돌아오지 않았으며, 생활력이 강했던 아이누 여인들은 아이를 아이누로 키웠다고 한다. 여기서 두 사람이 언급하는 귀국이 한국으로의 귀국인지, 혹은 1959년 말부터 시작되는 북한행 북송사업(조총련은 귀국사업이라고 칭함)[88]을 말하는지는 그들도 자세히 구분하지 못했다. 만약 한국으로 귀국한 사람들이라면 80년대 후반부터 자유 왕래가 가능했으니 어떠한 형태든 자신을 숨겨줬던 마을에 대한 감사는 물론, 혼자 아이를 키워야 했던 여인과 자식에 대한 책임이 이루어지는 것이 바람직하겠지만 그들이 일체 연락을 끊었다는 것은 그만큼 지옥 같은 과거의 트라우마를 포함한 일본에서의 모든 과거를 멀리하고 싶은 심경이 우선된 것이라고 유추할 수 있다. 반면에 북송사업을 통하여 북으로 갔다면 자유 왕래는 불가능하였을 것이다. 그러한 점을 감안한 모든 불행한 일이 일본의 제국주의와 군국주의 전쟁 공간에서 파생된 어두운 역사임은 부인할 수 없다.

홋카이도에서 가장 높은 다이세츠잔(大雪山, 약 2,291m)은 홋카이도 중앙에 위치하고 있다. 일본 최대 국립공원인 다이세츠잔 국립공원(22만 6천ha)의 최고봉인 아사히타케(旭岳) 근처의 노카나(ノカナン)에서 히가시가와쵸(東川町) 마을이나 비에이쵸(美瑛町)를 향해 차로 20분 정도

자인 조선인이 이어진 것은 종래의 아이누상을 뒤엎는 것과 동시에 「협력」과 「저항」 사이에서 생겨난 일순의 기적적인 희망의 행위로 기록·기억되어야 할 것이다. (후략)」『朝日新聞』2017년 9월 23일자 참조. 2022년 2월 23일 열람. http://www.asahi.com/area/hokkaido/articles/MTW20170925011190001.html 단, 여기서는 아이누와 조선인 관계에 있어서 그들의 귀국 후 연락이 끊어진 관계의 추급까지는 언급하지 않고 있다.

88) 이 내용에 대해서는 2021년 10월에 현지답사를 정리하여 발표한 졸고 「니카타 항구에서 보는 재일조선인의 '귀국사업'의 흔적」(한국일본근대학회 제43회 국제학술대회, 2021년 11월 6일)에서 상세한 내용을 확인할 수 있다.

달리다 보면 오른쪽에 2002년 6월에 새로이 건설한 에오로시(江卸)발전소가 보인다. 태평양전쟁 당시 행해졌던 강제 동원 노동자들이 만든 발전소를 폐지하고 그 상류에 새로운 에오로시발전소를 세운 것이다. 그 에오로시발전소 맞은 편으로는 츄베츠(忠別) 강물로 조성한 츄베츠 호수가 있고, 그 발전소에서 2~3분을 히가시가와쵸 쪽으로 달리면 왼쪽에 츄베츠 댐이 나온다. 구 에오로시발전소는 츄베츠 댐 아래에 있었다고 한다.

2007년에 홍수 조절, 수력발전, 상수도 공급, 관개용수 공급, 유수의 정상 기능 유지를 목적으로 새로이 완성한 다목적댐[89]인 츄베츠 댐에서 다이세츠잔을 마주 하자면 대자연의 웅대함과 맑은 호수 풍경은 마치 태고 때부터 변함없이 존재해 온 깃처럼 아름답기 이를 데 없다. 하지만 11월부터 시작되는 겨울 날씨는 점차 폭설과 엄동설한의 혹독함으로 자연의 잔인함을 가차 없이 보여주는 곳이기도 하다. 10m 이상의 눈이 내리는 곳에서 발전소와 터널 굴착공사, 댐 조성 등의 대규모 공사에 조선인 및 중국인 노동자들이 동원되었고, 타코베야 노동으로 많은 희생이 나온 것이다.

에오로시발전소 건설에 조선인 약 800명, 히가시가와 유수지 공사에 1,170여 명이 강제 동원되었는데, 공사 현장의 사망자 전원 파악은 되지 않고 있다. 단, 조선인 노동자들에 이어서 1944년 9월에 중국인 노동자 338명도 에오로시발전소 공사에 동원되었는데, 강제 연행 및 혹독한 공사, 아사, 추위 등으로 88명이 사망한 점으로 보자면 조선인 노동자들은 그 다섯 배 이상의 동원이었기에 상당수가 희생이 된 것으로 생각할

---

89) 히가시가와쵸 관광안내 공식 웹사이트. 2022년 2월 22일 열람.
http://www.welcome-higashikawa.jp/areaguide/cyubetsudam/

수 있다. 지역 주민의 증언에 따르면 공사 중에 죽은 몇 사람의 시체가 츄베츠댐 근처에 버려졌다고 한다.[90] 참고로 에오로시발전소 및 츄베츠댐 건설에 대한 자세한 내용은 대일항쟁기강제동원피해조사 및 국외강제동원희생자등 지원위원회 조사3과가 발행한『홋카이도 히가시카와초 에오로시발전소 강제동원피해 진상조사』(2011)에서 확인할 수 있다.

〈사진〉왼쪽은 국도에 세워진 중국인 순열사 위령비 건립지 표지, 가운데는 츄베츠댐, 오른쪽은 비에이쵸 고향의 모임이 세운 츄베츠호 망향광장 간판

「에오로시 발전소·츄베츠강 유수지 조선인 강제연행·동원의 역사를 파헤치는 모임(江卸発電所 忠別川遊水池 朝鮮人強制連行·動員の歷史を掘る会)」은 2008년에 히가시가와쵸 주민들이 만든 모임으로, 국내외 생존자 증언 듣기, 모은 내용 알리기, 관계자 초청 강연, 현지답사 등의 행사를 개최하며 과거사 조사 활동과 홍보 활동에 주력해 왔다. 이들 그룹은 경상북도, 경상남도, 부산 등을 방문하여 생존자들의 증언과 당시 상황의 조사를 해 왔는데,[91] 부산에서 만난 생존자는 당시「도망치

90)「유골봉환·화해와 우호를 위한 동아시아 네트워크 홋카이도 포럼」, 2022년 2월 19일 열람. https://blog.goo.ne.jp/kioku-2011/e/ed7cfafe9fd04de7f623873b0749ca47
91) 히가시가와쵸 지자체의 기획총무과장과 강제동원 실태조사를 하고 있는「에오로시발전소 츄베츠강 유수지 조선인 강제연행 동원의 역사를 파헤치는 모임(江卸発電所·忠別川 遊水池·朝鮮人強制連行·動員の歷史を掘る会)」은 2009년 10월에 멤버 여섯 명과 함께 강제연행 생존자 증언 조사를 위해 경상남도를 다녀왔다고 한다.

면 린치를 당했고, 식사는 조금 밖에 안 나왔다」는 증언을 공개하였다.[92] 또한 히가시가와쵸 지자체[93])도 협력을 하여 강제연행 노동자 조사 작업에 참가하며 증언 확보 등을 인터넷에 공개하고 있다.

예를 들면 당시 타코베야 근처에 거주했던 사람들이나 타코베야에 자주 출입했던 사람들에게서 타코베야의 존재나 조선인 노동자들에 대하여 보고 들은 증언을 정리하여 소개하고 있는데, 히가시가와쵸 마을 안에 11군데가 있었고, 츄베츠 지구 유수지에 한 군데, 히가시가구라쵸(東神楽町)에 3군데가 있었던 것으로 나타났다.[94] 그런 타코베야를 기억하는 일본인들의 증언 일부를 소개하면 다음과 같다.

타코베야는 11군데가 있었다. (중략) ② 농네이 8호, 제1유수지 반대편(히가시가와 거주자 증언); 유수지 공사는 중국인을 강제연행 해 오기 전에는 조선인이 노동을 하였다. 한국에서 인터뷰 중에도 당시 조선에서 동원된 분이 증언을 하고 있다. (중략) ⑦ 시비나이바시(忍比內橋) 기슭 동강쪽(츄베츠 마을에 거주했던 사람 증언); 질조망을 주변에 쳐서 도망을 방지하기 위해 그 안에 개를 풀어놓고 있었다. 여러 사람으로부터 개와 철조망 증언이 나온다. 에오로시 공사 현장에서 도망친 조선인을 잡기 위해 산을 뒤질 때는 흔히 개를 사용하였다. (중략) ⑪ 노카난 못과 츄베츠강의 합류점 근처(츄베츠 마을에 거주했던 사람 증언); 노카난, 피우케나이에서 나온 모래흙으로 큰 산이 만들어져 있다. 츄베츠 호반의 산책

---

92) 『北海道新聞』2011년 2월 19일자 참조. 2022년 2월 20일 열람.
   https://www.2nn.jp/news4plus/1298118632/
93) 참고로 필자는 비록 작은 마을이긴 하지만 지자체 수장이 지역에서 발생한 불행한 역사를 인정하고 책임 있게 대처했다는 의미에서 2021년 9월 15일에 히가시가와쵸 쵸사무소를 찾아갔으나 친절한 직원의 대응과는 달리 열람할 자료가 그 건물에는 없다고 했다.
94) 히가시가와쵸 뉴스레터 제5호, 2010년 12월호 참조.
   https://town.higashikawa.hokkaido.jp/living/press/pdf/2010-12/2010-12-06KYOUSEI_ROUDOU.pdf

광장 맞은 편을 보면 그 산이 보인다. 부모님으로부터 공사 중에 돌아가신 조선인도 그 속에 묻혀 있다고 들었다. 당시 츄베츠 마을(소멸-필자 주)에는 에오로시발전소 공사 현장에서 도망친 조선인이 몇 사람이나 있었던 것 같다. 전후에 마을에서도 전시 중의 이야기를 자유로이 말할 수 있게 되자 처음으로 도망친 조선인을 숨겼다가 도망치게 한 집이 몇 집이나 있었다는 것을 알 수 있었다고 한다. 이 마을에서는 조선인이 도망쳐 왔다는 밀고는 한 건도 없었다. 전후 한참 지나자 「도망자에게 밥을 먹이고 어머니가 밤새워서 그 사람에게 맞도록 아버지 옷을 고쳐 입혀서 도망치게 한 일도 몇 번 있었다」고 부모님한테서 듣고 당시 사정을 처음 안 사람도 있었다. 도망쳤던 조선인이 전후에 인사를 하러 온 적도 있었다고 한다. 도망쳐 온 조선인도 도망치도록 도운 일본인도 목숨을 걸었던 시대였다. 어머니로부터 「야위어서 이가 가득한 옷으로 목숨을 살려 달라는 조선인을 보고 「인간을 이렇게까지 하다니!」라는 생각이 들자 도저히 경찰에게는 넘겨줄 수 없었다」는 말을 들었다.[95]

이 모임은 「다이세츠잔 기슭의 히가시가와쵸는 일한합병시대에 많은 조선인 강제동원자들에 의해서 발전소 건설이나 농업 토목공사가 이루어졌던 역사가 있습니다. 우리들은 이 지역의 풍요롭고 아름다운 자연을 동북아시아의 사람들과 공유하려는 생각에서 과거사를 조사하는 활동을 시작했습니다」라는 취지문을 내걸고, 마을 시작책도 물론, 한국의 진상위원회나 각 조사 단체와 협력하며 시민 활동을 전개해오고 있다. 곤도 노부오(近藤伸生) 변호사가 대표를 맡고 있으며, 츠카모토 타카야(塚本高哉) 사무국장을 비롯한 구성원들은 1972년의 중국인 강제노동 희생자 88명을 기리는 위령비 건립과 더불어 시작한 위령제

---

95) 히가시가와쵸 뉴스레터 제5호, 2010년 12월호 참조.
   https://town.higashikawa.hokkaido.jp/living/press/pdf/2010-12/2010-12-06KYOUSEI
   _ROUDOU.pdf

에도 단체 결성 후 함께 위령제에 참석해왔으나 현재, 조선인 위령비 건립은 구상 중이라고 한다.[96] 필자가 츠카모토 사무국장에게 확인한 바에 의하면 4~5년 전, 히가시가와쵸 노카난 14호 공동묘지에서 예년처럼 위령제를 할 때 비행기를 타고 홋카이도로 온 헤이트 스피치의 방해 행위로 인해 참가자들이 충격을 받았다고 한다. 어떤 거대한 권력의 비호를 받는지, 누가 그런 조직적 활동에 물심양면의 지원을 하고 있는지 명확하지는 않지만, 지자체의 수장이 조선인 강제노동 생존자에게 사죄를 하였다는 이 히가시가와쵸의 위령제를 방해할 조직적 계획으로 홋카이도의 깊은 산속까지 단체로 몰려 왔다는 것은 그들도 필사적인 역사 미화 혹은 은폐 활동에 가담하고 있음을 알 수가 있다. 그런 복잡한 상황 속에서 주민 단체는 향후의 활동에 대한 준비를 하며 잠정적 활동 충전기를 갖고 있다고 한다.

양심적 시민 의식으로 정의 구현을 추구하려는 주민들의 뜻에서 비롯된 활동에 지자체도 함께 협력하여 지역의 어두운 역사를 비추고, 희생자들의 위령제 행사 준비 등을 통하여 지역 사회의 평화 구축을 위해 노력하는 시민들의 모습은 역사 왜곡, 수정, 은폐로 치부를 감추려는 일부 몰양심적 행동에 대해 참된 시민이 갖추어야 할 자세를 보여주는 것이라고 하겠다.

4.2.3 수은광산 이토무카와 56호 댐을 기억하며 희생자 위령비를 세우려는 시민들

아사히가와(旭川)시에서 홋카이도의 지붕이라 불리는 다이세츠잔(大

---

96) 2022년 2월 22일, 필자와의 전화 인터뷰에서 확인.

雪山)국립공원을 향해 1시간 반 정도 달리면 구로다케를 비롯한 높은 산과 층암절벽이 늘어선 협곡이 나타난다. 아이누 언어로 카무이 민타라(신들의 정원)라고 불리는 소운쿄(層雲峽)의 웅대한 대자연을 가로질러 다이세츠호(大雪湖)와 기타미시(北見市)를 연결하는 국도 39호선을 따라 30분 정도 산 아래로 달리면, 숲 왼쪽에 정비된 넓은 광장이 나타난다.

아래 왼쪽 사진에서 보듯이 광장 한 가운데에는 이토무카 수은광산 발상지라고 적힌 큰 기념비가 세워져 있고, 그 뒤쪽으로 이토무카(伊屯武華) 수은광산 입구(지금은 재활용 업체인 「노무라 흥산 이토무카 광업소」)가 보인다. 깊은 산속의 좁은 국도에는 차들이 쉴만한 곳이 마땅하지 않기에 이 광장이 트럭 등이 쉴 수 있는 유일한 장소이다.

〈사진〉 왼쪽은 이토무카광산 발상지 기념비. 가운데는 중요사적 설명 간판, 오른쪽은 케이센(惠泉)초등학교 기념비

(1) 동양 최대의 수은 채굴 광산 이토무카

이토무카는 아이누 말로 「빛 나는 물」이라고 전해지고 있다. 실제로 다이세츠잔에서 마을로 내려오는 가파른 산길 옆 숲속을 보면 이토무카 강물이 빛에 반사되어 나무 사이로 반짝이는 풍경을 자아내는데,

수은의 영향인지 마을 쪽 개울 밑바닥에는 붉은색의 모래흙도 보인다.

　이토무카는 행정구역으로는 기타미(北見)시 루베시베(留辺蘂)쵸에 속한다. 기타미시는 일본에서 4번째, 홋카이도에서 가장 넓은 시이다. 일본 동계올림픽 여자 컬링팀의 후지사와 사츠키 선수의 출신지로 기억하는 사람도 있겠지만, 기타미시는 일본에서 양파의 생산 출하가 가장 많은 곳이며, 박하, 허브 제품 생산지로도 널리 알려져 있다. 긴겡 전에는 전 세계 70%의 박하(민트) 생산지였다고 한다.[97] 한편, 여담이지만, 재일조선인과의 관계가 깊은 지역이라서 그런지 기타미 시내를 차로 돌다 보면 재일코리안들과 관련이 있는 불고기집(야키니쿠야)이나 파칭코 등의 게임 센터가 시내의 규모에 비해 많은 것을 느낄 수 있다. 이 기타미 시내에서 다이세츠산의 산길을 따라서 약 1시간 정도 달리면 구 이토무카 수은광산의 입구가 있는 광장이 나온다.

　이토무카 수은광산은 전시 체제 중에 우연히 광맥을 발견하고 창업을 하였기에 그 역사는 다른 탄광과 비교하면 그다지 오래된 것은 아니다. 1936년(쇼와 11년)에 몰아친 거대한 폭풍우로 인해 쓰러진 다이세츠잔 기슭의 대량의 나무를 건축자재로 운반하기 위해 사람들이 산속을 출입하던 중, 적갈색의 돌을 발견하게 된다. 그 돌이 전쟁국가로 돌진 중인 일본의 국력을 지탱하는 지하자원의 하나가 될 수은이었다. 그 산 일대가 수은 광맥임을 알고 1939년 4월에 야마토광업(노무라광업)이 이토무카 광산으로 명명하고 수은광산 개발에 착수한다.[98] 수은광산의 중요성을 깨달은 정부의 비호를 받으며 대규모의 광산 정비 및

---

97) 키타미시 관광협회. 北見の物産品 ｜ 北見市 (kitami.lg.jp)
98) 회사 연혁은 1974년에 수은광산을 통합한 다음의 노무라 홍산의 웹사이트에서 확인할 수 있다.
　　https://www.nomurakohsan.co.jp/company/history

노동자 대량 급조를 받은 노무라 광업은 한 때 그 처리 능력 및 생산량이 동양 최대의 채굴장이었다고 한다. 바꾸어 말하면 그만큼 단기간의 성장에는 노동자들의 혹독한 희생이 동반되었음을 알 수 있다. 당시의 상황에 대해서는 2022년 2월 20일자 『분슌(文春) 온라인』에서 소개된 신간 소설 『용혈의 산(竜血の山)』(이와이 케이야, 岩井圭也) 기사를 통해서 엿볼 수 있다.

> 화약 등의 원료가 되는 수은은 귀중한 군수물자였습니다. 무대의 모델은 홋카이도 기타미시에 예전에 있었던 이토무카 광산입니다. 질·양 모두 동양 최대급 규모로, 태평양 전쟁 중에 최성기를 맞지만 전후가 되면 강제 노동을 강요당했던 조선인이나 중국인에 의해서 폭동이 일어나고 수은의 시장 가격 폭락 등으로 단번에 쇠퇴 상태. 그러나 1950년의 한국전쟁 특수로 다시 성황을 이루지만 노동쟁의도 발생하였다. 폐산까지의 30여 년 동안 흥망성쇠가 응축되어 있습니다.[99]

전쟁 수행에 필요한 에너지 자원의 양산을 위해 군국주의 체제는 업체에게 절대적 지원을 하던 시대였기에 대규모 공사와 마을 조성, 인해 전술로 채굴 작업에 박차를 가하게 된다. 주지하듯이 수은은 금, 은도 녹일 수 있는 맹독의 액체 금속으로, 자칫하면 미나마타병과 같은 수은 중독으로 쓰러질 수 있는 인체 유해 물질이다. 그렇기에 위험한 노동에는 식민지 출신 노동력이 동원되었는데, 전쟁 말기에는 조선인으로 부족하자 1943년에 시행된 중국인 노무자 이입 방침의 도입 제1진이 동원

---

99) 「北海道東部の「地図にない集落」で見つかったのは…「水銀を飲む謎の一族」に生まれた青年の生涯を描く大河小説」『文春オンライン』2022년 2월 20일자 참조. 2022년 2월 24일 열람.
https://news.yahoo.co.jp/articles/bc1f476708cb8da2b2a3dc91c5c6e66d514fa780

된 곳이 이토무카 광산이었다. 그 다음 해인 1944년 3월 31일에 노동자 조달업체인 구 치사키구미(地崎組)에 의해서 연행된 제1진 490명이 루베시베역에 내렸는데, 강제연행 도중에 2명이 사망하고 이토무카 광산에서 8명이 목숨을 잃었다.[100]

현지 기념비 등의 설명에 따르면, 광산의 활성화와 더불어 관련 시설 건립은 물론, 350여 가구의 사택 및 기숙사, 케이센 초등학교(1941년 개교), 케이센 중학교(1947년에 초등학교에 병설)에 진료소와 공민관, 우체국, 광산 내의 순조로운 운영을 위한 경찰 주재소 등이 건립되어 큰 마을이 정비되었으나 학교는 1971년에 폐교, 광산은 1973년에 폐산하였다고 한다. 1975년에 노무라흥산 주식회사로 상호명을 변경한 뒤, 현재는 산업 폐기물 처리나 건전지 및 형광등의 재활용 사업을 주로 하고 있다.[101]

『홋카이도 개척 순난자·수난자 조사보고서』의 조사원으로 일했던 모리 쇼이치(森庄 ㆍ, 이바시리 거주)의 2020년 8월의 보고에 의하면, 조선인 30명, 중국인 29명, 일본인 22명의 사망자가 있으며, 니시혼간지 삿포로 별원(西本願寺札幌別院)에 합장한 유골 상자에는 아직도 유족들에게 돌아가지 못한 유골도 있다고 한다.[102]

단, 이 희생자들의 통계에 대해서도 타 고용업체처럼 축소 은폐 경향

---

100) 「조선인·중국인 강제연행·강제노동 희생자의 위령비를 세우는 모임(朝鮮人·中国人強制連行·強制労働犠牲者の慰霊碑を建てる会)」(이하, 위령비를 세우는 모임) 공식 웹사이트 참조. 2022년 2월 23일 열람.
https://sites.google.com/site/itomukanoomoide/-wei-ling-beiwo-jianteru-hui-no-cheng-linitsuite
101) 노무라흥산주식회사의 공식 웹사이트 참조.
https://www.nomurakohsan.co.jp/company/history
102) 「위령비를 세우는 모임」 제4회 56호 댐 사적 수신(水神)비 앞 추모식 겸 간담회 보고서 (제7회, 2020년 8월 15일자) 참조.

이 있어서 정확한 인원 파악은 쉽지 않다. 이에 대하여 조선인 강제연행 진상조사단은 다양한 통계 자료 및 당시 상황을 게재한 기사 등을 제시하며, 작은 탄광에 동원한 노동자들의 통계상의 처리 문제 등에 대한 언급과 더불어 다음과 같이 기술하고 있다.

> (생략) 이와 같이 여러 사정을 감안하자면, 당시 홋카이도의 탄광에서 일한 조선인 수를 아는 것은 그렇게 쉽지 않다는 것을 알 수 있다. 1945년 6월말 시점을 봐도 (중략) 조선인 38,364명 외에 임시 3,493명, 청부 6,376명이 있고, 실제 조선인 수는 적어도 4만 수 천명은 있었다고 봐야 하는 것이 아닐까?[103]

이에 대해서 이토무카와 기타미시의 중간에 있는 오케토쵸(置戸町) 묘지의 「중국 조선인 순난 위령비」(1976년 7월 11일 건립. 건립자는 「오케토광산의 역사를 말하는 모임」 외)의 설명문에는 다음과 같은 시민들의 결의가 새겨져 있다.

> 대동아전쟁 중인 1944년 6월 노무라광업 오케토광산에 중국인·조선인이 강제연행 되어 수은 채광에 필요한 댐 건설 등의 노역 종사를 당했습니다. 가혹한 노동은 전쟁이 종결된 1945년 8월 15일까지 계속되었지만 그 와중에 두 번 다시 조국의 땅을 밟지 못하고 순난을 당한 전쟁 희생자도 있습니다. 전후 30여 년이 지난 1976년 6월, 「오케토광산의 역사를 말하는 모임」이 오호츠크 민중사 강좌 등에 타진해서 결성되어, 군수 산업의 노동으로 이국땅에서 소중한 목숨을 잃은 분들의 영혼을 위로하고, 두 번 다시 전쟁이 없는 평화를 염원하며 위령비 건립을 계획하여 오케토쵸 주민 유지 및 마을 밖의 관계자 참배길과 정재(보시, 헌금)를 부탁하였습니

---

103) 朝鮮人強制連行真相調査団編(1974)『朝鮮人強制連行強制労働の記録—北海道·千島·樺太篇』 도쿄, 現代史出版会, p.141.

다. 1976년 8월 1일에 주민 다수가 참가하여 「중국 조선인 순난위령비」 제막식이 거행되었고, 참혹했던 전쟁 희생자의 명복을 진심으로 빌며, 우정을 통해서 세계 유구의 평화와 문화를 키우는 것임을 후세에 전하기 위하여 이 비석에 기원하는 바입니다.

여기서 말하는 수은 채광에 필요했던 댐이란 수은 채굴 후 제련 과정을 거치며 나오는 폐액 폐수 처리용 댐을 말한다. 수은 성분은 무겁기 때문에 물 아래로 가라앉는다. 겉으로 보기에는 맑은 물의 댐이지만 물 아래에는 독성의 수은이 있었던 것이다.

(2) 향토사를 통해서 평화 시민 활동으로 역사를 전하는 기무라 레이코씨

당시 이토무카에서 성장한 아이들은 수은 폐액 처리용 댐(통칭 「56호댐」)으로 불리는 곳에서 맑은 물로 착각하고 수영을 즐긴 경우도 있었다고 한다. 모토야마(원래 수은광산이 있던 곳)에서 떨어진 숲속 깊은 곳에 「수신(水神)」이라고 새겨진 비석이 있는데, 그 뒤켠에 56호댐이 있었다고 한다. 이런 이야기는 이토무카에서 태어나고 자란 사람들이 지도에서 사라진 자신들의 고향 마을에 대한 기억을 회상하고 들은 에피소드를 엮은 기무라 레이코(木村玲子, 2016)의 『이토무카로부터의 메시지(イトムカからのメッセージ)』에서 확인할 수 있다.

『이토무카로부터의 메시지(イトムカからのメッセージ)』에서 언급한 내용을 보면 다음과 같다.

이 댐은 전시 중에 강제노동으로 끌려 온 많은 조선인이나 중국인에 의해서 만들어졌다고 한다. 그에 대한 상세한 것은 요코는 잘 모르지만

이 장소에서도 몇 사람이 목숨을 잃었다고 한다. (중략) 그런 어린 아이 때 암암리에 전해져 왔다, 이 땅에서 사역을 당하여 목숨을 잃은 조선인이나 중국인에 대하여 어느 순간에 어른들한테서 새어 나온 말 —「저 댐에는 말이야, 조선인 시체가 묻혀져 있어」라든지, 「길옆의 저 큰 돌 밑에도 묻혀져 있을지도」 등의 중얼거림이 이 땅에 있는 숨겨진 역사의 암부를 어린 가슴에 침전시켰던 것이다.[104]

기무라 씨와 인터뷰 때 들은 바에 의하면 돌 밑이나 댐 아래에 조선인이 죽어 있다는 소문은 무성했지만 어른들은 아이들 앞에서는 그런 이야기를 꺼려했다고 한다.

한편, 이 책의 저자인 기무라 레이코 씨는 후술하는 「위령비를 세우는 모임」(2020년 8월 15일 현재 회원 50명)을 결성하였고, 이토무카의 모든 희생자를 위한 위령비를 세워서 그들의 넋을 위로하고 강제연행 노동자들의 기억을 기록하여, 자신이 태어난 고향의 어두운 역사를 전쟁 폭력이 없는 평화 사회를 구현하기 위한 시민의 의지로 남기려는 움직임이 이루어지고 있다. 그가 활동을 하게 된 동기에 대해서 2021년 9월 20일에 들은 이야기를 정리하여 일부를 소개하기로 한다. 참고로 필자는 이토무카 수은광산 광장 주변을 둘러본 뒤, 삿포로시 거주의 기무라 씨가 위령비 건립 활동을 한다는 것을 알고 만나봐야겠다는 생각에서 약속을 잡았다. 이토무카 뿐만 아니라 홋카이도 각 지역의 현장에서 공통된 내용이 많았기에 그녀의 이야기를 들으며 확인하려 한 점도 있다. 약속한 당일 필자는 근처의 대학에서 사료를 찾은 뒤, 서둘러 약속 장소로 향했다. 처음 만난 그녀였지만 도쿄의 외무성 외교자료관

---

104) 木村玲子(2016)『이토무카로부터의 메시지(イトムカからのメッセージ)』 pp.156~159.

에서 『華人労務者就労顛末報告書』 등의 자료를 통하여 이토무카의 노무자들의 동원에 대하여 확인을 하고, 직접 생존자들을 만나며 자신의 고향의 어두운 역사를 마주해 온 강한 의지력이 엿보이는 분위기였다. 그동안 한국인과의 역사 문제로 인해 쉽게 한국을 가기 어려웠으나 2014년에는 제주도를 방문하여 4.3 관련지역을 방문하였다는 등 시종일관 차분한 분위기에서 담담하게 그동안의 이야기를 전해주는 기무라 씨와의 긴 시간 동안의 인터뷰는 참으로 유익하였다. 이 글에서는 이토무카 관련 내용만 개괄하여 소개하기로 한다.

인터뷰 대상: 「위령비를 세우는 모임」 기무라 레이코 대표
인터뷰 일시: 2021년 9월 20일(월) 15:30~21:00, 장소: 삿포로 파크호텔

나(기무라 레이코, 木村玲子)는 전쟁이 끝난 1946년 3월 12일에 이토무카 광산에서 8km 떨어진 오마치(大町)에서 태어났다. 14세까지 이토무카에서 성장했고, 그 뒤 고등학교 국어 교사로 근무하다 퇴직하였으며, 일본 민주주의 문학회 회원으로 있다. 2008년에 발행한 이토무카 수은광산 폐산 40주년 기념 문집인 『추억의 이토무카(思い出のイトムカ)』의 편집위원으로 책을 엮을 때, 고향에서 함께 자란 여러 사람들의 추억담에 조선인 노동자의 생활 장면을 기억하는 몇 사람들이 있었다. 이토무카에는 조선인이 중국인들보다 먼저 와 있었다.

일본 학생들도 징용으로 광산에서 일을 하였는데 조선인들도 함께 일하였고, 광산 소장 중에는 인간적인 사람도 있었지만 조선인들의 생활은 처참하였다고 한다. 조선인 아이들은 없었으나 위험한 일은 조선인을 시켰다는데, 수은을 채굴하여 선광(選鉱)까지 운반하는 케이블 같은 것이 8km까지 이어져 있었고, 케이블 철탑 등의 기름 주입은 조선인에게 시켰기에 실수해서 사망했을 때 「아이고-!」라는 울음 소리가 들렸다고 한다. 책에는 넣지 않았으나[105] 그 당시 사이토 씨의 형이 이토무카 진료소에

서 근무하고 있었고, 여학교 학생들이 병원에서 간호사 견습생을 할 때 조선인 노동자들을 보았다고 한다. 힘든 일을 버티지 못한 조선인 노동자들 중에는 루베시베 방향으로 도망을 치면 검문이 있기에 엄동설한의 다이세츠잔 산정 쪽으로 도망을 쳤다가 동상으로 손목 등이 썩어서 손가락, 다리도 절단하지 않으면 안되었다고 한다.

수은 광산에서 채굴한 수은은 제련장을 거치면서 폐액 폐수를 56호 댐[106]으로 흘려보냈는데, 수면은 맑았지만 물밑에는 수은이 가라앉아 있었던 것이다. 뒤에 환경 문제 등으로 이 56호댐은 매립되었지만 한 때 그 일대에는 풀도 자라지 않았다. 참고로 다이세츠잔 기슭에는 좋은 나무가 많아서 삼림철도가 다녔던 기억이 난다.

〈사진〉 오른쪽과 왼쪽은 위령비 건립 관련 자료, 가운데는 위령비 건립회 대표인 기무라 레이코 씨

나는 퇴직할 즈음에 니시혼간지(西本願寺) 삿포로 별원에서 개최한 조선인·중국인 강제연행 노동자의 희생자를 생각하는 홋카이도 포럼에 갔다. 그리고 「중국인 노무자 이입 방침(원제; 華人勞務者移入方針)」이라는

---

105) 저서인 『思い出のイトムカ(추억의 이토무카)』에는 외교문서의 중국인 노무자 동원이 납치에 가까웠음을 지적하고 있고, 강제 노동에 대한 실체에 접근한 장면이 언급되어 있다.
106) 1944년 11월에 준공. 공사는 치사키구미(地崎組).

역사적 악법에 의해 동원되었던 중국인들이 1944년 3월 31일에 루베시베역에 도착하여 처음 일을 한 곳이 이토무카였다는 것을 알게 되었다. 납치에 가까웠던 폭력적인 동원 과정에서 죽은 사람들도 꽤 있었다. 그 이야기를 듣고 고향인 이토무카와 관련하여 관심을 가지게 되었다.

2010년에 『아카하타신문』에 게재된 나고야 오후(大府)비행장 희생자들에 대한 연재 기사를 지인에게서 소개 받았는데, 그 속에 이토무카 노동이 언급된 것을 보고, 중국인 생존자의 초청강연회가 열리는 나고야로 향하였다. 강연회에서 내가 이토무카 출신이라고 인사를 하자 그 생존자는 단번에 「이토무카? 추웠지ー」라는 말을 하였고, 그 뒤 탕찬(唐燦) 씨와의 교류 및 증언을 토대로 당시의 여러 정황 등을 들을 수 있었다. 그분을 홋카이도에 모신 적도 있고, 우리가 중국으로 가서 이야기를 들은 적도 있다. 그리고 어떻게든 그들의 고통스러웠던 역사를 알리고, 희생하신 분들의 넋을 위로하며, 전쟁이 없는 평화를 염원하는 위령비를 이토무카 근처에 세우는 것이 도리라고 생각하여 이 모임을 발족하였다. 다행히도 여러 사람들이 이 취지에 동참하여 함께 조사 작업과 추모 모임을 기획하며 강연회나 홍보지 발간 등으로 널리 알리는 중에 있다. 가능하면 이토무카 근처의 묘지에 위령비를 건립하려고 한다. 이에 대해 지차제와의 관계도 있고, 위령비 새기는 것도 건립 장소가 어디냐에 따라서 내용이 달라지는 부분도 있고, 위령비 새기는 분의 고령화도 있어서 지금 우리 단체 멤버와 함께 서둘러야 한다며 검토 중에 있다.

(3) 「위령비를 세우는 모임(慰霊碑を建てる会)」의 취지 및 활동

이토무카 수은광산의 희생자를 추모하는 시민들은 2014년부터 다양한 향토 관련 역사 학습회 모임을 가져왔으나 역시 현장에 위령비를 건립하는 것이 중요하다고 생각하여 「위령비를 세우는 모임」을 2016년 10월 25일에 발족하게 된다. 기무라 레이코 대표를 포함한 10명의 발기인은 다음과 같은 취지를 가지고 매년 현장을 방문하여 추모를 하고, 숨은 역사를 찾으며 이국에서 힘들었을 조선인 중국인 노동자들과의 우정 어린 교류를 통한 평화 미래를 지향하고 있다. 그 취지의 요지를 소개하자면 아래와 같다.

키타미시 루베시베쵸(北見市留辺蘂町) 서쪽 끝의 구 이토무카 수은광산에는 태평양전쟁 중에 많은 조선인이나 중국인이 강제연행되어 강제노동을 강요당하였습니다. 이러한 분들의 노동 덕분에 당시 군함의 바닥 도료나 철포(총)의 기폭제로 사용한, 국책으로 수은 증산을 수행할 수 있었습니다. 그 속에서 희생된 분들은 조선인 24명, 중국인 23명이라고 알려져 있습니다(이 통계는 2016년 당시 – 필자 주). (중략) 조선인들은 일찌감치 모토야마(元山)에서 수은 채굴작업을 비롯하여 여러 작업에 많은 사람들이 관련되어 있었지만 의식주도 현저히 부족하였으며 가혹한 노동에 시달렸습니다. 그 외에도 이토무카에서 도망간 조선인을 숨겨줬다거나 도망치지 못하고 잡혀 온 것을 봤다는 등 많은 일화가 남겨져 있습니다. 이러한 이토무카의, 특히 루베시베의 발전에 기여하고 희생되신 분들의 역사적인 사실은 기억하고 새겨야 할 것이며 잊어서는 안된다고 생각합니다. 전후 71년이 경과하여 풍화하고 망각되고 있는 역사적 사실을 되새기어 두 번 다시 이러한 비극이 일어나지 않도록 북동아시아의 평화만이 아니라 세계의 평화를 바라며 위령비의 건립을 호소하는 바입니다.[107]

그들은 2014년부터 여름이면 반드시 현장에 모여서 희생자들을 추모하여 주변 현장을 확인하고 강연회나 연구회 등을 기획해왔다(2021년은 코로나 문제로 쉼). 2020년 7월 30일의 제7회 추모회에는 코로나 상황 중에도 17명이 깊은 산속에 있는 「수신」 비석 앞에 모여서 추모식을 올렸다. 또한 각 민중사를 공부할 기회를 만들어서 외부 전문가나 역사 조사를 하는 사람을 불러서 강연회도 개최한다. 그런 내용은 모두

---

107) 그들의 지금까지의 자세한 활동 및 현황은 다음 사이트에서 확인할 수 있다. https://sites.google.com/site/itomukanoomoide/-wei-ling-beiwo-jianteru-hui-no-cheng-linitsuite

투명하게 공개하여 평화를 사랑하는 시민들이 함께 만들어가는 단체를 알리고, 역사를 모르는 사람들도 알기 쉽도록 시민들이 만든 웹사이트를 운영하여 홍보하고 있다. 또한, 2018년 10월 6일에는 「제2회 민중사를 이야기하는 모임」에서 제기된 다음 문제(이는 여러 현장에서 공통되는 과제도 포함하고 있어서 소개한다. ─ 필자 주)를 과제로 삼고 있다.

① 1970년대에 「죠몬(常紋)터널 순난 위령비」(카네하나; 金華)나, 「조선인·중국인 순난 위령비」(오케; 置戸)가 세워졌을 때(카네하나 죠몬 터널 공사 순난비는 1980년에 건립 ─ 필자 주) 이토무카에도 이 야기가 있었으나 반대로 인해 사라졌다. 현재도 가동하는 노무라흥산 주식회사의 그곳에 관계하는 사람들에 대한 배려 차원 그것을 조 원할 수 있을지가 지금도 과제이기에 여러분과 함께 생각해 가려고 하는 것이었습니다.

  ·망각에의 걱정……「진심을 다해 추모하면 된다」, 「일부러 현재 화시킬 필요는 없다」의 의식. 그러나 주민의 의식은 익혀지는 한 편, 모르는 사람들도 많다. 이대로 좋은 것일까?
  ·불편한 진실을 말살하는 움직임……「이제는 잊어도 되지 않는 가」, 「우리는 아무것도 몰랐다」……「개헌」의 움직임이나 종군위 안부 문제 등
  ·위령비는 사실을 잊지 않기 위한 기억의 장소……망각에 대한 기억의 싸움

② 문제 해결을 위한 움직임……기업 제소(니시마츠(西松)건설, 카지마 하나오카(鹿島花岡), 미츠미시(三菱)머테리얼의 화해)

③ 세운 뒤에도 「위령비를 지키는 모임」으로 존속하며 후세에 이어가고 싶다.
  (예) 삿포로「모이와(藻岩)희생자비를 유지하는 모임」……홋카이도

전력 모이와 발전소 건설공사 희생자의 비

　참고로 「②문제 해결을 위한 움직임에 대한 사례」는 완전한 해결이라고 보기보다, 기존의 기업체들의 인정하지 않았던 태도에서 본다면 그 당시의 상황을 조금이나마 인정하였다는 이야기이지 억울한 노동자들의 아픔을 씻어주는 완전한 해결책에 이르렀다고는 볼 수 없다. 일본의 대형 건설회사인 니시마츠 건설은 강제 징용 노동자들이 제소한 재판에서 승소했으나 자신들의 중국 사업 진출 및 향후의 중국과의 관계를 위해 2009년에 강제 징용자 360명에 대한 배상(2억 5천만 엔)하여 화해에 노력하였다. 한편 아키타현의 오타테 교외에서 카지마구미가 운영하던 하나오카광산(동)에서 1944년 5월 29일에 낙반 사고로 조선인 11명, 일본인 11명이 산 채로 매장을 당하여 살려달라는 소리에도 갱도를 폐쇄하는 사고가 발생했다. 음식도 못 먹고 옷도 동원 당시의 옷차림으로 착취를 당하던 중, 잔인의 극치에 달했던 하나오카 광산측의 학대를 견디지 못한 노동자들은 1945년 6월 30일에 대규모 봉기(하나오카 사건)를 일으킨다. 전쟁 말기의 공권력 비호를 받던 카지마구미의 하나오카 광산측 폭압으로 이미 137명이 사망한데 이어 하나오카 봉기 관계자로 고문을 받고 100명 이상이 살해되었다. 1944년부터 1945년 종전까지의 1년 사이에 카지마구미의 하나오카광산에 배치되었던 중국인 강제 징용자들 전체 986명 중 418명이 사망(사망률 42.39%)한 것이었다.[108] 1980년대에 카지마구미 후신인 카지마건설을 상대로 중국인 노동자 미지불 임금 청구 등의 소송이 제기되었는데, 1990년 7월 5일에

---

108) 内田雅敏(2020) 『元徴用工和解への道―戦時被害と個人請求権』도쿄, 筑摩書房, pp.67~71 참조.

원고와 피고 양측은,

① 중국인이 하나오카 광산 출장소 현장에서 수난을 받은 것은 정부 각의 결정에 의한 강제 연행·강제노동에 기인하는 역사적 사실이며, 카지마건설 주식회사는 이것을 사실로 인정한 기업으로서 책임이 있다고 인식하여 해당 중국인 생존자 및 그 유족에 대해서 심심한 사죄의 뜻을 표명한다. (중략)

② 쌍방은 이상의 내용으로 「과거의 일을 잊지 않고, 장래의 가르침으로 한다」(주은래)의 정신에 기인하여 향후 생존자·유족 대리인 등과의 사이에서 협의를 계속하여 문제의 조기 해결을 지향한다.

라는 타협안을 공개하였고, 여기서 가시마건설은 일본 정부의 각의 결정에 의한 강제연행 및 강제노동에 기인한 중국인 노동자들에 대한 수난의 사실과 카지마구미의 책임 인정이 명기되었지만 그 뒤의 교섭에는 큰 진전이 없는 상황이다.[109] 그 뒤, 1995년에 11명의 생존자 및 유족이 대표 소송으로 카지마 건설에 대한 손해배상금 지불 청구를 했으나 도쿄지방재판소는 사실 심리도 하지 않은 채, 시효, 공소기간의 법률론 만으로 1997년에 청구를 기각하였다.[110] 그 다음 해인 1998년에 항소심이 개최되고, 1심이 형편없었던 만큼 도쿄고등재판소 11민사부의 니무라 마사토(新村正人) 재판장 등은 신중히 이 사안을 검토하였고, 주변 여론의 움직임과 환경 정비가 곁들여진 결과, 2000년 11월 29일에 기업의 화해금(5억엔－필자 주)은 중일 우호차원의 면에서 하나

---

109) 위의 책, 内田雅敏(2020) 『元徴用工和解への道―戦時被害と個人請求権』, pp.90~92 참조.
110) 위의 책, 内田雅敏(2020) 『元徴用工和解への道―戦時被害と個人請求権』, pp.92~93 참조.

오카에 동원되었던 986명 전원에 대한 피해 보상 차원의 관련자들 위령비 및 추모, 피해자 유족들에 대한 지원 활동 등에 「하나오카 평화우호기금」이란 명목으로 운영하도록 중국 홍십자회에 신탁하는 형태의 화해를 하게 된다.[111] 이 재판의 특징은 처음 소송을 제기한 11명의 원고만이 아닌, 강제동원 노동자 전원에 대한 피해회복에 접근했다는 점이 큰 진전이었다고 할 수 있고, 신탁형의 배상이란 이례적인 대응이 화제가 되었다. 이를 위하여 일본 내의 시민들의 협조 및 문제 해결에 대한 지원이 다양하게 이루어졌고, 각 언론도 주목을 했던 만큼 의견이 분분하였다. 단, 이로 인하여 하나오카광산에서 수난을 당한 당사자와 유족은 국내외 어떤 청구권도 포기한다는 내용이었기에 개인청구권 요구는 중국의 홍십자회가 수습하는 형태가 되었다고 할 수 있다.

이 재판이 있은 뒤인 2013년 6월 30일의 하나오카사건 위령식에는 당시 재판을 맡았던 니무라 변호사도 참가하여 헌화를 하며 미력하나마 재판업무를 담당했던 입장에서 중국 및 전국에서 참가한 관계자와 함께 위령제를 지내고 싶었노라고 토로를 하였다.[112]

이 사안 해결에 대해 당시 대리인 변호단의 한 사람이었던 우치다 마사토시(內田雅敏) 변호사는 이 하나오카 화해가 있었기에 2009년 10월의 니시마츠건설의 화해, 2016년 6월의 미츠비시 머테리얼(3700명의 피해자 및 유족과의 화해 노력, 책임이란 표현을 역사적 책임으로 표기)의 화해가 있었고, 앞으로의 역사 해결에 대한 가능성을 시사하고 있다.[113] 우치다 변호사는 『전 징용공 화해에의 길 – 전시 피해와 개인청

111) 위의 책, 內田雅敏(2020) 『元徵用工和解への道—戰時被害と個人請求権』, pp.94~106 참조.
112) 위의 책, 內田雅敏(2020) 『元徵用工和解への道—戰時被害と個人請求権』, pp.106~107 참조.

구권(元徵用工和解への道─戦時被害と個人請求権)』筑摩書房, 2020)에서 한국의 재판 사례를 소개하며, 중국은 1944년부터의 짧은 기간이었다는 점과 인원수가 한반도 출신자들에 비하면 비교적 적은 인원이기에 재판에서 화해의 가능성이 있었다고 언급하고 있다. 이 언급 외에 한국과 중국과의 무역 경제 등의 힘의 논리에 좌우되는 기업들의 태도가 여전히 제국주의 역사 미화를 고집하고, 개개인의 인권이나 생명의 존엄성이 결여되어 있음을 지적하지 않을 수 없다. 이러한 시대 역행적인 움직임의 거대한 댐을 정의 사회 구현을 추구하는 시민들의 움직임으로 무너트리는 것이 일본이 거듭날 수 있는 시발점이 될 것이다. 그런 면에서 기무라 씨 단체의 자그마하지만 지속적으로 노력하고 알리며 학습하고 현장을 찾는 실천 행위는 시민력 구축의 초석의 하나라고 말할 수 있다.

4.2.4 가미스나가와쵸(上砂川町)의 미츠이스나가와(三井砂川) 탄광과 모토요시 에이지

일본에서 가장 값비싼 멜론의 산지로 유명한 유바리(夕張)시는 홋카이도 중앙부의 소라치(空知) 남부에 위치한다. 이 지역은 19세기 후반에 다수의 광맥이 발견되면서 1891년부터 탄광을 개시한 이래, 일본을 대표하는 탄광 도시의 하나로 발전하였다. 한때는 크고 작은 광산이 24곳이 있었고, 인구 12만 명이 넘었으며 1943년에는 시제 시행이 된 곳이지만 전후의 에너지 이동과 인구 감소로 인해 1965년에 폐산되었다. 지금은 석탄 박물관 등의 석탄 관련 시설이 유바리의 역사를 전하고

---

113) 위의 책, 内田雅敏(2020)『元徵用工和解への道─戦時被害と個人請求権』, pp.100~101 참조.

있는 곳이다.[114]

이 글에서 소개하는 유바리의 가미스나가와쵸의 미츠이 스나가와(三井砂川)탄광은 이시카리(石狩)탄전을 중심으로 발전한 탄광이다. 메이지시대 이후 일본의 주된 에너지원은 석탄이었는데, 메이지 정부는 1872년에 홋카이도의 지질 광산 조사를 위해 라이만을 초청하여 『홋카이도의 지질 총론(北海道地質総論)』을 작성시키는데 이것이 홋카이도의 탄광, 광산 개발의 기초 자료가 되었고, 1883년에 정부가 출자하여 수인 노동력 투입으로 호로나이(幌内) 탄광 개발이 시작되는 것이다.[115] 1889년에 홋카이도탄광철도주식회사(「호쿠탄(北炭)」-필자 주)가 설립되면서 홋카이도의 교통과 산업은 탄광 개발을 중심으로 발전하게 되는데, 이런 과정에서 메이지 정부의 특권 비호 속에서 손실이 난 관영 공장이나 운수업, 광산 등을 무상에 가깝게 불하받고 재벌 자본을 형성하게 된 미츠이, 미츠비시, 야스다 등의 기업들이 전국 각지의 탄광 운영권을 손에 넣는다. 미츠이탄광의 홋카이도 진출 과정에 대하여 다음 글에서 확인하기로 한다.

메이지 22년, 본도에서는 관영 호로나이 탄산(幌内炭山)이 불하되어, 호쿠탄이 창립되는데 큐슈에서도 미이케(三池)탄광의 불하로 그 경영을 미츠이가 인수이었다. 그러나 호쿠탄은 채전, 채강 사업에서까지 손을 뺀겼던 이노우에 가쿠고로(井上角五郎)[116] 전무(당시)의 적극적인 경영이 오히려 역효과를 초래하여 다이쇼 2년(1913년-필자 주) 미츠이 자본의 전

---

114) 유바리시 공식 웹사이트.
https://www.city.yubari.lg.jp/gyoseijoho/shinoshokai/yuubarucitygaiyo.html
115) 전게서, 朝鮮人強制連行真相調査団編(1974)『朝鮮人強制連行強制労働の記録 北海道·千島·樺太篇』, p.134 참조.
116) 1860~1938. 이노우에 가쿠고로는 한국 최초의 근대 신문인 『漢城旬報』 창간에 깊이 관여한 인물. 자세한 내용은 다음 책에서 확인할 수 있다. 이수경 편저(2010) 『한일 교류의 기억』, 도기연, 나성은 공역, 학술정보사, pp.159~168.

면도입 허가가 나서 단 다쿠마(団琢磨)[117)가 회장으로 취임, 석탄 판매도 미츠이물산에 맡기는 형태가 되었다. 이때 미츠이는 이미 비바이(美唄)와 아시베츠(芦別)의 광구를 취득, 다이쇼 3년에는 미츠이 스나가와 광산의 개업에 착수하였다. 그 뒤, 미츠이비바이(쇼와 3년), 미츠이아시베츠(쇼와 13년)도 개업, 또, 다이쇼 9년에는 태평양탄광을 산하에 넣었다. 미츠비시(三菱)도 다이쇼 4년부터 본격적으로 석탄 채굴에 착수하면서 미츠비시비바이, 미츠비시아시베츠를 차례로 개업. 같은 해에는 오유바리(大夕張, 메이지 39년 개업)를 손에 넣고, 다이쇼 13년에는 유베츠(雄別)탄광철도를 미츠비시의 자회사로 인수하였다.[118)

정부와의 유착 속에 관영 불하 기업들을 인수받은 그들은 전시 중에는 군수산업체 운영을 통하여 시대 기업으로 성장하게 된다.[119) 이 미츠이 스나가와 탄광은 1914년에 대규모 개발을 하기 시작하여 1918년에는 채굴한 석탄을 운반하기 위해 스나가와와 가미스나가와 사이에 철도를 부설하였고, 1940년에는 연간 약 160만 톤의 채탄량을 기록하기도 했으나 잦은 가스 폭발과 전후 에너지원의 이동으로 인해 1987년에 완전 폐산이 되었다.

---

117) 1858~1932. 후쿠오카 사와라 출신. 미국 MIT에서 광산학 공부. 미츠이 미이케(三井三池)탄광 경영으로 미츠이 재벌 총수가 됨. 1932년에 도쿄 미츠이 본관에서 혈맹단에게 암살당함.

118) 전게서, 朝鮮人强制連行真相調查団編(1974)『朝鮮人强制連行强制労働の記録 北海道·千島·樺太篇』, p.135 참조.

119) 실제 미츠시 스나가와 탄광은 잦은 가스 폭발 및 낙반 사고로 인해 사상자가 속출하였다. 전시 중의 사상자 기록도 있지만 전후 폭발사고 등이 잦았는데, 1973년 3월 9일의 갱내 낙반 사고로 인한 사상자 발생에 대하여 제71회 국회 중의원 석탄대책특별위원회 제5호(1973년 3월 29일) 기록에 보면, 이 스나가와 탄광에 대한 1973년의 정부 보조금을 20억 엔을 지출하고 있음을 나카소네 야스히로(中曽根康弘) 국무대신이 답변을 하고 있는 장면이 있다. 즉, 메이지 정부의 비호 속에 성장한 재벌이지만 다양한 형태로 정부가 사업 보조금 등으로 지원을 해 오고 있음을 확인할 수 있다. 2022년 3월 5일 열람.
https://kokkai.ndl.go.jp/simple/detail?minId=107104589X00519730329&spkNum=73#s73

한편, 이 탄광에 대해서 上砂川町史編纂委員会編(1959)『上砂川町史』의 기록을 보면,

중일전쟁이 발발하여 시국이 급격히 긴박하게 되자 호쿠탄은 내지 노무자 모집 곤란으로 조선에서 노무자를 대량으로 모집하기로 하여 1939년 8월에 탄광 이입 희망수를 모아서 조선총독부에 부탁하였고, 같은 해 9월에 인가가 나서 스나가와 광업소에서도 담당자가 조선에 건너가서 전라남도 화순군의 할당지에서 모집을 시작. 다음 달인 10월에 296명의 조선인 노무자가 오타루까지 배로 우송되어 오자 이후에는 잇따라서 스나가와 탄산으로 들어오게 되고, 그들이 증가하자 수용을 위해 미츠이 스나가와 관계 기숙사만 아홉 채가 마련되었다. 조선인들이 가장 많았을 때는 1945년으로 3,109명이 있었다. 그 중에는 가족들이 합류하는 경우도 있었고, 독신들 중에서는 일본인과 결혼한 사람들도 있었다.[120]

라는 이야기와 더불어 「(한)반도상」이라는 애칭으로 지역 주민들과 친하게 지냈다는 당시의 미담이 기록되어 있다. 또한 1944년 11월에 중국인 노무자 172명도 처음 왔는데, 조선인과 중국인 사이에서는 끊임없이 싸움이 일어났다고 기록하고 있다(pp.327~328 참조). 그러나 이 책에서는 당시 탄광에서 일하던 노무자들의 희생이나 사건 사고에 대해서는 언급을 찾을 수 없었다. 이 탄광은 생내 가스 폭발이 비교적 잦은 편이었는데, 1936년에도 가스 폭발 사건으로 21명이 사망하였던 곳이다. 전쟁 말기의 강제징용, 강제연행 시기가 되면 납치 형태에 가까운 동원이었고, 노무자들이라고는 하지만 탄광이나 광산 업무와 무관한 병약자도 많았기에 생산 목표를 위해 과도한 노동이 요구되어 열악한 환경 속에서 많은 사고 및 사망자, 병자가 다발하는 것이었다.

---

120) 上砂川町史編纂委員会編(1959)『上砂川町史』(비매품), pp.286~287 참조.

2006년에는 1942년에 이 탄광에서 사망한 이봉옥(당시 34세)의 유품에 있었던 재계약 촉구의 편지가 공개되었는데, 조선총독부 명의로 1941년 10월 1일에 발송된 동 탄광 근무 한국인 노무자들에게 보낸 편지를 보면, 1939년에 일본으로 간 노무자는 계약기간이 끝날 때가 되었으나 재계약을 맺고 계속 일하는 것이 황국신민이 되는 길이라는 내용이었다. 또한 자주 발생했던 한국인 노무자의 무단이탈이나 노동 쟁의를 자제할 것을 촉구하면서 한국 가족의 일본 이주도 권유하고 있는데, 이런 권유 편지를 송부한 곳이 조선총독부임을 감안할 때, 일본 정부의 개입의 단서가 되는 내용이기도 하다.[121] 그곳에서 사망한 이봉옥을 포함하여 적지 않은 사람들이 사망했음을 알 수 있는데, 미츠이 스나가와 탄광 등의 희생자를 기리는 「홋카이도 한국·조선인, 중국인 순난자 위령회(韓国·朝鮮人、中国人殉難者慰霊会)」의 모토요시 에이지(本吉英司) 대표가 제공한 위령제에서 밝힌 가미스나가와초의 기록을 인용하면 다음과 같다.

　　제2차 세계대전 말기인 1938년에 제정된 국가총동원법에 의해서 다음 해에 국민징용령이 제정되었지요. 이건 징용에 의해서 부족한 일본 국내 군수산업을 중심으로 한 노동력을 보완하기 위한 것이었지만 조선반도에서도 많은 한국·조선인들을 동원하여 주로 중노동에 종사를 시켰습니다. 그 뒤, 1942년에 부족한 노동력을 추가 보충하는 형태로 일본군이 점령하고 있던 중국에서 일반 주민 및 군사 포로를 일본에 다수 연행하여 같은 형태의 가혹한 노동에 종사를 시켰습니다. 여기 가미스나가와(上砂川)에 있어서도 구 미츠이 스나가와 탄광에서 현재 알려진 것만으로도 한국·조선인 약 2,900명, 중국인 약 1,400명이 끌려 왔습니다. 그리고 돌아가신

---

121) 「일제, 강제징용 전부터 노무자 관리 개입」,『한겨레』 2006년 2월 20일 인터넷판 참조. 2022년 3월 4일 열람.
　　https://www.hani.co.kr/arti/society/society_general/103479.html

순난자는 한국·조선인이 116명, 중국인이 202명을 넘고 있습니다. 단, 이것은 판명된 숫자일 뿐이지, 한국·조선인의 순난자는 실제는 더 많은 사람이 순난하셨다고 생각됩니다.

전체 동원 노동인구 대비로 사망자 수를 가늠하는 것은 정확성이 떨어지지만 병약하거나 일반인이 경험하지 못했던 혹한에서의 가혹한 중노동과 열악한 처우가 전쟁 말기의 탄광 광산 등에서 보는 식민지 출신자들의 공통점이라는 점을 감안하면 스나가와 탄광의 한국·조선인 사망자 116명, 중국인 사망자 202명보다는 훨씬 많다고 보는 것이 자연스러울 것이다. 또한 당시의 노동 환경이나 사망자 등에 대하여 증언을 해 줄 수 있는 생존자가 많을 경우, 내용을 듣고 유추할 수 있으나 이미 생존자가 적고 역사 풍화로 인하여 정확한 사망자 통계를 확인하기 어려운 상황이다. 그런 지옥 같은 공간에 연행되어서 혹사를 당하다 돌아가신 분들의 넋을 기리고, 그분들의 유골을 반환하는 작업에 동참하며 지금도 가미스나가와쵸에서 시민들과 함께 위령제를 지내는 「홋카이도 한국·조선인, 중국인 순난자 위령회」의 모토요시 에이지(本吉英司) 씨의 위령제를 하게 된 경위를 들었다.

인터뷰 대상: 「홋카이도 한국·조선인, 중국인 순난자 위령회」 모토요시 에이지 대표
인터뷰 일시: 2021년 10월 29일(금) 12:00~15:00, 장소: 삿포로 로이톤 호텔 식당

나는 1955년에 홋카이도 이시카리시(石狩市)에서 태어났다. 원래 집이 종교적 분위기가 있었는데, 대학을 도쿄의 고마자와대학에 들어가면서 스무 살이 되었다. 21세 때 오비히로의 어느 종교인(가와세 가요씨)으

로부터 많은 희생자들의 영혼이 떠돌고 있다는 이야기를 듣고 나서 위령제를 해서 그분들의 넋을 기리는 의식을 하는 것이 도리라는 생각이 들었다. 그리고 가미스나가와쵸의 기사를 보았는데 메탄가스를 재는 기계가 있었음에도 발파 때 폭발로 인하여 사망자가 생겼다는 사실을 알게 되었다.

나는 작은 사업체를 운영하는데 2007년부터 우리 회사 직원들이 중심이 되어 처음에는 10명 정도로 위령제를 시작하였고, 지금은 한국에서 오뉴커머 부인들도 참가하고 있다. 홋카이도에서는 전 지역에서 여러 사람들이 위령제를 지내고 있고, 삿포로 니키쵸에서는 중국인 전도 위령제가 있는데 우리는 찾는 사람이 없는 무연고 사망자들을 포함한 한국·조선인의 합동 위령제 형식으로 행사를 시작하였다. 유바리와의 인연이 있었던 터라 유바리에서 하고 싶었기에 여기 가미스나가와쵸 묘비 앞에서 매년 8월에 위령제를 지내고 있다. 지금은 30명 정도가 매년 참가하고 있다. 각 시정촌은 협력적인 편이고 반대는 없다. 히가시가와쵸에는 반대(앞에서 소개한 헤이트 스피치─필자 주) 세력의 움직임이 있었다. 우리가 합동 위령제를 할 때는 조총련측에서도 반드시 참가한다. 민단은 사제 내에서 행사를 하니까 신보나 조화를 보내주는 경우가 있다. 전후 70년이 되니 현장을 알고 있는 사람들이 없다. 민단 복지회의 변 선생님이 잡지 「아리랑」(5~6년 전에 만든 NPO법인, 민단 및 조총련의 독거노인 지원)에서 순난자 이야기도 했다. 위령제 참가자들은 공명한 사람들도 많다.

〈사진〉 왼쪽은 대표와의 인터뷰 장면, 가운데는 2009년 위령제 제단, 오른쪽은 참가자들. 사진은 주최측 대표 제공

나도 특정의 종교를 갖고 있지만 다양한 사람들이 참석하는 위령제이기 때문에 종교색은 나타내지는 않는다. 위령제에서는 다음과 같은 사죄의 말씀(2009년 유골 반환 의식에 앞서 치른 행사용 – 필자 주)을 먼저 드리고 당시 돌아가신 분들이 불렀을 듯한 노래, 예를 들면 고향의 봄, 아리랑 같은 노래를 합창하는데 노래는 민단 부인들이 참석하여 불러준다. 최종적으로는 평화 통일의 나라가 되어 준다면 좋겠다. 그것이 돌아가신 분들이 오셨던 당시와 같은 상황일 것이다. 더 이상 전쟁이 없는 시대가 되어 주길 염원하고 있다.

〈사죄의 말씀〉[122]

제2차 세계대전이 종전되기 전에 한반도와 중국 대륙에서 여기 가미스나가와쵸에 있었던 구 미츠이 스나가와 탄광에 끌려와 원통하게 이 땅에서 돌아가신 영령분들께!

여러분들은 사랑하는 아버지, 어머니, 형제 그리고 아내와 자식들을 두고 먼 이국땅에 끌려왔습니다. 아침부터 저녁까지 석탄을 캐기 위해 갱속에서 가장 위험하고 혹독한 노동을 해야 했고, 또 충분한 식사도 나오지 않아 굶주려가며 일을 하다가 힘들고 병들어 돌아가신 분들이나 석탄의 암반을 폭파하기 위해 본래는 메탄가스의 농도가 낮은 상태에서 폭파시키지 않으면 안되는 것을 모른 채 가스의 농도가 높음에도 불구하고 폭파를 시켜 생긴 폭발로 희생된 분들도 많이 있다고 들어 알고 있습니다.

그리고 부엌에서도 가스 아픈 선은 여러분들을 대하는 감독관들이 별일 아닌 것에도 몽둥이로 때리는 등 심한 폭력을 당한 것입니다.

전쟁이라는 특별한 사정 속에서도 매일 지옥 같은 고통도 언젠가는 고향으로 돌아가는 날을 꿈꾸며 참고 참고 참아 왔는데 원통하게도 이 땅에서 희생된 여러분들께 일본 국민 그리고 북해도의 도민의 한 사람으로서 진심으로 사죄드립니다. 또 희생되고 나서 60년 이상 아무런 조치도 없이 경과 해 버린 것도 더불어 사죄를 드립니다.

정말로 죄송합니다. 미안합니다!

---

122) 단체로부터 제공 받은 우리말 문장을 그대로 인용.

이런 말로 여러분의 마음이 풀리지 않는다는 것을 알고 있습니다만 지금은 영령이 되신 여러분들이 자유로이 고향에 돌아가실 수 있도록 미력하지만 오늘 위령식을 갖게 되었습니다. 조금이라도 저희의 진심을 알아주신다면 감사하겠습니다.

아무쪼록 잘 부탁드리겠습니다.

2009년 11월 18일

북해도 「한국인, 중국인 희생자」 위령회

대표 모토요시 에이지

「여기서부터는 한국어, 중국어로만 방송」

오늘 여러분들께서는 천운석이라는 항아리에 모시고 이곳을 떠나겠습니다.

내일 위령회의 대표가 한국까지 모시고 가겠습니다. 그리고 그 땅에서 특별한 의식을 한 후 일정의 수련을 받고 자유롭게 고향으로 돌아가실 수 있도록 해드리겠습니다. 부디 잘 부탁드립니다.

4.2.5 홋카이도 최대의 출력을 자랑했던 우류(雨龍)댐과 슈마리나이 (朱鞠内)호수

조선인 노동자들의 동원 사례에서 빠뜨릴 수 없는 내용이 댐이나 발전소 공사 등의 대규모 토목공사이다. 이런 공사가 일제 강점기 국내외에서 있었지만 홋카이도에서 있었던 토목공사는 지옥과 같았다는 증언이 많은 만큼, 사망자나 부상자가 속출하여 아직도 명확히 밝혀지지 않은 곳이 많다. 홋카이도의 댐 발전소 등의 토목공사 사례로는 앞에서 언급했던 에오로시댐을 비롯하여 소라치지청(空知支庁) 북부의 우류(雨龍)댐과 가미가와지청(上川支庁) 남부의 가나야마(金山)댐, 도카치지청(十勝支庁) 서부

의 이와마츠(岩松)댐 등을 들 수 있다. 이 글에서는 필자가 현지를 둘러보았던 우류강 상류의 댐으로 조성한 슈마리나이호(朱鞠内湖)와 우류댐 건설 희생자의 순직 위령비, 우류댐 근처 도로 옆에 건립된 홋카이도 시민단체들이 건립한 「기원의 상(願いの像)」에 대해서 소개하기로 한다.

삿포로시에서 최북단 지역인 소야미사키(宗谷岬)나 와카나이(稚内)를 향해 유료 도로를 이용하여 약 220킬로를 달리면 호로카나이쵸(幌加内町)의 슈마리나이 도립 자연공원에 이른다. 아이누 지명이지만 한 번 들으면 친근한 울림으로 다가오는 슈마리나이. 대자연 속의 절경과 깔끔하게 정비된 일본 최대의 인공 호수 슈마리나이호 호반도로를 따라서 우류제1댐의 전망대에 도착하면 탄식이 절로 나오는 풍경을 마주하게 된다. 아무것도 모르면 참으로 아름답기 그지없는 호반의 풍경이다. 그러나 그 전망대 위를 오르면 잡초가 무성한 넓은 터가 나오고, 우류제1댐이 보이는 철조망 옆에 거대한 순직자 위령탑이 중압감을 더하며 눈에 들어온다. 그 콘크리트 덩어리의 어두운 탑만큼이나 많은 사람들의 비명과 희생이 있었음을 금방 느낄 수 있다. 하지만 희생자들의 이름은 어디에도 없고, 표면에는 우류전력 사장인 아타치 타다시(足立正) 謹書라고 새겨져 있는 것이 권위적이고 모순스럽게 느껴졌다.

〈사진〉 왼쪽은 댐 안내판, 가운데는 12.5 미터의 순직자 위령탑과 우류댐 일부. 오른쪽은 슈마리나이 호수 풍경.

이시가리강의 지류의 하나인 우류강을 막아서 만든 우류제1댐과 그 지류의 우츠나이강을 막아서 만든 제2댐, 슈마리나이호 물을 이용한 압력 터널 공사에 많은 조선인 노동력을 투입하였다. 「홋카이도 재일조선인 인권을 지키는 모임」에서 발행한 팸플릿에 게재된 당시 실상을 아는 K씨 설명에 의하면 가장 많을 때는 2,000명의 조선인이 감옥방에서 일을 했다고 한다.[123]

1991년 10월 5일과 6일에 시민단체가 행한 「기원의 상 제막식」 및 「민중사 도연 홋카이도 집회 제3회 민족과 인권 심포지엄(民衆史道連北海道集会 第3回 民族と人権シンポジウム)」 때 배포한 「메이우(名雨)선[124] 우류댐 건설공사 관계 연표」에 의하면, 1935년에 아스가구미가 메이우선 철도 공사에 착공하고, 1937년 12월에 우류댐 공사를 개시하여 1938년 6월에 기공식이 있었다. 국민징용령이 1939년에 공포되고 10월에 조선인 강제연행이 시작되는 그 해부터 댐 공사에 조선인 강제연행 노동자가 동원되기 시작한다. 다음 해에 공사를 맡았던 아스가구미에서 우류 전력으로 업체가 바뀌면서 우류전력 직영의 공사가 시작되는데, 1943년 8월의 댐 준공 2개월 뒤인 10월부터 발전 가동을 하게 된다. 댐 완성과 더불어 희생자 위령탑도 건립하는데, 「순직자」라는 표현을 사용하여 망자들의 억울한 죽음이 마치 공무 수행 중에 사망한 것처럼 되어 있으나 국가유공자처럼 대우도 배상도 받은 적이 없는 희생자들의 삶을 미화하고 있음이 당시의 역사를 아는 이들에게는 불편하게 다가온다.

---

123) 전게서, 朝鮮人強制連行真相調査団編(1974)『朝鮮人強制連行強制労働の記録 北海道・千島・樺太篇』, pp.288~289 참조.
124) 1941년에 개업한 나요로(名寄)와 슈마리나이 사이에 운행했던 철도 노선명.

『호로카나이정사(幌加内町史)』에 따르면 우류댐 완성까지 당시 금액으로 약 8,000만 엔의 비용이 들었다고 한다.[125] 다음 해인 1944년에 우류발전소는 일본발송전(日本発送電)에 양도되었다가 지금은 홋카이도전력이 운영을 맡고 있다.

당시의 공사 현장의 비인간적 취급을 기억하는 임영복(아사히가와 거주)은 다음과 같이 당시를 술회하고 있다.

> 내가 본 타코베야는 네 동이었는데 한 동에 50~60명이 들어 있었던 것 같다. 여름밤에는 도망가지 못하도록 발가벗겨서 재운다. 일할 때는 모두 집단행동을 취하도록 하였고, 10명에 1명의 반장, 개미처럼 행렬을 지어서 느릿느릿하게 물건을 짊어지고 걸었다. 영양실조로 다리가 휘청거려서 보기에 안스러웠다. 노동시간은 12시간에서 18시간 정도. 음식은 보통 밥그릇에 밥 한 그릇과 소금국, 겨울에도 짚신밖에 못 신게 해서 동상에 걸렸는데 그게 원인이 되어 앉은뱅이가 된 사람도 많았다. 위험한 일은 조선인들만 시켰다. 300척(90.9미터 – 필자 주)이나 되는 높은 곳에서 40~50센티 폭의 발판 위에서 조립 작업을 한다. 아래를 보면 얼마나 무서웠는지. 뾰족하게 튀어나온 바위가 이빨을 드러내고 있으니까. 떨어졌지, 우리 동포가. 「아이고―!」하면서 낭떠러지로 떨어지는거야. 그런데 감독은 도우려고 하지 않고 그냥 내버려 두는거야. 그뿐만 아니라 그 위에다 ⎯⎯⎯⎯⎯⎯ ⎯⎯ ⎯ ⎯⎯ ⎯⎯⎯⎯ ⎯⎯⎯⎯⎯ ⎯⎯⎯[126]

이와 같은 증언은 일본의 여러 공사 현장 등에서 공통되는 증언이 나오는데, 같은 슈마리나이 댐 공사를 했던 윤영완(1925년, 전남 출신)

---

125) 도노히라 요시히코 저, 지상 옮김(2021) 『70년 만의 귀향 – 홋카이도 강제 노동 희생자 유골 귀환의 기록 –』 후마니타스, p.91 참조.
126) 전게서, 朝鮮人強制連行真相調査団編(1974) 『朝鮮人強制連行強制労働の記録 北海道·千島·樺太篇』, pp.290~291 참조.

역시 같은 증언과 더불어 아이누인 공사 감독자의 폭행 속에서 버텼지만 결국 임금을 한 푼도 받지 못했다는 증언을 하고 있다.

> 공사 중에 죽은 사람도 있었다. 발판에서 몇십 미터 콘크리트 바닥에 떨어지면 끝이었다. 떨어진 사람이 아파서 비명을 질러도 아무도 도와주지 않는다. 그대로 위에 콘크리트를 부어서 콘크리트 덩어리를 만들어 버린다. 부상을 입어도 일을 할 수 없다고 해도 끝이었다. 어딘가로 끌려가면 그 뒤엔 행방불명이 되었다. 경찰이 간혹 와도 보스가 술 한잔 대접해서 보내 버리지. 경찰에 호소하면 우리들을 이해했을지 모르지만 말을 몰라서 이야기도 못했다. (중략) 이불은 헝겊 속에 뭔가 해초 같은 것을 넣었는데 면은 아니었다. 잘 때도 옷을 갈아입지 않고 그대로 이불 속으로 들어갔다. 빗는 것은 없을 정도, 속옷은 한 벌 있으면 빤뒤라 그대로 입었고, 찢어져도 내용품은 갖고 있지 않았다. 일한 것에 대한 임금은 우리한테 1전도 주지 않고 장부에 그저 기록해 둘 뿐이었다. 돈을 주면 도망칠거라고 생각한 듯했다. 뭔가 필요할 때에는 장부에 적어서 임금에서 제하였다. 장부상으로는 하루 얼마 정도의 수입이 있는 것처럼 되어 있지만 마지막까지 돈 한 푼도 못 받았다. 지금 생각하면 바보였다. 더 좋은 것들을 자꾸 주문했더라면 좋았을 것을…(후략)[127]

한참을 위령탑 주변을 걷자니 아름다운 풍광 속에 침전된 수많은 비명과 고통스러운 신음 소리의 잔인했던 역사가 짓누르기에 우류댐이 보이는 위령탑에서 발을 옮겼다. 입구에 세워진 부자연스러운 전 중의원 의장 마스다니 슈지(益谷秀次)의 흉상을 보면서 전망대 아래로 내려와서 도로를 5분 남짓 달리자니 오른쪽 길옆에 기념 동상이 나타난다. 1991년에 「생명의 존엄을 각성하고 민족의 화해와 우호를 기원하는 상」

---

127) 상게서, 朝鮮人強制連行真相調査団編(1974) 『朝鮮人強制連行強制労働の記録 北海道·千島·樺太篇』2, pp.98-299 참조.

건립위원회, 슈마리나이 추모 법요 협력회, 소라치 민중사 강좌, 민중사 도연(平和·人権と民主主義を守る民衆史掘り起こし北海道連絡会)이 협력하여 만든 시민들의 염원이 담긴 동상이었다. 석판 설명문에는 슈마리나이의 9년간에 동원된 수많은 노동자들과 희생자들, 1976년의 소라치의 민중사를 캐는 운동 전개 내용, 1980년부터 4회에 걸친(1991년까지－필자 주) 슈마리나이 공동묘지에서의 유골 발굴과 반환, 인간의 존엄과 민족의 화해 실현을 비는 취지가 새겨져 있다.

이 시민단체의 활동은 이미 몇 차례의 유골 발굴 작업 및 한국 반환, 한일 공동 활동 등의 작업을 통하여 언론에도 알려져 왔는데, 2003년에 출범한 「강제연행·강제노동 희생자를 생각하는 홋카이도 포럼」(홋카이도 포럼으로 약칭)의 공동대표이자 유골 발굴 작업 활동을 계속 해오고 있는 도노무라 요시히코(殿平善彦)[128]의 『70년 만의 귀향－홋카이도 강제 노동 희생자 유골 귀환의 기록』(지상 옮김, 후마니타스, 2021)[129]의 86~111쪽에 슈마리나이와의 관계가 기록되어 있다.

1976년 9월에 드라이브로 슈마리나이를 들렀던 도노무라와 그 친구 미야가와 에슈(수법사 승려)에게 다나카 후미코(당시 65세)가 코겐지(光顕寺) 사찰 내의 박스에 있던 댐공사 철도 공사 희생자의 위패를 보여준 것이 그들의 활동의 시작이었다고 한다. 그들은 우류댐 공사 및 메이우선 공사 희생자의 조사 및 댐과 철도 공사의 역사 조사, 노동 실태 등의 조사, 매장 화장 인가증 등에 기재된 본적지 등의 확인 및

---

128) 1945년 홋카이도 후카가와 출생. 교토 류코쿠대학 졸업. 동 대학원 문학연구과 중퇴. 현재, 정토진종(浄土真宗) 혼간지(本願寺)파 이치죠지(一乗寺) 주지. NPO 법인 동아시아시민네트워크 대표이사. 소라치 민중사강좌 대표. 대표 저서에 『遺骨―語りかける命の痕跡』(かもがわ出版, 2013) 등.

129) 참고로 이 책과 관련의 일부 자료는 재일본 대한민국 아사히가와 민단지부의 심영숙 사무국장으로부터 제공받았다. 깊은 사의를 표한다.

연락, 지역 주민들과의 추모 법요 협력회(1979년에 결성)와 협동으로 유골 발굴 및 안치, 반환 작업 등 홋카이도 각지의 강제 노동에 관련된 현장을 아우르는 폭넓은 활동을 해오고 있다. 특히, 1997년에는 한일공동 워크숍(참가 250명)의 일환으로 양국에서의 참가자들이 공동묘지에서 유골 발굴 작업을 통하여 강제노동의 참상을 확인하였고, 2001년에는 동아시아공동 워크숍(참가 200명)으로 공동묘지 주변을 발굴하였다. 여기에는 당시 현장을 잘 알고 있고, 동료들과 일본인 감독 사이를 중재해왔던 경상북도 출신의 채만진의 역할도 컸다. 1940년 1월 15일에 일본 큐슈의 다카마츠 탄광에서 일하기 시작하여 여러 공사 현장에서 살아남은 그는 1976년 5월에 도로무라 등의 반층사를 공부하는 사람들의 방문으로 그들과 함께 동료들의 유골 발굴 작업을 돕는, 홋카이도 포럼 공동대표의 한 사람으로 일본 시민단체의 활동에 협력해왔다.[130]

〈사진〉 왼쪽은 순직자 위령탑. 가운데는 홋카이도전력 우류제1댐 입구, 오른쪽은 「기원의 상」과 설명 석판

---

130) 「北の語りべ〈73〉在日朝鮮人 蔡晩鎭さん 土地を奪われ炭鉱へ」『朝日新聞』 1982년 1월 19일자. 채만진은 이 기사 마지막에서 「조선인은 돈을 벌려고 일본에 가지만, 일본은 돈을 줏으려고 조선에 온다」는 당시를 풍자하던 말을 인용하고 있다.

처음에는 발굴된 두 사람의 유골을 반환하면서 시작한 봉환 활동이 2015년 9월에는 115명의 유골을 고향으로 봉환하는 작업을 했다고 한다. 같은 해에는 동아시아 시민네트워크라는 단체를 설립하여 고등학생 및 대학생들 참가 프로젝트 기획 및 한일 교수들[131]과의 교류, 동아시아의 역사적 화해를 위해 도노무라는 북한에 까지 직접 방문을 하였고, 당국에 유골 반환에 대한 요청도 하는 등 국경을 초월한 활동을 전개하고 있다.

　「기원의 상」에서 길을 되돌아서 우류제2댐 쪽으로 갔으나 입구에 출입 금지 안내가 나와 있기에 근처 인가의 농민들에게 물어보자 오늘은 못 들어가게 하고 있다고 한다. 아직 날이 저물기 전이었기에 슈마리나이 지역을 벗어나서 다음 목적지를 향해 서둘렀다. 홋카이도 중부 이북 지역에서 밤에 운전을 해본 경험자는 공감이 가겠지만 북부 지역은 도시보다 어둠이 빨리 찾아왔고, 여우 같은 작은 동물은 문제가 안되지만 도로 한 가운데에 곰이나 사슴이 나타나면 상당히 신경전을 해야 했기에 바삐 서두를 수밖에 없었다.

　슈마리나이댐을 떠나올 때 도로 옆에 햇빛을 받고 눈부시게 하늘거리던 코스모스 군집과 댐 주변을 거닐던 사람들, 평화롭게 유람선을 즐기거나 돌을 날리던 사람들이 뇌리를 스쳤다. 아무 일도 없었다는 듯이 흐르는 잔잔한 풍경 속에 오버 랩되는 숱한 사람들의 잔영… 그 억울했을 「역사」의 땅에서 어떤 일이 있었는지 묻혀진 진실을 기록하

---

131) 특히 한양대 정병호 교수(당시)와의 공동 작업 성과가 컸던 것으로 알려져 있다. 그러한 교류 속에서 한국 각 대학의 교수들이 참가한 유골 발굴 작업은 물론, 일본에서도 예를 들면 홋카이가쿠엔대학 경제학부 지역 연수프로그램으로 미즈노 구니히코(水野邦彦) 교수 및 세미나 학생들이 현장 연수를 통해 타코베야 노동이나 버림받은 노동자들에 대한 의견을 2017년 보고서에 기록하는 등 차세대와 함께 역사 기억의 기회를 마련하려는 시민들의 모습을 볼 수가 있다. https://econ.hgu.jp/publication/docs/report17.pdf (2022년 3월 8일 열람)

고 기억하며 역사의 소유보다 공유를 통해 넋을 위로하려는 반성의 추모가 이루어질 때 비로소 망자의 넋의 치유도 역사와의 화해도 이루어지는 것이 아닌가 하는 생각과 더불어 시민단체들의 향후의 활동을 기대하며 슈마리나이를 뒤로 하였다.

4.2.6 구시로시(釧路市)의 시운다이(紫雲台) 공동묘지에서 보는 시민 활동

필자는 홋카이도 연구 조사를 위하여 사전에 주삿포로 대한민국 총영사관의 안영선 전문관으로부터 재일조선인 강제노동 희생자 추모제 관계자 몇 분을 소개받았다. 아사히가와시, 몬베츠, 왓가나이(稚内), 소야(宗谷)의 사루후츠무라(猿払村) 등 북방 각지의 현장 답사를 어느 정도 마친 뒤, 2021년 9월 21일에 삿포로 민단의 김태훈 고문을 방문했다.

1949년 8월에 태어난 김 고문은 일본에서 성공한 사업가답게 사회에서 자리 잡을 때의 인상 싶이었던 이야기132)와 홋카이도, 특히 아사히가와시의 보수적이었던 예전의 사회 분위기를 회상하며, 일본의 제도적 차별이나 국적 조항 등은 예전보다는 차별이 덜하지만 일본 정부를 위해서도 이제는 다양하게 개선해야 한다는 이야기, 조선인 노동자를 혹독하게 다루었기에 도망친 노동자들이 아이누 마을로 도피하자 아이누들이 성실하게 일 잘하는 조선인들을 받아들였다는 사례 등과 더불어 구시로시의 탄광 희생자 이야기도 들려주었다.133)

---

132) 김 고문은 도쿄에서 대학을 나온 뒤, 28살 때 상공회의소와 공인회계 추천을 받아서 국민금융으로부터 사업자금을 융자 받는 수속을 했는데, 재일한국인이라서 융자가 안 된다는 연락이 와서 처음으로 차별을 느꼈다고 한다.
133) 모리타(고인)라는 사람이 전쟁 말기에 부상자들 약 200명을 방에 넣고 전염병이 돌면 안된다면서 불을 질러죽이는 것을 보았다는 이야기였다. 그들은 구시로의 사찰이 공양을 하고 있다고 한다.

〈사진〉 왼쪽은 일본 영토 최북단의 소야미사키 언덕의 대한항공 희생자 위령 모뉴멘트, 오른쪽은 1983년 9월에 발생한 구 소련군의 대한항공기 격추사건 설명문

필자는 김태훈 고문에게 민단측에서 제공할 수 있는 구시로 자료 등을 부탁한 뒤, 시간 관계상 도쿄로 일단 돌아왔다. 다음 조사 계획을 세우던 중, 우연히 아키타현의 하나오카 광산 강제노동자 재판을 맡았던 지인 변호사로부터 구시로시의 탄광 역사를 잘 아는 현지 지인을 소개받게 되었다. 마침 10월 31일에 삿포로 한국 총영사관 주최의 한일 미래포럼에서 강연을 맡았기에 다시 삿포로에 가게 되었다. 이번에는 아이누와 재일동포와의 관계도 조사하기 위해 삿포로 민단의 김 고문으로부터 받은 자료와 사전 조사 내용의 파일을 준비하여 공동 연구자인 류코쿠대학의 권오정 명예교수, 학술교류단체 BOA의 연구원과 팀을 이뤄서 삿포로 강연 직후 구시로를 향했다.

(1) 구시로시의 태평양탄광과 유베츠탄광

구시로시는 홋카이도 동부의 태평양 연안에 위치하고 있다. 600여 종의 식물이 서식하는 면적 268.6km²의 광대한 「구시로습원 국립공원」과, 아이누 코탄(부락)과 마리모로 알려진 아칸(阿寒)호와 세계적인 투명도로 푸른 빛을 띤 카무이토(신의 호수)로 불려지고 있는 마슈(摩周)호, 일본 최대의 칼데라호인 굿샤로(屈斜路)호로 구성된 총면적 91,000

헥타르의 「아칸마슈국립공원(阿寒摩周国立公園)」을 비롯한 웅대하고 신비스런 절경을 가진 도시로, 서울의 2배 이상의 1,363.29km² 면적의 동홋카이도의 중핵·거점도시이다.[134]

〈사진〉 왼쪽은 아칸호 아이누 코탄 입구. 가운데는 굿샤로호. 오른쪽은 마슈호.

높은 산, 깊은 숲과 광대한 습원, 태평양을 접하는 자연과 문화와 경제 도시인 구시로시는 다른 홋카이도 지역과는 또 다른 풍경을 보여주는 곳이다. 아름다운 상이 신잔히 흐르는 이 도시 풍성의 외곽 한선에는 1920년 4월 22일에 「미츠이광산 구시로탄광」이 기무라구미(木村組)의 「구시로탄광」과 합병한 「태평양탄광주식회사」가 창립되었는데, 1922년에는 「미츠이광산」이 필두 주주가 되면서 철도 항만 건설과 더불어 탄광 사업이 번창하게 된다. 그러나 이 역시 중일전쟁의 병력 대체 노동력의 부족으로 인해 「1940년부터 조선인 노동자를 징용·소집 형태로 채용」했는데,[135] 표면적으로는 1943년까지 채용했다고 기술하고 있다.

---

134) 구시로시 공식 웹사이트 참조. 2022년 3월 13일 열람. 한편, 이 웹사이트 「炭鉱に生きた人によるヤマの記録つくり」는 홋카이도의 긴급지역고용창출 특별대책추진사업보조금 86,047,500엔으로 이루어진 사업 결과이다.
https://www.city.kushiro.lg.jp/shisei/gaiyou/aramashi/syoukai/1001.html#section1
135) 嶋崎尚子·中澤秀雄·島西智輝·石川孝織共編(2019)『釧路叢書 第39巻 太平洋炭砿 なぜ日本最後の坑内掘炭鉱になりえたのか(下)』釧路市教育委員会発行, p.195.

132 재일코리안 사회 형성과 시대적 표상

구시로시의 웹사이트에 게재된 태평양탄광 관련 내용을 보면 1939년부터 1943년까지 조선총독부를 통해서 징용 혹은 소집이라는 형태로 채용한 조선인 노동자는 태평양탄광만 해도 많을 때는 2,700명에 이르렀고, 그들은 광산 외에 항만·공항·철도건설에 관련되었다고 명기하고 있다.136) 그러나 이곳에서의 조선인 노동자 사망 사고 등에 대해서는 86,047,500엔의 홋카이도 보조금 사업으로 만들어진 태평양탄광의 사이트나 구시로시 교육위원회가 발행한 『釧路叢書 第39巻 太平洋炭砿 なぜ日本最後の坑内掘炭鉱になりえたのか(上)(下)』이라는 두 권의 그 두꺼운 책 어디에도 화려한 전후의 기록이 중심이 되어 있을 뿐이다. 분명 해저터널의 위험성에 대해서는 야마구치의 쵸세이탄광처럼 영세 탄광이 아니었다 하더라도 광산 내부의 가스 폭발사고나 낙반 등의 재해가 있는 게 자연스럽건만 태평양탄광은 처음부터 조선인 사상자도 없었고, 세계적인 최첨단 설비와 탄광 기술만 가졌던 기업체처럼 기록되어 있다.

전후 1945년 11월에 GHQ에 의해 행해진 군국주의 국책수행에 협력한 자산가, 특히 미츠비시, 미츠이, 스미토모, 야스다의 4대 재벌 해체 작업이 진행되면서 자구책을 강구해야 했던 그들은 그 뒤의 에너지 혁명의 시대적 변화과 맞물리며 기존의 탄광 사업을 정리하기 시작한다. 태평양탄광은 2001년에 82년간의 채탄 역사에 막을 내리고, 2002년에 「구시로 콜 마인 주식회사」라는 이름의 기업으로 계승하여 현재도 외국인 연수생 등을 받아들이는 거대한 그들만의 콜 마인 타운을 운영하고 있다.137)

---

136) 구시로시 공개 웹사이트 「釧路炭田その軌跡」 2022년 3월 20일 열람.
　　 https://www.city.kushiro.lg.jp/www/common/003hp/genre/card2/2235i.htm
137) https://www.city.kushiro.lg.jp/www/common/003hp/genre/card6/6211i.htm
　　 (2022년 3월 20일 열람)

참고로 태평양탄광(현 구시로 콜 마인) 타운에서 차로 약 1시간 정도를 아칸호수 쪽 깊은 산길과 시타카라가와(舌辛川)를 따라 북상하게 되면 태평양탄광과는 사뭇 다른 유베츠(雄別)탄광이 나온다. 한때 2만여 명의 인구로 북적거렸다는 미츠비시계열의 유베츠탄광에는 일찌기 조선인 노동자들이 초기 탄광 및 주변 인프라 정비에 투입되었다. 학교와 우체국과 관리직 직원 클럽 등 규모를 갖춘 마을이 정비되었고, 유베츠탄광 사고로 인한 부상자의 증가와 장티푸스 등의 전염병 유행으로 인한 격리 병동 등의 필요로 인해 규모가 있는 유베츠탄광병원(1939년에 6명의 의사를 갖추고 정비)까지 갖춰져 있었다.

일본인의 증언에 의하면 「내가 있었던 곳은 유베츠 170m의 롱(공간이 길다는 의미의 약칭 – 필자 주)으로 45명 있었는데 그중에 일본인은 8명 정도였고 나머지는 조선인이었다. 조선인은 그다지 일을 하지 않고 「돈은 필요없어. 얼른 6개월이나 지났으면 한다(6개월 계약이었다)」고 말했다. (중략) 전시 중에도 조선인의 집단 저항이 있었다. 샤쿠베츠(尺別)에서는 1943년 당시 전 구시로 경찰이 동원된 큰 저항(사건 – 필자 주)이 있었다」,[138] 「기진맥진한 몸으로 부상을 입어도 병원에는 내과의 가사이(葛西) 선생 혼자였고 나머지는 전혀 전문 외의 대진(代診) 의사였다. 다리를 자르거나 상처를 꿰매는 것은 전부 대진 의사가 했기에 유베츠의 목발을 이용하는 사람이 실로 많았다. 좀 귀찮은 골절은 전부 잘라버리기 때문이다. 지금, 그 당시에 손이나 다리를 잘린 조선인은 북조선 혹은 남조선 하늘에서 일본을 어떤 마음으로 보고 있을

---

138) 원문은 다음 문헌. 日本炭鉱労組編「戦時中から昭和二十四年春までの北海道並びに全国的な炭鉱労働運動」.
전게서, 朴慶植(1965) 『朝鮮人強制連行の記録』未来社, p.185에서 재인용.

까?」139)라는 말에서 당시의 잔혹했던 상황을 엿볼 수 있다. 조선인 강제 연행 조사에 몰두했던 박경식은 「그 외 도요사토(豊里)광업소에서는 너무도 많은 동포들이 죽었기에 화장터의 아저씨가 불쌍해서 관음상을 세웠다든가, 중국인 포로 유연인(劉連仁)이 있었던 메이지광업소 각 탄갱에도 많은 동포가 있어서 타코베야 같은 감시와 학대를 받았던 이야기 등을 들었으나 여기서는 생략한다」140)는 말로 조선인 동포들의 참상을 응축하고 있다.

한편, 후술하는 이와사키 모리오(岩崎守男) 전 홋카이도 의원은 사할린에서 패전을 맞았기에 가족과 밀항을 하여 홋카이도로 건너온 뒤, 유베츠탄광과 샤쿠베츠탄광에서 학창시절을 보냈는데, 전후의 유베츠탄광 4구에 살았을 때 타코베야 노동으로 뒷쪽은 깊은 산이고 앞은 강이었고(가코이베야), 죄인은 아니었지만 조선인 노동자들을 밧줄로 묶어서 도망을 못하게 하여 데리고 다니는 것을 몇 번 본 적이 있었다고 한다(2021년 11월 1일, 필자와의 인터뷰 내용 중에서).

바다 쪽의 태평양탄광과 떨어진 산속 깊은 곳에 자리했던 유베츠탄광은 결국 1970년의 폐산과 더불어 사람들은 떠났고, 지금은 무인 벽촌에 폐허가 된 과거의 건물들만이 흉물스럽게 남아 있는데, 현재는 일본 최고의 유령이 나온다는 괴담의 명소일 뿐 인적이 끊어진 동물들의 서식처가 되어 있다.

---

139) 원문은 다음 문헌. 雄別炭鉱労組編「雄別炭鉱労働組合十周年史」
　　전게서, 朴慶植(1965)『朝鮮人強制連行の記録』未来社, p.185에서 재인용.
140) 상게서, 朴慶植(1965)『朝鮮人強制連行の記録』未来社, p.185.

(2) 태평양탄광 근처의 시운다이 공동묘지에서 발견된 조선인들 시체와 남북의 위령비

태평양탄광은 1945년에는 사택 1,300호가 정비되었는데, 당시 구시로 시가지와는 분단되어 있었고 집락촌 입구에는 문을 지키는 수위가 배치되어 사람들의 출입을 감시할 정도로 폐쇄적인 사회였다고 한다.[141] 구시로 콜 마인이란 이름으로 운영되고 있는 구 태평양탄광업소가 보이는 곳에 시운다이 공동묘지가 있다.

우리 일행은 일전에 차를 삿포로에 맡겨 놓고 갔던 터라 오전에 차를 찾아서 약속한 구시로시로 향했다. 참고로 홋카이도의 도로는 도쿄나 오사카, 후쿠오카처럼 차선이 많지 않고, 특히 삿포로와 구시로 간이나 오호츠크 해안선 도로는 주로 편도 1차선이어서 거리에 비해 시간이 상당히 소요되었다. 10월 31일 오전에 떠난 우리 일행은 오후 3시 반이 되어서야 약속 장소에 도착했다. 그곳에 도착하여 소개받은 F사장을 만났다. 도쿄에서 대학을 나온 뒤, 세계 각지를 다니며 본인의 사업을 하다가 부친의 가업을 이어받고 지금은 구시로시에 거주하는데, 얼마 전에 지병으로 수술을 받은 직후(그 뒤에도 수술)라는 70대 중반의 F사장은 불편한 몸을 이끌면서도 우리 일행을 반갑게 맞이하였다. 우리를 보자마자 일단 구시로는 일찍 해가 지는 편이라서 서둘러 시운다이(紫雲台) 공동묘지로 가자고 이끌었다.

---

141) 전게서, 笠原良太(2019)「太平洋炭砿での暮らし」『釧路叢書 第39巻 太平洋炭砿 なぜ日本最後の坑内掘炭鉱になりえたのか(下)』釧路市教育委員会発行, p.55 참조.

〈사진〉 왼쪽은 구시로 콜 마인(구 구시로광업소)에서 오르는 연기가 보이는 시운다이 공동묘지, 가운데는 구시로시민회가 세운 석판, 오른쪽은 구 태평양탄광의 탄광전시관 입구

F사장은 마치 오랜 세월을 준비하며 기다려왔다는 듯한 열정으로 넓은 시운다이 곳곳을 상세히 안내해 주셨다. 현장에서 우선 간 곳은 조총련계의 위령비가 세워진 유골당이었다. 분명 하나의 나라였을 때 식민지가 되고 일본의 전쟁에 의한 희생자들이건만 지금은 일본 각지에서 한국계의 위령제와 조총련계의 위령제 혹은 유골당(납골당과 같은 작은 건물과 비석이 특징) 등 남북으로 나뉘어 서로의 체제하에서 위령식을 지내는 민족 분단의 모습을 본다는 것은 또 다른 비극이었다. 같은 역사를 걸어 온 근대사의 모순을 초월하여 일본에서의 해법과 공생을 함께 모색하는 협력이 필요할텐데 서로가 함께 갈 수 없는 모습이 여실히 남아 있는 곳을 확인하는 것은 한민족의 단절된 근대사의 또 다른 불행이라고 할 수 있다. 그곳에 매장된 조상들을 생각하는 우리 일행은 모두 무거운 마음이었다. 뒤에서도 언급하겠지만 구시로의 태평양 바다 언덕 위에 조성된 이 시운다이 공동묘지는 아이누인들의 묘지였다고 한다.

〈사진〉 왼쪽은 태평양 선생 강제노동희생자 위령비, 가운데는 구시로시영 조총련계 조선인 유골당,[142] 오른쪽은 하쿠다테 외국인묘지 위에 자리한 조총련계 조선인 유골당

한편, 시운다이에 있는 이 위령비는 원래 태평양 연안의 항만 공사나 태평양탄광 노동에 종사하다 희생된 노동자들을 추모하는 위령비를 한국계, 조총련계가 각사 세웠고, 현재는 구시로 시민들의 전쟁에 대한 반성을 적은 석판과 더불어 한국계의 큰 위령비가 태평양을 마주 보고 있다. 여기서 특히 주목할 것은 시민들에 의해 세워진 전쟁을 반성하는 석판 내용이다. 시운다이에 가족묘도 가지고 있는 F사장의 설명에 따르면, 이 석판은 1972년 8월에 당시 구시로시민회의 의장이었던 츠다 리키쬬(津田力三)와 전 홋카이도 도의회 의원이었던 이와사키 모리오가 중심이 되어 시민들에게 추모를 호소하면서 시작되었다고 한다. 현재 시운다이에는 100여 명의 조선인 노동자들이 묻혀 있는데 희생자들의 내용을 『민단신문』에서 상세히 소개하고 있으므로 인용해 두기로 한다.

---

142) 비석에 새겨진 내용을 보면 다음과 같다. 「여기에 일제 시대에 강제연행으로 군사 공사장에서 억울하게 희생당한 동포 8.15 해방 후 조국통일을 보지못한 채 별세한 동포들의 유골을 안치함. 1981년 8월 20일 재일본조선인연합회 구시로 지부 건립」

【홋카이도】아시아·태평양전쟁 중 홋카이도에서 강제노동으로 희생이 된 징용 한국인을 추모하는 맹세문(誓文)이 재일한국인 단체의 손으로 비석에 새겨져 구시로시 시운다이 묘지에 기증되었다. 이 단체는 오카야마현내의 재일동포로 구성하는 친목단체 「세이잔(岡山青山)구락부」(이성호 회장). 2004년 10월, 홋카이도 여행 중에 우연히 들렀던 구시로 시내에서 철판에 적힌 맹세문을 읽고 깊이 감명하여 맹세문을 영구히 보존하기 위하여 돌로 된 비를 만들었다. 비석은 높이 약 2미터, 폭이 약 3미터, 두께가 15센티미터의 화강암. 비용 500만 엔은 약 20명이 자비부담으로 마련했다. (2006년 7월-필자 주) 4일의 개막식에서는 세이잔 구락부 멤버를 비롯하여 주삿포로 총영사관에서 강익순 총영사, 민단 홋카이도 본부의 김태훈 단장 및 지역에서 선출된 국회의원이나 홋카이도 도·시회 의원 등 다수가 출석하였다. 전쟁이 한참이었던 구시로에는 「노무동원계획」으로 인하여 많은 한국인이 끌려왔고, 행동의 자유를 빼앗긴 속에서 석탄 채굴이나 항만 건설에 종사해야만 했다. 식량난 속에서 일을 할 수 없었던 한국인 노동자 100명이 「전염병에 걸렸다」고 하여 시운다이 묘지에 산 채로 매장당했다고 한다. 73년에는 「구시로시민회의」(츠다 리키쵸 회장)가 위령비와 「두 번 다시 반복하지 않는다」고 맹세하는 설명의 철판을 세웠다.[143]

이 기사에서 소개하고 있는 구시로 시민회의가 세운 「두 번 다시 반복하지 않는다」는 맹세의 란 내용은 보면 다음과 같다.

여기에 잠든 약 100명의 (한국 북조선)사람들의 인주(히토바시라. 난공사 때 제물로 생매장 당하거나 어떤 목적 때문에 희생당한 사람, 인신공양-필자 주)는 조국으로 돌아갈 자유와 행동의 자유를 빼앗기고 항구

143)「徴用受難の歴史共有 日本人の誓文石碑に刻み寄贈 岡山青山倶楽部」『民団新聞』2006년 7월 24일자. 2022년 3월 14일 열람.
https://www.mindan.org/old/front/newsDetail9a58.html

건축 탄광 등 강제노동 속에서 희생이 된 사람들이다. 메이지 43년(1910) 일본 정부의 「일한병합」 이래 쇼와 14년(1939) 「노무동원계획」으로 일본에 20만여 명의 (한국 북조선)사람들이 강제연행되었다. 홋카이도에도 쇼와 15년(1940)에는 43,000명을 넘어 종전 때에는 70,000명의 인원에 달해 있었다고 한다. 우리들은 전쟁 희생으로 죽어간 사람들에 대하여 국경을 초월한 민족의 연대와 협력을 돈독히 해 나갈 것을 여기에 맹세한다. 두 번 다시는 전쟁의 비극을 반복하지 않기 위하여 시민 한 사람 한 사람의 염원을 모아서 그 증거로 여기에 위령비를 세운다. 시민의 협력을 부탁드리는 바입니다. 1973년 8월 9일 구시로 시민회의 회장 츠다 리키죠(津田力三)

이 석판 뒤에는 오카야마 세이잔 구락부의 협력 내용이 적혀 있다.

오카야마 세이잔 구락부 홋카이도 여행 때 우연히 들렀던 구시로에서 구시로 시민회의 건립의 위령비를 참배하고 훌륭한 비문을 접한 일동은 깊이 감명하여 북동아시아의 평화와 관계 제국 민족의 우호 번영을 위해 비문을 영구 보존하도록 석조로 바꿀 것을 제안했던 바입니다. 우리들은 구시로 시민 여러분께 감사를 드리며 구시로시의 발전을 비는 바입니다. (21명의 멤버 명단은 생략 – 필자 주) 오카야마 세이잔 구락부 회장 이성호 외 회원 일동 2006년 7월 4일 건립

이 석판의 설명에서는 어떤 이유로 희생을 당했는지 그 과정이 상세하게 표기되어 있지 않았다. 어둠이 내리는 시운다이에서 보다 자세한 내용을 알고 싶다고 하자 F사장은 태평양탄광 본사 주변 및 태평양탄광 전시관을 안내한 뒤, 내일(11월 1일) 아침에 1972년에 시운다이에서 희생자 추모회를 준비했던 이와사키 모리오(2021년 당시 81세)[144] 전 구

---

144) 1937년 8월 15일 사할린 출신. 패전 후, 와카나이로 밀항. 유베츠 및 샤쿠베츠 탄광에서 자람. 1958년에 구시로공업고교를 졸업 후 구시로시청에 취직. 구시로 지구 본부위원장 등을 역임 후 전국카라후토(사할린)연맹 이사, 전 홋카이도 도의

시로 시민회의 사무국장을 방문할 예정이라고 한다.

(3) 이와사키 모리오 전 구시로 시민회의 사무국장의 시민 활동

다음날 약속대로 우리 일행이 이와사키 의원 댁을 방문하자 고령의
부부가 우리를 반갑게 맞이해 주었다. 평소에는 카라후토(사할린)연맹
이사 업무로 전국적인 활동 때문에 시간 확보가 어려운 입장이었으나,
이날은 특별히 시간을 만들었고 귀중한 자료와 추모식 관련 자료 등까
지 준비하여 챙겨주었다. 이와사키 씨의 구시로시 강제노동 희생자 추
모식 개최에 관한 증언 및 제공 자료를 토대로 정리하면 다음과 같다.

> 인터뷰 대상: 「시운다이 강제노동 희생자 위령비 건립 및 추모식 개최
> 를 위한 구시로 시민회의」 이와사키 모리오 전 사무국장,
> 홋카이도 전 도의원.
> 인터뷰 일시: 2021년 11월 1일(월) 10:00~12:30,
> 장소: 이와사키씨 댁 거실

나는 사할린[145] 남부 도로가와(泥川)에서 1937년에 사찰의 주지승 아
들로 태어났다. 8살 때 전쟁이 끝나고 우리는 카라후토(樺太)에서 밀항하
여 왓카나이로 연행되었다. 그 뒤 부모가 돌아가시자 형과 누나가 일했던

원(1975년부터 5기 20년간). 도의원 시절 홋카이도 전역의 강제연행 노동자 조사
프로젝트를 추진. 구시로시민회의 사무국장으로 시운다이 추모제를 개최함. 행
정서사 구시로지부 고문. 현재 구시로시 거주. (『JAFCOF釧路研究会リサーチ
ペーパーvol.13 ふたつの故郷の喪失: 樺太からの引揚げと尺別炭鉱閉山—岩崎
守男氏による講演の記録—』, 2018, pp.1-10 참조)

145) 제2차 세계대전 중에 조선인들은 사할린에 연행되어 탄광이나 군수공장 등에서
종사하였다. 1946년 당시 잔류 한국인은 44,000명에 이르렀는데, 일본 패망 후
송환협정에 따라서 일본인만 귀환 대상이 되었기에 그들은 남겨지게 된 것이었
다. 2021년에 사할린 동포법을 시행하여 국가의 책무를 통한 잔류동포 귀환사업
을 확대하고 있다.

아칸쵸(阿寒町)의 유베츠탄광과 샤쿠베츠탄광에서 학교를 나왔다. 아칸
쵸에서는 서로의 발목을 쇠사슬로 묶은 조선인들이 유베츠탄광에서 일하
는 것을 자주 보았다. 패전 후에도 5~6년은 강제노동이 계속되었다. 당시
일본 사회 전체가 조선인을 비하하는 경향이 있었는데 철부지였던 유년
시절에 나도 조선인 아이들을 「반도사람」이라며 바보 취급을 한 적이 있
었기에 어른이 되어서도 계속 가책이 남아 있었다.

원래 시운다이 묘지에는 아이누 묘지가 많았는데, 아이누식과 다른 매
장 흔적이 수십 군데가 있어서 우타리협회 구시로 지부장(武利誠)[146)이
그런 사실을 알만한 노인들에게 물어봤더니 다이쇼시대부터 쇼와 초기에
조선인이나 범죄자들이 강제노동자로 끌려가서 부상이나 병으로 죽은 사
람들을 이 묘적에 매장했다는 것이다. 그런 말은 예전부터 듣고 있었기에
관심을 가지고 있던 동료와 함께 시장 담당자 일대에 물어보기로 했다.
무연고 묘지는 두 군데 있었는데 하나는 북쪽을 향하여 구시로 시내가
보이는 장소, 또 하나는 서쪽으로 태평양 바다를 내려다보는 장소로, 어느
쪽도 오래 되어서 20~30센티미터 정도 움푹 들어간 구덩이가 있었다. 거기
에 시체가 매장되어 있다고 듣고서 깜짝 놀라서 발을 뺐던 기억이 있다.
구덩이 옆에 묘 같은 목편이 외로이 서 있었는데 적혀진 글씨는 판독이
어려웠다. 하지만 전쟁 전부터 묘지를 관리해왔던 미즈가미(水上) 씨의 이
야기를 듣자면, 「전쟁 중에 치시마 축항 공사 때 장티푸스에 걸렸던 조선
인을 미사키 병원(岬病院)측이 심야에 멜대에 넣은 시체를 둘러매고 와서
는 버리듯이 묻고 갔던거야」라는 것이다. 미사키 병원은 치토세쵸에 있었
던 전염병 환자의 격리 병동이었다. 전쟁 말기에 미군의 치시마열도 상륙
작전을 저지하기 위해 항만 건설을 서둘러야 했는데 건설공사에는 조선인
강제노동자가 동원되어 전염병에 걸린 동원자는 그 병원으로 운반되었다

<hr>

146) 타케토시 마코토는 다음과 같이 말하고 있다. 「어릴 적 기억으로 강제노동자들이
학대당한 것을 알고 있다. 오늘의 홋카이도를 만든 은인이라고 할 수 있는 사람들
이 묻혀진 장소가 쓰레기 버리는 곳 같은 것은 너무하다. 우리들과 직접 관계는
없지만 공양을 하여 영혼을 위로하기로 했다」「強制労働者の埋葬跡発見 釧路の
紫雲台霊慰める法要」『朝日新聞』1971년 10월 12일자.

고 한다. 그 당시의 무연고 묘지는 황량한 풍경에다 곳곳에 수많은 웅덩이
가 있었는데, 겉보기에 금방 매장된 곳임을 알 수 있는 지대였고, 썩은 연어
말린것, 표지석 같은 돌맹이가 여기 저기에 흩어져 있었다.

　구시로 시민회의의 우리 멤버는 그 실태조사를 위해 발굴조사를 하여
시체의 식별과 인원을 확인하려 했지만 묘의 발굴은 엄한 법규제로 인해
제한되었고, 자금 면에서도 단념할 수밖에 없었다. 근처 사찰에 남은 과거
첩을 조사했지만 해당 사항이 없었고, 치시마 축항(항구 건축; 비밀군사시
설이었음) 건설과 장티푸스병에 대해서도 군사 비밀로 자료를 찾을 수가
없었다.
　이런 사실을 츠다 리키죠 회장에게 이야기를 하니 시베리아 억류 경험
자였던 만큼, 반전 평화의 위령제를 하여 추모를 하자며 적극적으로 움직
였다. 식전 준비는 불교회 회장에게 부탁하였고, 제단은 세이카도(清華
堂), 헌화와 음식 준비는 츠다 상점의 협력과 제공이 정해졌다. 문제는
냉전체제 하에서 남북 조선이 함께 참가해 줄지 걱정이었지만 위령제에는
민단과 조총련이 함께 출석해 주었다. 여성들은 치마 저고리를 입고 기꺼
이 참가해 줘서 주최측이 너무나 기뻐했던 것을 기억한다. 그렇게 1972년
에 첫 위령제를 지내고 1973년에 비석 간판을 건립하며 1974년에 위령제
를 추모식으로 명칭 변경하였는데 남북 관계자가 함께 참석하여 고인들의
넋을 위로하는 중요한 날이 되었다.

〈사진〉 왼쪽 및 오른쪽은 이와사키씨 설명 모습, 가운데는 위령탑과 석판 뒤의 구
덩이

두 군데 있었던 무연고 묘지의 선택은 시베리아 억류 경험자인 회장이 조국과 이어져 있는 바다를 내려다 볼 수 있는 장소가 좋겠다고 하여서 정해졌다. 이렇게 하여 시작한 추모제는 구시로 시민회의 멤버의 고령화로 1972년부터 2002년(구시로의 태평양탄광이 1월에 폐산)까지 구시로 시민회의가 주최를 하고, 다음 해인 2003년부터 현재까지는 「태평양전쟁 강제노동 희생자 추모식 실행위원회」가 주최를 하고 있다.

2004년 11월에는 일본탄광노동조합이 해산하였으나 지금까지 매년 여름에 일본인과 민단, 조총련에서 참가하여 소금이라도 넣을 위로하는 노임이 되고 있나.

(4) 반전과 평화를 염원하는 시민들의 50년 역사의 추모 활동

그 부덕에 묻힌 사람들이 누구였는지 알 수 있으면 고향의 후손들에게 조상의 유골이라도 전할 수 있을텐데…라는 필자의 말에, 「자료가 없으니 호소가와 씨나 미즈가미 씨의 증언으로 증명이 될 수 있으면 좋을텐데」라는 아쉬움 섞인 말과 더불어, 앞으로도 이 추모 활동을 통해 계속 조사를 할 수 있도록 하고 싶다는 위로를 끝으로 인터뷰를 마쳤다. 우리 일행은 다음 기회로 미루며 오후에 아칸호의 아이누 코탄에서 아이누계의 원로인 Y씨와의 약속을 위해 자료들을 제공받고 구시로를 뒤로 하였다.

이와사키 씨가 제공한『제50회 태평양전쟁 강제노동 희생자 추모식 기념사업지－인간의 존엄을 묻는 추모를 계속하여 50년－』[147]에는 1971년의 강제노동자가 매장된 곳 발견부터 2021년의 추모식 내용까지 자세히 게재되어 있다. 앞의 인터뷰에서 언급하였지만, 원래 아이누인

---

147) 太平洋戦争強制労働犠牲者追悼式実行委員会編(2021) 『第50回太平洋戦争強制労働犠牲者追悼式記念事業誌＝人間の尊厳を問う追悼を続けて50年＝』, pp.1~20 참조.

들의 무덤이 많았던 시운다이의 무연고 납골당을 만들기 위해 홋카이도 우타리협회 구시로지부가 조사를 하다 보니 아이누식과 다르게 매장이 된 웅덩이가 수십 군데가 발견되어 타케토시(武利) 지부장이 인근의 고령자들에게 물어본 결과 조선인 강제노동자의 시체를 이 무덤에 매장한 것이라는 것을 확인하였다는 초기의 계기가 설명되어 있다. 물론 관련 기록이 없는 상황에서 추측은 바람직하지 못하지만, 패전 때 부상을 입었던 환자들 처리에 곤란했던 병원 측이 전염병이라며 산 사람을 불에 태워죽였다는 설(재일한국인 K씨의 이야기에 의하면)도 없지 않기에 보다 정확한 기록 및 정보를 수집하는 작업도 우선 과제라고 할 수 있다.

구시로 시민회의는 1972년 8월 10일에 시운다이 묘지에서 시민회의 의장과 시장, 부시장, 남북 시민들 약 30명이 모여서 처음으로 위령제를 시작하였고, 1973년에는 비문 간판을 건립, 1974년에는 위령제를 추모식으로 명칭을 변경한 뒤, 4회 째부터는 한국측 사람들이 참여하기 시작하여 「조선인 강제노동자 위령제」 명칭을 「태평양전쟁 강제노동 희생자 추모식」으로 변경하였다.

한편, 홋카이도 의원 시절, 이와사키 모리오 씨는 1982년 7월 7일에 도의회에서 다음과 같은 질문을 하고 있다.

일중(중일－필자 주)전쟁 확대로 노동력 부족을 보완하기 위해 쇼와 14년(1939년) 이후 강제연행된 조선인은 약 72만명, 홋카이도내에는 약 78,000명, 사망 혹은 소재불명자를 포함하여 약 50%가 넘는다고 합니다. 또, 중국인도 40,000명으로 도내에는 약 13,000명, 사망자는 3,000명을 헤아린다고 합니다. 지사님, 당신은 이것을 어떻게 인식하고 계신지요? 실태 불명의 경우는 역으로 계통적 실태조사를 해야 한다고 생각합니다만

어떻게 생각하시는지요?」(일반 질문「동토의 울림」에서 발췌, 기념지 p.6 참조)

이런 시민들의 적극적인 추모 활동과 평화 염원 활동을 통하여 1984년에 태평양전쟁 강제노동 희생자 위령비가 건립되는데, 건립 취의서 내용이 일본의 반전 평화를 염원하는 시민 활동과 맥락이 같기에 장문이지만 전문을 소개하기로 한다.

　　1938년에 공포된 국가총동원법에 의하여 소위 강제연행에 의한 강제노동이 이루어졌습니다. 150만에서 240만에 이르는 강제연행의 강제노동 실태는 참으로 비참하기 이를 데 없었습니다. 많은 도민도 도내 각지의 탄광이나 광산 혹은 도로, 댐만, 비행장 등의 건설에 있었던 터의 강제노동 실태에 대해서는 잘 알고 계실 줄 압니다. 돌이켜보면 미군이 치시마열도의 공격을 시작한 1943년부터 일본군의 치시마열도에서의 기지 건설이 중지되고, 강제연행된 노동자는 다시 홋카이도내의 군용비행장 건설지 등에 보내졌습니다. 현재 구시로 시민의 이야기에 따르면「쇼와 18년경 (1943년 - 필자 주), 강제연행된 많은 사람들이 구시로에 연행되어 왔다. 시내에는 장티푸스가 유행하고 있었고, 그 사람들 안에서도 다수의 사망자가 나온 듯하다. 사망자의 시체는 시운다이 묘지에 매장된 것이라고 생각한다」, 혹은 당시의 시운다이 묘지 관계자 말로는「헌병 감시하에서 강제연행된 사람들의 많은 시체가 매장되었다」고 합니다. 전쟁은 언제나 가장 약한 입장의 사람들에게 가장 가혹한 희생을 요구합니다. 당시, 일본의 군국주의자들에 의하여 노예사냥과 같이 강제연행된 사람들은 감금, 배고픔, 폭력, 그리고 육친과의 재회의 길이 막히고 인권이 유린된 채로 이국의 흙이 된 것입니다. 세월의 흐름은 빨라서 벌써 전후 39년이 경과하여 전쟁으로 파생된 숱한 비참함도 언제 있었냐는 듯이 풍화하려고 합니다. 그러나 강제연행된 분들, 그 가족 분들의 심정을 생각할 때, 일본 국민은 진심을 다하여 사죄하지 않으면 안되는 것입니다. 구시로 시민들은

1972년부터 시민단체가 중심이 되어 「태평양전쟁 강제노동 희생자 위령제」를 해 왔습니다만 지금까지 12회의 위령제를 거행하면서 참석해 주신 시민 속에서 너무나도 아팠을 희생자의 넋에 대하여 그 진혼에 어울리는 위령비를 건립해야 한다는 목소리가 고무되어 왔습니다. 일본 시민은 두 번 다시 전쟁이 일어나지 않을 것을 빌며 평화를 지키기 위한 노력을 계속하고 있습니다. 지금 여기 구시로 시민의 마음을 모아서 「태평양전쟁 강제노동 희생자의 비」를 건립하여 돌아가신 분들의 인간으로서의 존엄을 회복하고, 진심어린 진혼을 바치며, 동시에 관계 각국과의 우호 친선 촉진으로 보다 한층 반전 평화를 위한 염원을 돈독히 하려고 합니다. 관계 각위의 이해와 협력을 진심으로 부탁드리는 바입니다. 1984년 5월 태평양전쟁 강제연행 강제노동 희생자 위령의 비 건립모임 대표 츠다 리키죠

그리고, 이들 시민 모임은 1973년에 세운 비문 간판을 2006년에 석비로 바꾸었고, 결코 전쟁의 비극을 반복해서는 안된다는 맹세의 추모식은 규모가 커지면서 시의회 의원이나 시장 등은 물론, 한국계, 조총련계에서도 참가하여 시운다이 묘지는 평화를 염원하는 장소로 기록되고 있다. 이러한 구시로 시민들의 의지는 코로나가 창궐한 2020년 8월에도 개최하였는데, 감염 확대를 막기 위하여 실행위원회 5명과 구시로시 불교회 승려 등 8명만 참가하여 희생자들 추모 인사를 하였고, 2021년 8월 20일은 제50회의 추모식을 맞이하여 관계자 50명이 잠식, 돌아가신 영혼들을 위로하며 전쟁이 없는 평화를 비는 시민들의 의지를 확인한 기사들이 게재되어 있다. 제50회 추모식 실행위원장인 아사노 야스토시(浅野泰敏)의 기념지 발간 추모사를 일부 발췌하여 소개하기로 한다.

(전략) 태평양전쟁에 의해 모든 것에 군사가 우선시되던 시대에는 일반 시민에게 많은 희생이 요구되었습니다. 일반 시민의 목숨을 경시하는 이치에 맞지 않는 행위는 전쟁 상대국뿐만 아니라 주변 제국, 국민에게도

많은 희생을 강요하여 목숨을 잃은 사람, 재산을 잃은 사람, 몸에 장애를 가진 사람이 3백만 명 이상이었습니다. 그리고 조선반도에게 많은 사람들이 가혹한 노역으로 끌려와서 전국에서, 그리고 치시마를 포함한 여기 구시로 네무로 지역에서 일하다 이 시운다이 묘지에서 발견된 사람만 하여도 백 명을 넘는 유골이 매장되어 있습니다. 전쟁으로 인한 어리석은 행동을 두 번 다시 일으켜서는 안된다는 결의로 우리들의 이 추모식이 거행되고 있습니다.

지금도 세계 각지에서 지역 분쟁·민족 분쟁·종교 분쟁 등의 전쟁이 일어나고 있습니다. 전쟁에서는 항상 많은 일반 시민이 희생되어 똑같은 행위가 되풀이됩니다.

일본에서도 「적극적 평화주의」라고 칭하여 미국을 비롯한 타국과의 「집단적 자위권」 행사를 위해 「특정비밀보호법」, 「안보관련법」을 강행 채결하여 헌법 개정을 시도하고 있습니다. 전쟁에 반대하는 많은 사람들의 목소리에는 전혀 귀를 기울이지 않고 「전쟁을 할 수 있는 나라」를 지향하고 있는 것입니다. 우리들은 피해자와 함께 가해자의 역사를 잊지 말고 「부전의 결의」를 가지고 그러한 움직임에 강력히 반대해 나갈 것입니다. 유골이 되어버린 사람들의 억울함을 이해하고 두 번 다시 반복해서는 안된다는 마음으로 추모식을 거행하면서 매년 새로이 마음속 깊이 새겨두고 있습니다. (중략) 인간의 존엄을 묻는 이 행사를 앞으로도 계승하며 지난 제2차 세계대전에서 주변국에 엄청난 희생을 강요해 온 사실이 풍화되지 않도록 할 것을 염원하며 추모사를 하려합니다. 2021년 8월 20일.

이러한 시민단체의 꾸준한 추모 활동은 민단과 조총련은 물론, 행정 관계자들까지 참여하여 구시로시가 전쟁을 해서는 안되는 절대적인 이유가 되고 있다. 그리고 시민들의 부단한 노력으로 이미 50주년을 한결같이 각계각층의 사람들과 함께 만들어오고 있다. 비록 아직도 밝혀지지 않고 있는, 어쩌면 이미 기록들을 모두 없애버렸는지 모르지만, 일본이 저지른 전쟁 공간에서 인간의 존엄이 짓밟힌 채 비명 속에 목숨을 잃어야 했던 그들의 사후의 외침을 통해 일본의 시민들과 동포 후손들이 함께 모여서 그들의 넋을 위로하고 함께 나아갈 내일을 생각할 계기를 마련하는 추모식이 50년의 역사적 행보를 하고 있음은 그만큼 전쟁으로 유린당하는 불행을 다시는 만들지 않겠다는 시민들의 의식이 강하기 때문이라고 할 수 있다.

4.3 아키타현의 조선인 노동자 실태를 밝히고 역사에 기록하고 알리는 차타니 주로쿠 선생

2009년에 방영한 인기 드라마 「아이리스」의 촬영지로 한국에도 널리 알려진 아키타현은 일본에서 수심이 가장 깊은 다자와(田澤)호나 가쿠노다테 부케야시키 그리고 아키타견의 고향으로도 유명하다. 하지만 아름답고 장엄한 아키타의 산과 호수에는 식민지 강제동원 노동자들의 한이 곳곳에 서려 있는 곳이기도 하다. 이러한 역사를 조사하여 억울했던 희생자들의 존재를 알리는데 진력해 온 아키타의 사학자·차타니 주로쿠(茶谷十六, 1942~)[148] 선생을 오랜만에 뵙고 가려고 홋카이도에서 아오모리항에 내려서 곧장 아키타로 향했다. 하지만 동물들을 의식한 약 240km의 깊은 산길 운전으로 상당히 피곤했기에 밤늦게 차타니 선생이 잡아준 호텔에서 반가이 인사를 나눈 뒤, 다음 날 오전 중에 다시 뵙기로 약속하였다. 10년 만의 차타니 선생 부부와의 만남이었다.

---

148) 1941년 2월 12일 이시카와현 출신. 가나자와대학 사학부 동양사 전공. 이시가와현 공립고등학교 교사를 역임한 뒤, 오랫동안 아키타 예술촌의 민속예술연구소 소장으로 근무. 동북지방의 민속 예능에 관한 자료 수집에 몰두하여 아키타현 문화공로자상을 수상. 현재 아키타현 역사교육자협회 협회장. 아키타에서 희생된 조선인 노동자들을 추모하는 추모제와 다양한 역사 알리기 활동을 하고 있다.

〈사진〉 왼쪽은 차타니 주로쿠 씨, 가운데는 다자와호의 한 뿌리에서 나온 7종류 나무, 오른쪽은 2021년 11월 5일의 다자와호

　필자가 유럽의 연구년 기간을 마치고 돌아온 직후인 2011년 2월, 아키타현의 몇 군데 강연을 기획해 주셨기에 방문했을 때, 선생 부부는 다사와호 주변의 히메(姬)관음과 다마가와(玉川)도수로, 오보나이(生保内)발전소 주변, 1991년에 히메관음 건립 취의서가 발견된 덴타쿠지(田澤寺), 구 하나오카 탄광, 오오타테의 고바야시 다키지(小林多喜二) 생가 등을 안내해 주었다. 그 당시 남북 첩보원의 사랑과 현실을 그렸던 「아이리스」의 인기로 리조트지 아키타는 각광을 받았고, 한국 관광객들이 급증했다며 반가워하던 지역 주민들의 모습이 인상 깊었다. 설산과 깊고 신비스러운 호수에 비친 하늘의 아름다운 풍광 속에 숨겨져 있는 슬픈 역사를 하나하나 설명하며 역사의 진실과 희생이 된 분들의 넋을 위로하는 활동을 통해서 차세대들이 전쟁이라는 비극이 없도록 실태를 알려야 한다고 역설하던 그도 어느새 팔순을 맞았다. 처음 선생을 만났던 것은 2001년 아키타의 츠치사키에서 개최되었던 잡지 『씨 뿌리는 사람』 80주년 심포지엄 때였다. 휴대용 민속 악기로 리셉션 때 음악을 연주하며 동북지방의 전통 춤을 보여주었고, 선생 부부와 옥스포드대학 키블컬리지에서 있었던 고바야시 다키지 국제심포지엄에 참

가했던 것이 엊그제 같아서 세월의 흐름을 느낄 수밖에 없었다.

우리는 다음 날 오전에 차타니 선생을 만나서 그동안의 활동에 대한 이야기를 들었다. 그리고 그의 서재에 있는 방대한 역사 서적과 사료들 속에서 여러 정보를 얻을 수 있었다. 오랜 세월을 한국 관련의 연구를 해 온 선생은 특히 하나오카광산 나나츠다테 갱도의 함몰 사건과 오보나이 발전소 건설 때 목숨을 잃은 조선인 노동자 규명에 진력하여 추모 위령제와 사실 알리기에 진력해 온 분이다.

〈사진〉 왼쪽은 히메관음 설명문, 가운데는 히메관음상, 오른쪽은 다자와호 댐 입구 표시

4.3.1 다자와호의 히메관음상의 의미와 오보나이(生保内)발전소 희생자

앞에서도 언급했듯이 일본은 중일전쟁 발발로 인한 다양한 국내외의 폐해를 감수해야 했다. 특히 심각한 전력난과 군수물자 생산에 필요한 발전소와 탄광산 채탄 생산량 증가가 요구되는 가운데 일본 각지에서 발전소 건설공사가 시작되었다.

1937년에 동북진흥전력주식회사가 설립되고 1938년 2월 16일에 오보나이발전소 건설 공사에 착공한다. 상류의 강줄기를 일본에서 가장 수심이 깊은 다자와호로 연결하여 그 호수의 물을 댐처럼 취수하는 수로식 수력발전소였다. 1940년 1월 19일에 영업 운전을 개시하는 오보나이발전소에 관계한 다자와호 도수로 공사에서는 다마가와(玉川)와 센다치가와(先達川)에서 다자와호까지, 그리고 다자와호에서 오보나이 발전소까지의 3개의 도수로(導水路)를 뚫어야 했다. 다마가와 도수로는 1.86km, 센다치가와 도수로는 4.03km, 다츠코노키(田子の木) 취수로에서 발전소까지의 도수로는 2.51km. 높이 49.6m의 격차로 초당 75m^2 수량으로 발전하는데 최고 출력은 31,500kw였다.[149] 이 도수로 및 주변 인프라 공사에 조선인 노동자 약 2,000명이 동원되었고,[150] 공사는 전부 삽이나 곡괭이 등으로 땅을 파는 등의 수작업으로 이루어진 난공사였는데, 폭풍 한설의 아키타의 겨울에도 혹독한 노동으로 쓰러지거나 발파 등의 사고로 인한 부상을 비롯하여, 위험한 공사 작업 과정에서 많은 노동자들이 목숨을 잃었다.[151]

한편, 1937년경에 다마가와 산성 하천수가 다자와호에 유입되면서

---

149) 茶谷十六「田沢湖姫観音像建立をめぐって—東北振興政策・生保内発電所建設・国鱒絶滅・朝鮮人強制連行—」, 2019년 11월 10일, 덴타쿠지 본당에서 개최한 히메관음상 개안80주년 기념 강연집에서 참조.

150) 부모가 센다치가와와 오보나이의 두 발전소의 노동자였던 재일동포 2세 하정웅 씨의 집요함으로 아키타현에서 받아낸 발전소 명단에는 강제동원 307명 중 299명이 전라도 사람임을 공개한다. 『광주일보』1999년 3월 1일자. 「하정웅 아카이브」 재인용. 2022년 3월 28일 열람. https://www.ha-jw.com/memorial/himekannon/

151) 분명 노동자들의 명부는 작성했을 것이다. 특히 다자와호쵸의 역사를 기록한 것에 의하면 강제연행이 아닌 희망자였다고 역설하는데, 그렇다면 더더욱 그들의 명부가 존재하지 않으면 안된다. 어느 고용업체를 통해서 얼마만큼의 인원이 모였고, 보내졌는지 회사 관리상 절대적으로 필요한 항목인 것이다. 물론 그 사망자 중에는 일본인 노동자들도 포함된다. 그들이 돈을 벌기 위해 모집에 응하였다면 사망에 대한 회사측 책임도 사규에 있었을 것이므로 국책을 구실로 한 노동자의 생명에 대한 무책임한 은폐가 여실히 드러난 사례라고 지적할 수 있다.

다자와호에만 있던 토종 물고기(구니마스, 国鱒, 연어과)가 괴멸하자 정부에 의견서와 진정서를 제출하는데, 그 물고기들을 위로한다는 내용의 건립 취지로 1939년 11월에 다마가와 도수로 유입구 옆에 히메관음상(姫観音像)을 건립하게 된다.

〈사진〉 왼쪽은 다마가와 도수로, 오른쪽은 2021년 10월 28일에 재일동포 2세 하정웅 씨가 건립한 다자와호의 「고향의 비」와 「평화의 군상」

　명목은 구니마스 토종 물고기의 넋을 기리는 것이었으나 숱하게 죽어간 노동자들의 원혼을 위로하려는 의도가 내재되어 있음은 취의서 마지막 부분에서 확인할 수 있다. 이 취의서는 전시 하의 시대 상황이 잘 드러나 있는데, 아키타의 땅을 옥토로 만들려고 1936년에 동북흥업 회사와 동북진흥전력주식회사가 창립이 되어 1937년에 발전소 공사에 착수하였다는 경위와 주로 다자와호의 전설인 다츠코(辰子)의 살신성인의 정신이 높이 칭송되어 팔굉일우라는 침략전쟁의 합리화를 위한 슬로건 아래 대승적 일본 정신을 발휘하여 국책에 순응하며 다자와호의 이변이나 이에 관한 쓸데없는 억측, 유언비어 같은 것이 향토 전래의 신앙을 파괴하도록 놓아두면 자포자기하는 유민들이 늘어날 것임을 염려하여 이를 잠재우고 신심으로 민심을 안심시키려는 의도에서 히메관음상을 건립한다는 내용과 함께 사코(槎湖)불교회 발원주 4명과 후원자인 다자와호 주변의 마을 촌장 4명 등의 연명으로 1939년 5월에 작성되어 있다. 그러나 골자는 아래 사진에서도 보듯이, 마지막 페이지의 덧붙이는 말(附言)을 위한 건립 취지임은 간단히 알 수 있다. 이 건립 취지문에는

히메관음상 건립이 되는 것을 알리며, 개안식을 행함에 있어서는 각 회사의 종업관계자로서 그 직업으로 순직하여 높은 희생이 된 사람, 추모 위령의 소회식도 시행하여 그의 명복을 비는 것을 함께 하는 것임을 부언함.

이라고 기술되어 있다. 결국 각 업자들을 통해서 모았던 노동자들이 계속 죽어나가는 것을 두려워하였던 마을 촌장들이 그들의 억울함과 원한을 풀어주기 위해 전시 중의 불사 부족 상황에도 불구하고 관음상 건립을 서둘렀다는 지적을 할 수가 있다.

〈사진〉 왼쪽은 1939년에 건립된 히메관음상과 노동자들(伊藤孝裕 촬영), 가운데는 히메관음 건립 80주년 위령제에서 살풀이춤을 추는 무용가 김순자 씨, 오른쪽은 현재 가동 중인 오보나이발전소. 사진은 전부 차타니 주로쿠 씨 제공

이 취의서는 오사카에서 태어나서 오보나이에서 자란 재일동포 2세

인 하정웅 씨가 1985년에 히메관음상 취의 간판 내용에 의문을 가지고 진상조사를 하기 시작한데서 비롯된다. 차타니 선생과는 오랜 지기인 하 씨는 1990년 9월 23일에 제1회 조선인 무연고 추모위령제를 하면서 덴타쿠지에 위령비를 건립하고 백제관음과 미륵보살을 기증하여 봉안실 조선인 무연고 위패의 시주가 되어 공양하기 시작하였다. 그런 과정에서 1991년 6월 12일에 덴타쿠지에서 히메관음상 건립취의서를 발견하게 되고, 언론에 알리면서 본격적인 강제동원의 증거 조사를 한일 시민들과 함께 활동하게 된다. 그 결과 센다치가와발전소의 생존자인 조사현 옹을 찾아내고, 아키타의 역사가로 알려진 노조에 겐지(野添憲治)씨를 비롯한 일본의 방송기자 등의 조사단과 함께 영암을 방문하여 당시의 발전소 공사 내용을 들은 뒤, 1999년 3월 2일자 아키타 아사히 방송 뉴스의 특집 방영 등 일본사회에 널리 알리게 된다. 1946년에 후생성이 조사한 조선인 노무자에 대한 조사 명부에는 아키타의 광산 등에 동원된 6,800여 명의 명부(자유모집, 관 알선)가 처음으로 밝혀지고, 결국 히메관음상은 오보나이발전소 관련 노동자들의 사망자의 넋을 기리는 것이었음을 입증하게 된다.

〈사진〉 하정웅 씨가 찾은 히메관음상 건립 취의서. 덴타쿠지 소장. 차타니 씨 안내로 2011년 2월 21일 촬영

국가의 잘못된 가치관으로 불행하게 만든 역사의 오점을 시민들이 나서서 진실을 밝히고 미래를 함께 열어가는 좋은 사례라고 할 수 있다. 참고로 지금도 다양한 시민들이 모여서 히메관음 추모 위령제와 덴타쿠지의 법요제를 계속적으로 하고 있다.

4.3.2 하나오카광산 나나츠다테 갱도 함몰사고(花岡鉱山七ツ館坑陥没災害)

다자와호에서 약 108km 정도 북쪽으로 달려서 오오타테시를 지나면 후지타구미가 소유했던 하나오카광산의 흔적이 나온다. 이 글에서도 1944년부터 본격적으로 시작되는 중국인 강제연행으로 1년 남짓 동안에 986명 중의 418명이 사망한 「하나오카사건」152)을 다루고 있다. 이 사건은 일본인 변호사 및 시민단체가 앞장서서 형식적이나마 처음으로 5억 엔의 배상을 받아내고 화해를 한 사례이기도 하다. 그러나 이 하나오카사건과 깊이 관련되어 있음에도 불구하고 제대로 알려지지 않은 「나나츠다테사건」을 차타니 씨를 비롯한 지역 시민들이 함께 조사하고 널리 알리며 추모 위령제를 매년 지내고 있다.

이 사건은 채탄 증산 압박 하에 하나오카강 밑까지 지하 광산을 판 결과, 1944년 5월 29일에 하나오카광산 나나츠다테가 함몰하면서 갱내

---

152) 하나오카사건은 가지마 하나오카 출장소가 운영하였고, 나나츠다테갱 운영은 도와광업 하나오카 광업소가 운영업체였다. 참고로 후생성의 조선인 노무자 동원 명부에는 아키타 전역에서 25개의 사업소, 6,859명의 노무자가 있었는데, 조선인 노무자는 본적, 생년월일, 입소년월일, 퇴소년월일, 퇴소이유(사망, 병, 부상, 도망 등), 임금, 퇴소시 처우 등이 명기되어 있고, 도와광업 하나오카광업소가 1,978명, 가지마구미 하나오카출장소가 130명의 합계 2,108명이 하나오카광산에 동원되어 있었던 것을 알 수 있다. 차타니 주로쿠「나나츠다테갱 함몰재해 보고서-외무성 소장, 하나오카광산 나나츠다테사건 관계자료에 대해서」『한일민족문제연구』참조.

의 조선인 노동자 12명과 일본인 노동자 11명이 생매장 당하는 사고가 발생하였다. 조선인 노동자 1명은 구출되었으나 나머지 22명은 생존자의 응답이 있었음에도 불구하고 광산 구역을 지키기 위해 갱도를 폐쇄하고 시체도 수습하지 않은 채 강의 흐름을 바꾸는 공사에 임했다. 그들은 제대로 된 식사조차 못하고 옷도 연행되어 왔을 당시 그대로였기에 혹한에 쓰러질 수밖에 없었던 노예 노동을 강요당하는 지옥 같은 생활이었던 것이다.[153] 그러한 학대와 착취의 중노동으로 1944년에 끌려왔던 가지마(鹿島)건설 하나오카광업소 소속 중국인 노무자들 137명이 이미 사망했던 터라 도와광업의 나나츠다테갱 붕괴와 생매장 사건 뒤의 수로 변경공사로 인한 불안과 축적된 울분이 폭발하여 1945년 6월 30일에 중국인 노동자들이 봉기를 일으키자 그들을 진압하고 고문하는 과정에서 418명이 목숨을 잃는 소위 「하나오카사건」으로 번지게 된 것이다.

朝鮮人殉難者名				日本人殉難者名		
本名	氏名	年齡	本籍地	氏名	年齡	本籍地
金 奎宜	山田 魯元	29	慶尚北道 慶山郡	吉田 幸吉	42	秋田県北秋田郡阿仁合町
安 永壽	金城 奎宜	20	慶尚北道 慶山郡	柚澤 武士	25	岩手県岩手郡松尾村
崔 泰植	安權 永壽		慶尚北道 醴泉郡	武田 敬次郎	35	秋田県秋田郡真中村
	崔 泰植	25	忠清南道 槇川郡	小笠原 勝美	22	秋田県北秋田郡長木村
伏 嵯庸	嵯山 咸庸	2?	慶尚北道 尚州郡			
鶴伊	江川 龍伊	36	慶尚北道 尚州郡	長川 留治	19	秋田県鹿角郡小坂町
呉 重甲	官坂 重甲	45	全羅北道 長水郡	斉藤 崇次郎	30	秋田県北秋田郡下川沿村
	石原 点追	19	慶尚北道 清道郡	斉藤 金治	19	秋田県北秋田郡上川沿村
李 但岩	夏山 相佑	34	慶尚北道 清道郡	畠山 忠太郎	27	秋田県北秋田郡上川沿村

〈사진〉 사망자 명단으로 창씨개명은 그대로. 차타니 주로쿠 씨 제공

위의 사망자 명단을 보면 대부분이 경상북도 출신이다. 어느 한 지역에서 동원되었다고 볼 수 있는데, 연령은 20대가 많고 10대와 40대도

153) 内田雅敏(2020)『元徴用工和解への道』도쿄, 筑摩書房, p.70 참조.

있다. 당시 관리 운영 업체였던 도와(同和)광업주식회사의 『創業百年史』 기록을 보면 수직갱이었던 나나츠다테갱 내부의 유수 분출로 인하여 갱도가 붕괴되었고, 분출 지하수의 흙탕물이 순식간에 펌프좌를 덮치면서 7번 갱도 이하를 수몰시키는 재해가 발생하여, 총 22명의 순직자가 나왔다는 기록이 있다. 동광산으로 알려진 하나오카광산은 중일전쟁 이후 국책회사 제국광업개발주식회사 경영하에 놓이면서 군수성 직할하에서 채탄 증산을 요구받고 있었다. 그렇기에 더 혹독하게 성과를 재촉하였고, 조선인이나 중국인은 가혹한 노동과 비인간적 대우 속에 버텨야만 했다. 그러다가 터진 나나츠다테갱 함몰 사건으로 22명의 노동자가 생매장을 당한 채 폐쇄되었고, 그러한 움직임이 같은 하나오카 탄광의 중국인 노무자들의 분노가 도화선이 되어 「하나오카사건」으로 이어진 것이다. 하지만 중국인 노무자 42.39%가 사망한 이 하나오카사건은 형식상 화해의 형태로 전개되었으나 나나츠다테갱 함몰사건 희생자 및 생존자들에 대한 어떤 사죄도 배상도 없었던 점을 생각하면 국책을 앞세운 기업들의 양심 불량을 지적하지 않을 수 없다. 그렇기에 인간의 존엄성을 호소하는 일본 시민들의 추모 위령제에 대한 참가 의식도 높다고 할 수 있다.

4.3.3 히메관음 위령제와 하나오카 나나츠다테사건 희생자 추모제를 이끈 시민들

현장은 결국 전후의 노천 채굴장소 개발로 인해 유골 발굴이 불가능해지고, 현장에 세워졌던 추모비(七ツ館弔魂碑)는 근처의 신쇼지(信正寺)로 묘지로 옮겨졌다. 추모비 뒷면에는 숨진 조선인 이름이 적혀 있는

데, 사망자 11명 가운데 3명(崔泰植, 林炳山, 吳重甲)만 본명이 사용되었을 뿐, 성명 미상인 사람을 제외하면 나머지는 창씨개명의 형태로 새겨져 있다. 예를 들면, 「山田魯元(朴魯元)」, 「江川龍伊(韓龍伊)」, 「星山段載(全段載)」식이어서 그들은 죽어서도 식민지 국민으로 되어 있다.[154]

2010년 3월 11일의 『국민일보』 기사 인터뷰에 따르면, 하나오카광산에서 약 30km 떨어진 고사카(小坂)광산의 징용자였던 김경용(2010년 당시 83세, 대구 매호동 거주) 씨는 몇 안 되는 생존자 중 한 사람이었는데, 열일곱 살 때 끌려가 1년 남짓 노역에 종사하면서 항상 배가 고팠다고 했다. 동료 징용자는 스물다섯 살 안팎의 형들이었는데, 「일본말 못 알아듣는다고 두들겨맞기도 했지만 나보다 나이 많은 사람을 더 많이 때렸습니다. 이유를 몰랐는데 어느 날 일본인 화차 운전수가 그러더군요. 「가네모토(김씨의 일본 성), 너는 좀 있으면 군대 간다. 군인 한 사람 양성하려면 20년 걸려. 다치면 안돼」라고.」[155]

인간의 존엄성이나 이성적 판단보다 광기어린 정신 무장이 종용되었던 전쟁 말기의 국가에 의한 인권유린 행위는 전후에도 피해자들에게 「전쟁이었으니까」라는 이유로 호전주의자들을 용서하고 당사자들이 고통을 감내하는 것이 국가를 위한 미의식이라는 사회적 동조를 압박하여 왔다. 그런 무책임하고 공포스런 국가 권력의 행위는 세습 권력층에 의한 역사 은폐 혹은 수정, 미화 작업으로 계승되는 가운데, 국가가 저지른 빚의 반복을 저지하고 호전 권력층의 역사적 오점을 반성하고

154) 「(경술국치 100년) 드라마 「아이리스」의 그 호수엔 숨겨간 조선인의 恨이 흐르고 있었다」『국민일보』 2010년 4월 13일자. 2022년 3월 28일 열람.
http://news.kmib.co.kr/article/view.asp?arcid=0003599749&code=11121200
155) 위와 같음.

피해자의 아픔을 새기고 기록하고 대화의 기회를 만들어 전쟁이 없는 평화 사회를 구현하려는 시민들의 움직임 또한 사회 기반에 뿌리내리고 있음은 다행이 아닐 수 없다.

아키타에서는 히메관음의 존재의 의미를 추구하여 오보나이발전소 도수로 공사로 목숨을 잃은 사람들의 위령제와 덴타쿠지 법요제가 1990년 이후 다양한 시민층에 의해 치루어지고 있다. 한국에서 전통무용가 이정희 씨를 초청하여 살풀이로 억울한 넋들을 기리는 위령제도 하였다. 또한 하나오카 나나츠다테사건 희생자의 추모제에도 일본 시민들의 노력으로 한국계, 조총련계를 초월한 재일코리안의 참가와 한국에서의 유족 참가도 가능하게 하였으며 이러한 활동을 통해 시민들의 교류가 돈독해지고 있다.

80회를 넘는 한국 방문과 재일동포들과의 교류, 일본 시민사회에 역사의 진실을 전하려고 활동한 차타니 선생의 교류 노력에 조금이라도 감사를 표하며 이러한 시민 활동과 한반도 관련 연구에 힘을 쏟아온 아키타의 차타니 선생의 팔순을 축하하듯 정부가 감사를 표하여 2021년 12월에 외교부장관 표창장 수여가 정해졌다고 하니 반가운 뉴스이다.156) 아키타를 초월한 역사 밝히기 활동을 통해 잊혀질 뻔 했던 사람들의 억울함을 사회와 함께 기리도록 만든 많은 분들, 특히 차타니 주로쿠 씨와 하정웅 씨 같은 시민활동가들의 노력이 차세대로 이어질 수 있도록 전해가는 것이 우리들의 사명일 것이다.

---

156) 2022년 3월 현재, 이미 상장은 센다이 영사관에 도착해 있으나 수상식은 코로나 사태가 안정된 이후에 거행한다는 연락이 있었다고 한다.

4.4 나가노의 숨겨진 역사 가마터널과 초라한 전쟁 말기의 광기 마츠 시로(松代)대본영 지하호

　일본에서도 천혜의 대자연을 자랑하는 나가노현은 1998년의 동계올림픽 개최지로 세계에 널리 알려진 곳이다. 이 나가노에는 원시림과 다양한 동식물의 서식, 3,000미터가 넘는 고산고봉들과 협곡 사이로 짙게 배어 나오는 유황 연기 등으로 신비한 분위기를 자아내는 산악 명승지나 하쿠바(白馬)와 같은 북알프스의 웅장한 자연 속에서 즐기는 트래킹이나 스키 등의 겨울철 스포츠 명소도 많은 곳이다. 어쩜 산을 좋아하는 사람들은 캐나다의 록키마운틴의 일부와 닮았다고 느끼는 사람들도 적지 않을 것이다.

　한편, 나가노시에는 1,400여 년의 역사를 가진 일본 최고(最古)의 불상이자 552년의 백제 제26대 성왕이 보냈다[157)]는 일광삼존아미타여래(一光三尊阿弥陀如来)를 주불(결코 공개하지 않는 秘仏)로 하는 명찰 젠코지(善光寺)가 있다. 이 사찰의 처음 이름은 「백제사」였으나 나중에 「젠코지」로 명칭을 변경한 곳인데, 「일생에 한　번은 참배해야 하는 사찰」로 유명하며, 「한 번 참배를 하면 극락왕생을 할 수 있다」는 무종파의 단독 사원으로, 불교와 무관한 사람들도 다양한 경내 문화를 보려고 연간 700만 명이 방문하는 곳이다. 젠코지의 경내 산문까지의 참배길에는 돌계단이 7,777개 깔려있는 등, 오랜 역사로 이루어진 거대한 템플타운을 느낄 수 있다. 참고로 젠코지는 천태종 대본산의 본방인 「다이칸진(大勧進)」과 산내 25개 사원, 정토종의 본방인 「다이혼간(大本願)」

---

157) 홍윤기 「일본 최초 「백제사」였던 젠코지」『독서신문』 2010년 5월 3일자 참조. 2022년 3월 23일 열람. http://www.readersnews.com/news/articleView.html?idxno=20484)

과 14방의 두 기구로 운영되고 있으며, 양 본방의 주지가 젠코지의 주지가 된다.158) 개성적인 독립 사원들을 돌다 보면 군인 장교 시절의 황태자 이은(영친왕)의 젠코지 방문 사진이 걸린 사원 등도 발견할 수 있다.

〈사진〉 왼쪽은 하쿠바 스키장의 여름 풍경, 가운데 및 오른쪽 사진은 나가노시의 젠코지 본당과 산문 입구

　젠코지에서 남쪽으로 약 30분(14km) 정도 차로 달리면 일본이 전쟁 말기, 본토 전쟁 최후 사태를 대비하여 국체를 보호하고 지킨다는 명목 하에 일본 왕족들은 물론, 신시 최고사령부인 육군 대본영과 통신 시설을 전부 이전시키기 위해 산속에 거대한 지하호를 극비리에 만들었다는 마츠시로 죠잔 지하호가 나타난다. 1944년 11월 11일 11시를 기해서 조선인 노동자들의 대량 투입이라는 인해전술 작업으로 육군 지휘하에 만들어진 대본영 지하호는 전쟁 국가로 달려 온 일본의 가장 초라한 모습을 표출하고 있는 곳이기도 하다. 필자의 학교에서 차로 3~4시간 거리의 마츠시로나 카미코치는 외부 손님이 올 경우에 연간 행사처럼 안내하는 곳이기도 하다. 이 글에서는 1986년부터 다니기 시작했던 나가노현의 카미코치와 마츠시로죠잔지하호에 대하여 소개하기로 한다.

---

158) 정토종 사원 웹사이트. 2022년 3월 23일 열람.
　　http://otera.jodo.or.jp/honzan/zenkouji-daihongan/

4.4.1 괴담으로 전해지는 카미코치의 구 가마터널

중부 산악 국립공원의 하나로 활화산인 야케타케로 생긴 다이쇼이케 등의 연못과 웅대한 호타카 연봉과 신비스런 색상의 강과 숲과 습지와 각종 고산 식물과 동물들이 반기는 태고의 자연 그대로를 연상시키는 카미코치(上高地)는 일본의 특별 명승·특별천연기념물의 문화재로 지정되어 있다. 나가노현 마츠모토시에 속한 카미코치는 북알프스지역의 거대한 산들과 깊은 협곡에서 배어나오는 유황 연기와 에메랄드빛의 눈 녹은 아즈사강의 매력에 입산이 허락되는 4월부터 10월까지 연간 200만 명의 관광객이 찾아드는 명승지이다. 현대 생활에 지친 많은 사람들이 가벼운 트래킹도 겸하여 절경을 찾는 카미코치는 주변에 온천지대도 많아서 봄부터 가을까지 관광객으로 붐빈다.

자연환경 보전을 위하여 개인차 규제를 하는데, 카미코치와 30분 정도 떨어진 사완토라는 곳에서 카미코치행 버스나 택시로 갈아탄 뒤, 아찔한 낭떠러지 비탈길을 몇 구비나 지나가게 된다. 계곡 길을 한참 오르다가 병풍 같은 산들의 막다른 곳에 이르면 카미코치의 현관인 가마(釜)터널이 보인다. 지금은 오른쪽에 2005년에 개통한 새 가마터널을 사용하기에 왼쪽의 구 가마터널은 괴담을 좋아하는 사람들의 화제가 되고 있을 뿐이다. 구 가마터널은 암반이 강해서 1927년 개통 당시는 고작 공사 자재를 싣고 다닐 정도의 갱구 개통 정도였다고 볼 수 있다. 새 터널이 개통되기까지 몇 번이나 카미코치를 방문했던 필자는 매번 어둡고 음산한 느낌과 공포감조차 드는 좁은 그 터널이 21세기 선진국이라는 일본의 최고의 명승지 중의 하나인 카미코치로 통하는 터널 치고는 설비가 나쁘다는 생각을 매번 하였다. 그것도 버스 한 대가 겨우

통과할 수 있는 편도용이었고, 터널 안에서는 귀신이 나올 법한 칙칙한 어둠과 터널 위에서 떨어지는 물방울로 으시시함을 느끼기도 하였다. 그렇기에 터널 공사 초기에는 길도, 설비도 제대로 없었던 깊은 협곡을 뚫어야 했기에 노동자들의 사고나 부상이 다발했다고 보는 것은 자연스러운 생각이었다. 하지만 당시 터널 공사를 맡았던 아즈사가와(梓川) 전력은 지금의 도쿄전력에 인계할 당시 터널 공사 관련 기록이나 자료에 사건 사고가 일체 없었다고 한다. 험준한 카미코치 협곡 공사와 혹한에서의 터널 뚫기에 일체 사건 사고도 없이 부상자 기록이 남겨져 있지 않다는 것은 오히려 이상하다고 생각할 수밖에 없는 것이다. 이 시기는 앞에서도 언급했듯이 가난에 떠밀려서 돈벌이를 위해 벽지의 험난한 세곡의 노무공사 모집을 보고 일본행 배를 탔던 노동자들이 많았다. 그런 그들이 과연 얼마나 수입을 얻었고, 몇 사람이나 귀국하였을까? 기록이 없는 이상 그 협곡의 공사에서 일했던 사람들이 누구인지 알 수가 없다. 그렇지만 분명 필자가 일본인에게서 들었던 조선인 귀신 출몰 이야기는 조선인 노동자의 기억이 그들의 어딘가에 있었기에 말을 했을 것이다.

필자는 1986년 8월에 무더위의 교토를 피해서 카미코치를 처음 방문했는데, 쓰레기 하나 없던 웅대하고 화려한 대자연에 매료되어 그 뒤에도 자주 찾았다. 주로 사완도에서 버스를 탔었는데, 어느 날 사완도에서 택시로 갈아타고 가마터널을 지날 때 내가 일행과 한국어로 말했더니 운전기사가 이 터널 만들 때 조선인 노동자들[159)]이 희생이 되었다는 이야기를 해주었다. 그 말을 계기로 관심을 가지기 시작했으나 노동자

---

159) 당시 나가노현에는 조선인 노동자들이 탄광이나 도로, 댐 건설, 군수공사 등의 70여 지역에 분산되어 있었다.

들에 대한 기록이 없는 한 카미코치의 가마터널 공사에 관련된 조선인 노동자 조사는 한계가 있었다. 2008년 9월에 현지에서 만났던 나가노현의 건축과 사람은 「그러고 보니 카미코치 공사는 정말 사고가 일체 없었던 것처럼 되어 있는데 그게 과연 가능했는지 궁금하다」는 말을 해줬다.

다음은 『월간 조선』 2006년 1월호 특집기사로 다루어졌던 필자의 글을 정리 수정하여 소개하기로 한다.

카미코치에서 협곡으로 흘러내리는 아즈사가와(梓川) 주변의 댐과 터널 및 관계 도로 정비 등의 공사는 「아즈사가와전력」이 맡았었다. 원래 가마터널 공사는 1915년 6월 6일에 분화한 2,393m의 야케다케(燒岳) 화산이 분출한 흙더미가 강을 막자 건설공사용 자재를 운반하기 위해 착수한 것이었다. 카미코치가 있는 아즈미무라의 연혁에 보면, 아즈사가와전력회사 산하의 「카스미자와」 발전소의 「다이쇼이케」 제방이 1927년에 완공되었고, 1928년부터 발전소의 운전이 시작되었다. 발전소가 운전을 하려면 이미 그 전에 가마터널이 개통이 되어야 했다. 개통된 가마터널 사진에 기록된 날짜는 3월 21일로 되어 있다. 1928년 3월 개통이라면 그 혹독한 카미코치의 겨울 속에서 공사를 했어야 했고, 산세가 험난하고 암반이 강한 협곡에 터널을 뚫었다면 어디까지나 인부들이 공사용 자재도구를 실어 나를 수 있는 자그마한 갱구 크기의 터널을 뚫었을 가능성이 크다. 즉, 처음엔 공사용 갱구를 뚫었다가 터널 반대편의 웅대한 자연 풍경이 관광 리조트의 가능성이 높아지자 전쟁 말기에 버스나 차가 다닐 수 있도록 값싼 노동력 확보가 가능해지자 본격적인 터널 공사를 했다고 볼 수 있다.

카미코치는 주변 도시가 40도에 가까운 한여름 날씨에도 꽤 선선한 지역이라서 관동 관서 지역의 피서지로 인기가 있는 곳인데, 눈 녹은 아즈사가와의 강물에는 30초 이상 발 담그기가 힘들 정도이니 한겨울의 추위가 어떠했을지, 왜 11월 이후에는 입산 금지가 되는지를 간단히 상상할 수 있다. 비탈진 산 계곡의 낙석이나 산사태·폭설·빙벽 등의 위험 요소가 많은 곳이기에 지금도 11월~3월의 겨울철에는 관광객 출입 금지가 되는 곳이다. 그런 곳에서의 추운 겨울 공사에는 지리적 감각도 언어도 제대로 통하지 않는 저임금의 식민지 노동자를 모집하여 투입시키는 것이 현지 사정과 노동 환경을 잘 아는 일본인 노동자보다 사용하기가 편했을 것이다. 1920년대에 긴설 장비나 노동 환경이 열악했을 지방의 잉세 업체가 맡았던 혹독한 공사 현장에서 사고기록이 없다는 것은 오히려 부자연스럽다. 험준한 겨울 깊은 협곡 터널 공사 및 산길 공사에 투입된 노동력의 규모는 어디서도 확인할 수 없다. 도쿄전력은 「아즈사가와전력에서 추진했던 공사 규모 등에 관한 기록이 인수인계 때에는 없었다」고 밝히고 있다.

〈사진〉 왼쪽은 2005년 8월에 개통한 신 가마터널 입구, 가운데는 서양식 등산을 전한 영국 선교사 Walter Weston의 기념 현판, 오른쪽은 아즈사가와에서 보는 카미코치 풍경

그런 카미코치의 구 가마터널에 관련하여 여러 가지 괴담과 풍설이 나도는데, 차량 통행이 적었던 옛날엔 「터널에서 사람을 부르는 소리가 난다」, 「사람이 터널 속에서 홀연히 사라졌다」는 이야기를 비롯하여 어릴 때 터널공사에 직접 관련했다는 카미코치 관리측의 S씨(2005년 당시 72세)는 「가마터널의 입구 옆길에서 조선인(한국인) 귀신이 나와서 사람을 데려간다는 소문이 있었다」고 필자에게 이야기를 해주었다. 다음은 S씨와 나눈 대화 내용의 일부이다.

> S씨; 그때 터널을 뚫는다고 했지만 초기에는 제대로 된 공사도구도 없이 마구잡이로 굴을 팠다. 열악한 노동환경이었기에 공사 도중에 많은 사람들이 죽었다.
> 필자; 조선에서 온 노동자들이 많이 죽었기 때문에 「조선인 귀신」 이야기가 나왔을 텐데, 당시 죽은 조선사람들은 어떻게 처리를 했나. 시신을 거둬 갈 사람도 없었을 테니 어딘가에 묻었을 것이다. 그들의 묘를 본 적이 있는가.
> S씨; 묘는 본 적이 없다. 공사 중에 죽은 사람들은 터널 벽에 넣고 시멘트로 봉했다는 이야기도 들은 듯하다.

그 뒤, 2005년 10월, 그에게 당시의 이야기를 조금이라도 기억한다면 알려줬으면 좋겠다고 긴 편지와 반송용 봉투 등을 보냈으나 연락은 없었다. 물론 그가 일하는 곳에 몇 번 들렀으나 매번 그는 그 사무실에 없었다.

한편, 1956년경부터 그 지역의 지방신문인 『시나노마이니치(信濃每日)』 신문사의 기자로 활동하며 카미코치 관련 기사를 써 온 산악인이자, 2006년 당시 시나노마이니치 신문의 감사역을 맡고 있는 기쿠치 도시로(菊池俊朗) 씨는 이런 의견을 표시했다.

가마터널에서 「어이, 어이」 하고 부르는 목소리의 주인공이 공사에서 희생되어 터널 속에 매장된 조선인들의 소리라는 소문이 있다. 하지만 가마터널은 오랫동안 시멘트 공사를 하지 않았다. 굳이 죽은 사람을 굴속에 묻을 이유가 있겠는가.

하지만 다른 공사 현장에서 본다면 부상자나 시체를 그대로 시멘트로 매장하는 경우도 적지 않았다. 또한 갱구와 같았던 구 가마터널이 버스가 지나다닐 정도로 발파공사를 했다면 그 뒤의 정비를 위해 암반을 깨고 시멘드로 벽면을 정리한 것은 터널 내부를 보면 일 수가 있다. 「오랫동안」이라는 것은 전후 터널 확대 공사 이후라고 한다면 그 당시에는 조선인 노동자들이 없었을 가능성이 있다. 참고로 기쿠치 씨는 카미코치 관련 공사에서 조선인 노동자들의 희생이 있었음을 짧게나마 기록으로 남기고 있는데 아래에 인용해 두기로 한다.

공사기록에는 거의 없지만, 도쿄전력(아즈사가와전력 이후에 인수인계를 받은 회사) 관계자는 「옆 갱구를 네 개 만들었으므로, 청부업자였던 아스카구미(飛鳥組)는 적어도 1공구로 나눠서 공사를 분담한 것으로 보인다」고 했다. 터널 굴착을 하는 앞쪽에는 7~8명밖에 못 들어가니까 교대원이나 갱 속의 흙 등을 실어 나르는 반출용원 등, 1공구에서 50명 전후의 노동자가 있었다. 그 외에 발전소 본체 공사 등도 인해전술로 이루어졌던 당시 상황으로 봐서 적어도 400~500명의 노동자가 「사완도」에서 위쪽(카미코치 쪽의 협곡 - 필자 주)으로 공사를 했을 것으로 추정한다. 이 과정에서 위험한 터널파기 공사에 특히 조선인 노동자가 많이 섞여 있었던 것 같다. (중략) 아즈사가와가 그토록 위험한 협곡인데도 믿기지 않을 정도로 이곳의 공사와 관련한 사고기록이 적다.[160]

그의 기록을 보면 아즈사가와전력이 1936년에 완공한 사완도 발전소

---

160) 菊池俊朗(2001) 『釜トンネル』 信濃毎日新聞社, p.38.

공사에서도 「無사고·無사망」이란 보고가 있지만, 역시 믿기 어렵다는 의문을 제시하고 있다. 기쿠치 씨는 카미코치 주변을 공사하고, 가마터널의 개수공사도 두세 차례에 걸쳐서 관여했던 고바야시 건설회사의 고바야시 쇼이치(小林昌一) 씨의 증언을 인용하고 있다.

　우리도 조선사람들을 많이 사용했지. 특히 굴파기는 절반 정도가 조선사람으로, 2~3명의 우두머리가 있었지. 발파 같은 것은 익숙해서인지 능숙했었. 가스미자와 공사를 맡았던 아스카구미(飛鳥組)도 꽤나 조선사람들을 채용했을 거야. 굴파기는 사고가 많았었. 여기(이네코키) 마을 위에 「덴데장」이라는 연고자가 없는 저승사자를 모시는 곳이 있어. 여기에는 일본인을 포함해서 신원을 잘 모르는 희생자를 매장하고 있지. 간이 묘지지만 비석만 몇십 개나 있었어. 여하튼 발전소 공사에는 각지에서 온 여러 사람들이 모여 있었어.161)

위에서 언급한 조선인 사망자의 유골이 모셔진 「덴데장」을 관리하는 절(守桂寺)의 주지가 과거첩을 조사해 신원을 확인한 유골을 1975년 이후에 돌려주었다는 이야기가 있지만 韓·日관계가 정상화된 지 10년이 경과된 1975년 무렵에 한국인들이 일본을 자유롭게 왕래하면서 식민지 시대의 강제연행을 규명하기는 어려웠을 것으로 보인다. 이 부분은 훗~~○○○○ ○○○○○○○○ ○○○ ○○ ○○ ○○○○ ○○○○○○ ○○○○~~ 있기에 확인 작업이 필요하다. 참고로 강 옆의 「사완도」 지역에서는 수해 사고가 빈발하자 1935년 공양비를 세웠는데, 그 지역 문집에 기재된 내용에 의하면, 「공사 희생자들을 공양하지 않았기 때문에 아이들까지 수해에 휘말려 들어갔다」는 것이 공양비 건립의 동기였다고 한다. 기쿠치 씨는 겉으로 드러나지는 않았지만, 조선인 노동자들을 포함해

---

161) 상게서. 菊池俊朗(2001) 『釜トンネル』 信濃毎日新聞社, p.39.

어둠 속에 묻힌 공사 희생자들의 존재가 마을 사람들 사이에 전해지는 과정에서 유령 이야기가 나오고, 공양탑이 세워지는 배경이 된 것이라고 적고 있다. 「조선인 유령」이야기까지 전해져 내려오는 것을 보면 한 서린 노동자들의 사망이 꽤 있었던 것임을 알 수가 있다. 물론 그 당시를 기억할 수 있는 생존자를 만날 수 없고, 기록도 증언도 없는 상황에서는 정황으로 밖에 추측할 수 없음이 안타깝다.

한편, 가마터널의 카미코치 측 출구 근처의 굴곡된 부근 아래로 흐르는 아즈사가와를 떠받치는 사방공사 둑을 가마가부치(釜ヶ淵)라고 한다. 이 사방둑은 1941년에 완성된 일본 최초의 아치형 사방둑이다. 흘러내리는 모래흙 때문에 발전소 기능이 저하되는 것을 막기 위해 정부(내무성)에서 1936년 가마가부치 둑 공사를 시작했다. 이 제방공사에 한국 노동자들이 많이 동원됐음을 기록에서 확인할 수 있다.

> 사방공장의 직원으로 「기수(기술자 아래의 직급)」 및 「기수보좌」가 있었으며, 직원에 준해 「인부들 운전수」와 「인부(공정)」가 있었다. 직공으로는 「석공」과 「목수」가 있었고, 「인부」는 각 지방에서 온 응모자들이었다. 그러나 전쟁으로 인한 국내 노동력의 감소로 인해 조선에서 온 노동자를 많이 사용했고, 그 비율은 반수를 넘었다.(『ほくりく』建設共済会, 2002년 7월, p.10)

1927년에 터널 뚫기를 한 뒤, 주변 제방공사에 조선인 노동자들이 과반수 투입된 것에 비추어 볼 때, 바로 옆의 가마터널 확대공사나 주변 도로 정비 등에도 많은 조선인들이 동원되었을 것으로 추정할 수 있다. 또한 전쟁으로 인한 국내 노동력 감소라는 것은 중일전쟁 이후를 의미하는 것이므로 모집 노동자들보다 동원된 노동자들이 많았다고 볼 수 있다.

당시의 건설비는 매년 3만 엔이었으며, 1936년에 공사를 착공하여 1944년 준공까지의 8년간 총공사비는 약 24만 엔(현재 한국의 가치로 따지면 약 36억 원 정도)이었다고 한다. 이 사방공사 및 가마터널 등의 공사에 투입된 노동자의 인원, 그들의 출신 지역 등에 대해서는 자세한 기록이 남겨져 있지 않다. 정부와 군에 유착되었던 고용업체가 패전 당시 불리한 고용형태의 계약조건을 은폐했을 가능성이 높다. 군국주의 일등 국민의 정신 교육을 받았던 일본측 관련자들의 절대적 애국의식은 침묵으로 일관하는 경우가 많다. 그렇기에 관계자들의 증언 등을 얻기 어려운 만큼 억울한 희생자들의 삶은 그대로 역사에 묻히는 구조가 되어 있다. 구로베댐 아래에 던져진 사상자, 우류댐이나 치시마 등 각처에서 죽어간 희생자들의 넋을 위로할 수 있는 양심의 부재가 안타깝다. 정리가 잘 된 세계적 공원인 카미코치에는 서양식 등산을 전하고 서양에 카미코치를 전한 웨스턴의 기념 현판은 볼 수 있으나 정작 카미코치를 출입할 수 있는 도로나 터널 등의 인프라에 희생당한 조선인 노동자들의 기념비 혹은 추모비는 보이지 않는다. 물론 협곡을 오르는 사과 댐 사이에 오래된 순난비는 있으나 그 순난비가 어느 공사, 누구를 위한 것인지는 알 수가 없었다. 모든 희생자를 위한 것이겠지만 조선인 희생자는 순난이 아니라 희생일 뿐이니 의미가 다른 것이다. 공원과 그 주변의 인프라 건설에 깊이 관여했던 한국 노동자를 위한 기념비 혹은 추모비는 그 넓은 공원 어디에도 없지만, 아즈미마을 역사를 연구하는 학예원은 계속 자신의 지역에 대한 어두운 역사를 조사하고 있기에 언젠가 좋은 결과가 나오길 기대하는 수밖에 없다.

4.4.2 본토 결전 최후의 거점·마츠시로조잔(松代象山) 지하호[162)

제2차 세계대전 말기, 특공대나 육박공격대 등의 자폭 결사대를 결성하여 연합군에게 대항하던 군부는 「국민이 있고 국체(천황)가 있다」는 의식보다 패색이 짙은 전쟁에서 오히려 전 국민의 자결을 부추기는 1억 옥쇄(一億玉碎)의 총력전을 외치는 광기어린 상태에 놓여 있었다. 전쟁에 패망한 국가의 국민은 죽는 것을 가치로 생각했던 군부는 오키나와나 사이판을 비롯한 각 전투지나 섬에서의 민간인 살해 등의 잔인함을 보였다. 패배에서 오는 말기적 행위를 보이던 군부는 국체(천황)를 지킨다(国体護持)는 구실로 음습한 동굴 속 지하호에 왕족이나 대본영 등의 정부 중추기능을 이전하려는 발상까지 나오게 된다. 육군 장교들은 어린 철도학교 학생들에서부터 조선인 7,000여 명의 강제동원 노동자들을 포함한 총 9개월 간의 공사 기간 총 동원수 300만 명(가설)이라는 인해전술로 극비리에 지하호 신설에 착수한다. 1944년 11월부터 패전하는 1945년 8월까지의 2억 엔이라는 막대한 금액을 들인 돌관공사는 13km에 이르는 거대 지하호를 건설하게 되었고, 패전 당시 전 공정의 80%가 완성되었다고 한다.[163) 본토 결전 최후의 거점으로 삼으려 했던 마츠시로 조잔 지하호의 그 실체를 보면 당시 군부[164)가 얼마나 비이성

---

162) 마츠시로 대본영에 대해서는 다음 문헌에서 확인할 수 있다. 李修京 편저(2006)『韓国と日本の交流の記憶―日韓の未来を共に築くために』(도쿄, 白帝社), 松代大本営の保存をすすめる会 편저(1991)『松代大本営と崔小岩』(平和文化). 松代大本営の保存をすすめる会 편저(1995)『マツシロへの旅』. 松代大本営の保存をすすめる会 편저(2002)『学び・調べ・考えようフィールドワーク松代大本営』(平和文化) 등
163) 나가노시의 마츠시로조잔 지하호 공식 웹사이트 참조. 2022년 3월 23일 열람.
https://www.city.nagano.nagano.jp/site/kanko-nagano/22100.html
164) 1944년 7월 사이판섬 함락으로 「절대국방권」이 무너지고 연합군의 본토 폭격이 가까워지자 도죠(東條) 내각은 천황을 비롯한 황거에 놓였던 대본영이나 군·정부 기관을 본토의 안전한 장소로 이전하여 본토 결전에 임할 계획을 각료 회의에서 결정하게 된다.

적이고 조급했는지를 알 수 있다.

마츠시로조잔 지하호는 젠코지에서 약 30분 거리로, 필자의 직장이 있는 고가네이시에서는 약 210km 떨어진 나가노현 나가노시 마츠시로 쵸에 위치한다. 지금은 에도시대 말기의 일본을 근대화로 이끈 마츠시로한의 무사이자 병학 및 주자학에 능통했던 천재·기인으로 평가받는 사쿠마 쇼잔(佐久間象山)[165]을 받드는 쇼잔신사나 생가터, 사찰, 무사 저택지(武家屋敷) 등으로 깔끔하게 단장된 마을이라서 역사나 전통문화를 좋아하는 사람들에게 인기가 높은 곳이다.

이 글의 일본 근대국가 형성 내용에서도 언급한 바 있지만, 사쿠마 쇼잔은 요시다 쇼인(吉田松陰)이나 고바야시 도라사부로(小林虎三郎)를 비롯하여 가츠 카이슈(勝海舟), 사카모토 료마(坂本龍馬), 하시모토 사나이(橋本佐内) 등 일본의 메이지 유신을 이끈 걸출들을 배출하였고, 서양 문물 도입과 병학, 해상 방위력을 주장한 인물이다.

〈사진〉 왼쪽은 교토 기야마치쵸의 사쿠마 쇼잔의 피살 조난비(1864, 오른쪽), 사쿠마의 조난비 왼쪽은 1869년에 같은 곳에서 습격당한 오무라 마스지로의 조난비. 가운데는 사쿠마 쇼잔 신사의 쇼잔과 제자 등의 흉상, 오른쪽은 쇼잔신사

---

165) 1811년 3월 22일~1864년 8월 12일. 이름은 쇼잔, 가츠 카이슈는 처남. 마츠시로의 지역명에서는 조잔으로 호칭한다. 서양 문물과 종두 도입, 포술, 해군 육성을 주장, 1864년에 교토 산죠기야마치에서 서양 문물에 젖은 쇼잔을 존황양이파가 습격, 암살당함.

쇼잔 생가가 있는 산 뒤에는 일본의 근대 여배우로 유명한 마츠이
스마코(松井須磨子)의 묘가 있다. 생가와 붙은 쇼잔신사(象山神社)에
는 쇼잔과 관계했던 걸출한 인물들의 흉상이나 건물이 있는데, 그곳에
서 나와서 무사들의 저택을 구경하며 북측을 향해 작은 개울길을 걷다
보면 오른쪽에 조잔에묘젠지(象山恵明禅寺)가 나타난다. 그 사찰 옆의
작은 골목길로 들어서면 왼쪽에는 일본군 최고 통수기관이었던 대본
영 이전을 목적으로 만들었던 조잔 지하호 입구가 나타나고, 오른쪽에
는 마츠시로의 불행한 역사 내용과 전쟁의 잔인함을 알리고 있는「또
하나의 역사관 마츠시로(もうひとつの歷史館・松代)」166)가 보인다. 지
하호의 입구 오른쪽에는「마츠시로 대본영 조선인 희생자 추모 평화기
념비(松代大本営 朝鮮人犠牲者追悼平和祈念碑)」가 세워져 있다. 주로
한국이나 지방에서 방문한 사람들이 술이나 꽃을 놓아 두거나 혹은
평화를 염원하는 추도문이나 종이학 천마리가 놓여있는 경우가 많다.
이 종이학 천마리는 평화의 상징으로 히로시마 원폭 돔이나 한국인
희생자 위령비, 오키나와의 전쟁관련지 등에서 종종 볼 수 있는데, 평
화 교육의 일환으로 학교에서 역사를 알리며 현장 답사를 할 때 주로
학생들이 종이학을 접어서 희생자들을 위로하는 의식 때 많이 사용된다.
마츠시로의 추모 평화기념비 앞 광장에서는 매년「마츠시로 대본영 희생
자 추모비를 지키는 모임」등의 시민들 추모 행사가 열리는데, 2021년에
는 8월10일 오전 10시에 개최한「2021 마츠시로 대본영 조선인 희생자
추념식」에는 민단 관계자를 비롯한 지역 시민들 80여 명이 참석하였다고

---

166) 위안소는 일반인인 하루야마 집에 설치되어 하루에 군인을 4명에서 10명을 상대
   한 결과, 생식기병을 앓게 되어 귀국 후 평생을 고통 속에 살다 간 사람도 있다.
   당시 위안소 시설 일부가 현재, 「또 하나의 역사관・마츠시로(もうひとつの歷史
   館・松代)」에 전시되어 있다.

한다.[167]

기념비의 왼쪽 입구 근처에는 나가노 지구 노동조합이 세운 부전의 맹세(不戦の誓い)가 눈에 들어온다. 그리고 왼쪽에는 마츠시로 대본영에 대한 구조 설명 간판이 세워져 있다. 이 지하호는 군국주의의 가장 초라한 형태인 만큼 전쟁의 본질을 보여주는 살아 있는 교육 자료로써 나가노현은 물론, 많은 시민들이 교육을 위해 홍보를 하고 있고, 나가노를 방문하는 수학여행단의 평화 교육의 현장 학습 장소가 되어 있는데 그들을 안내하며 알리는 것은 교사 등을 역임한 시민들의 자원 봉사대가 활동을 하고 있다.

지금은 밝게 잘 정비되어 있다지만 좁고 낮은 입구를 통해서 깊숙히 지하호에 발을 들이면 전쟁의 초라함과 그 혹독한 감시하의 바위 캐기, 낙반, 발파 사고 등으로 쓰러진 사람들의 비명소리가 메아리치는 듯한 느낌에 전쟁의 광기가 반복되어서는 안된다는 각오를 하게 된다. 그만큼 보고 느끼고 만질 수 있는 평화 교육의 산 교재이기도 하다. 입구에 놓인 헬맷을 쓰고 들어가지만 칙칙한 어둠 속에서 떨어지는 물기와 동굴 속 울림을 생각하면 수많은 노동자들이 얼마나 비인간적인 환경에서 혹사를 당하였는지를 상상하게 된다.

조잔(象山, 이시구-イ地区)과 마이스누야마(舞鶴山, 로시구-ロ地区), 미나가미야마(皆神山, 하지구-ハ地区)의 세 곳 지하 갱도를 바둑판 눈금처럼 파헤친 조잔 지하호는 일본이 어긋난 역사를 선택했던 결과가 어떠했는지를 후세에 남기려는 시민들의 노력에 의해서 일부가 공개되고 있다.

---

167) 교육부 재외교육기관 포털 참조. 2022년 3월 23일 열람.
http://okep.moe.go.kr/board/view.do?board_manager_seq=38&board_seq=5507&menu_seq=118

전쟁 말기, 일본보다 발달한 과학 기술로 이미 일본군의 움직임을 장악하고 있던 연합군에 들키지 않도록 극비리에 진행된[168] 이 기밀기지 건설은 연합군 참모인 이다 마사타카(井田正孝) 소좌가 발기하고, 육군 차관인 도미나가 쿄지(冨永恭次) 중장이 동의하여 도쿄에서 가까운 혼슈 내륙지방에 적당한 장소를 찾고 있었다. 그 결과, ① 미군 폭탄 공격에도 견딜 수 있는 강한 암반 지하호를 팔 수 있는 곳, ② 신격화되고 있던 천황 및 성스러운 황거의 이전에 알맞는 장소로서 「신의 장소(神州)」와 발음이 유사한 「신슈(信州)」가 좋았고, 마츠시로는 미나가미야마(皆神山)가 있으며, 유서 깊은 무사가문인 사나다씨(真田氏)의 성 마을이 있는 행정도시(조카마치, 城下町)라는 품격, ③ 태평양 쪽이나 일본해 쪽에서 공격을 받기 쉽지 않고 이동이나 물자 수송이 가능한 비행장이나 철도가 근처에 있는 곳, ④ 미군 공폭을 받기 어려운 지형 등의 제반 조건에서 마츠시로가 조건에 맞는 적합한 지역이었던 것이다. 착공하기 위한 노동력 부족을 보완하기 위하여 나가노현이나 니가타현 등 주변 노무·근로보국대가 동원되었고, 근처의 초등학교 아동이나 중등학교 학생 등이 동원되었다. 단단한 암반 발파 작업이나 굴착공사는 위험이 따랐기에 '징용'이나 일본의 건설회사에 값싼 노동력으로 투입되어 있던 조선인 노동자들이 동원되었다.

---

168) 공사 때에 캐낸 바위와 흰 암석, 돌가루 등이 보이면 첩보상 곤란하다는 이유로 그 지역 초등학교 아동을 동원하여 산에서 나무 껍질의 가지를 잘라오게 하여 암석 위에 덮어서 은폐하였다. 『解説と資料 松代大本営』, p.20 참조. 그러나 실질적으로는 미군의 위성 사진에 이미 이상한 움직임이 잡혀 있었다고 한다.

〈사진〉 왼쪽은 마츠시로의 조잔 지하호 입구 및 내부. 가운데는 지하호 벽면에 우리말로 새겨진 「대구」 사진. 오른쪽은 황족들의 피난 예정지 펜스에 붙여진 거주 예정의 실내를 찍은 사진.

군부는 극비리에 공사를 진행하기 위하여 「마츠시로 창고(松代倉庫)」 공사라는 약칭으로 「마코우지(マ工事)」라고 칭하였다. 지하호 공사는 세 곳으로 구분했는데, 조잔 지하호에는 정부기관이나 NHK·통신관계가 설치될 예정이었고, 지금은 지진관측소가 있는 마이즈루야마(舞鶴山)에는 대본영과 천황거처(天皇御座所)[169]가 예정되었으며, 미나가미야마(皆神山)에는 식량고가 들어가도록 예정되었다. 그 밖에 송수신 등의 관련 시설은 스자카(須坂)나 나가노(長野), 오부세(小布施) 등 젠코지 주변 일대에 세울 계획으로 진행하였다. 그러나 촉박했던 조급함과 혹한의 추위 속에서 무모하게 시작한 공사는 많은 노동자들의 사고나며 가료 받아고 이어갔다. 당시의 상황은 아래의 증언에서 이끌 수 있다.

동부군 특설작업대(9월 중순부터), 현 내의 노무보국회(목수, 좌관 등), 지역 소방대 등으로 예정보다 반 달 빠른 10월 하순에는 전 공사가 완료, 세 지구에는 큰 부락이 출현하여 조선인 노동자의 입주가 시작되었다.

---

[169] 천황의 거처 예정지였던 곳은 현재, 밖에서 유리를 통해 방 안의 위치나 복도의 장식 등을 볼 수가 있다.

(중략) 공사는 운수성에 위탁하여 운수성은 그 시공을 니시마츠구미(현 니시마츠건설)에 청부하였다. 니시마츠구미는 전국의 조선인 노동자를 동원하여 11월 11일 11시를 기하여 첫 발파 작업에 들어갔다. 이 공사를 위해 많은 사람이 동원되었는데 아타미(熱海)에서 단나(丹那)터널을 건설하고 있던 철도학교 학생170)을 비롯, 국내 조선인, 조선에서 강제연행된 조선인 약 7천 명, 니가타현이나 나가노현의 근로보국대, 목수, 석고 기술을 가진 노무보국회 등 공사 확대와 더불어 인원이 증가하였다.171) 니시마츠구미와 함께 가지마구미(鹿島組)도 공사를 맡았다. 터널 공사는 특이 원시적으로 압축기 착암기 등 대형기계는 적었고, 나이나마이트를 설치하여 터뜨린 바위가루를 인해전술로 운반해 나가는 것이었기에 조선인 노동자는 2교대 철야라는 위험한 작업에 종사하였다. 이 겨울은 특히 추웠고 극단적으로 식량 부족 속에서 노동을 강요당했다.172)

혹독한 신슈의 추위와 가혹한 노동(하루 12시간 이상의 노동), 절대적인 식량 부족으로 인해 사람들이 계속 쓰러져 갔던 조잔 지하호 공사. 그 속의 바위벽에는 「대구(大邱)」 등의 출신지가 새겨져 있다. 또한 패전 때 적었다고 보이는 「너희들도(명령했던 군인들—필자 주) 군대 지하호도 모두 끝이다」라는 글도 적혀 있다. 음식을 하던 한바나 작업소 등의 공간에서 약 6,000~7,000명의 조선인 노동자들이 일하였다고 추측하는데, 전후 나가노에서 생활한 생존자로서 증언 활동을 계속한 최소암 씨는 당시의 상황을 다음과 같이 말하고 있다.

---

170) 철도학교 어린 학생들은 성스러운 천황의 거처를 공사하기 위해 동원되었다고 한다. 즉, 천황거처 공사에는 조선인 노동자들보다 어리고 순수한 일본인에 의해 공사가 전개되었다는 것이다.
171) 어떤 관계자의 증언에 따르면 합쳐서 200~300만 명을 밤낮없이 움직이게 했다고 하는데 경제상황으로 본다면 그렇게 많은 노동력이 움직일 수 없었을 것이라는 설도 있다.
172) 松代大本営資料研究会편(2004) 『解説と資料 松代大本営』 p.20

조선인 노동자는 혹독한 민족차별 속에서 형편없는 숙사(삼각 병사)와 고량이나 보리, 콩 등의 열악한 식량으로 영양실조에 걸리는 사람도 많았고, 다이나마이트의 파열, 낙반 등으로 사고를 당한 사람도 나와서 지금도 얼마나 죽었는지, 상처를 입었는지, 병이 났었는지, 사망자는 어떻게 되었는지 명확하지 않습니다. 조선인 희생자에 대한 위령도 보상도 행해지지 않았습니다. 또, 소수였지만 위안부[173])도 있었습니다. (중략) 공복으로 움직일 수 없는 사람, 병으로 누워있는 사람도 양동이의 찬물을 부어서 공사장으로 내보냈습니다. 그야말로 동물 이하의 행위였는데, 말대꾸를 하거나 도망치려 한 사람은 심한 폭행을 당했습니다. 때로는 「징용」이라며 사할린 쪽으로 보내버렸습니다.(松代大本営の保存をすすめる会(2004) 『松代大本営と崔小岩』 도쿄, 平和文庫, p.177)

천황을 위한 국민의 존재라는 구조를 구실로 삼았던 정신 무장의 군국주의에 사로잡혔던 군부는 이미 앞을 내다볼 수 있는 여유 같은 것은 없었다고 지적할 수 있다. 만약 항복하지 않고 물이 떨어져서 음산함과 불안함을 자아내는 지하호에서 왕족이나 군부들이 숨을 죽이고 연합군 공격에 떨면서 당분간 생활을 지속했다 하여도, 과연 그 이후에는 어떻게 할 작정이었을까? 간단히 상상할 수 있는 전쟁의 어리석음을 전신으로 의사 체험할 수 있는 평화교육이나 인권교육의 공간으로 나가노의 교사들이나 시민단체는 이러한 가해와 피해의 은석을 역사에 남기기 위한 작업을 계속해 왔다. 양심적 시민의식으로 모인 「마츠시로 대본영 보존을 권장하는 모임(松代大本営の保存をすすめる会)」이나 「마츠시로 대본영 자료 연구회(松代大本営資料研究会)」 등의 끈질긴 시민 활동은 전쟁의 처참함을 말해주는 거대 역사 공간을 권력으로 봉하지 않고

---

173) 고·강덕경(姜德景) 할머니(旧日本軍慰安婦)도 위안부로서 마츠시로에서 일하였다고 한다.

일부 공개를 유지하여 내일의 평화 일본을 위한 이정표로 삼으며 보존 운동을 권장해왔다. 나가노시에서도 「(중략) 이 건설에는 당시의 금액으로 1억 엔이나 2억 엔이라는 거액이 들어갔고, 또한 노동자로서 많은 조선인이나 일본인들이 강제로 동원되었다고 합니다. 한편, 이러한 것에 대해서는 당시의 관계자료가 남아있지 않기 때문에 반드시 전부가 강제적이지는 않았다는 다양한 견해가 있습니다. 마츠시로 조잔 지하호는 평화로운 세계를 후세에 전해주기 위한 귀중한 전쟁 유적으로서 많은 분들이 이 존재를 알 필요가 있기 때문에 헤이세이 원년(1989년)부터 일부를 공개하고 있습니다」[174]고 홍보하고 있다. 이러한 시민들의 활동은 다양한 강연과 연구회를 통한 출판 활동은 물론, 전국에서 평화학습투어를 할 수 있도록 여러 프로그램을 준비하고, 각자가 공부한 내용으로 자원봉사활동을 하며 단체방문단이나 수학여행단에게 전쟁과 평화에 대해 일깨워주고 있다. 앞에서 언급한 젠코지나 전쟁 관련의 마츠시로 조잔 지하호를 비롯하여 신슈대학내 마츠모토 보병50연대 본부 및 연습장이나 마츠모토의 군용기 지하 제조공장이 있었던 곳, 「전몰학생 위령미술관(화가 지망생들을 위한—필자 주) 무언관」을 연결하여 평화와 생명의 존엄성을 생각하고 전쟁이 없는 미래 사회를 구축해야 하는 이유를 재확인할 수 있도록 다양한 기획을 제공하고 있다.

---

174) 나가노시 공식사이트. 2021년5월12일 열람.
　　https://www.city.nagano.nagano.jp/site/kanko-nagano/22100.html

5 맺으며

이상으로 일본의 패전까지의 근대적 행보를 정리하면서 조선인 노동자들의 희생에 대한 일본 시민들의 움직임의 일부를 개괄하였다. 즉, 일본의 근대화 혁명의 배경에 있는 서양문물과의 접촉으로 인한 충격은 사회적 변혁의 파동으로 이어졌고, 근대화에의 목마름을 공유하던 걸출들의 동시 출현과 그들의 문명개화를 향한 일념으로 메이지유신에 성공하며 열강 세력 편입과 제국주의 식민지 정책, 청일전쟁으로 인한 전쟁 비즈니스의 가능성과 부국강병을 위한 근대적 도로, 댐, 터널 등의 인프라 정비 구축과 탄광산 및 제철소 등을 확장하게 된다. 그와 동시에 대륙 진출의 야욕은 중일전쟁으로 확대되었고, 무모한 침략전쟁으로 인한 부족한 노동력 공급을 식민지 노동자들로 채우려는 정부의 유착업체들은 강제연행과 강제 노동 등 수많은 조선인과 중국인들, 포로들을 일본 각지로 동원하여 일본인이 꺼려하는 위험한 노동 현장에 투입하였다.

앞에서 봐 온 일부의 사례만으로도 일본의 패전까지 얼마나 많은 댐 건설과 도로, 교량, 탄광, 광산, 터널, 하천 개발과 비행장 등의 군수기지 건설에 목숨이 붙어 있는 한 일해야만 했던 조선인 노농자들의 피와 땀과 때로는 목숨조차 희생이 되었는지를 알 수 있다. 비록 전후 77년으로 접어드는 세월로 인해 노후화나 폐허가 된 곳도 많다. 그럼에도 불구하고 그러한 역사의 흔적이나 기록, 기억이 아직도 확인이 가능한 것은 질곡의 흔적을 평화 사회의 거울로 삼고, 희생자를 기리며 기록하여 온 일본 속 시민력의 움직임이 있었기 때문이라고 할 수 있다.

한편, 역사가 흐른 만큼 시대나 세대의 변화로 인한 풍화 현상과 더불어 SNS 등으로 과거사에 대한 사실 왜곡이나 수정 행위를 일삼는 움직임이 증가하는 반면, 정작 역사적 사실이나 관계자를 기억하는 사람들이 감소하며 시민 활동은 고령화에 소규모화되고 있다. 불행 중 다행이라면 어떻게든 그러한 역사를 남겨야 한다는 연구자들의 노력 덕분에 선행연구 및 상당수의 자료가 축적되어 있다는 사실이다. 비록 다루고 있는 지역 혹은 시설에 따라서는 아직도 충분한 파악이 되지 않은 곳도 존재한다. 그렇기에 이 글에서는, 선행연구를 염두에 두되, 필자가 그동안 현장 확인을 해 왔던 조선인 노동자 관련 장소 혹은 희생자에 관련한 내용 중에서도 특히 인상 깊은 곳을 소개한 뒤, 과거사를 은폐나 왜곡, 혹은 자신들의 의도대로 수정하려 하는 일부 세력들[175]과는 달리, 자신들의 과거사를 직시하고 전쟁 없는 평화 사회를 구현하려는 일본 시민들의 조선인 희생자들에 대한 역사 기록 및 기억, 추도식, 위령제 개최 등의 움직임에 대해서 기술하려고 하였다.

가해측의 정당화 내지는 합리화의 목소리가 여전히 존재하는 공간 속에서 꾸준히 시민의식을 통하여 사람을 노예처럼 취급한 과거사를 반성하고 사람답게 사는 사회를 위해 행동하는 시민력이야말로 평화 사회를 구현할 수 있는 견인력이 되는 것이고, 피해측과의 화해와 상생

---

175) 일부 언론에서는 그들을 우익이라고 표현하고 있으나 원래 우익이라는 것은 그릇된 점도 인정하면서 좌익과 다른 방향의 국가적 이익을 도모한다는 취지를 갖고 있다. 근대 일본의 국익을 우선시 했던 토야마 미츠루(頭山滿)나 우치다 료헤이(内田良平) 등이 우익 인물이었음을 감안한다면 현재, 역사 수정 혹은 은폐는 물론, 각종 혐오스런 언행 폭력과 비방 중상 등으로 재일외국인 공격에 희열이나 느끼며 자국의 이미지를 실추시키는 무리배들을 우익이라고 보기는 어렵다. 오히려 사회적 불만 혹은 생활 불만자들의 감정적 표출에서 오는 사회적 파괴 행위를 법의 그림자 밑에서 언론의 자유라는 보호를 받는 현대 사회의 병폐적 현상이라고 보는 것이 적합할 것이다.

의 가능성을 열어주는 가교역할을 할 수 있다. 물론 아베 정권을 통해 혐한 헤이트 세력이나 일본회의 등의 역사수정주의 세력이 비대해진 가운데 시민 활동을 지속하기란 결코 쉽지 않다. 하지만, 「사람」을 중시 여기는 기본적 인권, 인류 보편의 정의 의식에 기초한 시민들의 행동이 야말로 국경을 초월하여 사람 사는 세상을 밝히는 등불이자 함께 미래의 평화 사회 구축을 도모할 수 있는 믿음 가는 이웃이라 할 수 있다.

　이 글에서는 근대 제국주의 체제하에서 식민지 노동자들의 희생과 함께 입지를 다져 온 자본가들의 권력을 계승받은 세습 정치가들과 그들의 지지 기반이 된 지방 세력과의 유착이 낳은 불가분의 관계를 불식하지 못하고, 호전적 선조들의 절대적 미화 구조에서 비롯되는 근대 식민지의 역사 미화·왜곡·은폐·수정주의와 연결되는 자민족 우월 세력·국수주의적 배타행위를 동반한 시대착오(anachronism)를 깨우치게 하려는 시민들의 활동을 일본 내의 조선인 노동자들의 흔적과 관련해서 소개하려고 하였다.

〈사진〉 왼쪽은 교토 북측 단바 망간기념관 입구 간판. 가운데는 교토 우지시의 우토로 사무실과 김수환 이사, 오른쪽은 2022년 4월에 개관한 우토로 평화기념관 건립전 공사장

　참고로 이 글의 본문에서는 시민 활동까지 파악한 것을 정리할 시간적 한계로 인해 다음으로 미룰 수밖에 없는 사례가 많았다. 그 중에서도

예를 들자면, 교토의 북쪽(게이호쿠) 깊은 산속에 자리한 단바 망간기념관[76]이나 교토 우지시에 있는 전시기의 교토 군 비행장 건설에 동원되었던 조선인 노동자들이 모여 살게 된 우토로 마을 등도 많은 시민들의 지원으로 유지되어 오고 있다. 2022년 1월의 눈 오는 날에 찾아갔던 망간기념관은 눈이 많이 내린 탓에 입구 숲길에서 발길을 돌려야 했고, 우토로 기념관 관련 내용은 김수환 이사로부터 들었으나 개장 뒤의 시민들 지원과 지역주민들의 동향도 포함하여 다시 정리할 기회를 마련하려고 한다.

마지막으로, 변명이 되겠지만, 이 글은 최근의 업무 가중의 격무에 쫓기느라 극히 한정된 시간의 집필이었기에 정밀한 교정 작업보다 필자가 조사한 현장 중에서 인상적이었던 장소와 시민 활동 몇 사례를 중심으로 기술하였음을. 또한, 이 글의 일부인 [4.4.2 본토 결전 최후의 거점 마츠시로조산(松代象山) 지하호]는 필자가 일본의 시사계간지의 의뢰를 받고 연재한 아래의 글을 한국 독자가 알기 쉽게 대폭 수정 보완하였다. 李修京(2020.04)「日本国内における戦争加害の痕跡について(1)」(『季論21』제48호, pp.107-112)

---

176) 교토 북쪽에 있는 「단바망간기념관」은 혹독했던 전시 체제하의 국책 강압으로 강제 징용되었던 이정호 옹이 식민지 출신 광부의 실태가 어떠했는지를 당사자의 목소리를 담아서 역사에 남기려고 1989년에 사재을 털어 만든 것이다. 이정호 옹은 큰아버지 이봉률 옹과 일본의 망간 광산 회사로부터 광업권을 인수 받아서 「백두광업유한회사」를 경영했기에 망간기념관으로 남길 수 있었다. 기념관의 영향으로 망간기념관의 실태와 진폐증 문제, 강제징용 노동자 문제나 재일조선인 문제 등 식민지 노동자와 인권문제가 보다 널리 알려지게 되었다. 1995년에 이정호 옹 작고 뒤, 아들 이용식 씨가 유지를 받들어 기념관을 지켜오고 있다. 이용식 관장은 2011년에 발행한 다음 책에서 강제징용 노동자 문제와 「단바망간기념관」에 대하여 글을 적고 있다. 李龍植「求められる 加害の認識、変わるべきは日本」, 李修京編(2011)『海を超える100年の記憶』, 도쿄, 図書出版, pp.215-232 참조.

[附記]
이 글은 많은 분들의 협력이 있었기에 집필이 가능하였다. 우선 홋카이도에
서는 삿포로 대한민국 총영사관의 배병수 총영사님, 최철호 영사님, 그리고
안영선 전문관님의 배려가 없었다면 홋카이도 조사를 갈 기회는 더 멀어졌을
것이다. 특히 영사관 업무 중에 필자의 대응에도 여러분들과 연락하고 만나서
대응해주신 안영선 전문관님의 세심한 배려에 뜨거운 사의를 드리는 바이다.
또, 수술 직후임에도 불구하고 시운다이 공동묘지 및 아이누 관계자들을 안내
하고 소개해주신 F사장님, 아칸호 아이누코탄의 야마모토님, 바쁜 시간에 귀
중한 자료까지 정리해서 맞아주신 전 홋카이도 도의회 이와시타 모리오 의원
님, 귀중한 말씀을 주셨던 삿포로 민단의 김태훈 고문님, 아사히가와 민단의
김장항 단장님 및 심영숙 사무부장님의 많은 자료 제공, 센넨지의 후쿠시마
학장님의 협력, 삿포로의 기무라 레이코 선생님의 자료 제공과 이토무카 관련
정보 협력, 히가시가와쵸의 츠카모토 다카야 님, 유바리 가미스나가와쵸 추모
식을 사명으로 개최하시는 요시모토 에이지 대표님, 아이누 연구로 아침부터
저녁까지 오타루와 요이치 각지를 안내해 주신 히라야마 선생님, 팔순에도 열
정적으로 시민교류 활동을 하고 계시는 아키타의 챠타니 주로쿠 선생님, 우토
로민간기금재단의 김수환 이사님 등의 후의에 깊은 감사를 드리는 바이다. 그
리고, 무엇보다 필자의 마감을 훨씬 넘긴 글을 인내심과 격려로 기다려주신
동의대 동아시아연구소 이경규 소장님께 다시 한번 심심한 사의를 표하는 바
이다.

동아시아연구총서 제8권
재일코리안 사회 형성과 시대적 표상

제2장

야마구치에서 바라보는 한국 그리고 재일조선인
─한국은 정말 가까운데, 재일조선인은 너무도 멀어─

이자오 도미오(井竿富雄)

1991년 구마모토대학 법학부 졸업하고 1998년 규슈대학에서 법학박사 학위를 취득했다. 현재는 야마구치현립대학 국제문화학부 교수로 재직 중이며 히로시마대학 평화센터 객원연구원 등을 역임했다. 일본정치외교사를 전공하고 있으며 평화에 관한 다양한 문제에 관심을 가지고 활동하고 있다. 저서에는 『초기 시베리아 출병 연구』, 논문에는 「데라우치 내각·야마구치현·쌀 소동」, 「지나칠 수 없는 제국」, 「신형 코로나 바이러스는 우리에게 무엇을 말하고자 했는가」 등 다수의 논저가 있다.

번역 : 이행화 (동의대학교 동아시아연구소 연구교수)

1 들어가며

오늘날, 일본에 사는 사람들에게 한국은 일상생활과 밀접한 관계를 맺고 있다. 한국 문화는 일본에 사는 사람들의 일상생활을 파고들고 있다. 일본사람들은 방탄소년단에 관한 뉴스를 듣고 K-POP과 드라마를 즐긴다. 젊은이들은 한국음악과 어울려 춤을 춘다. 오늘날 한국 드라마는 TV로 보는 것 외에 넷플릭스 같은 새로운 미디어를 통해서 즐기게 되었다. 중국 정부가 한국 연예인에 대한 팬 문화를 건전하지 못하다고 배척하고 있는 것과는 매우 대조적이다.[1] 신종 코로나 바이러스 때문에 2020년 이후 자유로웠던 해외 도항이 불가능해진지 오래지만, TV를 통한 한국 드라마 방영은 바이러스 감염을 불러들이지 않기 때문에 여느 때와 마찬가지로 유입되고 있다. 영화 〈기생충〉(2019)이 일본에서도 유명했듯이, 한국 영화는 미국 영화만큼이나 많은 관객을 끌어모으고 있다. 한국의 문학작품을 주로 번역 출판하는 기업도 있다. 「K문학」이라는 말까지 홍보용으로 등장하는 것 같다.[2] 한국산 김치나 소주, 허니버터칩은 일본의 지방에서도 잘 팔린다. 이제 한류라는 말이 필요 없고, 한국 제품이 일상생활에 정착한 것처럼 보인다. 필자가 살고 있는 야마구치현의 경우 서부에는 부산과의 관문인 시모노세키(下關)가 있어 이곳을 통해 방한하기도 했다.

그 반면에 재일조선인 문제는 이 한류열풍과는 상반된 반응인 혐한

---

1) "Crazy love: Behind China's crackdown on K-pop and other fan clubs"(2021年9月10日) https://www.bbc.com/news/world-asia-china-58459318
2) 이것은 일본 문학을 「J문학」이라 부르려는 움직임과 관련되는 것일까.

이라는 레이시즘 운동에 의해 존재감이 매우 위협받고 있는 측면이 있다. 일부 일본인들이 인터넷에서 소셜미디어를 통해 대량으로 퍼뜨리는 허위정보와 편견이 일본 사회에 일시적으로 침투하면서 재일조선인에 대한 증오와 편견을 증폭시키고 있다. 또한 일본과 한반도에 있는 두 국가 간의 외교관계가 겹쳐 문제 해결을 더욱 어렵게 만들고 있다.[3] 또한 당사자가 본인의 존재를 감추려 하여 재일조선인이라는 존재를 가시화하지 않는 경우도 있다.

최근 일본에서 한국은 정말 가까운 관계에 있는데, 반면 재일조선인은 먼 존재가 되어가고 있다는 것이 이 글에서 주장하는 주요 내용이다. 필자가 거주하는 혼슈 서쪽 끝의 야마구치현이라는 곳은 이 문제를 생각하기에 적합한 지역이기도 하다.

필자는 근대일본의 정치외교사를 연구하고 있다. 그러나 필자가 지금까지 써온 글에는 재일조선인은 그다지 등장하지 않았다.[4] 하지만 이 문제를 빼고서 일본의 근현대 정치사를 말하는 것은 적절치 않다. 필자는 이곳 야마구치현이라는 곳을 중심으로 재일조선인 문제를 생각해 보기로 한다. 다만 제가 재일조선인 문제를 깊이 있게 논의하는 것은 쉽지 않을 것이다. 그러므로 역사적인 단계 등을 고려하는 관점에서 이 문제에 대해 살펴보기로 한다. 먼저, 여기서는 근대 일본의 조선 인식

---

3) 최근에도 재일코리안 변호사협회 편(2019) 『재일코리안 변호사가 본 일본 사회의 헤이트스피치』(아카시서점)과 양영성(2021) 『레이시즘이란 무엇인가』(지쿠마신서) 등이 나와 있다. 이 문제와 관련된 서적은 일본에서 대량으로 간행되고 있다.
4) 물론 전혀 없었던 것은 아니다. 이자오 도미오(2014) 「만주사변·제1차 상해사변 피해자에 대한 구휼(1933~1935년)」 『야마구치현립대학 학술정보』제7호. 여기에 만주사변과 더불어 일어난 제1차 상해사변으로 손해를 본 일본인 및 외국인에 대한 구휼금 급부에 대해 논했다. 그리고 일본인과 조선인은 신청 후 피해액의 사정과 지급액의 결정에 대한 절차가 전혀 다른 점에 대해서, 그리고 일본인과 조선인은 지급되는 금액 자체가 완전히 달랐던 점에 대하여 기술한 바 있다.

문제를 생각해 보고자 한다. 새삼스럽게 거론하는 것도 아니지만 근대 일본인의 조선관에 대해 제2차 세계대전 후 70년이 지나도록 추궁당하고 있는 것이 사실이다. 그러므로 근대 일본의 조선관을 어느 정도 픽업하지 않을 수 없다. 재일조선인 관련 연구는 이미 일본에서는 관련 연구가 대단히 많아서, 이 문제를 본격적으로 다뤄본 적이 없는 필자에게는 상당히 다루기 어려운 주제이다.[5] 이 글에 참조한 선행 연구는 그때그때 소개해 나가기로 한다. 그리고 일본 근대의 사료를 활용하기 위하여 인용되는 것에는 당시 사용하던 멸칭 등이 나오는데 사료 등의 성격상 고쳐 쓸 수가 없다는 점에 대해서 미리 양해를 구하는 바이다.

영토확장론과 조선인이 있는 장소

필자가 살고 있는 야마구치라는 곳은 근대 이전에는 조선통신사가 통과했던 곳이었다. 대마도와 규슈를 통해 건너온 통신사 일행은 혼슈의 서단인 아카마가세키(赤間關, 지금의 시모노세키)에 도착하여, 나카노세키(中關), 가미노세키(上關)와 현재의 야마구치현을 통과하여 긴키지방으로 향하였다. 조선통신사는 그 발단은 도요토미 히데요시(豊臣秀吉)의 조선 출병으로 인한 강제연행 피해자를 찾아내서 모국으로 귀국시키기 위한 사절이었다. 이것이 에도시대에 들어와서 도쿠가와 쇼군

---

5) 최근에는 미즈노 나오키·문경수 『재일조선인』 이와나미신서(2015)와 같이 뛰어난 역사적 배경을 설명한 선행연구도 존재한다. 이것을 읽어 보는 것만으로도 지금까지 일본 내외에서 발표된 선행 연구의 무게를 느낄 수 있다.

의 취임 축하 등의 명목으로 대체됐다. 다만 조선왕조가 청나라를 향해 출발했던 연행사(燕行使)보다 훨씬 빈도가 낮았고, 에도시대를 통틀어서 열 차례가 넘는 정도였다. 그리고 19세기 초반 이후부터는 통신사가 출발하는 일이 없어졌다.[6]

그 19세기 중반, 야마구치에서는 한 사상가이자 교육자가 일본을 근대화된 강국으로 만들기 위한 구상을 꿈꾸고 있었다. 이 사람은 뛰어난 통찰력으로 세계정세를 내다보고 동시대의 국제정세에 대응하는 체제를 수립하는 데 필요한 것은 해외문물의 중요성에 대한 의식적 포섭임을 깨닫고 있었다. 이 점에서 이 사람의 입장은 이 시대에 유행한 존왕양이(尊王攘夷)가 아니었다. 좀 더 정확히 말하자면, 「존왕」일지라도 무분별한 「양이」를 주장할 것이 아니며, 그들이 손에 넣은 과학기술과 그 성과를 배우는 것이 중요하다고 생각하고 있었다.

이 사람은 자국 일본을 쇼군이 통치하는 동시대의 체제에서 천황 중심의 국가체제로 바꾸기를 열망했다. 서방국가에 대한 경계심은 있었지만 이들 국가가 가져다주는 것을 거절하는 일은 절대로 하지 않았다. 역설적인 말을 한다면 정말 양이를 하고 싶다면 바로 그 「夷」가 갖고 있는 우수한 과학기술을 포용할 필요가 있다는 점을 인식하고 있었다. 그래서 이 사람은 무사이면서도 살고 있던 야마구치를 떠나 전국을 편력하면서, 투옥되더라도 거기서 자신의 사색을 계속 가다듬었다. 서구 열강의 흑선이 출몰하면 이를 물리치기 위해서 직접 배에 올라 해외 도항을 요청했다. 그것은 위법 행위로 거절당하고 투옥되었다. 투옥되면 자신의 사상을 저작으로 남기고 제자를 받아 교육하여 그 사상을 전파하였다. 이 사람의 가르침을 받은 자들은 그 후 메이지 신정권의

---

6) 후마 스스무(2015) 『조선연행사와 조선통신사』 나고야대학 출판회

리더가 된 사람도 나왔다.

이미 알려진 바와 같이 이 사람이 바로 요시다 쇼인(吉田松陰)이다. 야마구치 사람들이 여전히 「쇼인 선생」이라고 존경하는 이 사람은 매우 유연한 사고와 날카로운 현실에의 판단능력을 가지면서, 확장적 제국주의의 논리로 「양이」의 방향을 바꾸어 갔다. 요시다 쇼인은 외세를 물리치기 위해 영어와 러시아어 교육을 제안하고 우수한 젊은이들의 해외 유학을 권장했다. 외국어 문헌에 담긴 지식이 사람들에게 비익함을 이해하였고, 최신의 외국어 문헌을 원서로 읽을 수 있는 능력을 가진 인재가 반드시 필요함을 제기하였다. 기계화가 진행되는 가운데 세계는 급속히 좁아지는, 즉 고속 이동이 가능하게 된다는 점을 간파하고 있었다. 이러한 세계의 급격한 변화에 맞추지 않으면 일본은 국제정치상 살아갈 수 없다고 단언하고 있었다. 그리고 일본이 나아가야 할 국제 질서에서의 위치 설정이 되어야 할 행동에 대해서 다음과 같이 주장했다.[7]

무력 준비를 서둘러 군함과 포대를 갖추어 즉시 홋카이도(蝦夷)를 개척하고 제후(諸侯)를 봉건(封建)하여 캄차카와 오호츠크를 빼앗고, 오키나와(琉球)와 조선(朝鮮)을 정벌하여 북으로는 만주(滿州)를 점령하고, 남으로는 타이완(臺灣)과 필리핀 루손(呂宋) 일대의 섬들을 노획하여 서서히 진취적인 기세를 드러내야 한다

노골적인 동아시아·동남아에 대한 군사적 수단을 통한 영토확장책이다. 이 글이 포함된 책 〈유수록(幽囚錄)〉에는 고대 일본이 조선을 어

---

7) 요시다 쇼인 「유수록(幽囚錄)」의 제1절. 필자는 나라모토 다쓰야 편 『요시다쇼인 저작선』(고단샤 학술문고, 2013)을 확인했다.

떻게 복속시켰는가에 대한 내용이 적혀 있었다. 이러한 인식 자체는 동시대의 일본 사회에 널리 알려져 있었다고 생각된다. 그리고 현재 조선이 일본에 대해 자만하고 있다고 비난하고 있다. 요시다 쇼인은 고대에는 동아시아 세계에 대한 패권을 주창했던 일본이 이제는 구미에서 증기선이 오는 것에 대해 너무 무방비하다며 통분했다. 서구제국주의에 대한 위기감은 그러한 고대사 인식과 함께 홋카이도 개척과 북방 침략을 실행하여 조선을 일본에 복속시키고 일본 주변지역에서 동남아시아에 이르는 광범위한 영역을 자국령 및 세력권으로 만들자는 주장으로 전환되었던 것이다.

우수한 교육자이기도 한 요시다 쇼인은 뛰어난 제자를 길러냈다. 그들 역시 서구의 언어와 과학기술을 배워 일본의 급격한 근대화로의 변혁을 뒷받침했다. 이 제자들이 성장해서, 일본 제국의 팽창 정책을 지탱해 가는 지도자가 되었다.

필자는 그것이 나치·독일의 연구에서 나오는 「프로그램설」처럼, 미리 메이지유신 시대의 일본 지도자에게 대외 침략 사상이 받아들여져 있었기 때문이라고 생각하는 것은 아니다. 메이지유신 이후 일본의 미래는 무한한 선택지가 있을 수 있었지만, 일본국가와 그 주변정세 그리고 일반시민은 다양한 선택지를 선택한 결과 군사적으로 강대한 제국이 되기를 원했다. 그리고 그 결과 과거에 왕래하던 이웃나라 조선이 일본을 포함한 주변 강국들의 각축의 초점이 되었고, 일본 정부의 시책도 주변 강국 등으로부터의 일본 방위라는 점에서 일본이 만들어낸 제국의 방위와 이를 위해 만들어져야 할 시설의 강화라는 이야기로 진화하고 있었다. 청일전쟁 단계에서는 조선의 독립이 아직 쟁점에 있었다. 조선을 일본이 단독으로 식민지화할 만한 국력은 아직 일본에 없었기 때문이다. 그래서 청나라와 조선의 책봉 조공 관계를 끊어야만 했다. 1895년의 청일강화조약(이 강화조약도 바로 야마구치현 시모노세키에서 조인되었다)에는 조선과 종주국 청나라와의 관계를 끊는 조항이 들어 있었다.

그러나 청일전쟁 이후에는 조선의 독립은 유명무실해져 갔다. 러·일 간의 조선을 둘러싼 각축. 그것은 유럽 내부의 영·불 대립과 영·러 대립의 아시아에서의 반영이었다. 일본은 아시아에서 자신의 국제적 지위 상승을 손에 넣었다. 러일전쟁 전 영일동맹을 체결하고 세계 최강 제국과 군사동맹 관계에 들어갔다. 그리고 러일전쟁에서 일본은 실질적으로 승리했다. 조선을 둘러싼 관리권은 러시아에서 일본으로 넘어갔고, 다시 남사할린이 할양됐다. 일본은 여세를 몰아 당시 대한제국을 보호 국화했다.

일본은 1910년 마침내 「대한제국 황제가 일본 황제에게 통치권을 양도한다」는 조약을 체결함으로써 한반도를 식민지로 삼았다. 청일전쟁 후 일본제국은 청나라 영토의 일부로서 타이완과 부속 도서를 할양받았다. 타이완은 광대한 영토를 가진 청나라의 한 성(省)이었다. 조선반도 전역을 관할하던 대한제국을 일본이 병합하는 형태로 식민지화가 이루어졌다. 류큐왕국도 그렇게 따진다면 일본은 두 번째 국가병합을 실시했던 것이다.

식민지에서는 새 영토의 주민들에 대한 통치가 시작되었다. 이는 상당히 치밀한 장치를 만들어 이루어진 것이었다. 신죠 미치히코는 대한제국의 왕가에 대해 일제가 「왕공족(王公族)」이라는 신분을 내세운 것은 조선을 우대하면서 엄연히 통치자가 일본임을 보여주기 위해서였다고 밝히고 있다.[8] 멸망한 나라의 왕가에 여전히 평민과는 다른 지위를

부여하고, 「그것을 누가 주었는가」에 대해 더욱 강하게 각인시켜 나간
다는 것이다.

　일본 국내에서는 교육 등에서 차세대에 대해 일본의 조선 지배를 정
당화해 나가는 작업이 있었다. 교과서에 일본이 한국을 병합·통치하는
역사적 정당성을 기술하여 교육시키게 된 것이다. 그 중에는 오늘날에도
일본의 역사수정주의 언설로 이용되는 것도 있다. 조선은 문명이 발달하
지 않았고 정치가 문란했기 때문에 방치하면 서양 어딘가에 병합되었을
것이라는 것이다.[9] 이와 관련하여 일본의 조선 통치는 구미의 식민지
통치와 같지 않다는 말이 나오게 되었다. 간단히 말하면, 구미의 식민지
지배는 착취와 억압이며 일본의 지배는 이와 다르다는 것이다. 이 언설
은 특히 민족해방운동·사회주의운동 사상이 출현함에 따라 더욱 강하게
주장되었다. 그것은 「일본의 조선 통치도 결국은 식민지 통치이므로 타
국의 지배와 같을 것이다」라는 의문이 제기되는 것을 반영했다.

　필자가 아는 바로는 제2차 세계대전 이후에도 국수주의자로 이름을
떨친 인물인 사토미 기시오의 『국체에 대한 의혹』이 있다.[10] 이 책은
일본 천황제에 대해 사람들이 말하고자 했으나 말하지 못한 의문과 질
문을 Q&A 방식으로 해설한 것이었다. 그 질문 항목을 보면, 「만세일계

---

8) 신죠 미치히코(2011) 『천황의 한국병합』 호세이대학 출판국
9) 새로운 것으로서 사토 히로미·오카베 요시히로 편(2020) 『일본의 식민지 교육을
　　묻다』(호세이사)의 「서장」을 참조할 것. 전전기 일본교과서에 조선은 국가의 난
　　맥상으로 병합되었다고 서술되어 있다.
10) 사토미 기시오(1929) 『국체에 대한 의혹』 아르스. 이 서적은 현재도 간행되고 있다.
　　이 책에서 언급되어 있는 「의혹」은 명백히 일본인이 당시에 발설하면 사회적으로
　　경우에 따라서는 육체적 생명도 위태롭게 되는 것(예를 들어 러시아혁명이나 독일
　　혁명이 있는데 일본의 천황제만 불멸이라고 믿을 만한 증거가 있는가 등)도 포함
　　되어 있었다. 이 항목에는 식민지 지배에 대한 의심이 일본인들 사이에 떠오르기
　　시작했음을 역설적으로 말해준다.

는 왜 고마운가」, 「세계에서는 러시아나 독일이나 오스트리아도 군주
제가 멸망했는데, 일본의 천황제가 멸망하지 않는다는 보장이 있는가」
등 현재의 일본 사회에서도 공적인 장소에서는 쉽게 말하기 어려운 항
목이 기술되어 있다. 이런 문제를 군이 우익 쪽에서 제기하고 이에 적극
응답한 것을 보면 이 책은 안목이 있었다. 이 책에서 제기되는 의문은
사람들이 입밖에 꺼내지 못하고 있던(꺼내게 되면 당시의 정치사회제
도로는 처벌받을 위험성도 포함된다) 문제를 애써 끄집어낸 것이라고
보아도 좋을 것이다.

이 책 속에 「조선인에 대해 일본국체를 설파하는 것은 모순이 아닐
수 없다는 질문이 있다. 이는 일본의 조선 지배는 이민족 통치이며 식민
지 지배가 아닌가」라는 의구심이 숨어 있었다. 물론 사토미는 이에 대
해 일본의 국체는 보편성으로 어느 민족에게나 설파할 수 있기 때문에
모순이 아니라고 답한다. 그 이유로 사토미는 한반도의 식민지 지배는
조선인에게 행복을 가져다 줄 수 있기 때문이라고 말했다.

사토미는 회답에서 「조선 병합에 있어서 영국의 인도 병합과 같은
날에 담판하려는 것은 불가하다」고 한다. 영국의 인도 통치는 인도의
민중에게 행복을 가져다 주고 있는가. 그리고 일본의 조선 통치를 보면
「물론 일부 반대하는 국민들 때문에 약간의 조선인은 멸시와 학대당하
고 있는 경우도 없지 않다. 하지만 대체적으로 조선 백성들이 병합을
통해 어떻게 그들의 생활을 편안히 지낼 수 있었을까? 그것은 도저히
인도인의 영국 치하에 있어서의 것과 비교가 되지 않는 것이 아닌가」라
고 말한다. 아울러 일본의 조선 병합 때, 일본은 대한제국의 황제 일족
을 후하게 대했다. 옛 대한제국 왕실을 살려둔 것이 바로 여기서는 후하
게 대했다고 하는 것이다. 「영국의 인도 병합은 참으로 빼앗기 위한

병합이며, 일본의 조선 병합은 순전히 주기 위한 병합이 아닌가」라고 계속해서 언급했던 것이다.

더욱이 이 문장은 일본이 조선반도를 병합하는 역사적 필연성을 말한다. 「한국에 있어서의 외국의 침략적 태도가 어떻게 드러날 수 있는가 하는 것은 바로 일본의 사활이 걸린 문제였기 때문에 청일전쟁도 일어나고 러일전쟁도 일어난 것이다. 한국이 독립국으로서의 권위를 명실공히 유지할 것인가 아닌가는 전적으로 일본의 안위와 관련된 일이므로 러일전쟁 후 독립국의 능력이 없는 한국을 우리 보호지도 하에 두고, 다시 합의에 의한 합병을 실현한 것이다. 침략도 아니고 정복도 아니다.」 이 글은 3.1 운동을 겪은 뒤 쓰여져 독립운동가를 비난하는 글이 이어진다. 「독립음모단이 책동하게 되면 쉽게 그 망국민의 심리에 동정 따위는 대금물인 엄연한 이유가 있다」고 사토미는 단언한다. 병합 이전의 대한제국이 황제를 중심으로 한 정부는 존재했지만 정치적으로 혼란스러웠고 「지리멸렬의 폭정으로 인민은 거의 지옥에 놓인 것이나 다름없었기」 때문이라고 계속해서 언급한다. 이러한 글에 이어서 대한제국은 지방 관리들이 부패하고 일반 인민들이 착취당하고 있었다. 「조선인의 지극히 나태한 습성이 결코 하루아침에 오지 않는다는 것은 만인의 의견이 일치하는 바이다. 일하면 일할수록 손해라는 결론에 도달했기 때문에 안일하게 되는 것이다」라고 계속해서 언급하고 있다.

조선반도의 일본 통치는 식민지 지배가 아니며 조선반도를 어느 나라가 장악하는가는 일본의 안전보장상 중요하다. 그리고 식민지 지배 이전 조선왕조 정치는 지극히 혼란스러웠다. 덧붙여서 말하면 조선시대의 정치가 조선 백성을 나태하게 만들었다. 이렇게 생각하면, 조선의 식민지 지배를－적어도 일본 국내의－민중에게 정당화하기 위한 설명은 1930년대에 거의 완비되었음을 알 수 있다. 일제 강점기에 대한 역사수정주의적 언설이 이 시점에서 한 발짝도 나아가지 못하고 있음을 새삼 이해하게 된다. 더구나 앞서 말한 신죠의 연구를 인용하면 「그럼에도 일본은 대한제국 왕족을 우대했다」는 언설도 연장선상에 있다고 볼 수 있다. 일본의 식민지 지배에 대한 정당화는 매우 주도면밀하게 만들어진 이야기와 장치 위에서 이루어졌다.

이러한 「부패한 정치, 게으른 민중, 그러나 여기는 일본의 군사상 중요하다」는 조선식민지화 정당화론은 단순히 말로만 설명된 것이 아니다. 경우에 따라서는 미술작품 등을 통해 유포되기도 했음이 선행연구에서 밝혀진 바 있다.[11] 즉 일본 국내에서 지적 수준(지식이 있음은 보다 세련되고 일관성을 가진 편견을 가질 수 있다)에 따라 다양한 수단과 다양성을 가진 조선지배 정당화론이 매우 대량으로 유포되어 일본 내의 메이저리티에게는 이것이 상식화되어 있었을 가능성이 있다.

조선은 식민지가 된 이상 일본인이 식민자로 들어왔다. 그리고 지금까지 말한 것과 같은 내용의 교육을 받은 눈으로 「신부(新附)의 백성」이라 불린 조선사람들을 바라보았던 것이다. 필자의 곁에는 일제 강점기의 조선 경성에서 잠시 살았던 여성(당시 오이타현의 여자고등학교 학생)이 쓴 작문이 남아있다. 이 여성은 자신이 조선인 거주구역에 일장기를 나눠주고 다니던 일을 정겹게 회상하고 있었다. 그리고 자신이 나눠준 일장기가 메이지 기념일(11월 3일)에 조선인 마을에 펄럭이는 광경을 보고 이렇게 적었다.[12]

---

11) 박정미(2014) 『제국지배와 조선표상』 국제일본문화연구센터
12) 『지지신보사 현상모집 국기작문집 (중등학교)』호분칸(1933)에 수록된 것이다. 이것은 5등 입선 작품이다.

경성 서쪽 교외의 가난한 조선인 부락의 집들에도 메이지 기념일의 은은한 빛은 비치고 있었다. 그날 우리는 어떤 큰 기대에 들뜬 가슴을 누르며 그 근처를 지나갔다. 아아, 일장기가 가을바람에 펄럭이고 있다! 우리가 한 일은 작지만 그 기쁨은 엄청났다. 지금도 총각은 이웃 사람들과 사랑스러운 동생들에게 둘러싸여, 미소지으면서 내문에 일장기를 내걸고 있는 것이다. 그 광경은 국기가 지닌 위엄과 애무의 분위기였다. 그 때 우리들의 마음은 얼마나 기뻤는지. 드디어 큰소리로 다 함께 「총각」 하고 불렀지. 우러러본 총각의 감사함과 동포의 기쁨에 빛난 얼굴

이 여성은 자신이 한 일이 조선인 민중에게 기쁨을 주었다고 굳게 믿고 있었다. 조선인 거주지역에 왜 일장기가 그동안 내걸려 있지 않았는지 그들은 가난하기 때문이라고만 생각한다. 이 작문 작성자에게 조선은 일본이며, 일본인이라면 공휴일에 일장기를 내걸 수밖에 없으며, 조선에 사는 조선인들도 깃발을 나눠주면 당연히 기뻐할 것이라는 생각밖에 없었다. 「깃발을 내걸지 않겠다」는 의사를 가진 주체는 상정될 여지가 없다(또는, 상정되어서는 안 된다).[13] 이 글에서는 본래 조선의 남자들이 묶었던 상투의 명칭인 「총각」이 일본인이 조선인을 부를 때 쓰는 호칭으로 별다른 악의 없이 사용되었음을 알 수 있다.

그리고 이러한 「상식」을 가진 사람들이 다수를 차지하는 일본 사회에 자본주의화에 의해 요구된 노동력으로서 조선반도에서 계속해서 조선사람들이 일본으로 건너가게 된다. 히구치 유이치의 저서가 간명하게 기록하고 있는 바와 같이, 일본 국적 보유자이면서도 조선 민중은 자유롭게 일본으로 건너가는 것이 허용되지 않았다. 그런데도 대량의

---

13) 이 작문의 작성자도 순간 망설였을지 모른다. 「이것(조선인 거주지에 일장기가 내걸려 있지 않은 것)은 조선인에게 애국심이 없는 것이라고 나는 생각하고 싶지 않다」는 문장이 있다.

조선사람들이 일본으로 도항하고 있었던 것이다. 도항한 사람들은 일본의 어느 한 곳에 모여 사는 경우가 많았다. 일본인이 있는 곳에서 함께 섞여 사는 것이 곤란했기 때문이다.[14] 시모노세키시립대학 교수 기무라 겐지는 1939년(유럽에서 전쟁이 시작된 해) 혼슈 서쪽 끝이자 조선에 대한 관문이었던 시모노세키에서 전개되고 있었던 재일조선인에 대한 지방 당국의 대책과 당시 일본인이 조선인을 바라봤던 시선에 대해 한 권의 연구를 저술하고 있다.[15] 이 글을 보면 조선반도에서 시모노세키에 도착하여 그곳에 거주하고 있던 조선인(이들은 「같은 일본인」이라는 대의명분을 내세워 조선인만의 도항 제한에 이의를 제기하는 신문 투고를 하고 있었다)에 비해, 당시 현 당국은 조선의 문화적 독자성을 이해하기보다는 그들을 일본인 사회에 보다 더 동화시키는데 주안점을 두고 있었다고 한다. 이러한 가운데 재일조선인들이 어떻게 일본 사회에서 생활기반을 구축하면서 살아왔는지를 보여주고 있다. 야마구치현이나 시모노세키시 당국은 나름대로 재일조선인 시민을 상대로 대책을 숙의하고 있었다. 그렇지만 그것은 어디까지나 동화정책이 전제였다. 흰옷 입는 것을 금지하고 일본어를 사용하도록 했다. 그러나 일단 조선인 주민이 모여 사는 지역에 들어가면 그곳에는 조선반도에서의 삶을 그대로 가져온 듯한 세계가 전개되었다는 것이 사료를 통해 밝혀지고 있다.

야마구치현에서는 우베의 죠세이 탄광 같은 곳도 존재했다.[16] 이곳

---

14) 이것에 관해서는 히구치 유이치(2002) 『일본의 조선·한국인』 도세이샤
15) 기무라 겐지(2017) 『1939년의 재일조선인관』 마유니쇼보
16) 한국 정부는 이 문제에 대해 조사를 벌이고 있다. 『일본 죠세이탄광 수몰사고 진상보고』(일본어판) 대한민국 정부 국무총리 직속 대일항쟁기 강제동원피해조사 및 국외 강제동원희생자 등 지원위원회 편 간행, 2015년. 일본에서도 이 문제에 대한 연구가 있다. 이수경·유노 유코(2008) 「우베의 죠세이 탄광과 전시 중의 조선인

에서는 조선인 노동자들이 해상 탄광 수몰 사고로 무더기로 사망하는 사건이 발생하게 됐다. 그 후 이러한 노동 현장에 많은 조선인이 있었다는 것은 무슨 연유일까 라는 생각에서 죽은 사람을 애도하는 사람들도 생겼다. 제국의 변경은 제국의 축소판임을 이러한 측면에서 잘 알 수 있다.

조선반도와 그곳에 사는 사람들에 대해 위와 같이 바라보는 시선을 가지면서 일본 사회는 재일조선인 문제에 대응하고 있었다. 일본 정부에 있어서 재일조선인은 어떻게 해서든 일본인 사회에 동화를 촉진해야 하는 존재였다. 그러므로 일본 당국은 「협화회」를 창설하여 일본 사회로의 동화를 촉진했다.[17] 그러나 미즈노 나오키는 창씨개명 문제가 발생했을 때 치안기관들은 일본인과 조선인의 구별이 어려워질 수 있다며 오히려 창씨개명에 반대했음을 오래전에 밝힌 바 있다.[18] 일본 사회는 조선인에 대해 일본인으로서 동화할 것을 요구했다. 그러나 조선 호적을 쉽게 일본 국내에 옮길 수 없었던 것처럼 조선인이 일본인에게 완전히 동화되는 것도 허용할 수 없다는 것이 본심이었다고 할 수도 있을 것이다. 1920년대 중반 이후, 일본 본토에 거주하는 조선인 남성에게는 참정권이 있었는데 바로 참정권 행사로 탄생한 조선인 중의원 의원은 일본으로의 동화를 위해 존재했다. 그리고 조선반도에는 패전 직전까지 참정권 부여 얘기가 나오지 않았다. 조선반도에 사는 이들에게 일본열도 안에 사는 사람들과 똑같은 「한 표」를 주게 되면 그것은 강력한 정치적인 세력으로 성장한다는 것을 일본 통치자들은 잘 알고

노동자』『도쿄학예대학 기요 인문사회과학계 I』제59집, 야마토 유미코(2015)『죠세이 탄광 수몰사고를 둘러싼 기억 실천』하나서원
17) 히구치 유이치(1986)『협화회』사회평론사
18) 미즈노 나오키(2008)『창씨개명』이와나미신서

있었을 것이다.[19)

이러한 관계가 변화한 것이 일본의 패전이었다. 다음은 일본의 패전과 미군정시대, 그리고 그 후 등장한 조선반도 신국가에 대한 일본과 일본 사회의 시각, 그리고 거기서 나오는 재일조선인에 대한 대응의 문제에 대해서 살펴보기로 한다.

3 제국의 붕괴·관계의 재구축에 대한 모색과 좌절

> 패전 소식이 전해지자 일선민족이 하나가 되어 40년 건설의 걸음을 계속해 온 형제의 쐐기도 냉엄한 패전 사실과 더불어 헛된 하룻밤 꿈이 되었다. 재조선 100만 일본인들의 이루 형용할 수 없는 고난의 운명도 민족발전을 위해서 쌓아 올린 지반도 그 생명까지도 내던지지 않으면 안 되었던 뼈아픈 일은 영원히 민족의 피에 머물러 자손대대로 전해질 것이다. 2500만 조선인 모두가 「은혜에 보답하지 않고 원수로 생각할」 만큼 극에 다다랐다고는 생각하지 않지만 귀환하는 모든 일본인의 입에서 흘러나온 일치된 결론이었다.

이것은 『센자키인양원호국사(仙崎引揚援護局史)』(1946)에 기록된 글이다.[20) 패전 후 중국과 조선반도에서 일본인들이 철수했다. 반면 조선

---

19) 미즈노 나오키 「재일 조선인·대만인 참정권 「정지」 조항의 성립」『세계인권문제연구센터 연구기요』 창간호. 1996년에는 패전 직후 제국의회 의원이던 기요세 이치로(清世一郎)가 일본 내에 있는 조선인의 참정권을 정지시켜야 한다고 주장한 것을 지적하고 있다. 그것은 패전으로 일본이 조선을 통치할 수 없게 되었기 때문에, 일본 내의 조선인들이 민족 단위로 단결하여 정치적으로 큰 세력이 형성될 것을 우려했기 때문이다.
20) 『센자키인양원호국사(仙崎引揚援護局史)』(유마니서방, 2002)를 참조했다.

인들은 조국의 해방과 동시에 귀국하려고 항구가 있는 곳으로 몰려들었다. 이 책은 현재 야마구치현 나가토시에서 「인양지원」을 담당한 행정기관이 편찬한 기록이다. 여기에 나타나 있는 것처럼 적어도 이 책의 편찬자는 일본이 조선반도에서 「은혜」를 베풀었다고 생각하고 있었음을 알 수 있다.

일본의 식민지 통치에 대해서는 일본은 전후부터 일관되게 「식민지 근대화론」적인 관점을 버리지 않고 있다. 필자는 외무성 조사국이 경성제국대학 교수 스즈키 다케오에게 집필시킨 조선 통치의 성격과 실적이라는 책자를 입수해 읽을 기회가 있었다.[21] 이 책자는 「일본의 조선 통치의 근본정책은 일시동인(一視同仁)이며 내선일체(內鮮一體)였다」고 적고 있다. 「조선 통치의 근본방침이 독특한 동화정책이라든가, 소위 일시동인 정책으로 관철되었다는 것은 조선 통치가 그 성격에 있어서 결코 식민지적 지배를 의도한 것이 아니었고, 가령 외령통치기술로서는 구미 선진강국에 비해 극히 졸렬한 것이었으며, 또한 그 때문에 결과에 있어서는 오히려 조선 민족의 공감을 얻지 못한 것이 많았다 하더라도 그 의도에 있어서는 성실했다」고 말해서는 안된다. 「성실함」이라는 관점에서 일본의 식민지 통치가 조선에 도움이 되었다는 것으로 평가하려고 든다. 제2차 세계대전 기간 동안의 황민화 운동도 「그 근저에 있어서는 조선인을 노예시한다는 것과는 완전히 정반대의 이른바 진정한 가족의 일원으로서 이를 일본인 사회에 끌어들이려는 동포적 애정이 흐르고 있음은 부정할 수 없다」고 하여 정당화된다. 이 책은 경제적 발전 측면을 열거하며 조선의 자본주의화와 근대화가 일본의

---

21) 『조선통치의 성격과 실적』(외무성 조사국, 1946). 본서는 필자가 고서점에서 구입한 것이다.

식민지 통치를 통해서 발전했음을 강조했다. 그리고 마지막 결론에서 「요약하면 일본의 조선 영유는 본질적으로는 제국주의적, 그 중에서도 군국주의적 지배의 범주를 벗어날 수 없지만 서양제국의 소위 식민지 정책과 비교하면 거기에서는 다분히 특이성을 찾을 수 있는 것이며, 결과적으로 실패했다고는 하지만 하나의 이상주의적 형태를 분명히 간파할 수 있는 것이다. 그것은 솔직히 말하면 전형적인 식민지 지배의 틀에 대한 비판이었고, 그것을 초월하여 새로운 민족관계 또는 동포관계를 구축하려는 노력이었다」며 일본과 조선 사이에는 종주국과 식민지의 관계와는 다른 점이 있었다고 강조했다. 이러한 해명은 전절에서 소개한 사토미 기시오가 쓴 내용과 동일하다. 게다가 조선의 독립 신국가에 대해, 지금 생각하면 섬뜩한 예언이라고 할 수 있는 한마디를 건내면서 이 책자는 끝을 맺고 있다.

> 이렇게 해서 자유로운 독립조선과 신일본의 장래는 반드시 상호간의 깊은 우정 관계로 연결될 것이다. 그때 비로소 일본의 조선 통치가 철저하게 제국주의적 지배와 착취로 일관했고, 조선인을 노예적 상태로 속박하는 것 외에 아무것도 아니었다고 공식적으로 단죄해 버리기에는 너무나 석연치 않은 그 무엇이 있음을 명료하게 이해할 수 있을 것이다.

이 책자의 집필자는 경제사적 관점을 강조하면서 일본의 조선 식민지 지배를 어느 정도 정당화하려 한다.[22] 그렇게 하려는 움직임이 일본뿐 아니라 독립된 조선 신국가들 속에서도 장차 싹틀 수 있음을 직감적으로 예언하고 있었다고 생각된다.

패전 직후 일본이 주권국가의 지위를 상실했던 시기에도 제국의 식

---

22) 그것이 후술할 식민지 근대화론과 이어지는 것은 이미 알려진 바 있다.

민지 의식은 유지되고 있었다. 그리고 조선반도에서는 두 개의 정부가 수립되고 한국전쟁에 냉전의 동서 양 진영이 관여하였다. 그리고 오늘에 이르는 분단이 시작됐다. 이 내전과 분단의 비극이 일본의 경제적 부활을 의미했음은 이미 잘 알려진 사실이다. 그리고 조선반도 남쪽에 수립된 대한민국 정부와 패전 후 독립을 회복한 일본은 국교 수립을 위한 협상을 벌였다. 처음으로 일본은 독립국인 한국과 정면으로 마주할 필요가 있었다.[23]

필자 앞에는 『야마구치현사 사료편 현대5』라는 서적이 놓여 있다.[24] 여기에 나오는 한국과 북한의 모습을 통해 일본인들의 식민지 통치가 끝난 뒤의 조선반도 독립국가와의 관계를 생각해 보고자 한다. 야마구치현이라는 곳의 지리적 특수성이 있기 때문에 이 사료집에는 한국과 일본의 접점이라 할 수 있는 모습이 나온다.

이 사료집에 처음으로 나오는 조선인의 모습은 「조선인연맹」과 그 산하 학교에 대한 해산에 관한 사료에서 등장한다. 조선인연맹은 패전 후 바로 재일조선인이 만든 민족단체였으나, 점령정책의 전환으로 인하여 탄압을 받았다.[25] 1949년 조선반도는 남북에서 두 개의 정부가 수립되자 재일조선인 가운데 어느 쪽을 지지하느냐 하는 문제가 실제로 출현하였다. 조선인단체도 분열되었고 게다가 야마구치현에서는 오노다와 시모노세키에서 격렬한 충돌 사건이 발발한 것으로도 알려져 있다.[26] 이 가운데 일본은 좌우 양 진영으로 분열된 민족단체 모두를

---

23) 요시자와 후미토시 『일한회담 1965』(高文硏, 2015) 등 많은 연구가 있다.
24) 『야마구치현사 사료편 현대5』(2017)
25) 이와 관련된 글은 김태기 『전후 일본정치와 재일조선인 문제』(게이소쇼보, 1997) 등이 있다.
26) 『야마구치현 경찰사〈하권〉』(야마구치현 경찰본부, 1982)

경계하며 대하고 있었다. 그리고 일본은 조선반도를 마주하면서 「반공」
이라는 한쪽 방향의 제약조건이 되어 가는 것이다. 1950년 한국전쟁이
발발하자 일본은 「유엔군」으로 한반도에 군사 개입을 했던 미국의 후
방 기지가 되었다. 그 일로 인해서 일본이 경제적 부활의 물꼬를 튼
것은 이미 교과서적인 이해에 속한다. 더욱이 일본인 쇼지 준이치로의
논문을 통해서 알려졌는데, 조선 인민군이 만약 조선 전역을 군사적으
로 제압했을 경우에 망명정부를 야마구치현에 수립하는 것이 고려되었
다.27) 규슈 북부와 야마구치현은 이때 함께 한국전쟁의 일본측 최전선
에 있었다고 해도 과언이 아니다.

그 다음에 크게 출현하는 것은 샌프란시스코 강화조약 전후부터 시
작되는 조약교섭이나 한일 간에 발발한 영해선을 둘러싼 분쟁과 이로
인해 농락당하는 사람들의 모습이다. 이승만 정부는 1952년 1월 18일
「해양주권선」과 「평화선」이라는 명칭으로 자국의 영해 범위를 포고하
였다. 샌프란시스코 강화조약 발효 전이어서 주권이 회복되지 않았던
일본 정부도 이미 미국의 주선으로 한일 간에 어업교섭을 하고 있던
도중에 이 선언에 항의하였다. 그러나 한국측은 이 영해선 선포에 따라
일본 어선을 총격해 나포하는 일을 반복했다. 야마구치 현의 어선은 빈
번히 한국측 경비정에 나포되었다.28) 사료집에는 한국측에 생포된 일

---

27) 야마구치현은 조선총독부의 일본인 관리로 있던 사람을 영입해 현지 어학에 능통
한 인물이 있었다. 그렇기 때문에 한반도 정보는 꽤 정확하게 야마구치 현청에서
수집되고 있었다. 쇼지 준이치로(2006) 「한국전쟁과 일본의 대응−야마구치현을
사례로−」『방위연구소 기요』제8권 3호. 각주 28)에 있는 다나카 다쓰오의 녹취록
이나 다나카 다쓰오의 전기인 야스히로 요시노리(2000)『지성은 숨을 쉬지 않는다』
(산코실업 출판부)에 대한민국 망명정부 수립 얘기가 나온다.
28) 『야마구치현사 사료편 현대2』(2000)에 이 당시 지사였던 다나카 다쓰오가 말했는
데, 자신의 지사로서의 첫 번째 일을 「이승만과의 싸움」이라고 언급했다. 일본측
에서 업계단체와 정치인 등이 이 문제에 대해 어떻게 대처했는지는 『한일어업대책

본측 선원들에 대한 귀국 후 청취 기록이 담겨 있다. 한일수교에 관해서는 양국 모두에 커다란 항의가 일어났다는 점은 이미 알려진 바이지만, 야마구치현에 있어서는 영해선 문제를 포함한 교섭의 향방은 현실적으로 어민의 생활과 관련된 것이었다. 한국이 선포한 영해선을 일본에서는 이승만 라인, 또는 이 라인으로 부르는데, 일본인이 한국측의 일방적 선언으로 나포된 데 대한 반발이 나타나고 있다. 이승만 라인에 관해 『야마구치현사 사료편 현대5』에는 야마구치현 의회의 항의 결의, 일본측 시민들이 한국과 자국 정부에 항의하는 운동을 보도한 신문기사가 수록되어 있다. 이날 집회에서 나온 구호 중에는 이승만 정권 타도라는 것도 있었다고 한다. 시위대는 군가 「애국행진곡」을 틀며 거리를 행진했다. 광복 후 야마구치현은 일제 강점기의 조선과 달리 한국과는 먼저 「이승만 라인」이라는 위협으로 인식된 측면이 있었다. 당시 일본인들은 식민지 지배 붕괴 후 귀국하려다 종결되었고, 그곳에서 귀국을 기다리며 살아남은 조선인의 모습을 목격하였다. 그리고 그 사람들이 귀국해 일군 국가가 자신들을 가로막는 것을 목격했던 것이다. 과거 식민지 통치에 대한 기억이 사라지고 한국은 일본인들에게 삶을 위협하는 존재로 비쳤다.

그 반면에 야마구치현은 1962년 한국에 사절단을 파견하고자 한 적이 있다. 1961년 5월 16일 쿠데타로 정권을 탈취해 그 자리를 장악한 박정희 국가재건최고회의 의장에게 기념품을 전달하려 했던 것이다. 그리고 한일협상이 정체되었을 때 당시의 야마구치현 지사가 한국측

운동사』(한일어업협의회, 1968)가 있다. 그리고 일본인이 부산에 억류되는 것에 대해서는 조선반도에서 다시 일본으로 밀항해 납치된 사람들을 오무라수용소에 수용하는 것으로 대응했다. 이는 현무암 「한일관계 형성기의 부산수용소/오무라수용소의 경계의 정치」『동시대사 연구』(제7호, 2014)가 있다.

외교관들과 접촉하여 사태 타개를 꾀하는 데 정치력을 발휘하였다는 자료가 수록되어 있다. 이는 한국 정부나 관료 조직 중에 학벌 등으로 일본인과 연결되어 있는 인맥이 있었기 때문이다.[29] 쿠데타 이후 권력을 장악한 박정희 자신이 일본 시절 군인으로 일본 국가를 섬긴 전력이 있었다는 점을 동시대인이 어느 정도 의식했는지는 알 수 없다.

그 때 박정희가 이끄는 한국 정부는 이승만 정권 시절의 대일정책을 전환하고 일본과의 수교를 위해 노력하고 있었다. 다만 구식민지 종주국인 일본과의 외교관계 수립에는 당연히 경계하는 바가 뒤따랐다. 박정희 자신도 대국민 저서에서 「일본과의 경제협조라는 것이 자칫 잘못하면 일본의 한국에 대한 새로운 형태의 침략이 될 수 있다는 점을 우리는 간과해서는 안 된다」며 「우선 일본은 지난 36년간 우리나라에서 무엇을 했는지에 대해 일본 국민은 물론 특히 지도자들은 반성해야 한다」고 밝혔다.[30] 결국 일본으로부터 배상청구를 단념하게 되는 박정희조차 국민감정을 달래기 위해서는 일본과의 관계에 일정한 유보를 하지 않을 수 없었던 것이다.

그럼에도 불구하고 한일협정 체결에는 한국 국민들의 거센 항의에 부딪칠 수밖에 없었다. 박정희는 재차 「만약 여러분이 나에게 「일본에 대해…」라고 질문한다면 나는 주저 없이 내 가슴에 쌓여 있는 반일 감정을 격렬히 토로할 것입니다. 그리고 여러분이 저에게 「친일인지」, 「반일인지」를 묻는다면 저의 솔직한 감정으로 일언지하에 「반일이다」라

---

29) 조선인 중에도 일본 본국에 들어와서 대학을 졸업하고 우수한 경우에 박사학위까지 취득한 사람이 있었다. 정종현, 와타나베 나오키 옮김 『제국대학의 조선인』(게이오기주쿠대학 출판회, 2021). 그들은 일본의 패전 후 남한과 북한을 각각 선택하고 선택한 국가에서 과학자·교육자로 활약하였다.

30) 박정희(1970) 『한민족이 나아가야 할 길』(박정희선집 제1권, 가지마출판회). 한국어판은 1962년에 간행되었다.

고 대답할 것입니다. 이것은 적어도 한국인이라면 누구나 다 같을 것입니다. 40년에 걸친 식민통치 수탈, 특히 태평양전쟁에서 수십만 한국인을 제물로 삼은 일본은 영원히 잊지 못할 원한을 한국인에게 안겨주었습니다.」라는 말까지 언급한 뒤 박정희는 「보다 더 먼 미래를 위해, 보다 더 큰 자유를 위해, 보다 더 차원 높은 자유진영의 결속을 위해 과거의 감정에 집착하지 않고 대국적 견지에서 현명한 판단을 할 것」이라고 연설했다.31) 이 구절의 전후반부에 있는 상당히 깊은 단절을 굳이 「대국적 견지」라는 말로만 이어가는 것이 정치적 결정의 가혹함과 나아가 정치적 결정의 배후에 펼쳐지는 역사적 황야를 거꾸로 부각시켰다고 할 수 있을 것이다. 그 조약은 한일합방조약, 즉 일본의 조선반도 식민지화의 근거가 된 조약에 대해 「이제는 무효」라는 표현을 사용했다. 이 표현은 일본측이 한일합방조약을 합법 정당하게 체결된 것으로 해석될 여지를 남겨둔 채 있었다. 더욱이 체결된 청구권 협정에 따라 대한민국 정부는 배상청구권을 포기하게 되었다. 한국 국민의 입장에서 보면 우려는 당연한 것이었다.

이러한 우여곡절과 해석도 일치하지 않은 가운데 만들어진 한일협정에 대해서는 야마구치현 의회에서도 찬반이 갈렸다. 한일협정은 양국 상호간의 이해에 기여한다는 찬성론과 영해와 영토, 어업문제는 해결되지 않았다며 반대하는 의견이 결의안에서 부딪쳤다. 결과적으로 체결 환영의 결의안이 찬성 다수로 가결되었지만, 뿌리 깊은 반대론이 있었다는 사실이 의사록에 남겨지게 되었다.32) 한국과의 수교가 성공

---

31) 「자유와 평화를 위한 현명과 용기」라는 주제의 연설. 1965년 5월 18일 미국에서 한 연설의 한 구절이다. 『박정희선집 제3권』에 수록되어 있다.
32) 야마구치현 의회의 반대론의 입장에서는 식민지 지배 책임에 대해서는 생각하지 않았다. 이것에 대해 생각하기 시작한 것은 그 이후의 일이었다고 생각된다.

하자 야마구치현은 시모노세키시 영사관 유치에 나섰다.[33] 그러면서도 시모노세키 시장은 시내 생활보호 가구의 20%가 재일조선인임을 우려하는 발언을 하고 있다.[34]

이러한 한국과의 수교와는 반대로 조선반도에 성립된 또 다른 국가인 조선민주주의인민공화국[35]에 대한 모습은 잘 드러나지 않는다. 일본은 한국과 수교하였고 그곳에서는 한국정부를 조선반도의 유일한 합법 정부로 간주하였다. 즉 일본에게 조선민주주의인민공화국은 「존재하지 않는 모습」의 나라인 것이다.

그러나 1950년대 후반 재일조선인들이 대량으로 이 나라를 찾아서 일본을 떠난 것은 사실이었다. 이 「귀국운동」에 대해서는 『야마구치현사』사료집에도 약간의 사료가 수록되어 있다. 그럼에도 불구하고 인도주의적 관점을 강조해 초당적으로 재일조선인의 조선반도 북부로의 귀국에 찬성한다는 내용이 수록되어 있는 정도이며, 한국에 비하면 기술 내용이 많지 않다. 이 시기에 일본 내에서는 급격히 「북조선 찬양」과 같은 보도가 있었다는 점은 잘 알려져 있는 사실이다. 유명한 것은 데라오 고로 『38도선의 북쪽』(1959)이라는 책이다.[36] 저자는 북한 정부로부터 초청을 받았고 귀국 후 이 책을 썼다. 이 책을 읽고 귀국을 결심한 재일조선인도 있었다고 할 정도였다. 그 후 데라오는 다시 북측을 방문

---

33) 영사관 유치에는 성공했지만, 나중에 영사관은 히로시마로 이전했다.
34) 나중에 이 문제가 재일조선인을 더욱 극렬한 증오 공격으로 몰아넣을 것이라는 점은 이 시점에서는 예측하지 못했다. 후술하는 바와 같이 재일조선인이 생활보호를 받기 쉬운 「특권」을 갖고 있다는 근거 없는 정보가 튀어나온 것이다. 이에 대해서는 노마 야스미치 『재일특권의 허구』(가와데쇼보신샤, 2013)를 참조할 것.
35) 일본에서는 국명이 아닌 지리적인 명칭인 「북조선」을 사용해 왔다.
36) 이 저서는 신니혼출판사에서 간행되고 있다. 그런데 필자는 이 책을 직접 확인하지 못했다.

하여 1961년『조선·그 북과 남』이라는 저서를 간행하였다.[37] 이 때 데라오는 귀국한 조선인 젊은이로부터 귀국한 재일조선인 중에는 「데라오와 다무라(田村茂, 카메라맨 - 필자 주) 두 사람에게 속아서 돌아온 것과 같으니 그 두 사람이 이번에 조선에 오면 청진 앞바다에 내던져 버리겠다」고 하는 사람이 있다는 말을 들은 적이 있다고 적고 있다. 데라오 자신은 이 시절의 저작 활동에 대해 만년에 변명을 하고 있었던 것 같다.[38] 그리고 조선민주주의인민공화국 정부도 먼저 귀국한 재일조선인은 행복한 생활을 하고 있다는 내용의 사진 첨부 팸플릿을 제작해 일본에 보내기도 했다. 필자가 고서점에서 입수한 당시의 팸플릿은 재일조선인이 아무것도 가져가지 않아도 그날부터 편안하게 생활을 할 수 있다는 내용이 적혀 있었다.[39] 또한, 가난한 생활과 차별에 시달려 온 재일조선인들이 귀국하고 나서 비로소 자신의 생활을 영위할 수 있었다며 기뻐하는 광경 등이 기록되어 있었다. 이 선전이나 데라오의 저서가 어느 정도 마음에 와닿았는지는 선뜻 짐작하기 어렵지만 93,000명이나 되는 사람들이 일본을 떠났다.

이 문제에 대해서는 재일조선인 단체 간에도 어느 정부를 지지하느냐에 따라 크게 달라진 사실은 잘 알려져 있다.[40] 재일본조선인총연합

---

37) 데라오 고로(1961)『조선·그 북과 남』신니혼출판사
38) 다카사키 소지(2005)「데라오 고로의 조선론」다카사키 소지·박정진 편저『귀국운동이란 무엇이었나』혜본사
39) 필자가 본 것은 김창원·김종욱(1960)『르포 귀국한 사람들』외국문출판사(평양). 이외에도『조국에 돌아가서』라는 책이 출간된 것 같으나 필자는 확인하지 못했다.
40) 재일조선인의 북측 귀국사업과 관련해서는 테사 모리스·스즈키, 다시로 야스코 옮김(2007)『북한행 엑서더스』(아사히신문사) 등이 있다. 최근 나온 기쿠치 요시아키(2020)『북한 귀국사업의 연구』(아카시서점)은 남북한의 양 정부, 일본 국내의 조선인단체라는 주체의 복잡성을 국제정치의 틀 안에서 그린 대작이다. 북한의 모습은 구소련의 외교문서 등에서 찾아내는 방식을 취하고 있다.

회(在日朝鮮人總聯合會), 즉 조총련은 물론 귀국운동을 적극적으로 추진하였고, 일본 정부도 빈곤층이 많아 치안 관리의 대상으로 생각했던 재일조선인의 귀국은 환영하는 바였다. 이에 대해 재일한국거류민단은 귀국운동을 「북송」이라 하여 재일조선인을 북한으로 보내서는 안 된다고 거세게 저항했다.[41] 그리고 일단 그들이 일본을 떠나버리자 북한으로 건너간 조선인(과 그 배우자의 일본인)은 일본에서는 오랫동안 잊혀지게 되었다. 「지상낙원」이라는 정부의 선전과 현실의 극명한 갭에 고통받는 귀국자들의 모습은 일본 사회에서는 찾아볼 수 없었다. 그것은 「북조선·조총련 비판」으로 나타나기 전까지 전혀 관심도 갖지 않았다.[42] 제2차 세계대전 이전의 「조선통치는 식민지 통치가 아니다」라는 언설이 옳다면 왜 그토록 재일조선인들이 일본을 떠났는지에 대해서 일본인들은 진지하게 생각하지 않았던 것이다.

4 가까운 한국, 머나먼 재일조선인

일본은 대한민국을 조선반도에 유일하게 존재하는 합법 정부로 승인하고 국교를 수립했다. 이에 따라 재일조선인에게는 다시 국적 선택을 강요받게 된다. 잘 알려진 바와 같이 재일조선인은 패전 직후 참정권이 박탈된 국적 보유자로 간주되어 샌프란시스코 강화조약과 동시에 재일

---

41) 『민단 70년사』(2017)의 293~298페이지에 이 운동에 대해 상세히 기술되어 있다.
42) 세키 기세이(1997) 『낙원의 꿈은 깨졌다』 아키쇼보. 저자 자신도 재일조선인 귀국운동에 힘쓰면서 귀국을 촉진하는 팸플릿을 쓴 적도 있었다고 한다. 이 저서를 쓰면서 세키 기세이는 딸 내외와의 관계를 끊게 되었다.

외국인이 되었다. 그리고 한일 간 외교교섭에서 그 법적 지위가 여러 번 변경(거류에 관한 문제)되었는데, 그 과정에서 「대한민국의 국적을 취득하든지」, 「일본 국적으로 변경하든지」, 「어느 쪽도 선택하지 않는다(소위 조선적[43])」는 선택지가 던져졌다. 이것은 일본 국가를 구성하고 있는 메이저리티에게는 전혀 의식하지 못하는 일이었다. 그리고 설마 메이저리티가 장래에 「재일한국·조선인」에 대해 「자이니치특권」이란 말을 써대며 그 존립 기반을 위협하게 될 것이라는 것은 이 시점에서는 상상조차 할 수 없었던 일이다.

일본 내 재일한국인·조선인단체는 냉전 하에서는 각각의 상부조직으로 남북 양 정부가 있어 양 정부의 국익과 직결되는 행동을 계속해 왔다. 그리고 그러한 움직임과는 별개로, 일본에 거주하는 재일조선인들은 눈앞에 벌어지고 있는 일본 사회의 차별(취업차별이나 지문날인 문제)에 저항하면서 일본 사회의 일원으로 살아가고자 했다. 전후에도 변하지 않는 조선반도에 대한 차별 의식이 일본 사회에 남아 있었기 때문이다.[44] 그 반면에 재일조선인 중에서 일본 국적 취득으로 법적으로도 일본국민이 되는 자도 나타났다. 일본에서 태어나 일본에서 자라고 일본에서 교육을 받으면서도 일본 국민으로서의 권리를 누릴 수 없는 존재로서의 재일한국·조선인의 존재는 지금도 여전히 일본 사회에 남아 있다.[45]

---

43) 이리화 편저(2021) 『조선적이란 무엇인가』(아카시서점) 등이 있다. 일본사회에서는 이 「조선적」을 「조선민주주의인민공화국」으로 오해하고 있는 경우가 많다. 이 카테고리가 재일조선인 사회에 미치는 영향이나 일본이 이러한 카테고리를 계속 유지하는 것의 의미 등이 기술되어 있다.
44) 하타다 다카시(1969) 『일본인의 조선관』(게이소쇼보)에는 1960년대 일본인이 느꼈던 조선에 대한 편견이 아이들의 눈을 통해서 나타나는 것이 기술되어 있다.
45) 김찬정(2010) 『한국병합 100년과 재일조선인』(신쵸선서)과 같은 일반용 서적에서도 이러한 문제가 취급된 것이 있다. 저자는 원래 총련에 소속되어 있었지만, 김일

1990년대 이후 급속도로 한국의 존재가 일본 사회에서 부각되어 왔다. 한국은 군사정권에서 벗어나 민주화되어 고도의 기술을 갖춘 선진국으로서 성장해, 국제사회 속에서 급속히 존재감을 키워 왔다. 1990년대 중반에는 아시아 외환위기를 맞기도 했지만, 이를 극복하며 문화콘텐츠 산업을 무기로 세계무대에 나섰다. 일본에는 이것이 「한류붐」이라는 이름으로 들어왔다. 식민지 지배의 역사적 배경을 몰라도 누릴 수 있는 내용을 지닌 음악과 연애 드라마가 일본 메이저리티를 파고들었다.[46]

그런데 이것이 일본에 있어서의 혐한, 즉 조선 멸시를 촉발시키게 되었다. 그리고 공격의 대상이 된 것은 재일한국·조선인들이었다. 다섯 권으로 간행된 만화 『혐한류』[47]는 일본인 학생이 재일한국인 학생의 의견을 「설파」해 굴복시키는 스토리로 전개되었다. 그들은 한국에 뛰어들어 논쟁하는 것이 아니다. 공격하는 것은 일본 사회의 「내부의 적」으로 간주한 상대, 즉 재일한국인의 동급생과 그 지지자였다. 그리고 여기에서 다시 전전(戰前)의 「조선정체사관」 등을 포함한 역사수정주의와 조선반도에 대한 적대적 언설이 대량으로 쏟아져 나오기에 이르렀다. 앞에서 기술한 「자이니치특권」이라는 단어는 이 책에서 등장한 것이다. 재일조선인은 세금과 연금을 면제받고 있다는 등의 허위 정보가 그 「근거」가 되었다. 이것이 차별주의자 단체인 「자이니치특권을

___
성의 전기적 사실에 저촉된 저작을 간행하고 총련을 떠날 수밖에 없었다.

46) 필자는 여기서 한국의 군사정권 시절에 대해 충분히 언급하지 못하는 것을 유감스럽게 생각한다. 적어도 군사정권 말기에는 일본의 한국에 대한 이미지가 정치적 억압과 일본인들에 의한 성매라는 어두운 이미지가 있었다는 점을 지적할수 있을 뿐이다. 필자는 이 시대에 대한 역사 인식을 갖지 못한 것이 일본인들의 한국 정치에 대한 인식에 난점을 갖게 되는 원인이라고 생각하고 있다.

47) 야마노 샤린이 쓴 이 책의 제1권이 간행된 것은 2005년이었다. 제4권까지 간행된 뒤에 이어서 『대혐한류』라는 서적도 2015년에 간행되었다.

허락하지 않는 시민 모임」으로 발전했다.[48] 인터넷을 통한 정보 전파의 속도가 이 단체를 빠르게 시민 사회에 알려지도록 만들었다.

이러한 일본 사회의 반발의 반복은 한국 군사정권 시절 인물들에게도 초조하게 만들었다. 이는 「혐한」 조류 이전의 이야기인데, 김종필은 일본에서 위안부에 관한 역사수정주의적 언설이 유행하면서 보수성향의 신문이 그것을 추인하는 듯한 보도에 격앙하여 방일 때 일본의 신문사에서 이렇게 외쳤다고 회상했다.[49]

> 자네들, 지나사변(중일전쟁·1937~45년)이 일어났을 때 몇 살이냐. 그 당시에 일본 군대 일을 도와주는 사람들의 복장을 아느냐. 헌팅 모자 쓰고 하얀 쓰메에리(깃이 목을 둘러 바싹 여미게 지은 양복) 입고, 그 위에 윗도리 걸치고, 아래는 단코바지(아래는 좁고 허벅지 부분은 넓은 승마복 같은 바지) 입고, 게토루(각반) 찬 놈도 있고, 지카다비(일할 때 신는 일본 신) 신고, 뒷주머니에 허연 수건 꽂고⋯. 이런 놈들이 돌아다니면서 '전부 군대 나가는 바람에 생산수단이 없어 사람들이 모자란다. 그래서 여자들이 생산기관에 가서 일하면 돈 벌고 그 돈을 어머니·아버지에게 보낼 수 있고, 좋지 않으냐' 이렇게 속였다. 이 장면들을 내 두 눈으로 똑똑히 보았다. 이렇게 모집한 여성들을 일부는 생산기관에 배치했겠지만 대부분은 즉각 강제로 중국으로 보내가지고 위안부 노릇을 시켰는데. 뭣이 어쩌고 어째. 꾸며낸 일이라고?

그리고 조선반도는 또 감정적이고 「반일적」인 사람이 사는 땅이라는 단정이 일본 사회에서 널리 퍼져 영토문제나 역사문제, 심지어 순수하게 한국의 국내정치에 속하는 것이라도 그런 맥락에서 다루어졌다.[50]

---

48) 현재 이 창설자 사쿠라이 마코토는 「일본제일당」이라는 정당까지 창설하기에 이르렀다.
49) 기미야 다다시 감역, 와카스기 미나코·고이케 오사무 옮김(2017) 『김종필 증언록』 신쵸사. 여기서는 언급할 수 없지만, 이 반발에는 역사교과서 기술 문제가 있었음이 관련되어 있다.

더욱이 북한의 일본인 납치 문제를 인정함에 따라서 조선학교나 조선 총련의 존재가 갑자기 떠오르게 되고, 급기야 재일조선적(반드시 북한 을 지지하는 것은 아니다)의 입장은 힘든 처지가 되었다.51) 「혐한」이 출현한 이후 일본 언론은 K-POP이나 한국 드라마와 함께 「한국의 반일」 (아울러, 「북한의 납치와 미사일」)을 내보냈다. 그러나 현실적으로 한 국에서는 확실히 반일을 호소하는 사람이 있기는 하지만, 일본 안에서 의 그러한 소동은 상대방에게 하지 않는다는 지적도 이미 나왔다.52) 한국의 상품이나 콘텐츠를 향유하면서, 외교문제로서의 한일관계를 생 각하고 싶어하지 않는 자세에 대해서는 교육적인 차원에서 극복해 나 가려는 움직임도 나타나고 있다.53)

더욱이 일본이 전후 자국 내 재일조선인의 존재나 그간 역사적으로 행해왔던 일이 조선반도에 깊은 영향을 미쳤던 것을 잊어버리고 있는 것은 아닌지에 대한 엄중한 지적이 한국측으로부터 나오고 있다.54)

---

50) 가토 나오키 「왜, 일본 미디어의 한국 보도는 왜곡되는가」 『전위』 2019년 12월호. 오쓰미 아이코 외(2020) 『한일 역사 문제를 어떻게 해석할 것인가』(신니혼출판사) 에 수록되어 있다. 이영훈의 『반일종족주의』가 일본에서 화제가 된 것은 한국인 스스로가 자국을 「반일종족」이라고까지 부른 점일 것이다. 필자에게는 이 책이 지나치게 감정적인 기술이 많다고 느껴진다.
51) 그 이전부터 일본에 있는 조선학교 학생들은 일본 사회의 차별과 경계의 대상이었다.
52) 사와다 가쓰미(2020) 『반일한국의 환상』 마이니치신문출판. 한국 시민들이 일본 식품을 애호하는 것은 친일적이 아니라 맛있어서라는 단순한 사실에 왜 주목하지 못하는가, 그리고 경제나 과학의 힘은 언제나 능가될 수 있다는 사실을 왜 외면하 는가 하는 문제가 있다.
53) 가토 게이키 감수, 히토쓰바시대학 사회학부 가토 게이키 세미나 편(2021) 『한일의 답답함과 대학생인 나』 오쓰키서점. 이 책은 학생들이 이러한 문제에 대해 적극적 으로 다룬 기록이다. 다만, 이 책에 재일조선인의 모습은 나오지 않으며 실제로 나오는 것은 한국인 유학생이다.
54) 권혁태, 정영환 역(2016) 『평화 없는 평화주의』 호세이대학 출판국, 권혁태·차승기 편, 나카노 노리코 역, 나카노 도시오 해설(2017) 『〈전후〉의 탄생』 신이즈미사. 필자도 이에 대한 문제 제기 차원에서 「지나칠 수 없는 제국」 『계론21』(제48호, 2020)이라는 글을 쓴 바 있다.

5 맺으며

필자는 역사적 배경과 오늘의 모습을 통해서 재일조선인 문제를 생각해 보고자 했다. 거기에 존재했던 것은 식민지 시대의 정체된 국가에 사는 뒤떨어진 사람들로 받아들였다. 그러나 1920년대가 되면서 독립운동 등으로 저항하는 사람들로 인식되었다. 제2차 세계대전 패전 후 일본 사회는 조선반도의 식민지를 잊어버리려 시도했지만, 조선은 일본의 식민지 지배를 잊지 못했다. 단지 잊어버리는 것뿐만 아니라 때로는 「적대적인 존재」로 보이는 경우도 있었다. 일본 국가와 사회의 방향 전환으로 일본에 머물게 된 조선반도를 근간으로 하는 사람들은 국제 정세와 일본의 정책에 농락당했다. 그들은 일본 사회로부터 차별을 받으며 잊혀진 사람들이었다. 한국의 약진과 북한의 납치문제·군사적 위협이 재일조선인들을 방치한 채로 일본 사회에서 멀어지게 만들었다. 한국문학의 번역본이 일본 국내에서 애독되는 반면, 재일한국·조선인 작가가 일본어로 써온 소설이나 시와 같은 작품군의 존재는 대부분의 사람들에게서 아무런 관심도 없이 「일본문학」의 하나로 인식되고 있는 것은 아닐까. 북미나 영국 이외의 지역에서 영어로 쓰여진 문학작품이 있는 것처럼 일본어로 쓰여져 있지만 일본문학과 다른 점은 어느 정도 인지를 문학에 문외한인 필자는 잘 모른다.55)

---

55) 이 문제는 문학을 읽는 이에게 큰 문제이다. 식민지 통치의 상흔의 소산으로서 「일본문학」이라고 생각할 수도 있겠지만, 어디까지나 「일본어문학」으로서 일본어는 사용되어도 일본문학의 일부가 아닌 경우도 있을 수 있다. 영어나 프랑스어라면 당연히 있을 수 있는 일이지만, 일본어에서는 이 문제를 아무래도 깨닫기 어렵다. 한국에는 월경하는 일본어문학을 연구하는 잡지 『과경(跨境)』이 있다는 것을 필자도 잘 알고 있다.

한국 드라마를 오락으로 소비하면서 「혐한」하는 일본인 시민의 존재는 크게 모순되지 않아 보인다. 아마도 그들은 자신이 「혐한」하고 있다는 것조차 눈치채지 못할지도 모를 것이기 때문이다. 하지만 한국문학을 하나의 존재로 그리고 보편적인 것으로 인식하면서 읽어가는 사람들이 조금씩 늘어가는 것56)과 더불어서 역사의 아픔을 안고 공생하는 사람들이 늘어가기를 기대한다.

[附記]
이 글은 2020년 12월 17일에 동의대학교 동아시아연구소 주최로 열린 국제학술심포지엄에서 실시한 발표 내용을 수정·가필한 것이다. 다양한 전문가들이 활약하는 학문분야의 글을 발표하는 것에 대해 약간 부담도 되지만, 이 분야에 대한 필자의 문제의식을 제시하고자 한 글이다.

---

56) 『한국 페미니즘 일본』 카와데쇼보신샤(2019). 『분게이(文藝)』라는 잡지의 한국문학 특집호이다. 이 잡지가 대량으로 팔려서 단행본으로 재간행되었다. 한국문학이 「희귀한 외국문학」이 아닐 수 있게 된 것은 이웃 나라를 보편성의 측면에서 이해하려는 사람들이 증가하고 있다는 것으로 이해할 수 있을 것이다.

제3장

다문화공생과 일본 속의
올드 마이너리티·뉴 마이너리티
－아이누와 재일한국인의「공생권」문제－

권오정(權五定)

히로시마대학에서 교육학박사학위를 받고 경희대학교·한국교원대학교·류코쿠대학 교수로 일해왔다. 현재 류코쿠대학 명예교수이며 도쿄가쿠게이대학 연구펠로, 학술교류단체 BOA 이사장, 한국사회교과교육학회 고문, 일본 Korea연구실 고문으로 활동하고 있다. 『국제화시대의 인간형성』, 『민주시민교육론』(공저), 『사회과교육학의 구조와 쟁점』(공저), 『暴力と非暴力』(공저), 『「多文化共生」を問い直す』(공편), 『誠心交隣に生きる』(감수), 『多文化共生社会に生きる』(감수) 등의 저서가 있다.

프롤로그

 카나다의 인디언, 이누이트, 메티스(카나다 원주민과 유럽인의 혼혈)의 어린이들을 수용하기 위하여 만들었던 기숙학교 형태의 시설 부지에서 어린이들의 유해가 발견되고 있다. British Columbia에서는 215명의 유해가, Saskatchewan에서는 751명의 유해가 발견되었다. 앞으로 더 많은 유해가 발견되리라 한다. 카나다에는 19세기에서 20세기 중엽까지 원주민 수용을 위한 기숙학교가 139개나 만들어졌고 1863년에서 1998년 사이에 15만명 이상의 어린이가 가족으로부터 격리되어 강제 수용되어 있었다는 사실이 확인되고 있다. 이들 기숙학교는 1890년대부터 1980년대까지 로마 카톨릭 교회가 관리 운영하는 경우가 많았다.
 기숙학교에 수용된 원주민 어린이들에게는 자신들의 모어 사용이 허용되지 않았을 뿐만 아니라 열악한 환경 아래 정신적, 육체적, 성적 학대를 받으며 백인 사회로의 동화를 강요받고 있었다. 그리고 이번에 발견된 유해들로부터 기숙학교에서는 계획적인 「문화적 집단학살(Cultural Genocide)」이 이루어지고 있었다는 사실을 알 수 있게 되었다(『연합뉴스』 2021.5.29·『BBC』 2021.6.24 기사 종합).

 다문화 공생시대라고 하는 오늘날, 충격과 처절함을 느껴야 하는 불행이 지구상에 존재했었고 아직도 그 아픔이 계속되고 있다는 사실이 확인된 뉴스였다. 원주민 어린이들이 왜, 어떻게 희생되었는지는 정확히 밝혀지지 않고 있지만 희생의 현장이 말해주는 진실이 읽혀지기 시작했다.

근대의 제국주의 국민국가들은 자신들의 권력과 그 배경의 무력, 자본, 종교를 하나로 동원하여 세계의 약자를 침략했다. 한국을 비롯한 아시아 아프리카 등의 여러나라들이 식민지로 전락해 자신들이 가꾸어온 역사는 단절되었고 존엄성은 추락하고 말았다. 제국주의 국민국가의 침략으로 비롯된 단절의 역사는 한국에서 볼 수 있듯이 국토를 분단시키고 나라의 사람들을 분산시켰으며 그로 인한 갈등과 마찰은 지금도 계속되고 있다. 또한 제국주의 국가들처럼 폭력적인 거대 조직을 갖지 못했던 원주민들은 제국주의 「문명국가」의 침략 앞에서 문명이란 자신들의 신보다도 강하다는 공포와 체념을 안고 제대로 저항도 못하면서 소멸의 길을 가야만 했다.

세계는 힘의 논리에 따라 문명권과 미개권, 메이저리티와 마이너리티로 양분되었고 이러한 차별적인 격차구조는 정치적으로 강화되었고 경제적으로 지원·확대되었고 법률적으로 제도화되었고 지식·문화적으로 정당화되었고 사회적으로 널리 수용되면서 오늘날까지 이어져 왔다. 그 과정에서 마이너리티는 토지권·자치통치권·자원권·경제 활동권·언어권·문화권·교섭권·정서권, 그리고, 글머리 기사의 어린이들처럼 생존권마저도 박탈당하고 말았다. 인류의 공생질서는 이렇게 망가져갔다.

일본 속에서는 원주민이었으면서 그 존재조차 희미해지고 있는 아이누 혹은 아이누계 사람들과 식민지 한반도에서 이주해온 재일한국인 혹은 한국계 사람들이 일본사회의 마이너리티로서 삶을 영위하고 있다. 원래부터 일본에서 살아온 아이누[1]가 old minority라면 한반도에서 일

---

1) 아이누가 살아온 오늘날 홋카이도(北海道)라고 불리는 지역은 원래 일본인의 땅이 아니었다. 일본의 공권력이 공식적으로 이 땅에 들어간 것은 1604년 마츠마에한

본으로 이주해온 재일한국인은 new minority인 셈이다.[2] 이들은 일본
에 의해 마이너리티로 전락했거나 마이너리티로서의 약체화가 더욱 심
하게 진행된 집단이다. 일본은 이들과의 공생질서를 파괴해온 것이다.
그리고 이 시점에서 더욱 심각하게 일본에게 물어야 할 것은 왜 스스로
파괴한 공생질서의 회복에 그토록 인색한가이다.

　인류의 공생질서를 파괴한 것은 비단 일본만이 아니다. 영국·프랑
스·미국·스페인 등 소위 근대의 제국주의 선진 국민국가들은 약소국가
나 지역 그리고 역내 원주민의 권리를 박탈하면서 그들을 비참한 마이
너리티로 전락시켰다. 앞에서 본 것처럼 카나다에서는 원주민에 대한
「문화적 집단학살」까지 자행되고 있었다. 그런데 매우 역설적인 현상
으로 1960년대 후반 이후 이들 나라에서 다문화주의·다문화공생이 활
발하게 논의되기 시작하였고 국가적 차원에서 다문화정책이 표면화되
어 왔다. 특히 카나다의 인디언, 이누이트 원주민족, 오스트레일리아의
애보리진 원주민족, 북구의 사미 원주민족에 대한 정보가 널리 전해졌
고 정치적, 사회적, 학술적 차원에서 많은 관심을 모았다. 그러나 일본
에서는 원주민을 포함한 마이너리티의 권리 박탈 혹은 경시에 대한 논
의가 적어도 1990년대에 이르도록 정부 차원에서도 잠잠했고 사회적
학술적 차원에서도 비교적 조용했다. 묻어놓고 지나려는 정치적 의도

(松前藩)이 설치되면서이고 마츠마에한에서도 이를 '이민족이 사는 땅'이라는 의미
의 에조치(蝦夷地)라고 불렀다. 이 땅이 공식적으로 일본국 영토가 된 것은 메이지
유신(明治維新) 이후이고, 1869년 메이지 정부의 다죠칸(太政官·메이지 정부의 국
정 총괄 최고기관)의 결정으로 홋카이도라는 행정구역이 설치된 것이기 때문에
"원래부터 「일본」에서 살아온…"이라는 표현은 적절치 않다. 다만 이 글에서는
현재의 일본 행정구역 내에서 살아왔다는 편의상의 의미로 이 표현을 사용했다.
2) 일본 속에는 아이누와 재일한국인 이외에 아직도 일본이 원주민의 지위를 인정하
지 않고 있는 민족 단위의 마이너리티로서 오키나와의 원주민이 있다. 다만 이
글에서는 거기까지 다룰 여유가 없어 아이누 원주민족에 한정해 살핀다.

가 강하게 작용하여 오지 않았나 의심할 수밖에 없다. 미국에서는 1950년대부터 원주민 인디언보다도 노예이민 흑인 중심의 시민권운동에 더 관심이 쏠렸고 그 시민권운동의 결과로서 다문화주의가 정책적으로 채택되었던만큼 원주민 문제에 대한 논의가 다문화주의 생성의 이니셔티브를 쥐고 있지 않았다고 보이지만 시민권운동이 확산되는 과정에서 원주민도 이 운동에 합류하기 때문에 일본에서처럼 원주민 문제를 덮어두었다고 볼 수는 없다.

유럽, 카나다, 미국, 오스트레일리아에서의 다문화공생이 모두 성공적으로 이루어지고 있다고 말할 수는 없고 이들의 다문화공생의 논리가 보편적으로 수용될 수 있는 타당성을 갖고 있다고 볼 수도 없다. 그러나 이들 나라나 지역에서는 적어도 1960년대 이후 다문화공생사회의 실현을 위한 움직임이 착실히 진척되어왔다. 이 점이 일본과 다르다는 것이다.

일본에서 다문화공생을 지향하는 시점에서 원주민을 비롯한 마이너리티 문제를 다루어오지 않은 이유는 다문화공생이라는 시점 자체가 존재하지 않거나 애매하기 때문이다. 같은 맥락에서 마이너리티의 희생(피해)에 대한 가해 의식이 없고 따라서 마이너리티의 권리와 존엄성의 회복을 통한 공생의 설계도 작성이나 실천이 이루어질 리가 없었다. 이러한 점을 염두에 두면서 일본 속의 올드 마이너리티 아이누가 모든 권리를 박탈당하고 배제와 동화의 대상으로 전락하여 이제는 그 존재조차 한계에 이른 경위를 밝히고, 선택제한 정황 속에서 기본적인 인권의 제한과 통제를 받으며 살아온 뉴 마이너리티 재일한국인의 삶의 변화를 살핌으로써 일본, 그리고, 나아가 보편적 차원의 다문화공생사회로의 성숙에 필요한 조건이나 해결해야 할 과제 탐색의 방향이나 시사를 얻고자 한다.

아이누와 재일한국인이 일본 속에서의 마이너리티로서의 속성이나 마이너리티로 살게 된 경위가 같다고 볼 수는 없다. 그러나 배타적이고 독점적인 지배체제로서의 국민국가의 권력에 의해 자신들의 권리와 존엄성을 잃고 배제와 차별 그리고 동화의 대상이 되어왔다는 점에서는 같은 선상에 있어 왔다. 다만 이 두 마이너리티 집단이 같은 처지에 놓여져 왔다는 결정론적인 진술은 양자에 관한 수량적인 데이터를 비교분석해 얻은 결과에 토대를 두고 있지 않다. 주로 현장의 관찰과 인터뷰 등을 통한 전체직관적인 판단에서 나온 것이다.

이 글은 다루는 내용으로 볼 때 세 파트로 구성되어 있다.

첫째, 다문화주의(multiculturalism) 혹은 다문화공생의 이념과 그 실현을 위한 노력을 ① 제2차 세계대전 이후 근대 국민국가체제에 대한 반성 혹은 반동으로 시작된 리버럴 다문화주의(liberal multiculturalism)와 그 비판 세력들과의 상호 긴장관계 속에서 형태화된 「선언적 장치」에 촉발되어 시작되는 노력(제1계보), ② 경제발전에 필요한 외국인 노동자 혹은 전쟁, 빈곤 등으로 발생한 난민의 수용의 결과 발생하는 다문화화에의 대응으로서의 노력(제2계보), ③ 마이너리티의 지위와 권리 향상을 위한 시민권운동의 결과 시작되는 노력(제3계보)으로 나누어 살핀다. 그 위에서 이 계보들의 논리적 한계와 더불어 실천적 차원에서의 다문화공생의 정착 정황을 확인해본다. 그동안 다문화공생에 관한 문헌자료, 다문화공생 및 다문화교육의 실천 사례의 검토 결과를 단편적으로 발표해온 내용과 교수 과정에서 정리된 내용을 활용한다.

둘째, 아이누가 일본의 체제 속에서 마이너리티로 전락하게 된 경위를 살핀다. 이를 위해 2021년 9월 10일부터 9월 23일까지, 그리고, 10월 28일부터 11월 5일까지 두 차례에 걸쳐 홋카이도 현지조사를 실시했다. 아이누의 삶의 자취(유적 및 유물), 현지에서만 접할 수 있는 아이누에 관한 기록과 구전 내용의 채록이 주된 목적이었다. 이 과정에서 홋카이도 전역에 걸친 아이누, 조선인 강제노동자의 인권 상황을 널리 파악하고 있는 하코다테오타니(函館大谷)단기대학 학장 후쿠시마 노리시게(福島憲成)씨, 선대부터 아이누의 인권신장 활동에 진력해온 F씨, 사할린에서 태어나 자랐으며 전후 홋카이도로 철수해와서 아이누와 조선인 강제노동자의 인권과 명예회복을 위해 활동해왔고 홋카이도 도의회의원으로서 인권신장 사업을 도정에 반영하는데도 노력해온 이와사키 모리오(岩崎守男)씨, 홋카이도 민단의 고문으로 활동하면서 한국인 강제노동자의 위령사업을 해오고 있는 재일한국인 김태훈(金泰勳)씨의 증언이나 회고담은 이 글의 바탕이 되고 있다. 이분들은 필요한 장소를 안내하는 어려움을 마다하지 않았고 귀중한 자료 제공도 아끼지 않았다. 그리고 본인 자신이 아이누로서 아이누의 전통문화를 계승시키기 위하여 무대에 서왔고 지금은 딸에게 무대의 역할을 맡기고 있는 야마모토 에이코(山本栄子) 씨의 아이누로서 겪어온 체험담과 현재 심경의 술회는 연구자료로서의 의미가 컸음은 물론 그 이상의 감동적인 메시지였다.

　이번의 홋카이도 현지조사는 오랜 기간 아이누 연구에 몰두해온 향토연구자 히라야마 히로토(平山裕人)씨의 안내와 가르침이 있었기에 성사될 수 있었다. 히라야마 씨는 안내뿐만 아니라 많은 귀중한 자료도 제공해주었다. 아이누는 문자를 갖고 있지 않았다. 아이누에 의해 만들어진 문헌자료에 접할 수 없고 일본인에 의해 작성된 문헌은 앞뒤가 맞지 않고 사실과 기술의 시간적 간격이 너무 커 신뢰하기 어려운 점을 부인할 수 없다. 이 글을 위의 증언이나 술회를 중심으로 작성하게 된 이유이다.

셋째, 국가에 의해 그 사회적 법적 지위와 권리가 좌우되면서 마이너리티로 살아올 수밖에 없었던 재일한국인의 삶의 자취를 다문화공생의 시점에서 다시 점검해본다. 지금까지 재일한국인의 지위와 권리에 대해서는 많은 연구가 이루어져 왔지만 대부분 재일한국인의 지위와 권리 향상을 위한 운동으로 직결되는 고발이나 계몽의 성격이 강했기 때문에 많은 연구성과가 학술적 보편가치로 축적되기 어려웠다고 본다.

재일한국인은 한반도를 떠날 때부터 이미 조국 사회에서의 마이너리티에 속하는 사람들이 대부분이었다고 볼 수 있다. 일본 사회에서는 식민지 출신이라는 것만으로 마이너리티일 수밖에 없었고 해방과 함께 그 지위와 생활은 더욱 불안정해졌다. 해방 후 전개되는「국적이탈」문제,「귀국사업」, 한일국교정상화 등 재일한국인의 삶과 직결되는 소용돌이는 일본뿐만 아니라 한국, 북한, 미국, 소련(당시) 등 관련 국가들의 구조적 역학 속에서 이루어진 일들이다. 재일한국인의 마이너리티로서의 복잡한 성격은 국가와 개인 간의 관계에서 결정되어온 것이다.

재일한국인의 법적지위에 관한 내용은 이수경·권오정(2022)「재일코리안의「공생으로 산다」라는 주체적 선택(4) – 다문화공생의 시점에서 보는 재일코리안의「법적지위」문제 – 」『도쿄가쿠게이대학기요 인문사회과학계 I 』제73집(「在日コリアンの「共生に生きる」という主体的選択(4) – 多文化共生の視点から見る在日コリアンの「法的地位」問題』『東京学芸大学紀要 人文社会科学系 I 』第73集)의 일부분을 수정·보완한 것이 중심이 되어 있음을 밝혀둔다.

제국주의 국민국가로서의 발전을 꾀하는 일본에 의해 만들어진 올드 마이너리티와 뉴 마이너리티가 홋카이도 개척사업의 추진과정에서 만나게 된다. 미성숙 제국주의 국민국가 일본에 의해 만들어지는 비극적인 상황에서 그들은 만났고 만난 후 새로운 처참한 사례가 만들어지기도 한다. 일본 속의 올드 마이너리티와 뉴 마이너리티가 겪어온 사례를 중심으로 공생질서가 파괴되는 과정에서 볼 수 있는 국가와 인간의 구조적인 부적절한 관계를 살피면서 새로운 공생질서를 모색하는 단서를 찾고자 한다. 일본 속에는 아이누나 재일한국인처럼 본래부터의 이방인뿐만 아니라 일본인이면서 일본사회의 마이너리티로 살아온 사람들도 많다. 이들 문제까지는 다루지 못했지만 거기에는 또 다른 문제상황이 전개되어왔을 것이다.

 ## 2 다문화공생의 질서 파괴와 회복을 위한 노력

2.1 원초적 다문화공생사회 구축의 시도

2.1.1 인류의 이동과 다문화화의 경험

인류 5만 년의 역사는 이동의 과정에서 형성되고 변화해왔다.3) 생존

---

3) ナヤン・チャンダ(友田錫・滝上広水)(2009)역『グローバリゼーション 人類5万年

에 필요한 모든 것을 자연에 의존해야만 했던 인간은 필요로 하는 양식과 그 밖의 생필품을 주변의 자연에서 얻었고 그곳의 자원이 고갈되면 살기 위해 새로운 이동을 할 수밖에 없었다. 인구가 늘면서 재배나 양식의 지혜가 생길 때까지 정착과 이동의 간격이 좁혀져 갔다.

아프리카 동부에서 인간으로서의 삶을 시작한 인류는 그곳에서의 양식과 생필품이 고갈되기 시작하자 중앙아프리카 쪽으로 이동했고 거기서 다시 자원이 부족해지자 북쪽으로 이동했다. 그리고 드디어 바다를 건너 곧바로 북진을 계속한 집단이 있는가 하면 오른쪽(동쪽)으로 방향을 튼 무리도 있었고 그 무리 중에는 다시 남쪽을 향한 그룹도 생겼다. 이렇게 이동을 계속한 인류는 드디어 세계 방방곡곡에 퍼져 살게 되었다. 그러는 사이에 햇볕이 따가운 곳에서 살아온 인간들은 자외선으로부터 신체를 보호하기 위하여 멜라닌 색소가 짙은 검은 피부를 갖게 되었고 멜라닌 색소가 필요 없는 유럽의 인간들은 흰 피부를 갖게 되었다. 중앙아시아의 바람이 강한 사막지대를 이동해온 아시아 사람들은 대체로 눈 코 입이 작고 갈색 피부를 갖게 되었다. 이렇게 이동 과정에서 달라진 외모를 가지고 편견과 차별을 하는 인종주의는 참으로 부끄러운 무지의 소산이라고 할 수밖에 없다. 지구상의 인종은 인간이라는 한 종류밖에 없다는 말은 계몽용어이기 전에 생물학적으로 보아도 틀림이 없는 진실이다.

이동과 정착을 되풀이하는 과정에서 인간의 무리는 커뮤니케이션의 수단을 찾았고, 자연으로부터 양식을 얻는 방법이나 자연·생태 조건에 맞는 행동·생활방법을 궁리했으며, 추위와 더위 때로는 홍수와 같은 자연재해 혹은 맹수의 습격과 같은 위험으로부터 스스로를 지키는 방

のドラマ(上·下)』 NTT出版 참조

어기술을 터득해야만 했다. 혼자나 작은 씨족단위만으로 살아가는데는 한계가 있음을 알게 된 인간은 보다 큰 집단을 만들어야 했고 집단을 컨트롤하는 시스템도 짜내야 했다. 이렇게 인간은 문화를 갖게 되었다.

문화를 갖게 된 인간은 문화를 공유하는 집단을 보다 효율적으로 키우고 지속시켜기 위하여 문화의 전수와 전파를 위한 교육도 했다. 교육을 통해 문화의 공유 집단은 지속적인 응집과 확산을 계속할 수 있었다. 이들 문화 공유 집단이 다시 이동을 하거나 외부의 문화 집단이 이동해 왔을 때 이질적인 문화가 만나게 된다. 이문화가 만났을 때 새로운 지혜와 정보를 나눌 수 있다는 이점도 많지만 커뮤니케이션이 안되고 생각이 다르고 행동이 다를 뿐만 아니라 자연으로부터 얻는 자원을 나누어야 한다는 부담 때문에 불안 갈등 마찰 경우에는 다툼도 일어났다. 다문화화 현상이 일어나고 있었던 것이다. 오늘날 우리들이 경험하고 있는 다문화화 현상과 구조적으로는 다를 바 없다.

2.1.2 동짓날의 「빛의 축제」와 크리스마스

고대사회에서 다문화화를 가장 심각하게 경험한 것은 로마였다. 로마는 자신의 시민과 그 밖의 구성원의 생활을 안정시키기 위한 식량과 생필품을 확보하기 위하여 끊임없이 주변 국가나 지역을 정복하여 제국의 영역을 확장해갔다. 그 결과 영역 안에 다양한 이문화가 늘어갔고 이는 로마 사회 발전의 원동력이 된 다양성의 확보를 성공시킬 수 있는 중요한 재산이 되었다. 한편 문화 간의 마찰과 갈등도 그만큼 빈번히 일어났다. 정복과 다문화화 현상의 확산이 반복되고 있었던 것이다. 로마의 가장 중요한 정책과제는 정복과 다문화화에 대한 대응을 동시에 성공시키는 일이었다.

다문화화에 대한 대응책의 대표적인 것이 12월 25일의 크리스마스 설정이다.

로마는 크리스트교 신자가 많은 지중해 남부 지역을 정복한 이래 이 질적인 종교인 크리스트교를 박해했다. 그러나 일단 로마 영역 안에 들어온 크리스트교의 신자가 점점 늘어나 로마 당국으로서도 크리스트교는 무시할 수 없는 세력이 되었고 313년 황제 콘스탄티누스는 크리스트교를 공인할 수밖에 없었다. 그리고 392년에는 황제 테오도시우스에 의해 크리스트교는 로마의 국교가 되었다. 당연히 로마의 공인 종교 나아가 국교가 된 크리스트교의 교조 크리스트의 탄신을 기념하는 의식이 거행되기에 이른다. 그 의식이 언제부터 시작되었는지는 확실치 않지만 적어도 325년부터 354년 사이에는 축제의식이 열리고 있었다고 본다.

그 무렵 로마에는 이미 많은 토착종교 혹은 토착화된 외래종교가 있었고 특히 페르시아에서 유래한 미트라스교(Mithraism)가 널리 믿어지고 있었으며 12월 25일에는 불멸의 태양신 미트라스의 탄신을 축복하는 「빛의 축제」가 성대히 거행되고 있었다. 세계 대부분 지역의 민간신앙에서 가장 많이 신으로 받들어지는 대상이 태양이라는 점에서 볼 때 로마의 「빛의 축제」는 미트라스 신만이 아니라 로마의 기존 토착종교 대부분의 신앙 대상인 태양신을 축복하는 축제였을 것으로 추측된다. 그 12월 25일에 크리스트의 탄신을 축복하는 크리스마스를 설정한 것이다. 로마의 구성원 모두가 더불어 행하는 큰 축제가 열리게 되었다.

12월 25일이라는 날짜가 절묘하다. 로마의 달력으로 12월 25일은 태양이 가장 짧고 약한 동지였다. 어둠의 시간, 악마의 시간의 절정이었

다. 동시에 빛의 시간, 선신의 시간이 부활되기 시작하는 순간이기도
했다. 12월 24일 일몰 시각(크리스마스 이브)에서 25일 일몰까지의 시
각이 크리스마스, 곧 크리스트의 탄신을 축복하고 크리스트의 부활(새
로운 질서의 시작)을 찬양하는 축제의 시간이었다. 그리고 미트라스교
를 비롯한 토착신앙의 「빛의 축제」도 크리스마스에 통합 혹은 흡수되
었다. 크리스마스는 단순히 크리스트의 탄신과 부활을 축복 찬양하는
의미만이 아니라 모든 종교 인종 문화의 조화, 공생, 새로운 질서의 탄
생을 기도하는 축제의 시간이었던 것이다.[4]

　12월 25일의 크리스마스 설정은 로마의 지혜가 낳은 다문화화에의
대응책 즉 다문화정책이었다. 이러한 다문화정책을 통해 로마 내에서
의 이문화 간의 마찰과 갈등을 완화시키려 했다고 볼 수 있다. 그러나
로마의 다문화정책이 곧 로마가 다문화사회로 성숙해갔음을 의미한다
고 보기는 어렵다. 로마는 주변을 정복하면서 포섭하는 대부분의 피정
복자를 foreigner(외국인, 국외자)로 취급해 원래 로마의 citizen(시민)
과 구분했다. 한 체제 안의 모든 문화가 자유롭고 평등하게 영위되는
사회가 다문화(공생)사회라고 한다면, 로마의 경우, foreigner는 citizen
이 필요로 하는 식량과 생활물품을 생산하는 노동력일 뿐 나라나 사회
의 일을 결정하는 과정에는 참여할 수 없었다. 그러한 의사결정과정에
는 배타적인 밀폐집단(cohesive group)인 citizen만이 참여할 수 있었
다. 그리고 foreigner에게는 citizen을 위해 제공되는 것과 같은 교육
(citizenship education)의 기회가 주어지지 않았기 때문에 foreigner 자
신들의 문화를 가르치지 못했고 따라서 그들의 문화가 지속되고 공유

---

4) 村上良夫(1988) 「クリスマスの起源—その歴史的背景」『北陸大学紀要』12号, pp.241~250
　참조

되기는 어려웠다. 역사가 단절되고 문화 범위가 축소될 수밖에 없었던 것이다. 로마의 citizen과 foreigner는 공생하지 않고 다만 「분리공존(segregation)」할 뿐이었다. 로마를 다문화(공생)사회라고 볼 수 없는 까닭이 거기에 있다.

로마의 「분리공존」의 질서는 먼 훗날 미국의 흑백 분리정책(separate but equal)에서 그 정수를 다시 볼 수 있다. 공생의 질서와는 거리가 먼 것이었다.

2.2 야누스의 시대 - 자유·평등·박애(공생)의 근대가 파괴한 공생의 질서와 억압·차별·배제의 대상으로 전락하는 마이너리티

근대는 야누스의 시대였다. 희망과 좌절이 교차하는 시대였던 것이다. 근대는 봉건체제와 절대왕권체제의 요구만을 우선시킴으로써 팽배해질대로 팽배해진 부조리·불합리를 극복하고 과학적 합리주의(Enlightenment)에 토대한 자유·평등·박애(공생)의 삶이 약속되는 듯했다. 종교와 계급이라는 배타적 밀폐집단의 가치 질곡에 갇혀 인간으로서의 존엄성마저 잃어버렸던 이성의 주체로서의 개인이 해방되리라 믿었다. 주체적 개인과 개인이 계약을 맺어 만들어진 더불어 사는 사회 속에서의 민주주의적 삶이 실현되리라는 꿈을 갖게 되었다. 그러나 그러한 근대의 꿈은 제대로 실현되지 못했다.

또한 그때까지 인류가 경험해보지 못한 과학·기술의 발달은 대량생산을 가능케 했고 풍요롭고 편리한 삶이 약속되는 듯했다. 그러나 이역시 빗나간 꿈이었다. 자본주의적 대량생산체제는 인간의 소외와 격차를 불렀다. 실존적 가치조차 상실해가는 인간군이 나타나기도 했다.

자본과 종교를 앞세운 배타적인 국민국가는 제국주의의 모습을 드러냈고 약소국가와 원주민을 지배하에 두기 시작했다. 배타적인 계층지배구조를 강화해 근대의 세계는 메이저리티와 마이너리티로 양분되고만 것이다

2.2.1 과학·기술·산업의 혁명과 제국주의 국민국가의 대두

르네상스에서부터 시작된 신 중심에서 벗어난 인간 중심의 실증주의적 사고와 활동은 근대에 이르러 과학·기술문명의 꽃을 피웠고 그 꽃은 산업혁명이라는 열매를 맺었다. 새로운 기계와 도구가 발명되었고 그때까지 꿈도 꾸지 못했던 대량생산체제가 갖추어졌다. 대량으로 생산된 물자를 팔아 축적된 자본은 다시 생산에 투자되었고 새로운 대량생산과 부의 축적이 이루어지는 순환이 거듭되었다. 그러나 이는 몇 되지 않는 「선진문명국가」, 그리고 그 국가 안에서도 몇 되지 않는 자들만이 독점적으로 경험하는 불균형의 악순환이기도 했다. 개인의 차원에서는 빈부의 격차가 봉건체제하에서의 계급보다 더 무섭게 자유·평등·박애를 빼앗아갔다. 『레미제라블』의 코제트 모녀가 겪었던 것처럼 빈곤·질병·탄압이 연속되는 일상생활에서 근대의 파라다이스는 상상할 수조차 없었다.

근대의 파라다이스는 한정된 국가, 한정된 자본이 독점하고 있었다. 대량으로 생산된 물자를 팔아야만 했던 한정된 국가와 자본은 기술력의 증강으로 건조 가능했던 대형 기선에 물자를 싣고 해외의 시장을 찾아나섰다. 이때 그들은 선박을 보호한다는 명목으로 역시 근대적인 무기로 무장된 군함을 동행시켰다. 제국주의의 모습이 갖추어진 것이

다. 중국을 위협한 영국의 클립퍼도 일본을 위협한 미국의 페리 함대도 그런 모습이었다.

자본주의적 경쟁에 이길 수 있는 국민국가 체제를 갖춘 제국주의 국가들은 약소국가를 식민지로 송두리째 지배하에 두었고 국가체제를 갖추지 못한 원주민들의 모든 권리를 빼앗았다.

제국주의 국민국가는 근대적인 등기가 되어있지 않다는 이유로 원주민들의 토지를 「임자 없는 땅」으로 치부하여 제멋대로 토지대장을 만들어 모두 자신들의 국유지로 했다. 원주민들의 생활 양식을 취득하는 생산과 교역활동에 대대적인 자본을 투입하여 대량 취득·생산을 감행해 자신들의 교역품으로 가져갔다. 이로써 원주민들은 자원권, 생산·교역활동권을 잃어버렸다. 근대적인 제도에 토대한 통치 능력을 갖지 않고 있다는 이유로 원주민의 자치적 통치권도 인정하지 않았다. 근대 국가와 그 구성원과의 커뮤니케이션에 장애가 된다하여 원주민의 모어 사용을 금지했고 근대적인 감각에서 볼 때 혐오감을 준다하여 원주민의 화장 복장 놀이 노래와 같은 문화권, 정서권도 빼앗았다. 그리고 궁극적으로는 국민국가의 일원이 되어야 한다고 동화를 강요하여 이름(명명권)까지 빼앗았다. 그러나 동화란 원주민 자신의 모어, 모문화, 아이덴티티를 버리고 국가가 요구하는 언어, 문화, 국민적 동질성을 갖는 것 이상의 것은 아니었다. 여전히 배제와 차별의 대상으로서의 마이너리티의 굴레를 벗어날 수가 없었다. 뿐만 아니라 국민국가의 배타적 속성은 새로운 이민을 받아들이는데도 민족적·인종적 선별주의를 채택하게 했다. 1970년대까지 존속한 백호주의(white Australia)가 그 대표적인 예이다. 거기에는 공생의 질서 따위는 찾아볼 수 없고 민족적·인종적 차별주의가 「정의로운 질서」로 고정되어 있을 뿐이었다.

더욱 비극적인 일은 이러한 민족적·인종적 차별주의가 정치적으로 강화되고 법적으로 용인되었고 경제적으로 뒷받침 받고 학술적으로 정당화되었으며 사회적으로 널리 받아들여졌다는 사실이다.5) 이러한 풍토 위에서 제국주의 국민국가는 메이저리티 「단일민족」의 독점적이고 배타적인 계층적 지배체제를 확립하기 위하여 마이너리티에 강요하는 다음과 같은 국민형성정책을 짜냈다.6)

① 메이저리티 집단의 언어를 유일한 국민의 언어(공용어로서의 국어)로 한다.

② 메이저리티 집단의 언어(국어)·문학(국문학)·역사(국사)의 교육에 촛점을 맞춘 획일적인 교육과정을 실천하는 의무교육을 강화한다.

③ 마이너리티 집단이 누리고 있던 지역적 주권·자율권을 배제하고 정치권력을 중앙집권화 한다. 모든 중요한 의사결정권은 메이저리티가 갖는다.

④ 전국적인 공공 미디어·미술관·박물관·도서관 등 국민적 문화 시설을 통하여 메이저리티 집단의 언어와 문화를 보급한다.

⑤ 공휴일·축제일·도로명·눈에 띄는 건물명 등을 정할 때는 메이저리티 집단의 역사적 영웅이나 문화를 찬미하는 국가적 심볼을 채용한다.

⑥ 마이너리티 집단이 운용해온 관습법과 같은 법제도를 폐지하고

---

5) Lauren, Paul Gordon(1988) Power and Prejudice Westview Press, Inc.(大蔵雄之助 (1995)역『国家と人種偏見』TBSブリタニカ: p.144 참조)

6) Kymlicka, Will(2007) Multicultural Odysseys Oxford University Press(稲田恭明·施光恒(2018)역『多文化主義のゆくえ』法政大学出版局 : pp.68-69 참조)

메이저리티 집단의 전통에 따른 일원적인 입법·사법제도를 구축한다.

⑦ 마이너리티 집단이 살아온 지역에 메이저리티 집단의 인구를 이동시켜 마이너리티 집단을 압도하도록 한다.

⑧ 시민권(국적) 취득의 조건으로서 「국민적」 언어와 역사에 관한 지식을 요구한다. (이는 메이저리티 집단과 같은 언어·종교·문화를 갖는 이민을 우선적으로 받아들인다는 원칙을 의미한다.)

⑨ 마이너리티 집단의 토지·삼림·어장을 접수하여 이것들은 국가를 위하여 이용하지 않으면 안되는 「국민적」 자원임을 선포한다.

제국주의 국민국가들은 공고한 단일체제의 국민국가의 완성을 위해 모든 국민이 공유하는 국민화된 내셔널리즘(nationalizing nationalism)을 침투·정착시킬 필요가 있었고, 그를 위해서는 마이너리티를 체제 밖에 버려둘 수 없었다. 마이너리티가 토지와 자원을 소유하고 경제적으로 독립하여 자치 능력을 유지하는 것을 용납할 수 없었고 독자적인 언어와 교육을 통하여 문화를 전수하고 공유함으로써 자신들의 아이덴티티를 갖게 할 수 없었던 것이다. 마이너리티의 전통적인 의식을 금지시키면서 메이저리티의 역사, 문화적 심볼을 형상화한 대중적 국민의례(national mass rituals)나 기억 공유화를 위한 기념식전(commemorative festivals)에 마이너리티를 동원하여 국민형성의 내셔널리즘(nation building nationalism)을 주입했다. 이러한 정치적 내셔널리즘의 교화적 주입은 근대국민국가들의 성립 과정에서 이미 그 효과가 검증되어 있었고 널리 활용되는 정치수법이기도 했다.[7] 한국의 역사도 식민지

---

7) Zimmer, Oliver(2003) *Nationalism in Europe, 1890~1940* Palgrave Macmillan(福井憲

시절 신사참배의 강요와 같은 똑같은 정치수법을 기억하고 있다.

제국주의 국민국가들은 마이너리티를 체제 밖에 버려둘 수는 없었다. 그리고 체제 안에 껴안은 마이너리티를 메이저리티 체제의 논리에 따라 배제와 차별을 거듭해갔다. 거기에서 공생의 질서는 찾아볼 수 없었고 분리공존의 부조리가 있을 뿐이었다.

2.2.2 생산능력의 격차에 따른 노동이민의 발생과 그들에 대한 동화 정책

1857년 미국의 공업 생산고는 영국을 앞지르기 시작했다. 미국의 산업은 혁명적으로 확대 발전해 세계 최정상의 경제력을 갖기 시작한 것이다. 이러한 미국을 중심으로 한 서구의 자본주의 국가들과 그 밖의 나라들과의 생산 능력의 격차는 점점 커져갔고 생산 능력이 낮은 나라나 지역으로부터 서구의 생산 능력이 큰 나라 즉 노동의 기회가 많은 나라로 노동인구가 이동을 희망하는 것은 자연스러운 현상이었다. 실제로 19세기 중엽부터 서유럽으로부터 미국으로의 노동인구의 이동이 세계의 주목을 끌기 시작했다. 다만 서유럽으로부터의 이민은 언어·종교·문화상의 이질성이 크게 문제되지 않았지만 동남유럽으로부터의 이민이 늘면서 문제가 심각해졌다.

1880년대를 고비로 동남유럽으로부터의 이민이 주류를 이루기 시작하는데 이들은 대부분 문맹이었고 미국인(앵글로색슨)의 가치관에서 보자면 정의·준법·공중도덕·자유와 통제면에서 너무나 이질적 집단이었다. 그 이질적 이민집단이 많이 거주하는 도시의 학교는 어린이의

彦(2009)역『ナショナリズム 1890~1940』岩波書店, pp.50-55 참조)

50% 이상이 그들의 자녀였다. 도시지역에서의 마찰과 갈등이 다발했고 제1차 세계대전 이후에 그들의 미국에 대한 충성 문제가 크게 대두되기도 했다.[8] 거기에 중남미, 아시아권으로부터의 이민도 늘어나기 시작했다. 다문화화 현상이 일어날 수밖에 없었다.

이들 새로운 마이너리티에 대한 미국의 대응 태세를 눈여겨볼 필요가 있다. 미국은 우선 이민을 미국인화(Americanize)시킬 필요에서 melting pot(용광로) 정책을 추진했다. 미국 시민으로서 갖추어야 할 언어와 문화 능력의 신장, 시민적 자질 육성을 꾀했다. 여기서 주목할 것은 미국의 시민적 자질을 결정짓는 기준이 무엇인가이다. 미국 사회에서 합의·공유되고 있는 가치관에 따라 생각하고 선택하고 행동하는 자질을 갖추어야 한다는 것은 자명한 일이지만 합의·공유되고 있는 가치관이란 무엇이냐는 것이다. 인디언, 흑인과 같은 올드 마이너리티와 새로운 마이너리티 이민까지 포함한 미국 사회 구성원 모두의 합의에 따라 만들어지고 공유되고 있는 가치관이 존재하고 있었는가? 없었다. 결국 당시의 미국 사회의 메이저리티를 리드하는 WASP−앵글로색슨계 백인 프로테스탄티스트의 가치관에 토대한 시민적 자질을 모든 마이너리티에게 강요하게 된다. 메이저리티−WASP를 정점으로 하는 계층적 지배구조를 확고히 하는 것이 동화정책의 궁극적 목표였던 것이다. 유럽의 제국주의 국민국가들이 식민지나 원주민 위에 군림하기 위하여 계층적 지배구조를 만들었던 것과 다를 게 없었다. 거기에 공생의 질서는 존재할 수 없었다.

---

8) 권오정·김영석(2006)『사회과교육학의 구조와 쟁점(증보판)』교육과학사, pp.9~40 재참조(original: Cremin, L. W.(1961) The Transformation of the School Random House)

같은 무렵 미국 국내에서의 인구 이동의 폭도 커졌다. 산업화에 따른 급격한 도시화가 진행되어 젊은이의 도시로의 이동이 늘었고 필연적으로 청소년 범죄가 사회문제로 제기되었다. 이처럼 이질적 문화 집단인 이민의 증가와 도시화로 인한 사회적 마찰과 갈등이 고조되면서 미국은 시민교육의 강화를 서둘렀다. 당시 사회적으로 문제시되었던 이민이나 도시로 이동한 청소년의 경우 가정에서의 시민적 자질 육성을 기대할 수 없었기 때문에 그들에 대한 시민교육은 전적으로 학교가 떠맡을 수밖에 없었고 특히 중등교육에 대한 주문이 컸다. 1913년 전국교육연합회(National Educational Association·NEA)는 중등교육개혁위원회(Commission on the Reorganization of Secondary Education)를 설치하였고 그 안에 시민교육에 관한 특별위원회도 만들었다.[9]

시민교육의 강화를 위한 구체적인 안으로 나온 것이 Social Studies (사회과)[10]라는 새로운 교과의 개발이었다. 사회과는 민주주의의 가치를 이해하고 그 실현을 위해 행동할 수 있는 훌륭한 시민적 자질(good citizenship)을 길러야 한다고 생각했다. 민주주의는 국가적 이상이며 그 국가적 이상을 이해하고 정치적 공동체로서의 국가에 대한 충성심을 육성하는 것이 사회과의 역할이고 목표라는 것이 NEA의 생각이었던 것이다.[11] 결국 이민의 증가와 청소년의 도시로의 이동으로 인한

---

9) 위의 책: p.46 재참조(original: Kurg. E. A.(1963) *The Shaping of the American High School* Harper & Row)

10) 1910년대 미국에서 개발된 Social Studies는 전후 한국과 일본에도 도입되어 민주주의를 가르치 는 교과로 각광을 받기도 했다. 특히 일본에서는 군국주의 교육의 대표적 교과였던 역사·지리·공민(수신) 대신에 도입된 Social Studies가 전쟁 전 교육에 대한 반성의 상징적 존재였다고 볼 수 있다. 그러나 그후 이 교과의 성격, 내용, 구조의 변화로 본래의 상징적 의미를 찾아보기 어렵게 되었다. Social Studies 를 한국이나 일본에서는 사회과라고 번역하여 교육과정의 한 교과로 정착시켰지만 일본의 고등학교 사회과는 1989년 교육과정(학습지도요령) 이후 해체되었다.

사회적 마찰과 갈등 문제(다문화화 현상)에 대한 대응책으로 모색된 것은 시민교육의 강화를 통해 국가에 대한 충성심을 길러 국가적·사회적 통합을 이루자는 것이었다. 이때까지 미국에서는 인종·민족·세대가 더불어 사는 것보다 국가체제의 유용성이 우선되고 있었던 것을 알 수 있다.

2.3 제2차 세계대전 후의 다문화주의·다문화공생 실현을 위한 노력

제2차 세계대전이라는 미증유의 비극을 경험한 인류사회는 근대 이후의 배타적·독점적 국민국가 체제에 대한 반성을 시작했다. 국민국가 체제가 전쟁을 부른 근본적인 원인이었다는 생각에서였다. 국제적인 합의에 의해 만들어진 UN의 주도하에 약소자·마이너리티의 존엄과 권리 향상을 위한 「세계인권선언」과 같은 「선언적 장치」를 마련하기 시작했고 이에 자극·촉발되어 메이저리티는 다문화공생정책을 짜내고 마이너리티는 자기 권리를 주장하기 시작했다. 한편, 근대의 연장선상에서 생산·개발능력의 격차로 인한 남북 간의 불균형과 국제간의 거리 축소로 노동인구의 이동은 더욱 활발해져갔고 그치지 않는 전쟁과 빈곤 때문에 발생하는 난민의 이동도 계속되었다. 이들 마이너리티의 이동은 새로운 다문화화 현상을 확산시켰고 그 다문화화에 대한 대응책으로서의 다문화공생의 요구도 커져갔다.

배타적 국민국가 체제에서 비롯한 전쟁에 대한 반성, 여전히 계속되

---

11) 권오정·김영석 앞의 책: p.49 재참조(original: NEA Commission on the Reorganization of Secondary Education(1918) *A Report of the Cardinal Principles of Secondary Education Bulletin 35* US Bureau of Education)

는 생산 능력의 격차로 인한 노동인구의 이동, 성숙하는 인류의 지혜·견식에 토대한 시민권운동의 전개 등 여러 요인들이 작용하면서 배경을 달리하는 세 계보의 다문화주의 혹은 다문화공생의 실현을 위한 노력이 이루어져온 것이다.

2.3.1 근대 국민국가 체제의 반성과 인류 공생을 위한「선언적 장치」에 촉발된 다문화주의·다문화공생 실현을 위한 노력(제1계보)

경험한 적 없는 대규모의 세계대전에 시달린 인류사회는 반성과 함께 새로운 질서를 모색하기 시작했다. 국제사회의 제도적 차원에서는 국제연맹(LN), 국제연합(UN)과 같은 국제기구가 창설되었고 사상적 차원에서는 근대 합리주의를 비판하고 그 한계를 지적하는 생각이 관심을 끌었으며 시민사회의 차원에서는 평화운동 혹은 반전운동과 같은 시민운동이 전개되기도 했다. 두 대전을 통해 희생된 인명피해만 1억 4천만(1차대전: 5,300만·2차대전: 8,500만) 이상이었으니 처절한 반성의 시간을 갖는 것은 당연했다.[12]

반전·평화운동으로서 우선 제1차 대전 후 프랑스에서 참전 작가 앙리 바르뷔스(Henri Barbusse, 1873~1935)를 중심으로 전개된 클라르테(Clarté)운동에 주목하고 싶다.

---

12) 세계대전의 피해 상황에 대한 정확한 파악이 이루어지기 어려웠던 것으로 보여 통계에 따라서 제각각 큰 차이를 나타내고 있다. 예컨대『Nipponika』는 제2차 대전의 인명피해를 군인 전사자: 2,500만, 민간희생자: 2,500만, 전상자: 3,500만으로, 전쟁사를 연구해온 미노 마사히로 등은 미국 통계국의 자료를 활용해 직접 희생자: 2,500만, 간접 희생자: 1,500만, 부상자: 3,400만으로 기술하고 있다. 이 두 통계는 비교적 차이가 적은 편이지만 역시 기준 항목과 수치가 다르다. 三野正洋·田岡俊次·深川孝行(1995)『20世紀戦争』朝日ソノラマ 참조

제1차 대전이 발발하고 독일의 「적군」이 프랑스를 침공해왔다는 뉴스에 격분한 바르뷔스는 41세의 건강도 좋지 않은 몸으로 참전을 지원하여 최전방의 격전지에서 「조국」을 위해 싸웠다. 그러나 장염 등의 지병 악화로 인해 야전병원으로 이송되었고 입원 중에 자신이 체험한 전쟁의 실태를 적었다(『포화(Le Feu): 1분대의 일기』 1916년 프랑스 공쿨상 수상). 그후 바르뷔스는 퇴역 군인들의 세계적인 조직을 창설(A.R.A.C)하여 전쟁의 비참함, 부조리, 어리석음을 고발하며 전쟁을 반대하였고, 역시 체험을 토대로 한 『포화』의 속편 『클라르테』(1919)를 발표하고 반전·평화를 주창하기 시작했다. 전쟁이란 조국을 지키기 위한 신성한 애국적 행위라는 것은 「구더기」와 같은 애국주의자(권력자)의 사기일 뿐이며 "두개의 군대가 싸우는 것은 하나의 큰 군대가 자살하는 것과 같다…"(『포화』)라는 게 그의 생각이었다. 그렇기 때문에 적군도 아군도 권력자에 이용당하는 졸개라는 점에서 다를 게 없으므로 둘(적군과 아군)은 서로 죽이는 잘못을 저지르지 말고 「반전적 결속」을 해야 한다고 주장했던 것이다. 그의 반전에 대한 생각에 공감하는 지식인 예술가가 많았다. 바르뷔스가 주도하는 반전문화운동(1919년 10월에 결성한 클라르테 운동)에는 당대의 문화·예술계를 대표하는 버트런드 러셀·알베르트 아인슈타인·파블로 피카소·앙리 마티스·로맹 롤랑·아나톨 프랑스 등 많은 지식인 예술가가 참여했던 것이다. 참여한 사람들의 면면만으로도 이 운동이 사회적으로 얼마나 큰 영향을 미치고 있었는지 짐작할 수 있다.[13]

---

13) 이 대목은 본 총서의 공동집필자 이수경의 다음 저서를 참조하여 작성했다. 李修京
　　(2003) 『近代韓国の知識人と国際平和運動』明石書店. 이 책을 통해 당시의 유럽
　　에서 전개된 클라르테운동이 일본과 한국에 소개된 경위에 대해서도 알 수 있다.
　　파리에 유학했던 코마키 오미(小牧近江)가 클라르테운동을 일본에 소개하면서 국

바르뷔스는 1933년에 히틀러 나치 정권이 등장하자 로맹 롤랑과 협력하여 암스테르담에서 국제반전회의를 열기도 했다. 그 후에도 그의 반전·평화운동은 계속되었지만 혁명 후의 러시아를 지나치게 이상적으로 설정함으로써 그의 운동은 정치적·이데올로기적 균형에 금이 가기 시작했다.

제2차 대전이 끝난 다음에도 전쟁의 희생이 컸던 만큼 전쟁에 대한 반성과 평화에 대한 시민의 절실한 욕구가 여러 형태의 반전·평화운동으로 표출되었다. 민주주의, 독립, 평등, 인권의 이념이 보편화되면서 생성되는 시민의 에너지가 반전·평화운동을 자극해 더욱 다양한 운동이 전개되었다. 특히 제2차 대전 후 반전·평화운동이 활발하게 전개된 배경에는 한국전쟁, 베트남전쟁과 같은 대규모 지역전쟁이 되풀이되었고 핵무기와 같은 대량살상무기와 미사일과 같은 운반수단이 발달, 확산됨으로써 전쟁에 대한 두려움, 평화에 대한 갈망이 시민 사이에서 커져간 사실이 있었음을 간과할 수 없다.

제2차 대전 후의 반전·평화운동은 한국전쟁이 일어나고 동서냉전체제가 굳어져 가는 대전 직후부터 1950년대까지, 베트남전쟁이 진행되었던 1960년대부터 1970년대 전반까지, 베트남전쟁이 끝난 후 이라크전쟁, 소련의 붕괴, 냉전체제의 종결까지의 3기로 나누어 볼 수 있으며 각 시기별로 당시의 문제상황을 중심으로 운동이 전개되었다.[14] 그 중에서 영향이 가장 컸던 운동으로 1949년 파리에서 개최된 「세계평화옹

제주의·평화와 반전·인도주의를 취지로 한 문화운동 「씨뿌리는 사람(種蒔く人·1921~1924)」을 전개했고 홋카이도 오타루(北海道 小樽)와 교토(京都)에서 각각 문예동인지 『클라르테』가 발간되기도 했다. 도쿄에 유학하고 있던 팔봉 김기진 등에 의해 이 운동이 한국에도 소개되어 지식인들의 사회 계몽활동을 촉구하는 「카프(1925~1935)」의 결성에도 큰 영향을 미쳤다.

14) 이 시기의 구분은 학술적으로 검증된 것이라기보다 각 시기의 문제상황 이해를 돕기 위한 편의상의 목적으로 이루어진 것이라고 볼 수 있다. 『Nipponika』 및 吉川勇一(1995) 『反戦平和と行動』社会評論社 참조

호대회」를 들 수 있는데 72개국의 대표가 모여 핵무기 금지·군사블럭 반대·식민지체제 청산·일본과 독일의 재군비 반대를 결의했다. 그리고 1950년 「세계평화평의회(World Council of Peace)」로 조직을 개편하고 상설기구의 설치를 모색했다. 이 운동은 1950년 스톡홀름 어필, 1951년 베를린 어필 등 평화 노력을 요구하는 서명운동을 전개했고 1952년 빈, 1955년 헬싱키 등지에서 대규모 평화집회를 열기도 하면서 반전·평화 운동을 리드해갔다. 그러나 「세계평화평의회」의 집행부가 당시의 소련 으로 기울면서 운동 세력 내부의 갈등이 표면화되었고 결국 운동 자체 의 영향력이 떨어지고 말았다[15].

일본에서도 반전·평화운동이 활발히 전개된 시기가 있었다. 다만 일 본의 반전·평화운동은 시민적 차원의 운동과 제도권 중심의 운동이 대 립, 갈등을 빚으며 전개되었고 제도권에서 밀려난 시민운동 주체들은 반체제적 세력으로 간주되기도 했다. 제도권 중심의 운동은 원폭의 세 례를 받은 세계 유일의 국가임을 강조하여 「전쟁의 피해자」 일본을 어 필하는 운동이 되고 만 것 같은 생각을 떨치기 어렵다. 이러한 경향은 학교교육에도 영향을 미쳐 많은 학생들이 일본을 「원폭 피해국」 나아 가 「전쟁 피해자」의 나라로 인식하고 있을 정도이다.[16]

시민적 차원의 반전·평화운동은 체제로부터 자유스러울 수가 없었고 결과적으로 인간의 존엄성을 회복하고 평화스럽게 더불어 사는 인류사회 의 구축을 위한 구체적인 방안 제시에는 이르지 못했다. 그러나 시민에 의한 반전·평화운동은 근대 합리주의의 한계, 근대 자본주의 체제의 모순,

---

15) 위의 책 참조
16) 이와 관련된 공식적인 연구나 조사 결과의 보고를 아직 접한 바 없지만 대학의 수업
    과정에서 「전쟁 피해자」의 나라 일본을 말하는 학생을 만나는 일은 어렵지 않다.

근대 국민국가의 배타성에 대한 경종이 된 것을 부인할 수는 없다. 근대의 한계와 모순 그리고 그 속에서 자란 배타적 내셔널리즘은 약소국가의 역사를 단절시켰고 수많은 마이너리티의 권리를 박탈했으며 급기야는 참담한 세계대전을 두 번이나 경험하게 했다는 사실을 확인하는 계기를 만들었던 것이다. 이러한 근대에 대한 비판적 시각은 다문화(공생)주의 태동의 한 축을 형성했다는 점 또한 기억해둘 필요가 있다.

전후의 체제를 주도적으로 준비하는 일은 국제사회의 합의에 의해 만들어진 국제기구가 맡아야 했다. 그러나 제1차 대전 후의 국제연맹은 근대의 한계와 모순에서 벗어나지 못하고 있었고,[17] 국제사회에서 가장 영향력이 있는 미국이 참가하지 않은 조직이었기 때문에 국제기구로서의 역할을 제대로 수행할 수 없었다. 결국 제2차 대전의 발발로 국제연맹은 짧은 역사의 막을 내려야만 했다. 제2차 대전 후의 UN과 그 산하 전문기관들도 많은 문제와 과제를 안고 있으며 국제연맹의 전철을 밟지 않으려는 노력과 함께 평화롭게 더불어 사는 인류사회의 구축을 위해 제한적이기는 하지만 유효한 정책적 제안과 실천적 역할을 수행해오고 있다. 약소민족, 국가와 마이너리티의 권리 회복과 향상을 위한 UN의 역할에서 먼저 주목하고 싶은 것은 「세계인권선언」과 같은 「선언적 장치」를 마련해왔다는 사실이다.

제2차 대전 이후 UN을 비롯한 국제기구가 주도하여 약자의 인권향상과 마이너리티의 권리와 존엄성의 회복과 존중을 위해 제시되어온

---

17) 1919년, 국제연맹 규약에 인종적 평등에 관한 조항을 넣어야 한다는 일본 등의 제안을 서구의 제국주의 대국들이 단호히 거절하여 국제연맹 체제하에서는 근대적 인종주의가 그대로 유지되고 있었다. Kymlicka 앞책: 99 재참조(original: MacMillan, Margaret(2001) *Paris 1919: Six Months that Changed the World* Random House: pp.316~321)

「선언적 장치」는 다음과 같이 이제는 낯익은 것들이다.

① 「세계인권선언(Universal Declaration of Human Rights, 1948)」

② 「난민의 지위에 관한 협약(Convention Relating to the Status of Refugees, 1951) 「난민의 지위에 관한 의정서(The Protocol Relating to the Status of Refugees, 1967)」

③ 「여성의 정치적 권리협약(Convention on the Political Rights of Women, 1953)」

④ 「식민지 독립부여 선언(Declaration on the Granting of Independence to Colonial Countries and Peoples, 1960)」

⑤ 「모든 형태의 인종차별 철폐에 관한 국제협약(International Convention on the Elimination of All Forms of Racial Discrimination, 1966)」

⑥ 「아동 권리 협약(Convention on the Rights of the Child, 1989)」

⑦ 「모든 이주 노동자와 그 가족의 권리 보호에 관한 국제협약 (International Convention on the Protection of the Rights of All Migrant Workers and Their Families, 1990)」

⑧ 「마이너리티 권리선언(Declaration on the Rights of Persons Belonging to National or Ethnic, Religious, or Linguistic Minorities, 1992)」

⑨ 「문화다양성 선언(Universal Declaration on Cultural Diversity, 2001)」

⑩ 「원주민족 권리선언(Declaration on the Rights of Indigenous Peoples, 2007)」

위와 같이 제2차 대전이 끝나고 2000년대에 이르기까지 약소민족이나 국가를 포함한 마이너리티의 권리와 존엄을 존중하고 보호하려는「선언적 장치」가 마련되어 왔다. 소위「인권혁명」이 지속되어온 것이다. 이러한 국제사회의 변화는 우선 이전의 제국주의 국민국가에 대한 반성의 촉발제 혹은 압력으로 작용했고 민주적 선진국가라고 자처하는 캐나다, 오스트레일리아, 북유럽 등의 나라에서 1960년대 후반부터 다음과 같은 원주민을 비롯한 마이너리티와의 공생을 모색하는 다문화주의 혹은 다문화정책이 모습을 드러내기 시작했다.

① 원주민의 토지권·자치권·언어권·문화권(원주민 고유의 방법에 의한 수렵, 어로 포함)등의 용인과 중앙정부에의 대표 파견의 보장·원주민에 대한 차별의 시정·원주민의 관습법의 승인
② 마이너리티의「부분국가」를 인정하여 자율의 보장·역내에서의 모어의 공용어화 승인·국제적 교섭 주체로서의 법인격의 용인
③ 인종 혹은 민족 선별적 이민정책의 폐지
④ 이민집단(미이너리티)의 교육권의 용인과 모어교육의 지원·원주민 및 소수 에스닉 집단의 문화활동의 지원
⑤ 이중국적의 용인
⑥ 학교 교육과정에의 다문화주의의 반영·공공 미디어기관에서의 인가 조건을 포함한 에스닉 대표성의 배려
⑦ 헌법상 또는 의회의 결의에 의한 다문화주의의 승인 등[18]

이러한 다문화주의·다문화정책이 가시화되면서 선진 자유주의 국가

---

18) Kymlicka 앞의 책, pp.72-83 참조

를 중심으로 다문화 공생사회 실현을 위한 노력의 한 계보(제1계보)가 떠오르기 시작했다. 다만 캐나다, 덴마크, 뉴질랜드, 오스트레일리아, 핀란드, 노르웨이, 일본, 스웨덴 등 해당 국가 모두에서 동일한 수준의 다문화사회로의 이행 노력이 이루어져 왔다고 보기는 어렵다. 예컨대 일본에서의 이행 노력은 대단히 미미한 것으로 보고되고 있다.19)

또한 소위 선진 자유주의 국가라고 일컬어지는 근대 이후의 제국주의 국민국가들에 의한 다문화정책은 「인권혁명」에 촉발되었다고 하면서 한편으로는 메이저리티의 「시혜적 승인」으로서 추진되어 왔다는 뉘앙스를 강하게 남기고 있다. 이러한 시각에서 보면 마이너리티는 여전히 약자로서의 지위에서 벗어날 수가 없고 공생의 평등한 파트너가 아니라 메이저리티의 체제 안에서 보호받아야 할 존재일 뿐이다. 마이너리티 본래의 권리와 존엄성의 회복과는 거리가 멀다.

국민국가 체제에서 비롯한 배타적 국제질서와 전쟁에 대한 반성 위에서 인권향상과 공생의식의 확산을 위한 국제기구(전문기구 포함)의 노력과 지성의 협력이 공생질서 회복의 기반이 되어 왔음을 다시 한번 확인해둘 필요가 있다. 예컨대 UNESCO가 주도한 국제이해교육(Education for International Undestanding)은 민족, 국가 간의 상호이해, 마이너리티(특히 여성, 어린이)의 인권향상, 국제협력을 요구하는 교육적 노력으로 이는 곧 다문화공생의 실현을 위한 노력으로 이어지는 것이었다. 각 국가 안에서 이루어지는 국제이해교육이 국민형성교육으로 둔갑하는 사례도 있었지만, 전쟁을 부정하고 평화를 지향하는 심성, 타인의 문화를 이해하고 인권을 존중하는 태도, 국가의 틀을 넘어 지구사회의 협력을 추구하는 의식을 육성하려는 국제이해교육은 인류의 공생

19) 위의 책, p.74

실현을 위한 기반을 구축하는데 공헌해온 것이다.

「전쟁은 인간의 마음에서부터 일어나는 것이므로 인간의 마음에 평화의 성채를 쌓지 않으면 안된다.(That since wars begin in the minds of men, it is in the minds of men that the defenses of peace must be constructed.)」(UNESCO헌장) 근대 국민국가의 교육이 어린이(인간)들의 마음에 배타와 전쟁의 씨앗을 심었다면 이제는 그 어린이들에게 평화롭게 공생하는 마음을 길러주어야 한다는 것이 국제이해교육의 목표였고 이상이었다.

다문화주의·다문화공생의 실현을 위한 제1계보의 노력은 국제기구에 의해 준비된 「선언적 장치」의 견인과 자유주의 국가들의 정책적 선택 그리고 민간차원의 교육 실천의 총화로서 추진되어 왔다고 본다.

2.3.2 경제의 격차·평화의 격차로 인한 이민·난민의 증가에 따르는 다문화화에의 대응노력 (제2계보)

대량생산체제가 만들어지는 근대 이후 국가, 지역 간의 생산능력의 격차가 심해져 생산능력이 낮은 곳에서 높은 곳으로 노동인구가 이동하는 현상이 나타났고 유럽에서 미국으로의 대규모 이동이 이미 19세기 중엽부터 일어나고 있었다는 것은 앞에서 살폈다. 제2차 세계대전 이후에는 먼저 서유럽(특히 당시의 서독)으로의 대규모 노동인구 이동이 일어났고 1990년대에는 동아시아(특히 신생국 한국)로의 노동인구 이동이 시작되어 주목을 받게 되었다.

생산능력의 격차에 따른 노동인구의 이동 이외에 빈곤과 전쟁으로 발생하는 경제난민과 전쟁난민의 이동도 무시할 수 없다. 입국 절차는

다르지만 난민 역시 입국 이후에는 노동자로서의 지위를 얻어 체류하
는 경우가 대부분이므로 일반 노동자와 구별하여 보기 어렵다.

【독일의 다문화주의·다문화공생 실현을 위한 노력】

제2차 세계대전 이후 1950년대부터 서유럽을 중심으로 경제부흥이
활발히 이루어지기 시작했다. 특히 독일(당시의 서독)의 경제부흥은
「라인강의 기적」이라고 일컬어질 만큼 눈부신 것이었다. 독일의 경제
부흥이 진행될 때 가장 큰 과제가 노동력의 부족이었다. 전쟁으로 많은
젊은이를 잃은 독일의 노동력 부족은 예상된 일이었다. 처음에는 동독
을 비롯한 동유럽 출신의 노동자로 부족을 메우고 있었지만 1961년 「베
를린 장벽」의 축조와 함께 노동력 보급의 루트가 봉쇄되고 말았다. 이를
전후하여 독일은 개별 국가와의 2국간 협정을 확대하여 「외국인 노동자
(Gastarbeiter)」를 대량으로 받아들이기 시작했다. 1973년 이 제도가 종
료될 때까지 협정을 체결한 나라는 이탈리아(1955년), 스페인(1960년),
터키(1961년), 모로코(1963년), 포르투갈(1964년), 그리스(1965년), 튀
니지(1965년), 유고슬라비아(1968년), 한국(1968년) 등이었고 그 중에
서도 이슬람권의 터키로부터의 노동자가 가장 많았다.[20] 1995년 시점
에 독일 체류의 터키인이 200만 명을 넘었다.[21] 이슬람 즉 이문화권의
터키인이 많았다는 것은 다문화정책 수행상 중요한 의미를 갖는다.

한국도 독일과의 협정에 따라 1963년부터 광부, 간호요원, 기능공을
파견하기 시작했다. 「과거사정리위원회」의 조사에 따르면 1963~1977년

---

20) Council of Local Authorities for International Relations(1997) 『CLAIR REPORT
    No.135: ドイツにおける外国人政策をめぐる諸問題』(http://clair.or.jp)
21) 위 보고서

사이에 독일에 파견된 노동자는 광부 7,936명, 간호요원 11,057명, 기능
공 931명에 이른다.[22] 이들 파독 노동자들의 훗날의 증언을 들어보면
노동·생활환경 모두 열악했고 현지 독일인과의 마찰과 갈등도 심각했
다고 한다.[23] 이는 곧 당시 독일의 외국인 노동자의 인권문제의 심각성,
다문화화로 인한 사회적 불안을 말해준다.

독일은 외국인 노동자를 대량으로 받아들였을 뿐만 아니라 전쟁, 자
국 내의 정치적 불안이나 박해로 인해 발생하는 난민의 수용에서 「우등
생」이라 불려왔다. 1993년 기본법(헌법)과 비호법을 개정하여 이후 난
민의 수용기준이 엄격해졌지만 지금도 EU 국가들 중에서 가장 유연한
난민정책을 유지하고 있다.[24]

독일의 기본법에서는 「정치적 이유로 박해를 받는 자는 비호권을 갖
는다.」(기본법 제16조 a 제1항)는 조항을 두고 있다. 전쟁을 포함한 정
치적 이유로 생명과 인권이 위협을 받는다면(받을 것으로 예상된다면)
국가(체류국)의 비호를 받을 권리가 있다는 것이다. 따라서 일단 독일
에 입국한 난민은 난민 수용 신청을 한 후 심사가 끝날 때까지 독일에
체류할 수 있음은 물론 수용 신청이 거부되었을 경우 재심을 요구하는
소송을 할 수 있다. 재판이 진행되는 동안 역시 체류가 가능하다. 또
재판이 진행되는 사이 자국 내에서 위해를 받을 수 있는 정치적 군사적
변동이 있으면 그것을 이유로 난민 수용 신청을 다시 할 수 있다. 인권

22) 진실·화해를 위한 과거사정리위원회(2008) 「파독 광부·간호사의 한국 경제 발전에
대한 기여의 건」 조사자료 참조
23) 대학 졸업 후 서독에 광부로 파견되었다 전문 연구자로 성장하여 한국에 돌아와
1982년부터 본인과 연구활동을 함께한 K씨의 증언에 의하면, 광부는 30도가 넘는
안전장치가 없는 갱내에서 일해야만 했고 간호사들은 환자의 간호보다도 시체를
닦고 노령자를 보살피는 중노동에 시달렸다고 한다.
24) 木村正人(2017) 『欧州絶望の現場を歩く－広がるBrexitの衝撃』 株式会社ウェッジ
참조

존중을 최우선시하여 「강제 추방·송환 금지 원칙(Non-refoulement)」을 철저히 지키려는 정책 의지라고 볼 수 있다. 이러한 제도적 뒷받침이 독일로의 난민의 이동을 불러 1992년에만 난민 수용 신청자가 43만명을 넘었고 당시 120만 명 이상의 난민이 이미 체류하고 있었다.[25]

이민·난민의 수용에 비교적 유연한 정책을 택해온 결과, 독일은 이제 미국 다음으로 외국에 루트를 갖는 사람이 많이 사는 나라가 되었다. 2016년 현재 독일의 총인구가 82,425,000명인데 그 중 외국적 소지자가 8,961,000명, 독일 국적을 취득한 원래 외국인이 9,615,000명이다.[26] 독일의 총인구 중 약 11%가 외국인이고 약 22.5%가 외국에 루트를 갖는 사람들인 것이다. 취업자수를 보면 2016년 독일의 총취업자가 41,339,000명인데 그 중 외국인계 노동자가 8,347,000명으로 전체 취업자의 약 20.2%(외국적자 10.7%, 독일 국적 취득자 9.5%)를 차지하고 있다.[27] 총인구에서 차지하는 외국인계 인구의 비율과 총취업자에서 차지하는 외국인계 취업자의 비율이 거의 같이 나타난다는 것은 외국인이 취업상 차별을 받지 않고 있다는 증거라고 볼 수 있다. 이는 독일이 그동안 외국인과 더불어 살아야 한다는 다문화공생정책을 꾸준히 수행해온 결과이기도 하다.

1960년대 외국인 노동자가 대량으로 입국하면서 독일사회는 급격한 다문화화 현상을 경험해야만 했다. 특히 다문화화의 어두운 측면이 클로즈업되고 있었다. 문화와 종교를 달리하는 이슬람권 출신, 아시아 출신의 외국인 노동자가 동거하게 된 사회의 구석구석에서 마찰과 갈등

---

25) 앞 『CLAIR REPORT』 참조
26) AHK Japan(2018) 『ドイツの外国人依存度(original: ドイツ連邦統計庁統計)』
    https://japan.ahk.de(2021.12.21)
27) 위와 같음

252 재일코리안 사회 형성과 시대적 표상

이 끊임없이 일어나고 있었던 것이다. 외국인 노동자의 인권문제가 제기되기도 했다. 이러한 다문화화 현상의 확산으로 인한 사회적 불안과 외국인 노동자의 인권 문제를 방치해둘 수는 없었다. 다문화공생정책을 서둘러 입안 실시해야만 했다.

독일의 다문화정책은 연방정부, 주정부, 지방자치단체가 연계하여 추진을 주도하였고 민간단체의 협력이 더해지는 시스템상의 높은 효율성을 추구해왔다는 점, 정책의 대상을 이민·난민, 유학생, EU 시민, 내국인 등으로 나누어 그들의 요구에 부응하는 구체적이고 실질적인 기회를 제공해왔다는 점에서 그 특색을 찾을 수 있다. 연방정부는 「이민법(2004)」, 「노동이민활용법(2009)」 등의 제정·개정, 「이민에 관한 독립위원회(2000)」 설치 등 필요한 법제도를 정비하고 외국 출신자에 대한 독일어교육·직업교육의 기본 설계, 외국인을 지원하는 사회사업 지원과 그 활동가의 육성 프로그램의 개발과 운영, 외국 출신자의 안전한 독일 생활에 필요한 정보 제공 시스템의 구축 등을 주로 담당하고 있다. 주정부와 지방자치단체는 외국인, 내국인 모두를 대상으로 다문화화에 따르는 문제와 관련된 카운셀링의 실시, 외국인의 문화적 프로젝트 지원, 정보 제공 실시, 외국인에 대한 주택 공급 프로젝트 운영, 외국인에 대한 언어와 직업교육 실시 등을 담당한다. 교육을 관장하는 것은 주정부이기 때문에 주에 따라 교육의 내용, 방법 등에 차이는 있지만 언어와 직업교육과 관련하여 일반적으로 특기할 수 있는 것은 첫째, 외국인을 하나의 동일 집단으로 보지 않고 출신 국가·지역별 혹은 개개인의 성향이나 희망 등을 존중하여 나누어 보고 있다는 점이다. 예컨대 귀국을 희망하는 외국인에 대해서는 귀국 후에 필요한 모어·모문화 교육, 귀국 후 활용할 수 있는 기능 교육에 역점을 두고 계속 거주를 희망하는 외국인에 대해서는 독일사회에서의 「통합」 자질의 육성에 중점을 둔다. 둘째, 직업교육의 경우 처음에는 내국인이 취업을 기피하여 노동력이 부족한 업종(예컨대 3D 업종)의 기능 학습 중심의 교육을 실시했지만 지금은 본인의 희망에 따라 모든 업종의 기능 학습 기회를 제공한다.[28] 이는 외국인에 대한 취업(기회)상의 차별을 없애는 중요한 정책적 배려라고 볼 수 있다.

독일 다문화정책의 기본적인 방향을 가장 잘 말해주는 것이 개발교육(Development Education)[29]이다. 외국 출신자가 많아짐에 따라 나타나는 다문화화 현상 즉 내국인과 외국인의 마찰과 갈등의 근본 원인은 남북 간의 불균형(개발 격차)에 있다고 보는 시각에서 나온 교육 프로그램이다. 남북 간의 불균형 구조의 모순과 그로 인해 발생할 수 있는 마찰과 갈등의 가능성을 바르게 인식·이해한 위에서 남북이 더불어 사는 길을 탐색하게 하자는 것이 개발교육이었던 것이다. 그러한 목적의식 아래 「바나나의 여행」과 같은 구체적인 수업계획도 제안되었다. 북측의 다국적기업이 남측의 바나나 생산자로부터 싼값으로 바나나를 대량 매수하여 소비자들에게 비싸게 팔아 막대한 이익을 얻는 식의 남북간의 불공정한 무역구조를 간명하게 가르치도록 설계되어 있는 수업계획이다.

남측의 생산자를 착취하는 북측의 기업, 생산자와 소비자의 희생 위

---

28) 山田(2019)「ドイツ·スウェーデンの外国人政策から何を学ぶか」日本総研HP (http://www.jri.co.jp·2021.12.22.) 참조
29) 여기서 말하는 개발교육은 UN이 주도하는 「지속 가능한 개발 목표(Sustainable Development Goals·SDGs)」 계획의 계몽 목적으로 추진되고 있는 개발교육과 기본적인 취지, 목표 구조가 다르다. 양 개발교육에 상통되는 부분이 없는 것은 아니지만 1960년대부터 서북유럽(독일)에서 연구·추진된 개발교육은 학습자의 발달을 중시하는 데 대하여 SDGs 개발교육은 국제기관의 운동을 계몽하는데 역점을 두고 있다. 田中治彦·三宅隆史·湯本浩之(2016)編著『SDGsと開発教育』学文社 참조

에서 부를 축적해가는 기업, 그 결과 더욱 벌어지는 남북 간의 격차, 그리고 가난에 밀려온 남측 출신 노동자를 차별하는 북측의 시민들… 이 모순에 찬 불균형의 악순환을 가르치려는 개발교육을 주에 따라 추진의 강도나 방법이 다르기는 하지만 모든 학교(특히 기초학교)에서 실시하려고 독일은 노력해왔다.

독일의 다문화정책이 반드시 노력한 만큼 성공해왔다고는 볼 수 없다. 특히 경제 사정이 나빠지고 2016년 베를린의 테러 사건 이후 소위 네오나치가 등장하고 외국인에 대한 혐오 발언이 사회를 시끄럽게 하고 있다. 외국인에 대한 「죽음의 리스트」까지 만들고 있다(『Newsweek』 2019.11.8). 드디어 홀로코스트(나치에 의한 유태인 대학살)는 없었다는 역사를 날조하는 「거짓의 진실」이 들리기도 한다. 난민의 수용을 반대하는 등 다문화정책을 정면으로 공격하는 정치 세력(정당) 「독일을 위한 대안」이 세를 불리는 상황이다.

또 난민 수용 정책이 엄격하게 바뀐 데에 대해서 이해되는 부분도 있지만 지금까지 독일이 택해온 다문화정책의 기조에서 볼 때 간과할 수 없는 중대한 모순이 드러나기도 한다. 독일의 다문화정책은 인류의 공생을 실현시키기 위해서는 기본적으로 남북 간의 불균형과 같은 경제의 격차, 평화의 격차를 해소해야 한다는 관점에서 출발해왔다. 이민·난민 정책도 같은 논리에서 입안되고 실시되어 왔다. 그런데, 독일의 독자적인 선택은 아니지만, EU는 아프리카 난민의 일시적인 집합지인 리비아와 중동지역의 난민이 모여드는 터키에 경제적인 원조를 하는 대신 난민의 EU지역으로의 침투를 철저히 막도록 협정을 맺었다. 이 남측의 두 나라와 협정을 맺은 이후 리비아와 터키에 모였던 난민들에 대한 비인도적인 규제와 강제 송환뿐만 아니라 성매매, 장기매매가 성행하기도 했다. 남북의 불균형 구조를 이용한 북측 나라들(EU와 그 주도국 독일)의 비겁한 선택이라고 보지 않을 수 없다.[30]

이러한 일련의 상황들이 당시의 독일 수상 메르켈(Angela M. Merkel)로 하여금 「독일의 다문화사회 건설 노력은 실패했다.」(『Newsweek』 2010.10.28)고 탄식하게 만들었다. 그러나 인류공생을 지향해 노력해온 독일의 다문화정책이 다문화주의·다문화공생의 실현을 위한 노력의 제2계보를 만들어온 것까지 부인할 수는 없다.

【한국의 다문화주의·다문화공생 실현을 위한 노력】

다문화주의·다문화공생의 실현을 지향하는 제2의 계보는 국내의 부족한 노동력을 보충하기 위하여 수용한 이문화권의 노동자가 많아짐에 따라 일어나는 다문화화에 대응하려는 목적으로 다문화정책을 선택하고 있다. 그런 의미에서 1990년대부터 외국인 노동자를 수용하기 시작해 2000년대부터 급격한 다문화화를 경험하게 되었고 이에 대응하기 위하여 다문화정책을 채택하는 한국도 여기서 말하는 제2의 계보에 속하는 다문화주의·다문화공생의 실현을 지향하는 나라라고 볼 수 있다.

한국의 다문화정책 추진과 관련하여 세인이 주목하는 이유는 첫째, 오늘날 본격적으로 국책으로서의 다문화정책을 채택하고 있는 나라 중에서 식민지 통치를 받은 빈곤했던 나라는 오직 한국뿐이다. 1960년대 한국은 1인당 국민소득이 100달러에도 미치지 못하는 세계에서 가장

---

30) 유럽으로의 난민의 이동 및 독일을 비롯한 EU의 난민 대책의 변화에 대해서는 權五定(2019) 「移民·難民の対応 に見る'多文化共生'のもろさ」 李修京 編 『多文化共生社会に生きる』 明石書店, pp.85~89 참조 바람.

빈곤한 나라 중의 하나였다. 1970년대까지 두뇌유출(brain drain)과는 다른 생계를 위해 일반 노동자의 해외유출이 계속되었다. 그로부터 불과 한 세대가 지난 2000년대에 외국인 노동자를 대량으로 받아들이고 다문화정책을 채택하게 된 「신생국」한국에 주목할 수밖에 없다. 둘째, 한국은 외세의 침략을 끊임없이 받아온 나라이다. 가까운 과거에는 일본의 식민지가 되는 굴욕적인 경험도 했다. 그 과정에서 한국인은 강한 정서적인 원초적 내셔널리즘(proto nationalism)을 갖게 되었고 해방 이후 배타적인 정치적 내셔널리즘 교육도 받아왔다. 이렇게 배타적 내셔널리즘이 강한 나라가 타자와 더불어 살아가자는 다문화정책을 폈을 때 어떤 결과가 기다리고 있을까 주목하지 않을 수 없다.

한국은 1970년대부터 독일의 「라인강의 기적」 못지 않은 「한강의 기적」을 일으키며 경제성장을 계속했다. 1980년대 후반에는 올림픽을 개최할 만큼 국력을 키웠다. 1990년대부터 노동력 부족 현상이 일어나 일본이 활용하는 현대의 노예제도라고 빈축받는 기능공 실습제도를 수입해 쓰기도 했다. 2000년대에 들어서면서 노동력 부족 현상이 본격적으로 나타나 외국인 일반(미숙련) 노동자를 받아들이기 시작했다. 한국의 노동력 부족 현상은 경제 규모의 확장 이외에 저출산과 고학력화라는 구조적인 요인에 의한 부분도 있다. 극단적인 저출산(2021년 3분기 합계출산율 0.82)로 인한 노동인구의 감소는 말할 것도 없고 고학력화로 인한 노동시장의 불균형 구조가 심각해져 외부로부터 일반 노동자를 투입할 수밖에 없게 된 것이다. 사회가 고학력을 요구하여 (사)교육비가 오르면 출생률이 떨어져 노동인구는 더욱 감소하게 되는 악순환이 계속되고 있다.

한국에 외국인 노동자가 유입될 때 중국 조선족, 중앙아시아 고려인 등의 해외동포, 국제결혼이민, 탈북자의 입국도 함께 늘었다. 2019년 현재 한국에 재류 중인 외국인은 2,525,000명으로 전체 인구의 4.87%에 이르고 있으며 그 중 단순노동자는 521,000명이다(법무부 출입국통계 /moj.go.kr). 2020년에는 코로나19로 인해 일시적인 감소(전체 인구대비 3.93%)를 보이고 있으나 외국인 수의 증가는 계속될 것으로 전망되고 있다.

이렇게 문화를 달리하는 인구가 늘면서 한국사회의 다문화화는 급속히 진행되었고 이들에 대한 사회적 행정적 차별, 저임금 및 체불, 노동·생활환경의 열악 등 인권 문제가 부상해 UN을 비롯한 국제사회로부터 비난과 권고를 받기에 이른다. 이에 대응하기 위하여 정부 주도의 다문화정책이 채택·시행되기 시작했다. 「재한외국인 처우 기본법(2007년)」 「다문화가족 지원법(2008년)」 등의 법령을 제정하고 국적법, 출입국관리법 등은 개정하였으며 중앙과 각 지방에 다문화교육지원센터를 설립 운영하는 등 대단히 적극적인 대응이 시작되었다.

그 중에서도 다문화교육의 추진에 특히 힘을 실었다. 교육부(중앙다문화교육지원센터)를 중심으로 행정자치부, 보건복지부, 여성가족부, 국가인권위원회, 아시아태평양국제이해교육원 등 국가기관의 지원을 받아 전국의 각급학교, 도서관, 박물관 등의 협력체제 아래 다문화교육이 이루어지고 있다. 다문화교육의 실천 사례를 발표하고 평가하는 모임도 다양하다.

그러나 다문화교육의 실천 중에는 내셔널리즘 교육의 차원에서 벗어나지 못하고 있는 것도 많다. 예컨대 「해외에서 활동하는 훌륭한 한국인」이라든가 다문화권 출신 어린이에게 「나는 한국인입니다!」라고 「자랑스럽게」 외치게 하는 수업 사례도 있다. 내셔널리즘이 강한 한국의 한계를 엿볼 수 있다. 또한 다문화교육 실천 중에는 다문화공생보다는 한국인으로서의 아이덴티티을 강요하는 동화교육 차원의 것도 많다. 다문화권 출신 어린이의 모어·모문화 학습 기회를 제공하는 프로그램은 거의 찾아볼 수 없고 한국어 학습만을 강조하고 있다는 게 그 전형적인 예라고 하겠다.[31]

　다문화정책을 시행한 지 한 세대가 가까워지는 한국에서 공생과는 거리가 먼 사례를 아직도 많이 볼 수 있다. 2018년 예멘으로부터의 난민 561명이 제주도에 들어왔을 때 그들의 퇴출을 요구하는 인터넷상의 논쟁과 집단행동을 통해서 한국의 실체를 실감할 수밖에 없었고 그 난민들의 제주도 밖으로의 이동을 제한하는 난민법을 위반하는 정부의 조치에서 한국의 한계를 볼 수밖에 없었다. 외국인에 대한 폭력·성범죄·혐오 발언을 규제할 수 없다는 한국 경찰의 발표에는 귀를 의심하지 않을 수 없다. 그리고 2020년 12월 20일 영하 18도의 한파 속에서 난방도 안되는 포천의 한 비닐하우스에서 캄보디아 출신 이주노동자 31세의 여성 누온속헹 씨가 사망했다(KBS 2021.12.23.). 그 밖에도 저임금, 열악한 노동·생활환경, 비인도적 처우에 시달리는 외국인 노동자의 실태는 매스미디어를 통해 자주 볼 수 있다. 뿐만 아니라 외국인 어린이가 학교에서 따돌림을 당하고 폭력에 시달리는 사례도 있다. 여자중학교에서 선배 여학생 4명이 외국인 여학생을 속옷만 입힌 채 손발을 묶고 6시간이나 폭행을 계속했으며 외국인 여학생의 이마에는 출신국가를 비하하는 내용이 쓰여 있었다(서울신문 2021.12.2)는 보도에는 할 말을 잊을 수밖에 없다.

---

31) 한국의 다문화교육 실천에 대해서는 權五定·斉藤文彦(2014) 編『「多文化共生」を問い直す』日本経済評論社, pp.137-186 참조 바람.

한국에서의 다문화주의·다문화공생의 실현은 아직 멀었다는 게 사실일지 모른다. 그러나 글로벌 사회 시민이 더불어사는 사회를 구축해야 한다는 목표를 향한 한국의 노력 또한 사실임을 믿지 않을 수 없다. 다문화주의·다문화공생의 실현을 위한 노력이 한국 사회를 더욱 성숙한 모습으로 바꾸어가리라 기대한다.

2.3.3 마이너리티의 시민권운동과 다문화주의·다문화공생 실현을 위한 노력(제3계보)

다문화주의·다문화공생의 실현을 위한 노력의 또 하나의 계보로서 미국의 사례를 들 수 있다. 미국의 다문화주의는 1800년대 후반 이민의 증가와 함께 시작되었다는 견해도 있고,[32] 제2차 대전 이후 근대에 대한 비판과 부정 혹은 「세계인권선언」을 비롯한 「선언적 장치」에 촉발하여 태동하게 되었다는 시각도 있다.[33] 그러나 1800년대 이민이 몰려올 때 미국이 선택한 방향은 공생이 아니라 동화였다는 것은 이미 앞에서 살펴본 바와 같으며 당시 미국에 헤르더(Johann Gottfried von Herder 1744~1803)나 니체(Friedrich Wilhelm Nietzsche 1844~1900)의 근대의 부정에서 출발하는 다문화주의의 아이디어가 영향을 미쳤을 것이라고는 생각하기 어렵다. 또 제2차 대전 이후의 「선언적 장치」에 자극받아 미국의 다문화주의가 태동되었다는 것도 납득하기 어렵다. 오히려 1964년에 제정된 미국의 시민권법의 영향을 받아 1966년 UN의 「인종차별 철

---

32) Banks, James A.(1995) ed. *Handbook of Research on Multicultural Education* Macmillan Publishing: pp.5-9 참조
33) 吉田和久(2007) 「現代アメリカ多文化主義と十八世紀思想史の文脈」Hosei University Repository(hosei.repo.nii.ac.jp), pp.1-40 참조

폐에 관한 국제협약」이 성립될 수 있었다고 보는 것이 온당할 것이다.

미국의 다문화주의·다문화공생 실현을 위한 실질적인 노력은 흑인을 중심으로 전개된 시민권운동의 결과 시작되었다.

1955년 미국 알라바마 주에서 시영 버스에 타고 있던 흑인이 운전수로부터 나중에 탄 백인에게 자리를 양보하라는 지시를 받았지만 이를 받아들이지 않았다는 이유로 체포되는 사건이 일어났다. 이러한 인종차별에 항의하는 흑인들의 버스보이콧 운동이 전국적으로 전개되었고 다음 해에 교통기관에서의 차별대우는 헌법 위반이라는 대법원의 판결이 나왔다. 이를 계기로 흑인을 중심으로 한 시민권운동이 일어났고 운동이 파급되는 과정에서 멕시코계 시민과 원주민의 지위와 권리향상 운동, 여성의 선거권·공평한 대우·성과 생식권·사회적 역할의 요구, 동성애자와 장애인의 권리 신장 및 반전 운동 등이 합세하여 전통적인 가치관과 체제를 흔드는 전국적인 운동으로 확대되어 갔다.[34] 그리고 1963년 8월 28일 「워싱턴 대행진(The Great March to Washington)」으로 운동은 절정에 이르렀다. 이때 그 유명한 킹(Martin Luther King, Jr. 1929~1968) 목사의 연설(「I have a dream」)이 행해졌다.

> 「나에게는 꿈이 있습니다. 언젠가 모든 인간은 평등하게 태어났다는 자명의 진리를 확인해주고 있는 (건국)정신의 참된 의미가 살아나도록 이 나라의 모두가 분발하는 날이 오리라 꿈꾸고 있습니다.(I have a dream that one day this nation will rise up and live out the true meaning of its creed: We hold these truths to be self-evident that all men are created equal.)」

---

34) Grant, Carl A. & Sleeter, Christine E.(2007) *Doing Multicultural Education for Achievement and Equity, 2nd ed.* Routledge, pp.57-64 참조

「나에게는 꿈이 있습니다. 언젠가 죠지아의 붉은 언덕 위에서 옛 노예의 자손과 옛 노예 소유주의 자손이 형제처럼 한 테이블에 앉아 놀 수 있는 날이 오리라 꿈꾸고 있습니다.(I have a dream that one day on the red hills of Georgia the sons of former slaves and the sons of former slave owners will be able to sit down together at the table of brotherhood.)」

「나에게는 꿈이 있습니다. 언젠가 나의 귀여운 네 자식들이 피부색이 아니라 그들의 인간 됨됨이로 평가받는 나라에 살아가는 날이 오리라 꿈꾸고 있습니다.(I have a dream that my four children will one day live in a nation where they will not judged by the color of their skin but by the content of their character.)」

차별 없이 모두가 공평하게 더불어 살아가는 사회를 만들어야 한다는 공생의 꿈을 절실하게 전해주는 메시지였다. 안타깝게도 킹은 그 꿈의 실현을 보지 못하고 1968년 흉탄에 맞아 세상을 떠났지만 그를 잃은 미국은 다문화 공생사회 구축을 위해 움직이기 시작했다.

1964년 연방의회에서 인종차별을 금지하는 「시민권법(Civil Rights Act of 1964)」이 가결·성립되었다. 이 법을 공포하기에 앞서 대통령(Lyndon B.Johnson)은 다음과 같은 성명을 발표했다.

「(전략) 모든 인종과 피부색의 미국 국민이 국가의 발전 가능성을 확대시키기 위해 노력해왔다. 지금 미국 국민에게는 사회정의의 실현을 위해 끊임없는 노력을 경주할 것이 요청되고 있다. (중략) 모든 사람은 신 앞에서 평등하며 투표소, 교실, 공장 그리고 호텔, 식당, 영화관 등 서비스를 제공하는 어떤 장소에서도 평등한 존재이다…(후략)」

오랫동안 유지되어온 인종(흑백)분리정책의 종식을 선언하고 있다.

시민권법이 공포된 다음에도 시민권운동은 계속되었고 마이너리티의 권리와 관련된 소송 제기도 많았다. 그중 마이너리티의 교육권 문제에 대한 제소에 대하여 1974년 대법원은 「마이너리티 집단의 어린이에게도 공평하고 적절한 교육을 받을 권리가 있으므로 그 어린이들을 위한 교육 프로그램을 준비하지 않으면 안된다」는 판결을 내렸다.[35] 이렇게 마이너리티의 구체적인 권리가 회복되어갔고 미국의 다문화주의·다문화공생의 실현을 위한 노력은 한정된 일부분의 관심사가 아니라 1980년대부터는 국가적 정책 차원에서 전국적으로 추진되어 갔다.

다문화주의·다문화공생의 실현을 위한 정책을 추진하는 과정에서 국가적 요구(특수상황 요구)와 지구사회적 요구(보편상황 요구)의 조화 문제가 중요한 논의의 테마로 떠올랐다. 다문화 정책의 요체라고 볼 수 있는 다문화교육(Multicultural Education) 영역에서는 이 교육의 목표 설정을 둘러싼 논쟁이 벌어졌다. 다문화교육의 일환으로 이루어지는 마이너리티의 모어·모문화 학습의 중요성은 의심할 여지가 없지만 그 결과 마이너리티 집단의 아이덴티티 형성만을 강조할 경우 미국시민으로서의 아이덴티티의 형성은 경시될 수밖에 없다는 점을 불안시하는 견해가 속출했던 것이다. 시민권운동 과정에서 미국사회는 분열되었고 그 분열을 치유하고 사회적 통합을 회복하기 위해서는 미국시민으로서의 아이덴티티를 육성하지 않으면 안된다는 게 그들의 생각이었다. 결국 그들의 생각은 시민교육으로서의 다문화교육은 최종적으로는 마이너리티를 포함한 미국내의 모든 인종, 민족이 미국에 대한 애국심·충성심을 갖도록 「선량한 시민적 자질」 육성에 공헌해야 한다는 것이었다. 국가적 요구의 대변이다.

---

35) 위의 책, p.65 참조

이에 대하여 누스바움(Martha C. Nussbaum)은 「우리들이 충성을 바칠 대상은 통치조직이나 세속적인 권력이 아니다. 전인류의 개개의 인간으로 구성되어있는 도덕적 공동체에 제일 먼저 충성을 맹세해야 한다」고 응수하며 다문화교육을 통해 궁극적으로 도달해야 할 목표는 코스모폴리타니즘(Cosmopolitanism)의 형성이라고 했다.[36] 다문화교육의 목적은 문화적 아이덴티티의 발달을 돕는데 있고 문화적 아이덴티티 발달의 최종적 도달점은 코스모폴리타니즘의 형성이라는 견해는 뱅크스(James A. Banks)를 비롯하여 다문화교육의 권위 있는 연구자들의 폭넓은 지지를 받았다.[37] 한편 코스모폴리타니즘의 형성이란 순진한 도덕적 기대에 지나지 않으며 코스모폴리타니즘 그 자체의 신뢰할 수 있는 실체가 보이지 않는다는 반론도 만만치 않다.[38]

코스모폴리타니즘을 곧장 세계주의로 이해한다면 국가 주도의 공교육 차원에서 이를 받아들이기 어렵다. 특히 미국과 같이 다인종, 다민족, 다문화로 구성되어 있는 나라에서는 국가적·사회적 통합이 중시되기 쉽다. 그러나 코스모폴리타니즘은 그러한 국가적·사회적 요구를 거부하지 않는다. 다만 코스모폴리타니즘은 세상에서 가장 숭고한 가치가 인간의 존엄성이고 이 존엄성은 나도 갖고 너도 갖고 그들도 갖는 가장 보편적인 가치이기도 하다는 전제 위에서, 숭고하고 보편적인 가

---

36) Nussbaum, Martha C.(1996) "Patriotism and Cosmopolitanism" in Joshua Cohen ed. *For Love of Country: Debating the Limits of Patriotism* Beacon Press(辰巳伸知·能川元一(2000)訳 『国を愛するということ』人文書院, p.26 참조)

37) Banks, James A.(2008) "Diversity and Citizenship Education in Global Times" in James Arthur, Ian Davies and Carole Hahn eds. *Education for Citizenship and Democracy* SAGE. p.64 참조

38) Waks, Leonard J.(2008) "Cosmopolitanism and Citizenship Education" in Michael A. Peters, Alan Britton and Harry Blee eds. *Global Citizenship Education* Sense Publishers: p.206 참조

치를 전인류와 함께 공유하려고 할 뿐이다. 미국의 다문화교육은 이런 생각을 쉽사리 받아들이지 않았다.

다문화교육이 가장 신선하게 열심히 이루어진 1980년대부터 90년대의 미국의 다문화교육을 유형화해 보면 ① 문화적 동화 지향의 모델, ② 문화 이해 지향의 모델, ③ 복수 문화의 보전과 확대 지향의 모델, ④ 이중문화 능력의 육성 지향의 모델, ⑤ 사회적 변혁 지향의 모델로 분류된다.[39] 그 중에서도 문화적 동화 지향의 모델 즉 국가적·사회적 통합을 지향하는 다문화교육이 가장 널리 이루어지고 있다는 사실이 눈에 띈다. 이러한 경향은 다문화교육에서만 볼 수 있는 것은 아니다. 미국의 교육적 전통의 일각에는 언제나 국가주의적 성격이 강한 요소가 한 자리를 차지해왔다. 다문화교육보다 한발 앞서 유행했던 Global Education도 세계를 상호의존하는 시스템으로 이해하고 그 시스템 안에서 살아가는 시민적 자질의 육성을 강조하고 있었지만 그것은 인류의 평등한 공생을 지향하는 자질을 의미하는 것은 아니었다. 미국을 축으로 미국의 룰에 따라 움직이는 안전하고 공평한 상호의존 시스템을 유지하고 컨트롤할 수 있는 시민적 자질을 기르자는 국가적 요구가 깔려 있었던 것이다.

미국에서의 다문화주의·다문화공생 실현을 위한 노력의 한계는 곳곳에서 발견된다. 모든 마이너리티가 평화롭고 평등하게 사는 다문화공생사회의 실현은 아직 요원하다는 생각마저 든다. 미국이 다문화정책을 가동시킨 이후에는 흑인에 대한 차별과 억압이 없어졌을 것이란

---

39) Woodrow, Derek et al. eds.(1997) *Intercultural Education: Theories, Policies and Practice* Ashgate: pp.114-115 참조

것은 착각에 지나지 않았다. 오늘날에도 인종차별 흑인차별이 온존하고 있음이 확인되고 있다. 2020년 5월 25일 경찰에 의해 흑인 남성 프로이드(George Floyd)가 사망하는 사건이 일어났다. 흑인 남성의 목을 짓누르는 경찰의 모습을 세계의 눈이 확인했다. BBC는 이 사건을 「인종차별 판데믹이 죠지 프로이드를 죽음으로 몰았다.(Pandemic of racism led to George Floyd death.)」(『BBC』 2020.6.5)고 보도했다. 「불특정의 전인류에 대한 무작위적·무차별적 공격」(Henry A. Kissinger 『Wall Street Journal』 2020.4.4)인 COVID19의 재난에도 흑인은 공평하게 보호받지 못했다. 예컨대 미국의 전 인구에서 흑인이 차지하는 비율은 13%인데 코로나로 인한 사망자의 68%가 흑인이다(BBC 2020.4.12).

뿐만 아니라 민주주의와 인권보호의 모범적인 나라임을 스스로 표명해온 미국의 이민·난민정책이 최근 이상해졌다. 2017년 트럼프 정권이 들어서면서 시민권법 성립 이래의 다문화정책이 흔들리기 시작했다. 2001년 다발적 테러 사건 이후에도 「난민 입국 프로그램」(난민 신청에서 심사·입국까지의 일련의 행정 활동)이 정상적으로 운용되어 2016년 한해만 해도 84,995명의 난민을 수용하던 미국이 이 프로그램을 중단시켰다. 난민의 입국을 저지하기 위하여 멕시코와의 국경 경비를 강화하여 중앙아메리카 북부의 「죽음의 삼각지대(엘살바도르·온두라스·과테말라)」로부터의 난민의 입국을 차단하였다. 「죽음의 삼각지대」에서는 전쟁 이상의 희생자가 나오고 있다. 그리고 자연재해나 내전 등으로 고통받는 외국인을 보호할 목적으로 그들의 미국 체재를 허용하는 제도인 「일시 보호 자격(TPS)」를 정지시키고 2019년 9월 9일까지 미국을 떠나라고 했다(『AFP』 2018.1.9). 이 제도의 정지로 지진이나 허리케인 때문에 미국에 합법적으로 체재하고 있던 니카라과, 온두라스, 아이티,

엘살바도르 등지에서 와있던 34만 명이 미국으로부터 퇴출되거나 불법 체류자로 전락했다. 여론의 비난에 실시되지는 않았지만 불법체류자의 아이들을 부모로부터 격리시킨다는 방침을 발표하기도 했다.

일련의 비인도적 이민·난민정책이 한 정권 기간 동안의 일시적인 것이라고 보기는 어렵다. 이러한 정책을 지지하는 세력이 라스트벨트(rust belt·미국의 중서부 지역과 대서양 연안 중부지역의 일부)를 비롯해 미국 전역에 존재하기 때문이다. 포퓰리즘 정치가 성행하는 오늘날 언제든지 이런 세력들과 손잡는 정권이 나올 수 있다는 것이다.

미국의 다문화정책이 흔들리고 있다는 것은 사실이지만 미국의 다문화주의·다문화공생 실현을 위한 노력 그 자체가 기능마비 상태에 빠졌다고 볼 수는 없다. 국가의 다문화정책을 반성적으로 체크하는 지성과 비인도적 이민·난민정책을 비판하는 양식이 살아있다는 증거도 수없이 보아왔다. 다문화주의·다문화공생과 관련된 미국의 지성과 양식은 경제적 풍요와 정치적(데모크라시) 안정을 바탕으로 인권의식(마이너리티의 권리와 존엄성 존중)·평등사상(인종, 성, 세대 등의 평등)·반전사고(특히 제국주의 전쟁으로서의 베트남전쟁 반대)를 갖춘 시민의 「이의 제기」(시민권운동)과정에서 성숙된 것이다.[40] 그러한 지성과 양식이 살아있는 한 미국의 다문화주의·다문화공생 실현을 위한 노력은 계속되리라고 본다. 다문화주의·다문화공생 실현을 위한 노력의 제3계보는 아직 건재한다.

---

40) Revel, Jean-François(1971) *Ni Marx, Ni Jesus* Robert Laffont· 영어판: *Without Marx or Jesus* Doubleday & Company,inc.(박재두(1978) 『마르크스도 예수도 없는 혁명』 법문사) 참조

2.4 다문화공생사회 구축을 위한 노력의 상호 자극과 보완

인류의 공생을 추구하는 다문화주의 혹은 다문화공생의 실현을 위한 노력은 「근대」의 한계와 모순에서 비롯한 전쟁의 반성 위에서 「선언적 장치」를 국제사회가 공유하고 그에 촉발되어 마이너리티의 권리회복이라는 「실체적 장치」의 준비에까지 이르렀고, 노동인구의 이동으로 발생하는 다문화화에 대응하기 위하여 다문화정책을 입안·시행하는 단계에까지 다다랐다. 또한 마이너리티의 권리향상운동으로 얻은 공생의 권리를 보장하는 시민권법의 성립으로 다문화정책이 시행될 수 있는 터전이 마련되었다. 이와 같은 다문화공생을 위한 노력들은 제각기 따로따로 진행되었다고 보기는 어렵다. 각각 독자적인 계기나 배경을 갖기 때문에 별개의 계보로 분류할 수는 있겠지만 서로 영향을 주고 받으며 연동적으로 전개되어온 것이다.

다문화주의의 태동에 대해서는 근대적인 이성의 활동으로서의 「인권혁명」에 촉발된 도덕적 윤리적 선택에 의한 것이라는 생각이 널리 지지를 받아왔다. 이런 생각을 제기하거나 지지하는 사람들은 국제사회의 이성적 판단과 합의에 의해 조직된 UN과 같은 국제기구가 주도하여 약자의 인권향상이나 마이너리티의 권리와 존엄의 회복·보장을 요구하는 「선언적 장치」가 마련되었고 정책 수립과정에서의 이성적·윤리적 판단이 다문화공생의 실현 노력을 구체화시켜왔다고 본다. 보기에 따라서는 「다문화공생」 노력을 독점하려는 모습이다. 나아가 그들은 다문화주의는 「근대」를 부정·비판하는 포스트모더니즘으로부터 싹이 텄다는 생각을 설익은 상대주의 혹은 주관주의(잘못된 Authenticity)라고 비판한다. 그러한 상대주의나 주관주의 속에서는 결국 개인주의의 특색으로서 도덕의 시점을 소멸시키고 말기 때문에 더불어 사는 윤리적 관계(공생의 윤리)는 성립될 수 없다는 것이다.

한편 근대를 비판·부정하는 입장에서는 인류의 공생을 촉구하는「선언적 장치」가 근대적 이성주의자들만의 노력으로 이루어진 것은 결코 아니라고 본다. 이 입장에서는 근대의 합리주의(효율주의)·근대의 자본주의·근대의 국민국가의 배타적·독점적 지배야말로 공생의 질서를 파괴한 주범이었고 이러한 범죄적 체제에 대한 비판이 있었기 때문에 다문화주의가 태동할 수 있었다고 보는 것이다.[41] 근대를 비판 혹은 부정하는 입장에 서는 견해들이「선언적 장치」이후의 가시적인 다문화공생의 실현을 위한 법령, 제도의 정비와 같은「실체적 장치」의 구체화에 공헌한 실적은 없다. 그러나 그들의 근대에 대한 이의제기는「선언적 장치」가 성립하기까지의 철학적, 사상적 기반이 되었다고 보아야 할 것이다.

다문화주의의 기원에 대한 논의에 더 이상 관여할 필요는 없겠지만 다문화공생과 관련된 이들 논의에 대하여 두 가지만 짚고 지나가고 싶다.

첫째, 다문화공생의 문제는 삶의 문제, 생활 속의 문제이고 현상으로서의 문제이다. 미국이 다문화정책을 채택하게 된 직접적인 계기가 된 것은 흑인을 중심으로 전개된 시민권운동이다. 그리고 그 시민권운동이

---

41) 다문화주의의 기원에 대해서는 여러가지 견해가 있어 다투지만 논의의 근간을 이루는 것은 근대 이성을 옹호하는 견해와 근대 이성을 포함한「근대」그 자체에 대해 비판 내지 부정하는 견해의 대립이라고 볼 수 있다. 이 글에서는 그 논의에 깊이 들어가지는 않지만 그러한 논의가 다문화주의 혹은 다문화공생에 대한 시야를 넓혀왔다는 사실에 주목할 필요가 있다. Taylor, Charles M.(1991) The Ethics of Authenticity Harvard University Press(田中智彦 訳(2004)『「ほんもの」という倫理─近代とその不安』産業図書) 및 Taylor, Charles M. & Habermas, Jurgen (1994) etc. Multiculturalism : Examining the Politics of Recognition Princeton University Press(佐々木毅·辻康夫·向山恭一(1996)『マルチカルチュラリズム』岩波書店) 참고 바람

시작된 계기는 흑백분리정책 아래 버스에 탔던 흑인 여성이 백인 남성에게 자리를 양보하지 않았다는 이유로 체포된 사건이었다. 이때 흑인 여성이나 백인 남성이나 그들의 행위는 근대 이성의 옹호 행위도 아니었고 근대의 비판 행위와도 관계가 있었을 리 없다. 그들의 행위가 철학적 사상적 판단이나 선택에서 나왔다고는 도저히 상상할 수가 없다. 또 독일이나 한국에 이동한 외국인 노동자들이 다문화공생을 의식해서 다문화화 현상을 일으켰다고 상상할 수도 없다. 그들은 다만 생활 속에서 다문화공생이 요구되는 상황을 만들거나 그런 상황에 놓이게 됐을 뿐이다.

그렇다고 다문화주의나 다문화공생정책의 기원이나 배경에 관한 논의가 무용지물이 될 수는 없다. 그러한 논의의 축적은 인류 공유의 지적 재산이고 입장의 차이와 관계없이 모두의 생각을 성숙시켜왔다. 그야말로 가다머(Hans-Georg Gadamer)가 말하는, 상호 비판·침투를 통해 보편적 지혜를 획득하는 「지평융합(Horizontverschmelzung)」의 작업이었다. 그 결과, 보다 나은 선택을 가능케 해왔다. 19세기~20세기에 걸쳐 노동인구가 미국으로 이동했을 때 미국은 melting pot(동화) 정책을 선택했지만 20세기~21세기에 독일이나 한국으로 노동인구가 이동했을 때 두 나라는 다문화공생정책을 선택했다. 인권의식의 고양, 다문화공생에 대한 인류사회의 이해가 높아졌고 그것이 당사국에 대한 지적 정신적 압력으로 작용한 것이라고 보아야 할 것이다. 국제사회가 공유하게 된 「선언적 장치」가 단순한 장식이 아니라 지적 정신적 압력(power)이 되었음을 증명하는 사례라고 할 수도 있다. 국제사회의 압력으로서의 「선언적 장치」는 철학적 사상적 논의와 성숙의 결과로 준비될 수 있었다는 것은 더 말할 필요가 없다.

둘째, 다문화주의 혹은 다문화공생이라는 발상(그에 토대하는 정책

270 재일코리안 사회 형성과 시대적 표상

이나 제도)은 하나의 사상으로부터 출발하지 않았고 기본적으로 근대 이성의 옹호 사상과 근대의 비판 사상 간의 논의와 긴장 관계에서 태동 되고 성숙되어 왔다는 것은 앞에서 언급한 바와 같다. 여기서 지적해 두고 싶은 것은 두 사상이 대립된 논쟁을 전개할 때 비약과 전환이 보인 다는 사실이다. 예컨대 Authenticity(진실성의 질)의 문제가 그 중 하나 이다. 근대의 비판자들이 제기한 Authenticity의 문제는 메이저리티의 가치가 반드시 진실성 위에 서있는 게 아니고, 가치는 창조되는 것으로 나의 문제와 부합될 때 의미 있는 가치가 인정될 수 있으며 그것이 곧 진실성의 질을 보장한다는 것이다. 이는 이성적 객관성을 지나치게 우 선시키는 근대가 낳은 국민국가 체제(제국주의 국민국가) 아래서 마이 너리티(약소 민족·국가)의 권리가 박탈되고 강·약이 더불어사는 질서 가 파괴된 사실을 비판하는 시각에서 나온 생각이었다고 본다. 그러나 근대 이성을 신봉하는 객관주의자들은 이를 설익은 상대주의에서 나온 주관적인 부도덕하고 반윤리적인 아전인수적인 생각이라고 몰아부친 다. 논리의 비약이고 전환이다. 나의 문제와 부합되는 곳에서 진실성을 발견하려는 생각이 부도덕하고 반윤리적인 것이라면 동성애자들이 갖 는 성적 지향(sexual orientation)도 부도덕·반윤리적일 수밖에 없다. 동성애자들의 입장에서 보면 이성 간의 애정이 아무리 가치 있는 것일 지라도(동성애자들은 이성간의 애정은 가치 없는 것이라고 생각하지도 말하지도 않는다.) 나의 요구에는 부합되지 않는다. 나의 가치, 성의 다 양성을 인정받고 싶은 것이다. 마이너리티의 가치를 존중하자는 생각 은 메이저리티의 가치가 갖는 진실성 그 자체를 부인하는데 있지 않고 메이저리티의 가치만을 절대시하는 배타적이고 독점적인 지배를 부인 하는데 있다. 마이너리티의 가치가 갖는 진실성을 존중받고 싶은 것이다. 이것이야말로 다문화공생의 출발점이라고 할 수 있다.

모든 생각이나 사상은 다른 생각이나 사상과 교류·마찰·갈등·싸움을 통하여 세련되고 성숙하면서 보편성을 더해간다. 바르뷔스가 표현한 근대의 한계였던 국민국가의 배타성에서 비롯한 전쟁의 진실성이 많은 지식인 예술가에게 전달될 수 있었던 것도 그의 생각이 근대의 한계에 대한 많은 생각과 사상과의 관계 속에서 다듬어지고 성숙하면서 보편성을 갖게 되었기 때문일 것이다. 반대로 클라르테 운동이나 다른 반전·평화운동이 특정한 이데올로기나 체제와 특별한 관계를 맺자 보편적 지지를 잃게 된 것은 다양성의 진실성에 금이 갔기 때문일 것이다. 진실성은 하나의 벽 안에 가두어지지 않는다.

3 제국주의 국민국가와 원주민: 아이누의 마이너리티로의 전락 과정

아이누는 일본 밖에 살면서 일본과 대등하게 교역하고 있던 독립된 민족이었다. 일본에 정복되어 그 체제 안에 들어옴으로써 「일본의 원주민」이 된 것이다. 그리고 일본에게 모든 것을 빼앗기고 지금은 그 존재조차 희미해지고 말았다. 인디언, 이누이트, 애보리진, 사미 등과 거의 같은 희생의 역사를 갖고 있다. 세계에는 이들 원주민족 이외에 최근 문제가 되고 있는 로힝야, 쿠르드 족 등 수많은 소수민족이 존재하지만 하나의 국민국가체제 안에서 원주민으로서의 권리박탈 과정이 다 같다고 볼 수는 없다.

원주민족의 권리박탈에 관한 보고는 많지만 개별적인 사례(예컨대 토지권의 박탈)를 중심으로 보고되어 왔기 때문에 원주민의 희생 과정을 종합적으로 파악하기 어려웠다. 더욱 원주민족은 대부분 문자를 갖고 있지 않기 때문에 그들의 역사적인 발신능력에 한계가 있어 그들의 희생 과정이 알려지지 않았다고 보여진다. 이런 점들을 염두에 두고 아이누에 다가가 보기로 한다.

3.1 아이누와 신(자연)의 공생 공간

3.1.1 아이누의 나라

아이누는 일본열도의 북쪽 북위 약 41도~45도 사이에 위치하는 면적 83,457평방km, 둘레 2,676km나 되는 세계에서 23번째로 큰 오늘날 「홋카이도」라고 불리는 섬에 살아온 원주민족이다. 한반도의 최북단 함경북도 온성군이 대략 북위 43도니까 이 섬이 꽤 북쪽에 위치하고 있다는 걸 알 수 있다. 그러나 해양성 기후라서 이 섬의 수도 삿포로의 가장 추운 1월 평균기온이 섭씨 -3.2도(서울 -2도), 가장 더운 8월 평균기온이 섭씨 22.3도(서울 26도)로 서울에서 견딘 사람이라면 충분히 살 만한 기온이다. 그리고 주변의 바다와 섬 안의 강에서는 연어 송어 오징어 청어 정어리 미역 다시마 등 풍부한 해산물을 얻을 수 있다. 지금도 마을의 개천에까지 연어가 올라오는 것을 목격할 수 있다. 또 산에서는 노루 멧돼지 곰 등 산짐승도 많이 잡힌다. 바다 산 강에서 얻을 수 있는 이런 풍부한 자원들은 식량은 물론 의복재료와 교역품이 되었다. 한국 면적의 83%가 넘는 83,457 평방km나 되는 넓은 토지와 풍부한 자원 속에서 아이누들은 넉넉한 생활을 즐기고 있었음에 틀림없다.

이 섬을 돌면서 우선 눈에 띄는 것은 어디를 가든 대부분의 마을, 도시, 산, 강이나 개천 이름이 아이누 말로 되어 있다는 점이었다. 삿포로·왓카나이·몬베츠·쿠시로·쿠시로 강·오비히로·토마코마이·무로란·시베츠·미호로·아칸 호·마슈 호… 지명이나 산천의 이름이 아이누 말로 붙여져 있다. 현재 이 섬 안의 35개 시(市), 129개 쵸(町), 15개 손(村)의 지방자치지역 명칭의 80% 이상이 아이누 말이라고 한다. 이는 아이누가 이 섬 전체에 분포되어 살고 있었음을 말해준다. 지명이란 인간의 삶과 의미 있는 관계가 있을 때 붙여지기 때문이다. 그리고 섬 전체에 같은 리듬·톤의 아이누 말의 지명이 붙여져 있었다는 것은 아이누가 비록 체계적인 통치기구는 가지고 있지 않았지만 문화를 공유하고 통일된 커뮤니케이션 망을 가지고 있었다는 것을 의미한다. 당시 아이누의 인구가 얼마나 되었는지 정확히 파악하기 어렵지만[42] 이 섬은 역시 「아이누 모실(모시리)」(아이누의 섬·대지)이었던 것이다.

아이누의 삶을 지탱해주는 것은 자연이었다. 아이누는 농경문화를 갖고 있지 않았다. 식량이나 의류 재료를 거의 자연으로부터 직접 얻어서 살아가는 생활방식이 정착되어 있었다. 그만큼 자연을 가깝게 느꼈고 때로는 자연에 대한 경외의 마음도 품었으리라 추측할 수 있다. 아이

---

[42] 일본이 「홋카이도」 전역을 지배하기 이전의 아이누 인구는 정확히 파악되지 않고 있다. 1873년의 『홋카이도개척사업보고서』에서는 아이누의 인구를 16,272명으로, 1980년의 『신홋카이도사』(제9권 자료편3)에서는 1869년~1936년 사이의 아이누 인구를 15,000~18,000인이었다고 기록하고 있다. 그러나 2017년의 통계에 의하면 ① 본인이 아이누라고 밝힌 사람, ② 아이누라고 간주되는 사람이 「홋카이도」 13,118명 이외에 도쿄 2,700명 등 전국에 분산, 거주하고 있다. 백 수십 년이 지나 아이누의 거의 대부분이 일본인화되어 있는 시점의 인구수가 앞 통계의 인구수와 큰 차이가 없다는 것은 자연스럽지 않다(visit-hokkaido.jp 참조). 또 홋카이도의과대학이 아이누의 DNA검사를 구실로 아이누의 한 묘역에서 도굴한 유해가 1,677명분이나 되는 사실에서 추산한다면 당시 아이누의 인구 규모는 훨씬 컸을 것으로 보인다.(平山裕人作成冊子『アイヌ社会史と遺骨を考える』 2021 참조)

누에게 있어 자연은 친절하고 가장 믿을 수 있는 「카무이＝신」이었다.

부엉이(코탄 콜 카무이)는 아이누의 마을을 지켜주기 위하여 밤새 자지
도 않는 고마운 신이다.
늑대(오오 카무이)는 사냥한 먹이를 조금 먹다 남기고 인간을 불러 먹
게 한다. 늑대가 짖는 것은 인간을 부르기 위해서다.
뻐꾸기(캇콘 카무이)는 4·5월이 되면 개천에 송어가 올라왔음을 인간
에게 알리기 위해 열심히 울어댄다.
에조산 물총새(아이스사치리 카무이)는 물고기를 잡는 기술을 인간에
게 가르쳐준다…

이렇게 아이누는 자연(산짐승도 새도…)을 신처럼 소중히 여기며 그
신들과 더불어 살아갔다. 자연경제 속에서 자연환경과 생태계의 질서
에 따라 자연과의 조화와 감사의 나날을 함께 보낸 것이다. 아이누의
마을에는 반드시 「누사산」이라는 신에게 감사 드리는 제당이 있었다.
큰 나무 아래나 큰 바위 옆에 차려놓은 누사산을 보면 한국의 서낭당
(성황당)이 떠오른다. 민속신앙의 신당으로서의 공통점을 갖고 있는지
여부는 확인하지 못했지만 아이누가 한반도의 민속과 통하는 문화를
가지고 있었다고 해서, 지리적 조건이나 동북아시아 역사의 흐름으로
볼 때 이상할 것은 없다.
아이누의 의식 중에는 제3자가 이해하기 어려운 것도 있다. 그 중
하나가 「이오만테」라는 새끼 곰을 신의 세계로 보내는 의식이다. 새끼
곰을 잡아와서 반년 정도 마을에서 기른 다음 그 곰을 통나무 사이에
끼워 죽이는데 거기까지는 매우 잔인하기만 하다. 곰을 죽인 다음 곰
머리맡에서 곰의 혼을 신의 세계로 보내는 의식이 이어지고 여기서부
터는 상징적인 의미가 읽혀지기 시작한다. 그리고 혼은 신에게 보내고

남은 곰의 육체에서 피를 받아 인간들이 마신다. 곰과 인간이 하나 되는 상징적 행위이다. 이 의식에서 읽을 수 있는 것은 아이누들은 신과 동물·자연과 인간은 하나라고 믿고 있었다는 사실이다. 이러한 의식도 일본인들은 아이누의 미개·잔인성이라 보아 금지시켰다.

쿠시로(釧路)에서 멀지 않은 곳에 아이누의 전설을 담고 자라는 「마리모(毬藻·녹색 공 모양의 녹조류)로 유명한 아칸코(阿寒湖)가 있다. 이 호수 주변의 마을 아칸쵸(阿寒町)에 만들어진 아이누 마을의 극장에서는 「근대화」의 과정에서 잃어버린 신들을 그리는 무용연극 「잃어버린 신(Lost Kamui)」이 공연되고 있다. 카무이의 뜰에서 그 신들과 함께 보냈던 아이누의 평화로웠던 시간과 공간이 일본의 근대화(뒤에 살피는 「홋카이도」 개척) 과정에서 모두 파괴되고 말았다. 그 과정에서 아이누들은 자신들의 신, 정신의 세계를 잃어버렸다. 「잃어버린 신」의 무대에서는 그날의 비애, 그리움, 원망…이 무겁고 숨차게 전개된다.

〈사진〉 「잃어버린 신」의 포스터 앞에서 본문에서 소개하고 있는 야마모토 에이코 씨(왼쪽)와 함께. 포스터의 두 아이누 여성은 야마모토 에이코 씨(왼쪽)와 그의 딸이다.

3.1.2 일본과의 교역과 아이누 역사의 각색

아이누가 어디서 온 집단인지 아직 정확한 정설은 없다. 아이누 스스로 자신의 루트를 캘 만한 연구 능력을 갖추지 못했고 일본이 연구에 소극적이었기 때문이라고 볼 수 있다. 단일민족을 주장해온 일본의 메이저리티들은 아이누를 역사의 피안에 묻어두고 싶었던 것이다.

아이누의 루트를 밝히기 위하여 최근 문헌연구, 유적·유물 조사, 언어 사용 흔적(지명이나 유적 명칭 등) 조사, 유전자 분석 등 비교적 활발한 연구가 시도되고 있으므로 그 결과가 기대된다. 지금까지의 조사연구를 바탕으로 한 아이누의 루트에 대한 정보로서는 아이누의 생활터에서 조몬(승문)토기가 많이 발굴된 점으로 보아 역시 조몬토기를 사용하던 일본열도 특히 가까운 일본의 동북지방에서 건너간 사람들이 아이누의 조상이라고 볼 수 있다는 것이 가장 유력하다. 또 아이누의 생활터에서 조몬토기 다음 시대에 발굴되는 살문토기 역시 동북지방에서 갔다는 것이다. 그러나 동북지방 사람들과 아이누가 같은 조몬토기 혹은 살문토기를 사용했다는 사실만으로 아이누의 조상이 동북지방에서 간 사람들이라고 단정짓는 것은 성급한 우월주의에서 연유한 오류일 수도 있다. 사용했던 토기만을 근거로 아이누가 동북지방에서 갔다고 단정하는 것은 발달한 일본의 문화(일본인)가 미개한 지역으로 확산해갔다는 논리이기 때문이다. 거꾸로 아이누가 「홋카이도」(혹은 그 이북)에서 일본의 동북지방으로 확산해갔다는 가설도 성립될 수 있다. 더 중요한 것은 아이누의 유전자와 연해주 원주민의 유전자에 공통된 요소가 많고 동북지방에도 이에 가까운 유전자를 갖는 사람이 있지만 동북지방 이외의 일본의 다른 지역에는 이와 가까운 유전자를 갖고 있는 사람이 없다는 사실이다[43]. 이 사실을 근거로 본다면 아이누의 루트는 일본열도를 포함한 남방이 아니라 북방에서 찾아야 하지 않을까 추측할 수도 있다.

한 집단이나 민족의 루트를 밝힌다는 일은 낭만적인 추리까지는 흥미 있는 작업이지만 과학적인 검증은 매우 어려울 수밖에 없다. 아이누의 루트에 대해서도 낭만적인 추리에서 과학적인 검증에 이르기까지 다양한 시점과 방법이 동원되어야 했다. 예컨대, 아이누가 북방계통 민족이라고 추측할 수도 있다고 했지만, 남방계통의 조몬인이 살고 있던 일본에 북방계통의 야요이인들이 들어와 조몬인들을 추운 북쪽으로 밀어냈다는 설도 있으며 이 설이 사실이라면 동북지방, 연해주까지 밀려난 남방계통의 조몬인 속에 아이누가 포함되어 있을 수도 있다. 아직 아이누의 루트에 대해서 단정적으로 말할 수 있는 확실한 근거는 턱없이 부족하다.

이러한 모든 가능성을 열어놓고 보아야 할 아이누의 루트를 난폭에 가까우리만큼 일본열도(동북지방)에서 건너간 사람들의 후예라고 보는 결정론적인 견해에 무게를 실어준 것은 일본 정부였다. 국민국가로 새로 출발한 메이지 정부는 단일민족국가로서의 일본을 강조했고 따라서 아이누의 루트를 일본민족에서 찾아야만 했던 것이다. 그리고 제국주의 국민국가가 마이너리티를 계층적 지배구조에 편입해갈 때 아이누의 루트를 연구하는 자들은 그것을 지적·학문적으로 정당화시키는 역할을 수행하고 있었다. 이렇게 아이누의 역사는 일본의 필요에 따라 일본에 의해 각색되기 시작했다.

언어 사용의 흔적에서 아이누가 언제부터 「홋카이도」에 살기 시작했

---

43) 平山裕人(2014) 『アイヌの歴史』明石書店, p.46 참조

는지를 찾아보는 연구가 진행되어 왔지만 이 역시 아이누가 문자를 갖고 있지 않았기 때문에 일본의 문헌에서 아이누어를 찾아보는 방법을 택할 수밖에 없다. 712년에 간행된『코지키(古事記)』에 등장하는「홋카이도」, 동북지방 등지에 살고 있던「에미시(蝦夷 또는 毛人)」가 아이누와 동일 집단일 것이라는 설이 있고, 일본에서 가장 오래된 정사기록으로 720년 경에 완성되었다고 전해지는『일본서기(日本書紀)』에서는 오늘날의 동북지방 이와테켄(岩手県), 아키타켄(秋田県)의 지명 중에 아이누어로 보이는 말이 발견된다.

「홋카이도」의 서부와 동북지방의 북부가 동일한 문화권을 형성했던 시기(에베츠(江別)문화)가 있었던 것을 고려한다면 아이누어 사용의 흔적은 3~4세기까지 거슬러 올라가 찾을 수 있을 것으로 생각된다.[44] 그후에는 뒤에 다시 보는 1457년부터 단속적으로 100여 년 계속되는 아이누와 일본인 사이의 코샤마인 분쟁을 기록한『신라의 기록(新羅之記録)』[45]에 아이누어의 단어가 조금 나오고, 역시 뒤에 다시 보는 1669년 아이누와 마츠마에한(松前藩) 사이에 일어나는 샤쿠샤인의 싸움이 끝난 다음 아이누의 풍습과 언어가 소개되는 정도이다. 18세기 후반 아이누와 마츠마에한 사이에 교역이 활발하게 이루어지고 아이누어 통역이 등장하면서 아이누어가 비교적 소상히 알려지게 되었다. 그러나 이러한 아이누어 관련의 기록들이「홋카이도」에 아이누가 언제 정착하게 되었는지 그 경위를 밝히는데 도움이 되지 않았다.

「홋카이도」에 아이누가 언제 정착하게 되었는지 추정할 수 있는 귀

---

44) 위의 책, p.43
45) 『신라의 기록』은 1643년 마츠마에한의 가계를 중심으로 편찬된 사서이지만 그 기록의 신빙성은 대단히 낮게 평가되고 있다. 한반도의 신라와는 아무 관계가 없다.

중한 조사 결과가 있다. 언어학자 킨다이치 쿄스케(金田一京助)의 조사 결과에 따르면 사할린(카라후토), 쿠릴(치시마)열도, 「홋카이도」의 방언 60% 정도가 일치하고 있으며 이 방언들은 11~12세기 이전부터 사용되어온 아이누어라 한다.[46) 이 결과대로라면 아이누가 적어도 12세기 이전부터 「홋카이도」에 정착하고 있었다는 것은 확실하다. 그리고 이들이 사할린, 쿠릴열도에까지 확산하고 있었다는 것도 알 수 있다. 또 공익법인 홋카이도아이누협회가 정리한『아이누민족의 역사』에 따르면 12세기경에 「홋카이도」와 동북지방에서 찰문토기를 사용하던 문화가 철기나 칠기를 사용하는 문화로 바뀌고 독자적인 의례의식이 나타나기 시작하는데 이 문화들이 후에 확인되는 아이누의 문화와 겹쳐지는 부분이 많다는 것이 보고되고 있어 역시 12세기경에는 아이누가 「홋카이도」에 이미 정착해 있었다고 볼 수 있다.[47)

다만 현재 아이누어는 거의 소멸된 상태이고 언어 이외의 문화적 흔적도 자취를 감추어가고 있는 형편이다. 사할린, 쿠릴열도의 아이누어는 완전히 소멸되었고 「홋카이도」에도 아이누어로 말할 수 있는 사람이 15명 정도밖에 생존해있지 않다고 한다. 앞에서 소개한 아이누민족 야마모토 에이코 씨도 아이누어를 아는 사람 중의 한 사람이지만 부모로부터 배운 게 아니라 아이누어를 연구하는 「대학 선생님으로부터 배웠다」고 한다(2021.11.1 채록). 이는 아이누어의 계승학습 시스템이 이미 없어졌다는 사실을 의미한다.

어로와 수렵 등으로 생활자원을 얻어 자급자족하던 아이누의 자연경제체제도 주변지역과의 교역으로 조금씩 변해갔다. 처음에는 아이누

---

46) 平山(2014) 앞의 책, p.42 참조
47) 公益法人北海道アイヌ協会website(ainu-assn.or.jp 2021.12.10) 참조

스스로 시장을 개척해 나갔다기보다 주변지역으로부터의 접근으로 시작되었지만 14세기경부터는 사할린, 연해주, 쿠릴열도, 일본의 동북지방 등지에까지 아이누 스스로 교역의 범위를 넓혀갔다.[48] 아이누가 내다 팔 수 있는 상품은 주로 해산물과 모피였고 주된 교역 상대인 일본으로부터 철제품, 칠기, 의식용 의복, 유리 목걸이, 쌀, 술, 면직물, 담배 등을 사들였다. 중국산 비단도 수입품 중 하나였다. 외부와의 교역은 아이누의 생활을 바꾸어갔고 교역품목으로 보아 그들의 생활에 여유가 생겨나고 있었음을 엿볼 수 있다. 그러나 이 교역이 훗날 아이누에게 고통을 가져다주는 요인이 되었다.

「홋카이도」에 진출하는 일본인들도 많아져 15세기에 이르면 오시마(渡島)반도에 일본인의 집단 거주지가 늘어간다. 「아이누모실」, 아이누의 대지에 일본인이 침식해 들어간 것이다. 아이누와 일본인의 교류도 늘어갔고 그에 따른 다문화화 현상(마찰과 갈등)도 일어났으며 그 사이에 두 집단간의 분쟁도 발생했다. 1457년에 시작된 코샤마인의 분쟁이 첫 번째 사례로 일본의 문헌에 남아있다. 일본인의 대장간에 칼을 사러 간 아이누와 대장장이 사이에 분쟁이 생겨 대장장이가 살해되는 사건이 분쟁 발발의 직접적인 원인이 되었지만 이 분쟁의 요인은 불공평한 교역과 일본인의 「영토」 침식이었다.

처음에는 아이누의 암묵의 양해 아래 일본인 집단의 거주지가 한정적으로 정해졌고 대등한 교역이 이루어졌다. 그것이 점점 일본인 우선의 상황으로 바뀌어갔고 일본인들은 아이누 침공의 거점이 될 수 있는 요새와 같은 시설을 만들고 있었다. 이에 아이누가 반격을 시작한 것이

---

48) 平山裕人(2021) 『アイヌ民族の現在、過去と未来！』藤田印刷エクセレントブックス, p.45 참조

다.[49] 이 분쟁은 일본인의 반복된 아이누의 「영토」 침식과 이에 대한 아이누의 반격이라는 성격을 띠고 있었기 때문에 100년간이나 단속적으로 계속되었던 것이다.

이 기나긴 분쟁을 조정하여 종전과 강화로 이끌면서 두각을 나타내기 시작한 세력이 있었다. 토쿠가와 바쿠후(德川幕府) 체제하에서 마츠마에한을 설치하는 카키자키(蠣崎) 씨다.[50] 카키자키 씨는 토요토미 히데요시(豊臣秀吉)로부터 아이누와의 독점적 교역권을 인정받아 교역의 활성화를 통해 점점 세력을 불려갔고 토쿠가와 바쿠후가 성립한 후 1604년 마츠마에한을 설치하는 것이다.

코샤마인 분쟁과 그 종식, 이이누와 일본인 간의 교역의 확대, 마츠마에한의 설치, 이 일련의 과정도 거의 일본측의 시점에서 전해져 왔다. 아이누의 역사가 어떻게 얼마나 각색되었는지 모른다.

3.2 마츠마에한의 설치: 일본의 공권력·자본·종교의 아이누 세계 침식

3.2.1 마츠마에한의 설치와 아이누 교역구조의 변화

코샤마인 분쟁의 과정에서 세력을 키운 카키자키 씨는 성을 마츠마

---

49) 위의 책, pp.46-47 참조
50) 토쿠가와 바쿠후(에도 바쿠후)란 토쿠가와 이에야스(德川家康)가 세키가하라(関が原) 전투에서 승리하고 정권을 잡은 후 에도(江戸＝東京)에 설치한 무신정부를 말한다. 바쿠후란 본래 최고사령관 「쇼군(将軍)」의 거소를 의미하는 말이지만 무신 정권·정부 그 자체를 가리키는 말로 더 많이 쓰이고 있다. 무신정권은 카마쿠라 바쿠후(鎌倉幕府 1183?~1333)·무로마치 바쿠후(室町幕府 1336~1573)와 전국시대를 사이에 두고 토쿠가와 바쿠후(1603~1867)까지 이어진다. 토쿠가와체제는 바쿠후를 정점에 두고 전국을 200여 개의 한(藩)으로 나누어 각 한의 직접적인 통치는 영주(한슈·藩主)에게 맡기는 봉건체제였다. 카키자키 씨는 성을 마츠마에(松前)로 바꾼 다음 마츠마에한을 설치하고 토쿠가와 바쿠후체제 안에 들어간 것이다.

에 씨(씨족)로 바꾸고 오시마반도에 와있던 일본인(와진·和人)들을 지배하에 둘만큼 튼튼한 기반을 구축했다. 오시마반도는 「홋카이도」의 서남단에 위치하여 일본 혼슈에서 가장 가깝기 때문에 일찍부터 이곳에는 일본인의 집단 거주지가 생겼다. 오늘날에는 해저터널로 연결되어 신칸센 전차가 왕래할 정도이다. 그 오시마반도를 지배하게 된 마츠마에 씨는 토쿠가와 바쿠후로부터 「흑인장(코쿠인죠·黑印狀)」이라는 아이누와의 교역 독점권을 보장하는 인증서를 받아 교역을 통한 부와 정치적 역량을 더욱 키워 마츠마에한을 설치한 것이다. 영주(한슈)는 마츠마에 요시히로(松前慶広)였다. 이는 아이누의 땅에 일본의 공권력이 공식적으로 침식해 들어간 것을 말한다.

마츠마에한이 설치되었을 당시에는 아이누의 거주지(에조치·蝦夷地)와 일본인의 거주지(와진치·和人地)가 분명하게 구분되었고 일본인이 아이누의 거주지에 정주하는 것을 금지시켰다. 본래 아이누의 대지인 「홋카이도」에 제멋대로 일본의 공권력이 들어가 한을 설치하고 그 한의 명령에 따라 아이누의 거주지와 일본인의 거주지를 구분하는 선을 긋는다는 것은 대단히 이상한 일이지만, 적어도 형식상으로는 일본의 그러한 행위가 아이누의 양해 하에 이루어졌다는 모양새를 갖추고 있었다.

마츠마에한은 처음부터 당시의 다른 한과는 달리 한이 지배하는 일정한 구역의 토지(영토)를 갖고 있지 않았다. 당시 일본의 대부분의 한은 영토 안에서 이루어지는 농업을 기반으로 한 재정구조를 가지고 있었다. 세금(넹구·年貢)도 쌀로 받았고 한의 관료(무사)에 대한 급료도 기본적으로 쌀로 지급했다. 한의 지위나 권위도 쌀의 생산량(코쿠다카·石高)으로 나타냈다. 예컨대 1만 코쿠의 한은 작고 발언권도 약하지만

100만 코쿠의 한이 되면 대단히 강한 발언권을 갖게 된다. 당시 일본의 영주는 농업영주였던 것이다. 그러나 마츠마에한은 지배할 영토도 없었고 따라서 농업을 할 수도 없었다. 마츠마에한은 막연하게 오시마반도 남부의 「와진치」(일본인 거주지)를 지배하에 두면서 아이누와의 교역을 통한 수입과 항구에 기항하는 선박으로부터 받는 기항료를 재정 원으로 했다. 다른 농업영주들과 달리 마츠마에한의 영주는 이를테면 상업영주였던 것이다. 마츠마에한 이전 일본에 상업영주가 전무했던 것은 아니다. 시대를 거슬러 올라가지만 예컨대 무로마치(室町)시대 (1392~1573) 야마구치(山口)를 중심으로 추고쿠(中国)지방에서 세력을 떨치던 오우치(大内) 씨는 스스로 백제의 후손이라 칭하며 조선과의 무역을 활발히 전개해 막대한 부를 축적했다. 오우치 씨는 농업영주에서 탈피하지는 않았지만 상업영주로서의 성격이 강했다. 오우치 씨의 예에서 볼 수 있듯이 상업영주는 재정적인 안정을 누릴 수 있었다. 마츠마에한도 수입을 늘려 재정적 안정을 누리기 위하여 교역 시스템이나 그 운용에 공을 들이지 않을 수 없었다. 마츠마에한의 교역 시스템은 단계적으로 변해갔다.

【제1단계: 교역의 독점과 아이누의 교역권 상실】

교역 장소(시장)를 「죠카마치(城下町)」(성과 둘레의 무사들의 가옥을 중심으로 발달한 마을 혹은 도시, Castle Town. 오늘날의 대부분의 일본 중요 도시, 센다이·도쿄·나고야·히로시마·쿠마모토 등은 죠카마치였다.)에 한정하고 다른 장소에서의 교역을 금지시켰다. 그리고 아이누와 일본인(상인)이 직접 교역하는 것도 금지시켰다. 교역 독점체제를 갖춘 한은 아이누가 가져온 「홋카이도」 산물(주로 연어, 청어, 오징어,

다시마 등 해산물과 모피)을 사들여 독점한 다음 그것을 일본 상인들에게 팔아 막대한 이익을 남겼다. 한이 독점적인 교역권을 행사하면서, 한이 설치되기 전 일본인과 자유롭게 교역을 해온 아이누의 입장에서 보면 그들의 자유로운 교역권은 제한 혹은 박탈당한 결과가 되었다.

【제2단계: 교역시장의 관리권·이권을 가신에게 위임하는 제도(「아키나이바 치교세이(商い場知行制)」)의 실시와 아이누의 토지권·이동권의 제한】

마츠마에한은 아이누의 거주지(에조치) 전역의 해변지역 세타나이·오샤만베·이와나이·유후츠·우라카와·호로이즈미·토카치·시라누카·쿠스리·앗케시·네무로·몬베츠·소우야·테시오·토마마이·루루못베·이시카리 등에 교역시장을 설치하고 각 시장의 관리권과 이권을 중신들에게 위임하는 제도로 교역시장의 운영방법을 바꾸었다. 이를 「아키나이바 혹은 아키나이바쇼 치교세이」라고 한다. 「치교」란 봉건체제에서 영주가 가신(중신)에게 급여 대신 토지나 이권을 나누어주는 제도로 가신은 이익의 일부를 자신의 수입으로 했다. 그 가신을 「치교누시(知行主)」라고 불렀다. 이처럼 일본의 공권력 기관인 마츠마에한이 관리 운영하는 교역시장이 「홋카이도」 전역으로 확산되었다는 것은 사실상 아이누의 대지가 일본의 지배하에 들어가게 되었다는 것을 의미한다. 아이누의 거주지와 일본인의 거주지를 구분하고 일본인의 아이누 거주지에서의 상주를 금지했던 약속도 사실상 파기되었다. 아이누의 거주지에는 교역시장 관리를 이유로 한의 관리와 그 종자(부하)들이 상주하게된 것이다. 이미 이때부터 아이누는 실질적으로 토지권을 상실하기 시작했다.

한은 선박으로 일본의 상품을 각 교역 장소에 가져가 아이누의 생산물과 교환했고 그것을 다시 선박에 실어 마츠마에로 가져와 일본 상인들에게 파는 구조였다. 각 교역 장소에 가는 선박에는 사냥에 필요한 매를 잡는 사람, 사금을 캐는 사람도 태우고 있었다. 일본인이 아이누의 거주지에서 매를 잡고 사금을 채취하고 있었던 것이다. 이때 선박 이용 등에 필요한 운영자금을 상인으로부터 빌리는 사례가 늘어났고 자연히 상인들의 존재가 커져갔다.

아이누들에게는 각자의 거주지 이외의 교역 장소에 나가는 것을 금지시켰다. 이제 아이누들은 교역권을 잃었을 뿐만 아니라 토지권을 침식당하고 이동의 자유(이동권)까지 박탈당했다.

【제3단계: 교역시장의 청부제 = 교역시장의 민영화(「바쇼우케오이세이(場所請負制)」)의 실시와 아이누의 생산권·자원권의 상실】

마츠마에한은 교역시장의 운영을 통해 막대한 수입을 올리고 있었지만 선박 이용의 부담과 「치교」제도의 비효율성 등에서 연유하는 문제도 떠오르기 시작했다. 상대적으로 시장 운영비 등을 빌려주는 상인의 입장은 강해져갔다. 거기에 아이누와의 분쟁(뒤에서 보는 샤쿠샤인의 싸움)을 종식시키는 과정에서 일본인의 아이누 거주지 상주를 금지한다는 약속을 재확인하기에 이르자 한은 교역시장의 운영을 상인들에게 맡기는 쪽으로 가닥을 잡았다. 교역시장의 민영화를 꾀한 것이다. 한 혹은 「치교누시」들은 상인들로부터 영업세(「운죠킨(運上金)」)를 거두었기 때문에 한의 재정상의 문제도 없었고 「치교누시」들도 「치교」 대신 「운죠킨」으로 생활하면 그만이었다.

상인들에게 교역시장의 운영권을 맡기는 청부제는 1700년대 전반에 이르면 일반화되었고 운영권을 손에 쥔 상인들은 전문적인 경영 수완을 발휘해 교역을 통한 이익을 크게 올렸다. 이들 상인들은 아이누와의 교역을 통해 사들인 해산물을 싣고 조선, 중국, 오키나와까지 가서 무역활동을 했기 때문에 「콘부로드(다시마 길)」라는 말이 생길 정도였다. 뿐만 아니라 막대한 자본을 투입하여 직접 어업생산과 생산물의 가공을 시작했다. 원래 상인들이 청부를 받은 것은 교역시장을 의미하는 「바쇼」였지만 그들은 어로나 수렵활동이 이루어지는 모든 지역이나 바다를 자신들의 권한 내의 것으로 보았다. 원시적인 장비로 어로활동을 하는 아이누도 있었지만 어렵사리 올린 어획량의 2할은 「바쇼」(교역시장)에 납품을 해야만 했다.

이제 대부분의 아이누들은 생산자도 교역자도 아닌 상인들에게 고용되는 단순한 노동자로 전락해갔다. 거기에 아이누들의 노동 조건, 환경은 매우 열악했다. 일률적으로는 말할 수 없지만, 어장에 따라서는 1년간 휴일 없이 고기잡이에 나가 가족과 만날 수도 없었다. 형편없는 저임금으로 겨울철에는 아사자도 나왔다. 일을 제대로 하지 않는다는 이유로 장작개비로 맞아죽는 노동자도 있었다. 여성 노동자는 성폭력에 시달려야만 했다.[51] 이러한 악조건 속에서도 아이누에게는 노동 이외에 다른 선택이 제한되어 있었다. 봄에서 가을까지는 어장에서 일하고 겨울철에는 마을(코탄)로 돌아가 수렵을 하며 가족과 지내는 생활 사이클이 정착되어갔다.

아이누와의 교역 또는 「바쇼」 청부인으로 활약한 상인 중에서도 특히 주목을 받은 것은 오미쇼닌(近江商人)이라는 특수한 상인 집단이었다. 오미쇼닌은 일본에서 가장 큰 호수 비와코(琵琶湖) 주변의 시가켄

---

51) 홋카이도 웹사이트(hkd.mlit.go.jp 2022.1.2) 참조

(滋賀県) 출신의 상인들을 가리키는데 이들은 일본의 정치·경제의 중심지였던 교토·오사카와 북으로는 카나자와(金沢)·토야마(富山)·니가타(新潟)·아키타 등의 호쿠리쿠(北陸)지방과 에치젠(越前)지방, 남으로는 이세(伊勢)지방을 잇는 지리적 이점을 이용해 무로마치시대부터 활발한 상업활동을 전개했고 에도시대(1600~1867)에는 전국을 무대로 활동하는 상인 집단이 되었다. 이들은 자본력이 막강해서 산업 개발, 「다이묘가시(大名貸し)」(재정형편이 어려운 영주에게 돈을 빌려주는 행위)의 대표적인 돈줄이었다. 토요토미 정권의 경제적 버팀목이 되어준 것도 이들이었다고 한다. 일본 최대의 백화점 타카시마야(高島屋), 세이부(西部) 그룹(세이부 야구단, 세이부 철도, 프린스턴 호텔…) 등 오미쇼닌의 후예들은 오늘날에도 건재한다.

오미쇼닌은 1500년대 이미 「홋카이도」에 진출하고 있다. 호쿠리쿠, 에치젠 지방의 연장에서 「홋카이도」에 쉽게 진출할 수 있었고 마츠마에한으로부터 「바쇼」 청부권을 손에 넣었다.[52] 마츠마에한, 메이지정부와의 특수관계 아래 그들의 홋카이도에서의 활발했던 경제활동을 말해주는 흔적이 지금도 많이 남아있다. 그 중 하나가 오타루(小樽)에서 가까운 요이치(余市)에 남아있는 운죠야(運上家)다.

운죠야는 당시로서는 대단히 큰 시설로 그 안에는 아이누와의 교역·어로·가공을 감독 관리하는 집무실, 출장을 나온 한의 관리가 머무는 숙소, 오미쇼닌 대리인의 생활공간, 노동자의 집합소 등이 들어있다. 시설의 규모만 보아도 당시 오미쇼닌의 자본력이나 활동 상황을 짐작할 수 있다.

---

52) 青柳周一(2020)「蝦夷地の近江商人」(講演)『三方よし』第46号 참조

〈사진〉홋카이도 요이치에 남아있는 오미쇼닌 타케야 쵸자에몬(竹屋 長左衛門)가 1853년에 세운 운죠야의 일부. 현재 남아있는 유일한 운죠야이다. 운죠야의 뒷편에「니싱저택」의 지붕이 보인다.

운죠야 가까이에「니싱저택」이라는 오늘날에도 흔히 보기 어려운 홀륭한 저택이 있다. 상인들은 어로와 교역으로 막대한 부를 축적할 수 있었는데 특히 니싱(청어)은 당시 어획량도 많았고 일본 각지에서 비료로 사용하기 위한 수요가 높아 부를 가져다주는 귀중한 상품이었다. 이 청어로 부를 축적하여 지은 게 바로「니싱저택」이었던 것이다. 이러한 상인들의 부는 토지권·생산활동권·교역권·이동권·자원권을 잃고 단순 노동자로 전락한 아이누의 희생 위에서 축적되어간 것이었다.

3.2.2 아이누의 저항과 인간의 존엄성·생존권의 상실

마츠마에한의 교역 방식이 바뀔수록 아이누는 점점 불리한 교역을 강요당해갔다. 자유교역이 제한·금지되고 아이누의 생산물과 일본 산물의 교환 비율도 균형을 잃어갔다. 또 일본인이 필요로 하는 물량의 생산을 강요하고 강요한 만큼의 물량을 생산(공급)하지 못할 때는 아이누의 자식을 인질로 잡아가는 경우도 있었다. 거기에 약속을 깨고 아이누의 생활공간에 일본인이 들어와 살기도 하고, 매를 잡아가고 사금을 채취해가는 등 아이누에게는 자원 이상의 귀중한 의미를 갖는 자연을 파괴하고 탈취해갔다. 이러한 상황이 계속되자 아이누는 본격적인 저항을 시작했다. 「원래대로의 자유교역으로 돌려라, 적어도 마츠마에의 죠카마치 교역으로 돌려라, 일본인은 우리 땅에서 나가라!」[53] 이렇게 아이누 역사상 이전에도 이후에도 볼 수 없는 아이누 최대의 저항권 행사가 시작되었다. 1669년에 일어난 샤쿠샤인의 싸움이다.

1648년경부터 어로와 수렵 구획 문제로 같은 아이누의 시베챠리(시즈나이) 지방 사람들과 하에(몬베츠) 지방 사람들 간의 마찰이 계속되고 있던 중 하에 쪽 리더 중의 하나가 마츠마에한에 조력을 요구하러 갔다가 거절당하고 돌아오는 길에 사망하는 의문의 사건이 발생했다. 아이누들에게는 일본인에 의한 독살이라고 전해졌다. 이에 아이누의 그 동안의 불만과 불안이 일거에 폭발했다. 시베챠리 지방의 리더 샤쿠샤인은 「홋카이도」의 전 아이누에게 동족 간의 싸움은 멈추고 단결하여 일본인과 싸울 것을 호소했고 하나가 된 아이누들이 일본인을 습격하고 살상하면서 전투가 시작되었다. 교역제도의 불공평, 토지권의 침식, 어로 생산활동의 제한 등으로 쌓여온 불만이 폭발한 것이었다

토쿠가와 바쿠후는 마츠마에한뿐만 아니라 동북지방의 츠가루한(津軽藩), 히로사키한(弘前藩) 등에도 출병을 명하고 신속한 평정을 지시했다. 마츠마에한은 총이라는 문명의 무기까지 갖추고 대대적으로 아이누를 공격했지만 필사적으로 저항하는 아이누를 쉽사리 굴복시킬 수가 없었다. 결국 마츠마에한은 회유와 협박으로 아이누를 분열시켰고

---

53) 平山(2021) 앞의 책, p.54

최종적으로는 강화라는 명목으로 샤쿠샤인을 초대해 연회를 베푼 다음 술에 취한 샤쿠샤인 일당을 모두 죽이고 말았다. 「문명의 전략」이란 순진한 「미개인」을 속이는 전술까지를 포함하는 것이었다. 마츠마에한 군은 리더를 잃은 샤쿠샤인의 본거지를 습격해 모두 불사르고 말았다. 그리고 1671년 샤쿠샤인의 싸움은 끝났다.

싸움이 끝난 후 마츠마에한은 「죠카마치」 교역을 부활시켰고 일본인이 아이누의 거주지에 상주하는 것을 다시 금지시켰다. 이는 샤쿠샤인의 싸움에서 아이누의 거주지에 살던 일본인이 살해당했던 일과도 관계가 있을 것으로 보인다.[54] 싸움의 결과 무엇보다도 주목해야 할 것은 아이누가 정치적·군사적 세력을 갖는 통일된 집단으로 성장할 수 없게 되었고 마츠마에한 즉 일본의 공권력에 더욱 순종할 수밖에 없게 되었다는 사실이다.

교역이 「바쇼우케오이세이」 즉 민영화 방식으로 바뀐 다음 아이누의 입장이 개선되기는 커녕 더욱 불리하게 되어 혹독한 노동을 강요당하는 단순 노동자로 전락해갔다는 것은 앞에서 확인한 바와 같다. 청부를 받아 교역시장을 운영하는 상인에 따라 아이누에 대한 대우가 달랐다. 아이누의 어려운 사정을 이해하고 도와주는 상인도 있었지만 전체적으로 아이누의 인간으로서의 존엄성을 존중하는 상인은 보기 어려웠다. 특히 동부의 쿠나시리, 메나시 지역의 교역시장을 운영하던 히다야(飛

---

54) 한의 허가를 받아 아이누의 거주지에 살다 분쟁으로 죽은 일본인 중, 아키타 칸만지(蛤満寺)의 「카코쵸(過去帳)」(사원의 묘지에 묻힌 사람에 대한 기록)에 남아있는 18명의 신원을 조사한 결과 그들 모두가 극히 빈곤한 사람들이었다고 한다. 일본사회에서 소외된 빈곤한 아이누와 다를 바 없는 또 하나의 일본인 마이너리티를 아이누의 마을에 살게 했던 것이다. 위의 책: p.55 참조

驛屋)라는 상인은 아이누 노동자를 잔혹하게 다루었다.

그 히다야 관할구역에서 젊은이들의 의문의 죽음이 이어졌고 드디어 쿠나시리와 메나시의 젊은이들이 히다야의 지배인 등을 습격하여 일본인 71명이 살해당하는 사건이 발생했다. 1789년에 일어난 쿠나시리·메나시 사건이다. 이 사건은 마츠마에한이 즉각 출병하여 진압했고 아이누의 주동자 37명을 참수 혹은 총살함으로써 종식되었다.[55] 이때 마츠마에한은 그 지역 아이누의 수장들에게 참수한 동족 젊은이들의 목을 들고 일본인의 앞을 행진하도록 했다. 아이누의 자존심, 아이누의 인간으로서의 존엄성은 이렇게 짓밟히고 있었다.

마츠마에한은 아이누의 저항에 대하여 무력에 의한 진압과 함께 불교를 앞세워 교화하는 전략도 병행했다. 각도를 달리해 보면 통치권력과 결탁하여 교세를 확장하려는 불교 세력의 포교방침과 한의 전략이 동행했다. 아이누의 땅 「홋카이도」에 일본인이 본격적으로 잠식해 들어가기 시작하는 토쿠가와 바쿠후 체제(마츠마에한) 아래 본래부터 토쿠가와와 밀접한 관계를 맺고 있던 죠도신슈오타니파(浄土真宗大谷派)의 「홋카이도」 진출은 특히 눈에 띄었다.[56]   마츠마에성(혹은 후쿠야마성·福山城) 바로 아래의 센넨지(専念寺), 우수산(有珠山)의 젠코지(善光

---

55) 앞 홋카이도 website 참조

55) 앞 홋카이도 website 참조
56) 일본에서 가장 큰 불교 종파인 죠도신슈혼간지파(浄土真宗本願寺派)는 전국시대(15세기말~16세기 말) 때부터 강대한 교세를 떨쳐, 당시 일본 통일을 목전에 두고 있었던 오다 노부나가(織田信長)와 대치할 정도였다. 토쿠가와는 정권을 잡으면서 혼간지파를 동·서로 나누어 그 세력을 분산시켰다. 동혼간지 오타니파는 일찍부터 오다 노부나가와 화해를 주장한 세력이었기 때문에 오다 노부나가와 동맹 관계였던 토쿠가와와 가까울 수밖에 없었다. 지금도 서혼간지에 속하는 절이 일본 전체 사원의 40%(14,000사)에 이른다. 교토역을 나서면 왼편에 동·서 혼간지(본부)가 있다.

寺)를 비롯해 죠도신슈오타니파의 사원이 「홋카이도」 전역에 진출했다.

아이누는 사후 누구나 카무이(신)가 된다고 믿고 있었다. 그들은 삶과 죽음을 단절로 보지 않고 같은 선상의 연속으로 보았던 것이다. 살아 있는 현재에도 신의 세계에서 신과 함께 있고 죽어서도 신과 함께 카무이(신의 뜰)를 노닌다고 생각했다. 이는 아이누의 자연관이기도 하다. 인간과 자연(모든 생명)을 일체화하고 있었다는 사실은 앞에서 살펴보았다. 이러한 믿음과 생각을 갖고 있는 아이누들에게 윤회의 사상을 갖는 불교가 낯설지 않았을 것이다. 특히 죠도신슈는 딱딱한 교리에 얽매이지 않고 자유롭고 단순한 신앙을 통한 정토왕생(浄土往生)의 진실을 가르친 신랑(親鸞 1173~263)을 교조로 하는 종파이다. 신라 원효의 가르침과 매우 가까이 통하는 데가 있다. 이러한 가르침은 아이누의 자유롭고 단순한 생활 감각과 잘 어울렸을 것이다. 죠도신슈가 아이누의 세계에 쉽게 널리 확산될 수 있었던 까닭을 이해할 수 있다.

그러나 죠도신슈오타니파가 아이누들에게 다가간 목적은 불교의 가르침이나 죠도신슈의 사상을 전하기 위해서라기보다 현세의 토쿠가와 체제, 마츠마에한의 권력에 순응하도록 「교화」시키는 것이었다.[57]

3.3 「제국주의 국민국가 일본」의 성립과 아이누의 권리 박탈

1867년 토쿠가와 바쿠후가 통치권을 「텐노(天皇)」에게 반환함으로써(「한세키호칸·版籍奉還」) 일본의 무사를 중심으로 하는 봉건체제는 막을 내렸다. 그리고 형식상 「텐노」를 중심으로 하는 중앙집권체제의

---

57) 有珠善光寺 website(usu.zenkoji.jp) 참조

새정부 메이지정부가 성립했다. 메이지유신(明治維新)이 시작된 것이다. 메이지유신은 프랑스혁명과 같은 근대시민혁명과는 구별해야 할, 유능한 관료를 중심으로 전개된 근대화운동이었지만 결과적으로 봉건체제를 무너뜨리고 중앙집권적인 국민국가·근대국가를 성립시켰다는 점에서 근대혁명의 한 유형이라고 볼 수 있다.[58]

새로 탄생한 국민국가 일본의 새 정부는 처음부터 「부국강병」의 기치 아래 서구 제국주의 국가를 모델로 한 국가 건설을 향해 매진했다. 제국주의 국가로서의 충분한 조건을 갖추지 못한 의사(疑似)제국주의 국민국가 일본은 우선 가까운 전근대적인 약자를 희생물로 삼기 시작했다. 청일전쟁, 러일전쟁 끝에 타이완과 남사할린(북위 50도선 이남·카라후토)을 손에 넣고 한반도를 식민지로 만들었다. 그에 앞서 일본은 아이누와 그들의 대지 「홋카이도」의 완전 장악에 나섰다.

3.3.1 메이지정부의 「홋카이도」 개척사업의 시작

토쿠가와 바쿠후 체제(마츠마에한) 아래에서 아이누는 이미 토지를 침식당하고 교역권·생산권·자원권·이동권 등 고유의 권리를 사실상 제한 내지 박탈당했다. 그러나 배타적 국민국가로 새롭게 출발한 일본은 아이누를 이민족으로 놓아둘 수 없었고 「홋카이도」를 이민족이 사는 땅으로 버려둘 수 없었다. 메이지정부 출발 후 간격을 두지 않고

---

58) 근대 국민국가의 특징 중의 하나로 중앙집권체제를 들 수 있겠는데 일본의 경우 소왕국과 같은 한을 없애고 켄을 설치해(廃藩置県) 중앙정부와 지방행정을 선으로 연결시킴으로써 중앙집권체제의 확립을 꾀했다. 현재 지방자치단체로서 전국에 43켄(県)과 도쿄토(都), 오사카후(府), 교토후, 홋카이도(道)가 있고 그 아래에 시(市), 쿠(区), 쵸(町), 손(村)이 있다.

1869년 「다죠칸(太政官)」(내각)의 결정으로 일본의 행정구역에 홋카이도가 편입되었다. 이때 이민족이 사는 땅이라는 의미를 갖는 「에조치」는 더 이상 사용하지 않는다는 단서까지 붙였다. 아이누모실, 아이누의 대지가 일본 정부의 일방적인 결정으로 일본의 땅이 된 것이다. 이러한 폭거가 가능했던 것은 아이누가 이미 아무런 저항도 할 수 없을 만큼 약해질 대로 약해져 빈사 상태에 있었기 때문이었다. 홋카이도를 행정구역으로 편입하기에 앞서 1868년 하코다테(函館)재판소를 설치해 지방행정과 개척사업을 함께 담당하도록 했지만 그 계획은 바로 중단되고 1869년의 관제개혁 때에 홋카이도와 남사할린(카라후토) 등의 개척을 담당할 개척사(開拓使)를 설치했다. 이 기관은, 남사할린 개척업무를 제외시키는 등 관할 구역 혹은 업무의 변경과 「하코다테전쟁」59) 때문에 약간의 차질은 있었지만 본격적으로 발빠른 홋카이도 개척을 추진해 나갔다.

우선 미국 고문단의 조언을 들으며, 도로, 철도를 건설하고 탄광 등 자원 개발을 시작하면서 거기에 본슈로부터의 이민을 투입하기도 했다. 맥주, 설탕, 목재, 어구, 농기구와 같은 각종 제조공장도 만들었다. 또 삿포로농업학교를 설치하여 농업시험을 하면서 개척에 필요한 관료, 기술자의 양성에도 힘을 기울였다. 다만 이러한 초기의 개척사업은 삿포로 주변에 편중되어 이루어졌고 시험적 성격이 강했다.

1882년 개척사는 폐지되고 하코다테켄(函館県), 삿포로켄(札幌県), 네무로켄(根室県)을 설치하여 개척사업을 분할해 추진하였지만 1883년

---

59) 「하코다테(箱館)전쟁」(1868~1869)이란 토쿠가와 바쿠후가 붕괴될 때 에도를 빠져나가 홋카이도의 하코다테에 있는 고료카쿠(五稜郭)에서 농성하던 구 바쿠후의 잔병을 진압하는 과정에서 일어난 전쟁이라기보다 저항과 토벌 정도의 싸움이었다.

다시 농무성으로 이관되었다가 1886년 홋카이도청에서 일괄적으로 관장하게 되었다. 그리고 종래의 이민정책,[60] 토지제도[61]를 바꾸고 탄광, 철도 등 사업체의 민영화를 추진해 개척사업의 효율화를 꾀했다. 이러한 효율화 시책은 권력과 자본의 유착으로 부정부패가 심해졌고 경제적 격차를 초래했다. 또한 도로공사와 같이 집중적 노동력 투입이 필요한 사업 현장에서는 수감되어 있는 죄수들을 동원해 강제노동을 시키는 등 비인도적인 노동착취도 자행했다.

이처럼 홋카이도 개척사업의 초기에는 관장기관의 잦은 변경과 시행착오도 있었지만 홋카이도청에서 사업을 관장하면서 본격적이고 대대적으로 개척사업이 추진되어갔다. 그 결과 근대적 도로, 철도, 항만 시설이 완비되어갔고 산업구조는 어업에서 농업 중심으로 바뀌어갔다.[62]

메이지정부의 홋카이도 개척사업에서 제국주의 국민국가가 마이너리티의 권익을 박탈하면서 배타적인 계층적 지배구조를 확립해가는 전형적인 모습을 볼 수 있다.

3.3.2 야만적 근대법 「홋카이도 구 토인 보호법(北海道旧土人保護法)· 1899」

메이지정부가 홋카이도 개척사업 추진과정에서 아이누에 대해 어떠

---

60) 동북지방을 비롯해 일본 각지에서 홋카이도로 이주한 자들을 직접 관리 보호하던 방침에서 자본투자를 늘림으로써 노동시장·노동기회를 확대하는 방침으로 바꾸어갔다.
61) 토지소유의 상한선을 높여 토지에 대한 자본투자를 자극했다. 자본의 토지에 대한 투자와 소유의 증대는 아이누의 토지권·생활권·자원권의 상실 속도를 가속시키는 결과를 가져왔다.
62) 高倉新一郎(1979) 『北海道開拓史』覆刻版 北海道大学図書刊行会 및 桑原真人 (1982) 『近代北海道史研究序説』北海道大学図書刊行会 참조

한 생각을 가지고 있었는지를 단적으로 보여주는 것이 「홋카이도 구토인 보호법(법률 제27호)」이다.

메이지정부는 홋카이도 개척사업을 추진하면서 아이누의 어로와 수렵을 제한 혹은 금지시키고 농업을 장려했지만 아이누의 전통적인 생활·생산 양식과 맞지 않는 농업이 쉽게 정착할 리는 없었다. 그 결과 아이누의 빈곤은 극에 달했고 정부의 식민정책에 따라 전국 각지에서 홋카이도로 이주해온 일본인과의 커뮤니케이션도 제대로 이루어지지 않았다. 이러한 정황에서 아이누 정책에 관한 기본법으로서 1899년 이 법률이 제정된 것이다.

「홋카이도 구 토인 보호법」은 13개조로 된 법률로, ① 아이누에게 토지를 나누어주고 농업을 장려한다, ② 질병·신체적 불구·노쇠 등으로 자활할 수 없는 자를 구조한다, ③ 국고로 소학교를 지어 교육의 기회를 제공한다, ④ 아이누의 공동재산을 홋카이도장관(지사)이 관리해준다는 등 알기 쉽고 그럴싸한 내용으로 구성되어 있다. 그러나 이 법률은 「아이누에 대한 일본인화의 강제와 일본인 사회로부터의 멸시와 배제라는 이중의 차별구조를 내재화시킨 동화정책」(『Nipponika』)을 법제화시킨 것에 불과했다. 아이누에 대한 「차별의 역사적 증거」였던 것이다. 이 법률은 제정과정까지 포함하여 근대법이라는 형식을 갖추고 있지만, 다음과 같이 지극히 야만적인 시각에서 아이누에 대한 멸시와 차별을 조장하고 기만의 요소를 내재하고 있었다.

첫째, 법률의 명칭에서부터 아이누를 멸시하고 있다. 「토인」이란 「경멸적으로 사용되는 미개인이라는 의미를 갖는…」(『広辞苑』) 용어로 법률에서 「자국민」을 지칭하는데 사용될 수 있는 말이 아니다. 또 이 법률안을 의회에 상정할 때의 제안설명에서 「…구 토인의 황국 신민화가 시작되어 일천한 관계로 (아이누의) 지식 정도가 낮고 그들은 생명을 의지해온 자연의 혜택을 내지에서 온 일본인에 의해 점령당해… 혹독한 추위에 어찌할 바를 모르고 있다」(『北海道新聞』 1986.11.19 특집)라고 말하고 있다. 아이누가 이질적이고, 무지하고, 가련한 존재임을 부각시키면서 시혜를 호소하고 있는 것이다. 내지(일본의 혼슈)로부터의 이주민을 홋카이도에 투입한 것도, 그 이주민들에게 자연(토지와 자원)을 우선적으로 제공해 상대적으로 아이누를 더욱 비참하게 만든 것도 일본의 정부였다는 사실에 대해서는 일체 언급하지 않고 있다.

둘째, 아이누에게 토지를 제공한다는 것은 기만에 가까운 것이었다. ① 우선 아이누에게 제공한다는 「국유지」란 본래 아이누의 것이었다. 일본 정부는 아이누의 어로, 수렵지였던 산천에의 출입을 금지시키고 (「지소규칙(地所規則)」), 그 산천은 물론 아이누의 거주지까지 포함하여 (근대적인) 등기가 되어 있지 않은 토지는 모두 국유지로 했던 것이다(「홋카이도지권발행조례(北海道地券発行条例)」). 국가체제를 갖추지 않고 있었던 아이누가 등기를 할 리가 없었다. 미등기 토지를 모두 빼앗는 사례는 한반도에서 실시한 토지조사사업에서도 볼 수 있었던 국가의 폭력이었다. ② 아이누에게 토지가 제공된 것은, 「홋카이도토지불하규칙(北海道土地払い下げ規則)」, 「홋카이도미개발지처분법(北海道未開発地処分法)」 등에 의거하여 쓸만한 광대한 토지를 이주한 일본인에게 나누어준 뒤였다. 따라서 아이누에게 제공된 토지는 농사를 지을 수 있는 땅이 아니었고 농사를 지으려면 개간을 하지 않으면 안될 곳이었다. 「봄에 호박을 심었는데 가을 수확기가 되니까 호박이 물에 둥둥 떠다니는…」(홋카이도 아칸쵸(阿寒町) 거주 야마모토 타스케(山本多助) 씨의 증언) 습지이거나 관개공사가 이루어지지 않은 곳이었다. 심지어 실제로 지상에 존재하지 않는 강이나 호수 가운데에 해당하는 지번(地番)만 제공되는 경우도 있었다(홋카이도 쿠시로시(釧路市) 거주 이와사키 모리오(岩崎守男) 씨의 증언). ③ 토지를 받고 농업을 하지 않거나 개간을 게을리했을 때에는 그 토지를 몰수했다. 영농자금이나 개간자금을 마련한다는 것은 빈곤한 아이누에게는 애당초 불가능한 일이었다. ④ 제공받은 토지의 소유권은 원칙적으로 인정되지 않았다. 따라서 토지의 양도, 저당은 불가능했다. 이렇게 아이누에게 토지를 제공한다는 것은 기만이거나 허울일 뿐이었다.

셋째, 빈곤하고 자활능력이 없는 아이누를 구조한다는 조문은 장식에 불과했다. 구조를 받기 위해서는 까다로운 서류를 작성하여 복잡한 절차를 밟아 제출하고 기다려야만 했다. 일본의 문자를 모르고 일본의 행정절차에 익숙하지 못한 아이누에게는 감당하기 어려운 일이었다.

넷째, 아이누에게 교육의 기회를 제공한다는 발상 그 자체가 아이누를 위한 것이 아니었다. 홋카이도를 「점령」한 이상 단일민족 국민국가 일본의 체제를 다지기 위해서는 하루빨리 그곳에서 살아온 아이누를 단일민족의 테두리 안에 넣지 않으면 안되었다. 단일민족 국민국가 일본의 체제유용성을 충족시키기 위한 동화교육이 필요했던 것이다. 따라서 일본인 학교와 따로 만들어진 아이누의 학교에서는 아이누어의 사용을 금지시키면서 일본어 교수를 중시했고 일본의 문화(일본인의 생활양식)를 가르치며 아이누의 문화를 미신·미개로 인식시켰다. 언어권과 문화권의 박탈로 이어지는 교육이었다. 그리고 일본 국민으로서 살아가는데 기본적으로 요구되는 3R's(읽기·쓰기·셈하기)를 가르치는 정도였다. 아이누로서의 자존의 유지와 아이덴티티의 발달에 필요한 아이누의 모어·모문화를 가르칠 리가 없었다. 그 결과 아이누어는 완전

소멸 직전에까지 와있다.

「홋카이도 구 토인 부락에 국고 비용으로 소학교를 설치한다」는 이 법률을 근거로 홋카이도 전역에 만든 23개의 「구 토인학교」는 일본인으로부터의 분리교육기관으로 어린이뿐만 아니라 아이누 부락 전주민의 동화를 위한 중추적인 역할을 수행해왔다. 결국 아이누 부락의 학교는 메이저리티로부터의 분리·별도의 커리큘럼·수업연한의 단축 등 전형적인 차별교육을 실시한 것이다.

다만 「구 토인학교」를 폐지해야 한다는 의견이 많아지고 아이누가 일본인화되어감에 따라 결국 1940년에는 모두 폐지된 것으로 보고되고 있다.[63]

다섯째, 아이누의 공동재산을 나라(홋카이도 장관)가 대신 관리해준다는 조문은 아이누의 자치권을 송두리째 부정하는 것이다. 아이누의 공동재산이란 궁내청(황실)과 문부성으로부터 아이누에게 보내진 돈, 아이누의 소유지를 빌려주거나 팔아서 생긴 돈, 아이누의 공유지 등과 아이누 스스로가 자신의 보호를 위해 쓰여지리라 믿고 맡긴 재산도 포함된다. 자치단체의 이 재산관리는 매우 거칠고 불분명하며 경우에 따라서는 아이누도 모르게 재산(공유지)이 처분되기도 하고 아이누와 아무 관계도 없는 일에 쓰여지기도 했다 (앞『北海道新聞』). 공동재산의 부정, 불합리한 관리로 인한 반환운동이라든가 재판이 적어도 1980년대까지 계속되어왔다.

「홋카이도 구 토인 보호법」은 아이누정책의 모순과 부조리를 축약시

---

63) 「우타리문제간담회(ウタリ問題懇談会)」(1987)『1986年度「新法問題分科会」檢討·協議の要綱』(기자 발표용 자료) 참조

키고 있으며 아이누를 보호하기는 커녕 그들의 자존과 존엄을 부정하는 악법이라고 보지 않을 수 없다. 더욱 납득하기 어려운 것은 이러한 악법이 1997년 소위 「아이누신법」이 제정되기까지 살아있었다는 사실이다. 이 법률의 문제점과 부당성에 대한 폭넓은 지적과 아이누 민족의 존엄성을 확립하기 위하여 아이누 민족을 주된 구성원으로 조직된 공익사단법인 「홋카이도우타리협회」(2008년 「홋카이도아이누협회」로 명칭 변경)를 중심으로 폐기를 요구하는 운동이 지속되어 왔지만 일본 정부는 소극적인 입장을 바꾸려 하지 않았다. 1986년 아이누의 존재 그 자체를 부인하는 당시의 수상 나카소네(中曽根)의 발언[64]이 도화선이 되어 이 법률의 개정을 요구하는 여론이 들끓었고 정부도 개정을 약속했지만 그 후 흐지부지되고 말았다.

아이누는 국가의 가장 중요한 권위와 대표성의 표현인 입법 행위에서까지 무시와 차별의 대상이었다. 즉 아이누에 대한 무시와 차별의 선두에 서온 것은 국민국가 일본의 정부였다는 것이다. 정부가 절대적인 권위를 가지고 있던 메이지시대(1868~1912)에는 정부의 입장이나 태도가 그대로 국민의 의식에 반영되었다고 볼 수 있다. 실제로 이 시기에 사용되고 있었던 중학교 지리교과서에서는 아이누에 대해「성질이 어리석고 게을러 경작을 할 줄 몰랐다. 덩치는 컸지만 남자는 수염을 길렀고 여자는 입가에 문신을 했다」[65]는 기술을 볼 수 있다.

---

64) 1986년 10월 중의원본회의에서 당시 수상 나카소네는 「일본 국적을 갖고 있는 사람으로 차별을 받고 있는 소수민족은 존재하지 않는다…」는 발언을 하고 있다. 위 요강 참조
65) 山上萬次郎(1905)『最近統合帝国地理 中学校用』大日本図書株式会社, p.130

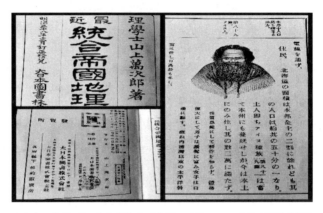

〈사진〉 아이누를 미개인처럼 기술하고 있는 1905년에 발행된 『최근통합제국지리』 중학교용 교과서

「구 토인 보호법」과 같은 문맥에서 차별적인 용어를 사용하며 아이누를 미개인으로 묘사하고 있다. 교과서의 기술로서는 상상하기 어렵지만 당시 일본의 아이누관을 읽을 수 있는 증거이기도 하다.

3.3.3 홋카이도 개척사업의 진행과 아이누의 몰락

메이지정부는 거액의 재정 투자를 단행해 홋카이도 개척사업을 서둘렀다. 그 배경에는 자본주의적 산업구조로의 이행에 따른 식량부족에 대한 대비, 러시아의 남하정책에 대한 대비의 필요성이 있었다. 따라서 초기의 개척사업은 주로 홋카이도 내륙지방의 농지 개발에 역점을 두었다. 물론 농지 개발을 추진하기 위한 인프라의 개발도 동시에 진행되어 도로, 철도, 교량의 건설이 활발했고 하천, 항만의 정비와 광산, 임업 자원의 개발도 함께 이루어졌다.

개척사업의 결실도 가시화되어갔다. 제1차 개발계획 기간(1901~1926)

중 홋카이도의 인구는 약 161만에서 244만으로, 경지 면적은 약 53만 8,000정보에서 78만 4000정보로, 철도의 총연장 거리는 약 1,165Km에서 2,794Km로 늘었다. 제2차 개발계획 기간(1927~1946) 중에는 세계 경제공황, 제2차 세계대전으로 경지 면적은 오히려 약 72만 2,000정보로 줄었지만 인구는 약 348만 8,000으로 늘었다(『Nipponika』). 이때 인구가 늘어난 이유 중의 하나로 전쟁 수행에 필요한 석탄과 망간 등 광산자원을 개발하기 위하여 조선인을 비롯한 많은 노동자를 투입했던 사실도 빼놓을 수 없다.

홋카이도 개척사업을 추진하는 과정에서 메이지정부가 공을 들인 정책 중의 하나가 대대적인 이민정책이었다. 농업 개발에 역점을 두고 있었기 때문에 일본 전국에서 농업이민을 모집해 이주시켰고 수요가 급증하는 노동력을 공급하기 위하여 조선인을 포함한 젊은 노동자를 대량으로 투입했다. 경우에 따라서는 강제로 이주시키기도 했다. 그 결과 아이누의 노동력 비중이 가벼워지면서 홋카이도 노동시장의 구조도 바뀌어갔다.

개척사업의 결과가 가시화되면서 농업, 목축업의 비중이 커지는 등 산업구조가 바뀌었고 홋카이도의 경제적 가치가 높아져 일본 각지로부터는 물론 세계 각지로부터 왕래하는 선박도 많아졌다. 대형 선박의 접안시설, 화물 운반을 위한 운하 등 근대적인 항만시설을 갖춘 하코다테(函館)와 오타루(小樽)에는 대형 선박의 왕래가 빈번해졌고 금융자본이 쇄도해 대단히 번창했다.

<사진> 홋카이도 개척사업 당
시 근대적 항구로 정비된 오타
루항에는 화물운반을 위한 운
하까지 만들어졌다.

지금도 이들 항구도시에는 금융기관의 근대 건축물, 오미쇼닌을 비
롯해 일본 각지에서 온 상인들의 점포 시설 등이 남아있어 당시의 번창
을 말해주고 있다.

홋카이도 개척사업은 일본 근대화의 축소판이기도 했다. 근대적인
산업구조로의 변화, 금융·산업자본력의 강대화, 국제무역의 활성화, 도
시화 등 근대자본주의 사회로의 변화를 홋카이도에서 일목요연하게 볼
수 있었던 것이다. 이러한 변화는 동시에 초기자본주의의 부조리, 병리
현상도 동반했다. 정치권력과 자본의 유착관계에서 부정·부패가 횡횡
하고 빈곤한 노동자는 열악한 조건 속에서 가혹한 노동을 강요당하고
있었던 것이다.[66] 아이누는 그 희생의 한가운데에 있었다.

홋카이도 개척사업의 진행과 함께 아이누의 희생은 극대화해갔다.
토쿠가와 바쿠후(마츠마에한) 체제 아래서 실질적으로 생활권, 교역권,

---

66) 홋카이도를 배경으로 한 초기자본주의의 부조리, 병리 현상을 고발한 소설로 1929년
에 발표된 코바야시 타키지(小林多喜二)의 『카니고센(蟹工船·게공선)』이 관심을
모아왔고 만화까지 만들어져 널리 읽혀져왔다. 게를 잡아 바로 가공까지 하는 배
안에서 가혹하게 착취당하는 노동자의 비참한 모습을 그리고 있다. 홋카이도 오타
루의 한 은행원이었던 작가 자신도 당시의 정치적·경제적 부조리 상황 속에서
반체제 혐의로 희생되어간다.

이동권, 존엄권, 저항권 등을 제한 혹은 박탈당하여 이미 빈사 상태에 놓여있었던 아이누는 홋카이도 개척사업이 추진되면서 다음과 같이 완전히 제도적으로 모든 권리와 존엄을 잃어갔다.

① 토지권: 마츠마에한에 의해 이미 아이누의 토지는 침식당하고 있었지만 법적 제도적 토지권까지 상실된 상태는 아니었다. 그러나 메이지정부는 홋카이도를 점령하고 아이누의 거주지까지 포함하여 필요한 모든 토지를 국유화했다. 뿐만 아니라 메이지정부가 제공한 토지에 대해서도 사유재산으로서의 소유권을 인정하지 않았다.

② 자원권·자원이용권·생산활동권: 메이지정부는 아이누의 어로, 수렵을 제한 혹은 금지시켰다. 홋카이도의 모든 토지와 자원은 국가의 것이기 때문에 아이누가 사사로이 그 토지에 출입할 수 없고 그 토지에서 생산되는 자원을 획득, 이용할 수 없다는 것이었다. 자연이 제공하는 양식으로 살아온 아이누의 삶 그 자체를 부정하는 것이었다. 이는 물질적인 생계뿐만 아니라 자연과 함께 산다는 정신적 삶의 체계까지 파괴하는 것이었다. 아이누의 권리를 직접적으로 훼손하는 것은 아니지만 아이누의 소중한 자연을 개발(파괴)함으로써 아이누의 정신적 지주였던 「카무이」(부엉이, 늑대와 같은 신)들이 소실되어갔다.

③ 거주권·이동권(이동 거부권): 이미 마츠마에한 때부터 거주권이 침해당하고는 있었지만 메이지정부는 아이누의 집단 거주지를 설정하여 그로부터의 이탈(이동)을 금지시켰고 개척사업의 추진과정에서는 철도, 도로 혹은 공공시설을 건설하는데 방해가 되면 몇번이고 아이누의 집단 거주지를 철수, 이동시켰다. 아이누는 이러한 강제 이동을 거부할 수도 없었다.

④ 언어권·문화권·교육권: 아이누의 어린이들은 「구 토인 보호법」에

의거하여 설치한 아이누의 학교에 취학하지 않으면 안되었고 학교에서는 아이누어를 사용하지 못하도록 했으며 아이누의 전통적인 관습, 문화를 미개한 악습으로 몰아갔다. 뿐만 아니라 아이누 여성들의 「시누예」(입 가장자리의 문신)와 같은 관습, 문화 행위를 금지시켰다. 뿐만 아니라 아이누들에게 일본식 성명을 쓰도록 강요했다. 명명권의 박탈이었다. 오늘날 성명으로 아이누를 확인할 수 없게 된 까닭이 거기에 있다.

⑤ 자치권·교섭권: 아이누의 공동재산 관리에서 보았듯이 메이지정부는 아이누의 자치능력을 전면적으로 인정하지 않았다. 아이누 집단 안에서의 자치적인 행위도 허용하지 않았고 아이누의 이해와 직접적으로 관계되는 개척사업을 추진할 때도 아이누와 교섭했다는 흔적이 없다. 아이누에게는 순종 이외의 선택지가 없었다.

⑥ 노동권: 마츠마에한 시절에 아이누는 생산, 교역의 주체에서 단순노동자로 전락해가는 과정을 보았다. 홋카이도 개척사업이 진행되는 과정에서는 그 노동의 기회마저도 잃어갔다. 메이지정부의 대대적인 이민정책으로 혼슈에서 이주해온 일본인들에게 토지만을 배분한 게 아니라 노동의 현장에서는 이주민 노동자를 우선적으로 배치했던 것이다. 아이누와의 언어적 소통이 불편한 점도 있었겠지만 아이누의 노동력은 황폐한 토지의 개간에만 사용하게 하려는 정책적 술책이 더 크게 작용했을 것이다.

⑦ 존엄유지권: 아이누는 마츠마에한 시절부터 여러 차례의 저항에 실패하면서 저항권을 잃었을 뿐만 아니라 아이누의 수장들이 참수당한 동족의 목을 들고 일본인 앞을 행진하도록 강요당했던 사실에서 알 수 있듯이 인간으로서의 존엄성도 상실해왔다. 메이지 정부 아래에서도 이러한 상황은 계속되었다. 국가의 법률부터가 아이누의 존엄성을 완전히

무시하는 시각에서 제정되었다. 아이누 스스로의 존재가치를 자각하려는 아이덴티티, 그것을 지키려는 저항권도 물론 용인되지 않았다.

아이누는 모든 권리를 박탈당했고 인간으로서의 보편적인 최상의 가치인 인간의 존엄성마저 잃었다. 제국주의 국민국가에 의한 원주민의 권리와 존엄성의 박탈이라는 전형적인 비극이 홋카이도에서 이루어지고 있었던 것이다.

3.4 아이누의 권리와 존엄 회복을 위한 일본의 대응

일본은 통합된 강대한 국민국가를 만들지 않으면 안될 절박하고 제한된 상황에서 근대화를 서두를 수밖에 없었다. 「근대화 과정에서 다수의 아이누 민족이 차별을 받고 빈궁에 처했던 역사적 사실을 겸허히 받아들이고…」(2008년 국회 결의) 반성해야 할 과거가 있었다. 그 과거를 만들었던 사실보다 더 중요한 것은 그 과거를 치유하려는 노력이다. 「선택제한정황」에서 벗어난 후에도 일본은 아이누의 권리와 존엄성 회복을 위한 노력을 게을리해왔다. 그 대표적인 사례가 아이누의 권리와 존엄성을 짓밟는 법률이라고 지탄받아온 「홋카이도 구 토인 보호법」이 종전 후에도 폐기되지 않고 살아왔다는 사실이다.

그 사이, 1982년 「홋카이도우타리협회」가 「토인보호법」의 폐기와 새로운 법률 제정을 요구했고, 1990년 UN은 「제2차 인종차별과 싸우는 10년」의 마지막 해인 1993년을 「세계원주민의 해(International Year of the World's Indigenous People)」로 정해 원주민에 대한 차별 철폐와 생활 보장을 촉구하는 등의 움직임이 이어졌다. 이러한 국내외의 움직임 속에서 정치권에서도 타카사키 유코(高崎裕子) 참의원 의원이 「국제원주민의 해를 맞아 아이누의 생활과 권리의 보장 등을 요구하는 질문 주의서」를 제출하기도 했다(sanggiin.go.jp).

1997년 일본은 아이누에 관한 새로운 법률을 만들었고 「토인 보호법」은 폐기되었다. 「아이누 문화의 진흥과 아이누의 전통 등에 관한 지식의 보급 및 계발에 관한 법률·아이누신법」이 제정된 것이다. 「아이누의 긍지의 원천인 그들의 전통과 문화가 놓여져 있는 상황에 비추어 볼 때 아이누 문화의 진흥과 전통에 관한 지식을 보급, 계발할 시책을 추진하여 아이누의 민족으로서의 긍지가 존중되는 사회의 실현을 꾀하지 않으면 안된다」는 것이 이 법의 목적이었다. 그러나 아이누를 「민족」으로 인정(표현)한 것 외에는 아이누를 위하여 구체적으로 무엇을 하겠다는 국가의 의지가 보이지 않았다. 이 법은 아이누를 위한 시책의 근거를 제시했다기보다 일본인 사회에 대한 계몽의 필요성을 제시했다고 볼 수 있다.

실제로 「아이누신법」에 근거해 시책을 추진한 것은 재단법인 「아이누 문화 진흥·추진기구」를 발족시켜 이 기구의 사업으로 1998년부터 라디오로 아이누어 학습 방송이 시작되었다는 정도이다. 그나마 이 라디오 아이누어 학습 방송도 홋카이도에 국한된 것이었다.

일본이 아이누 원주민족의 권리와 존엄성 회복에 대해 소극적인 태도를 버리지 않고 있는 사이에도 국제사회는 원주민족의 권리회복과 문화보전을 위한 움직임을 멈추지 않았다. 2007년 UN 총회에서 「원주민족 권리선언(Declaration on the Rights of Indigenous Peoples)」을 채택하였고 관계국들의 과거 잘못을 인정하는 발언도 있었다. 이는 일본에 대해 큰 압력이 되었다. 이 선언이 나오자 곧 스즈키 무네오(鈴木宗男) 중의원 의원 등이 「국제연합의 선주민족의 권리선언과 관련해 우리

나라 정부의 대응책에 관한 질문 주의서」를 제출했다(shugiin.go.jp). 그리고 2008년 중·참 양원본회의에서 「근대화 과정에서 다수의 아이누족이 차별을 받고 빈궁에 처했던 역사적 사실을 겸허히 받아들이고 아이누족을 독자의 언어, 종교, 문화를 보유한 원주민족으로 인정해야 한다」고 전제하고 「아이누 민족을 선주민족으로 할 것을 요구하는 결의」를 채택했다. 이 결의는 일본의 권위 있는 국가기관이 처음으로 아이누를 원주(선주)민족으로 인정했다는 점에서 매우 중요한 일본의 변화였다. 다만 일본과 같은 경험을 한 나라들이 1960년대 후반부터 UN을 비롯한 국제사회가 추진하는 「인권혁명」에 촉발(prompt)되어 원주민의 권리향상을 위한 노력을 기울여온데 비하여 일본은 그들보다 반세기 늦게 국제사회의 압력(pressure)에 밀려 태도 변화를 보였다.

그리고 다시 10여 년이 지난 2019년 아이누를 「일본열도 북부 주변 특히 홋카이도의 선주민족으로 인정한다」는 일본 정부의 공식적인 입장이 표명되었다. 이어서 「아이누의 긍지가 존중되는 사회 실현을 위한 시책 추진에 관한 법률」이 제정되었다. 이 법률은 아이누의 전통·문화의 진흥과 그에 대한 지식의 보급 및 계발을 위한 시책을 추진하기 위하여 ① 정부의 기본방침 책정, ② 민족공생상징공간(Upopoy) 구성 시설의 설치와 관리, ③ 각 지자체의 아이누 시책 추진을 위한 지역계획의 작성·인정·사업 추진, 그리고 ④ 이들 시책 추진을 총괄하는 아이누 정책 추진본부의 설치 등 구체적인 법률 시행의 내용과 방향을 제시하고 궁극적으로 공생하는 사회 실현을 목표로 하고 있다. 2020년에는 이 법에 근거하여 홋카이도 시라오이군 시라오이쵸 와카쿠사(白老郡白老町若草)에 「우포포이」(Upopoy: 아이누어로 모두 함께 노래한다는 뜻)라는 별명을 갖는 「민족공생상징공간」을 설치하여 문을 열었다. 늦

었지만 아이누의 전통과 문화 진흥을 추진하고 아이누의 인간으로서의
존엄성과 민족으로서의 긍지를 존중하여 다문화공생사회가 실현되기
를 기대할 수 있게 되었다.

그러나 이 법에서 누락되어 있는 토지권·자원권과 같은 아이누 개개
인의 생활과 직결되는 권리의 회복, 아이누의 모어·모문화 학습 기회의
확충과 지원 나아가 아이누어의 부분적인 공용어화, 아이누의 자치 영
역 혹은 공간의 확보 등 보완·해결해야 할 과제도 산적해있다. Upopoy
가 지역 활성화에 기여하는 관광자원으로 끝나지 않고 본래의 목적대
로 아이누 문화의 진흥과 다문화공생의 실천적 체험장이 되기 위해서
는 지속적인 연구와 모색이 필요하다.

일본은 이제 겨우 「원주민족」으로서의 아이누의 지위를 인정했지만
아이누의 「공생권」 실현을 위한 구체적인 설계는 아직 보이지 않는다.

 국가에 의해 좌우되어온 마이너리티의 운명
4 －재일한국인의 법적지위와 권리－

재일한국인은 아이누와 달리 일본의 원주민은 아니다. 선택제한정황
이기는 했지만 일본에 이동해 와서 정착한 집단이다. 아이누가 일본의
올드 마이너리티라면 재일한국인은 일본의 뉴 마이너리티인 셈이다.

아이누와 재일한국인 마이너리티 집단의 역사는 다르지만 일본이라
는 국민국가에 의해 법적·사회적·정치적·경제적 지위와 권리가 제한
혹은 박탈당해온 것은 마찬가지였다.

재일한국인은 대부분 일본으로 이동하기 전부터 한반도의 마이너리

티이기도 했다.[67] 그리고 일본에 정착한 이후에는 일본은 물론 한국, 북한, 미국, 소련(당시)과 같은 관련국 간의 역학관계에 의해 혹은 민단, 조총련과 같은 재일한국인 집단의 조직 논리에 따라 마이너리티로서의 운명이 달라져왔다. 특히 제2차 세계대전 이후 배타적 국민국가 체제에 대한 반성과 함께 인권향상을 위한 「선언적 장치」가 마련되기 시작하는 상황이었음에도 불구하고 식민지로부터 해방된 민족인 재일한국인들의 지위와 권리는 오히려 불안정해졌다.

국가가 스스로의 논리와 필요에 따라 마이너리티 개개인의 지위와 권리를 결정해온 과정을 살핌으로써 국가와 개인의 관계, 메이저리티와 마이너리티의 「공생의 원칙」을 생각해본다.

4.1 재일한국인의 일본국적 상실

재일한국인은 대부분 일본으로 이동할 당시부터 사회적 경제적으로 열악한 조건에 놓여있었다. 그들은 이미 한반도에서 빈곤에 시달리거나 토지조사사업이 진행되는 과정에서 경작권을 잃고 고향을 떠나 전전하다가 일본으로 이동했다. 그러나 일본에도 그들을 기다리는 노동의 기회는 많지 않았다. 일본에서도 빈곤으로부터 벗어나기는 어려웠고 열악한 조건 속의 생활을 계속할 수밖에 없었다.[68]

---

67) 마이너리티로서의 재일한국인 집단의 형성과정에 대해서는 동아시아연구총서제7권에서 소상히 밝히고 있으므로 참조 바람. 권오정(2020) 「마이너리티가 다문화공생사회를 열어갈 때」 동의대학교 동아시아연구소 편 『재일동포의 민족교육과 생활사』 박문사, pp.9~71

68) 토지조사사업이 끝나는 1918년 이후 재일한국인이 급증했던 사실은 경작권을 잃은 많은 한반도 농민이 일본으로 이동했음을 말해주고 있다. 민단 website (mindan.org/syokai/toukei.html) 「재일동포 연도별 인구추이(법무성 입관자료 자료)」 참조. 또한 1920년대의 일본의 산업이나 노동시장의 규모로 보아 당시 재일한

일본의 패전과 함께 재일한국인의 법적지위가 애매하게 되어 그들의 인권이 위기에 처하게 되는 기묘한 현상이 일어났다. 세계대전의 종식·조국의 해방·자신의 국적을 구조적으로 생각할 수도 없는 당사자들에게 사전에 아무런 통지도 없이 재일한국인은 일본의 「국적 이탈자」가 되었고 일본에서의 생활권·거주권도 불안하게 된 것이다.

종전 직후 연합국(미국)은 재일한국인에 대한 확실한 견해를 갖지 않고 있어 사안이나 필요에 따라 재일한국인을 「비일본인」, 「해방국민」이라고 부르기도 했고 또는 일본인과 똑같이 「적국인」으로 취급하기도 했다.[69] 재일한국인의 입장이 애매해질 수밖에 없었다. 한반도에 연합국과 연대하여 일본과 교전한 세력이 없었고 해방이 되었다고 해도 한반도에는 주권국가가 존재하지 않았기 때문에 재일한국인의 대우를 어렵게 만들었다고도 볼 수 있다. 또 동서대립구도가 가시화되어가는 상황에서 미국은 재일한국인의 대부분이 동측(공산권)에 기울고 있다고 보아 경계하고 있었다. 결국 보호받아야 할 마이너리티 재일한국인은 미국으로부터도 무시당하고 있었다.

공식적으로는 샌프란시스코 강화조약이 발효될 때까지 재일한국인은 일본의 국적을 갖고 있었다. 1949년 4월 29일 최고재판소(대법원) 사무총장이 참의원 법제국장 앞으로 보낸 「조선인의 청구권 및 국적에 관한 회답(최고재판소 사무총국 갑 제26호)」에는, 「종전 전부터 일본에서 거주해온 조선인은 특별히 정하는 경우를 제외하고 이전과 같이 일본의 국적을 갖고 있는 것으로 취급할 수밖에 없다…」고 명기하고 있는

국인에게 충분한 노동의 기회를 준다는 것은 불가능했다. 총무성통계국『국세조사보고』(stat.go.jp) 참조
69) 李瑜煥(1971)『在日韓国人60万―民団·朝総連の分裂史と動向』洋々社, pp.291~292 참조

것이다. 그 후 1952년 4월 28일 강화조약 발효와 함께 법무성 민사국장이 낸 통달「평화조약의 발효에 따른 조선인 타이완인 등에 관한 국적 및 호적의 처리에 대하여」에서 식민지 출신자가 일률적으로 일본의 국적으로부터「이탈」했음을 밝히고 있다. 이로써 재일한국인은 공식적으로 일본의 국적을 상실했다. 다시 말하자면 해방이 된 1945년 8월 15일부터 강화조약이 발효되는 1952년 4월 28일까지 재일한국인은 법률적으로는 일본의 국적을 유지하고 있었던 것이다.

재일한국인의「국적이탈」을 결정하는 과정에서 당시 국제적 관례로서 인정하고 있었던「국적 선택권」은 고려된 흔적이 전혀 없다. 예컨대 독일의 패전과 함께 오스트리아가 독립하기 전날, 오스트리아인의 독일국적은 모두 소멸하지만 독일에 거주하는 오스트리아인에게는 국적에 대한「의사표시의 권리(국적 선택권)」가 주어져 있었다.[70] 그러나 재일한국인에게는 그러한 기본적인 권리를 행사할 수 있는 기회가 주어지지 않았다. 일본 당국은 재일한국인 개개인에게는 아무런 통지도 보내지 않았고 행정조직 안에서의「통달」로 재일한국인의「국적이탈」을 전했을 뿐이다. 그뿐만 아니라 그「통달」이전에 일본은 재일한국인을 일본국민으로부터 배제하고 있었던 사실에 주목할 필요가 있다. 1945년 12월 17일에 개정되는「중의원의원선거법(법률 제67호)」부칙에「호적법의 적용을 받지 않는 자」에게는 참정권(투표권)을「당분간… 정지」한다고 정하고 있었던 것이다. 애당초 일본「내지」에 재일한국인의 호적이 있을 리가 없었다. 거기에 더하여 1947년 5월 2일에 공포·시행하는 쇼와(昭和)천황의 최후의 칙령인「외국인 등록령」제11조에서는 조선인과 타이완인은「외국인으로 보아…」등록해야 한다고 정

---

70) 田中宏(1996)『外国人の地方参政権』五月書房, p.48 참조

하고 있다. 법률적으로 일본국적을 갖고 있는 조선인과 타이완인을 참정권에서 제외하고 외국인으로 간주했다는 것은 그들을 국외로 추방하려는 책략이었다고 볼 수밖에 없다. 당시 일본의 국가 행위는 GHQ(연합국최고사령관총사령부)와 협의 하에 이루어지고 있었던 점에서 본다면 미국 역시 마이너리티 재일한국인의 법적지위 혹은 기본적 인권에 대하여 일본과 차이 없는 의식 선상에 머물러 있었다.

이렇게 불안정한 상황에 놓여있는 재일한국인의 입장을 이해하고 그들의 법적 지위와 인권향상을 위해 활동하려는 일본인의 모습은 거의 보이지 않았다. 식민지 지배를 반성하지 않으면 안된다고 주장해온 혁신계 지식인들도 조총련 중심으로 추진하고 있는 「귀국사업」[71]을 긍정적으로 평가하며, 재일한국인(조선인)은 훌륭한 국가건설이 이루어지고 있는 조국으로 돌아가는 것이 최선이라고 생각하는 정도였다.[72]

재일한국인이 일본의 국적을 상실하고 법적지위와 인권이 위기에 처해있을 때 주권국가로서의 「조국」은 존재하지 않았다. 38도선 이남의

---

71) 1959년부터 1984년까지 조총련이 중심이 되어 재일한국인을 북한으로 귀국시켰던 운동을 말한다. 처음에는 북한으로의 귀국 희망자가 많았지만 북한의 실상이 알려지면서 희망자는 급감했다. 특히 조총련의 간부였던 세키 키세이(関貴星 한국명 오귀성)의『낙원의 꿈 깨어지고－북조선의 진상(楽園の夢破れて－北朝鮮の真相 全貌社)』이 1962년에 출판된 이후 여러 경로를 통해 북한의 실상이 전해져 와 결국 93,300여 명이 귀국하고 이 계획은 중단되었다. 이 계획에 대하여 일본정부는 인도적 견지에서의 결정(각의 결정)임을 강조하면서 일본 적십자사와 조선민주주의인민공화국 적십자사를 협정주체로 한 「재일조선인의 송환협정」을 맺고 실행시켰다. 그러나 이 계획은 일본의 무거운 짐이 된 재일 한국인(조선인)을 출국시킨 비인도적 국가행위였다는 것은 그후 「귀국자」가족들의 증언으로 명백해지고 있다. 李修京・権五定(2020) 「在日コリアンの'共生に生きる'という主体的選択(2)－在日コリアンのアイデンティティの発達と排他的属性の変化－」『東京学芸大学紀要人文社会科学系Ⅰ』第71集, p.149에서 딸을 「귀국」시킨 J씨의 증언을 볼 수 있다.
72) 外村大「日韓条約以後の'在日朝鮮人問題'の展開」木宮正史・李元徳 編『日韓関係史 1965～2015』東京大学出版会, pp.399-400 참조

경우 미군정 아래 치안유지 정도의 국가 기능은 존재하고 있었지만 재일한국인의 귀국을 위해 할 수 있는 일은 아무것도 없었다. 1948년 남북에 각각 다른 정부가 섰지만 재일한국인에 대한 대책 없는 상황은 전혀 달라지지 않았다. 특히 재일한국인의 대부분이 남부(한국) 출신이었던 점을 고려한다면 국민을 버려두는 한국 정부에 대해서 「국가의 부작위의 죄」를 물어 마땅할 정도였다. 북한 역시 해방 직후에는 남쪽과 사정이 다를 바 없었다 하더라도 조총련을 앞세워 「지상낙원」을 선전하며 귀국시킨 동포의 인권을 유린하는 사례의 보고대로라면 「국가의 폭력의 죄」를 묻지 않을 수 없다. 한국도 북한도 재일한국인 사회에서의 자기 세력의 확대를 획책하고 있었을 뿐, 재일한국인 개개인의 인간으로서의 존엄과 시민으로서의 안정된 법적지위에 대해서는 거의 무관심했었다고 볼 수 있다.

4.2 국가 간의 합의된 배제와 통제, 재일한국인의 협정영주권

「조국」의 해방과 함께 재일한국인은 당연히 고향으로 돌아간다고 생각했다. 종전 직후부터 시작되는 「민족교육」도 귀환 준비의 하나로 모국어를 모르는 어린 자식들에게 한국어·조선어를 가르치는 것이 주된 목적이었다. 다만 현실적으로는 대부분의 재일한국인들에게는 혼란스러운 「조국」에 돌아간들 생계를 이어갈 방도가 없었다. 가능하다면 그나마 생활기반을 만들고 살아온 일본에서 안정된 거주권을 갖고 차별받지 않으며 살아가는 것이 바람직한 일이었다. 그러한 재일한국인이 일본의 국적을 상실함으로써 기본적으로 체류 자격이 불안하고 그에 따라 국민 자격이 요구되는 각종 사회보장제도의 이용이 어렵게 된다는 사실이 알려지면서 불안은 점점 커져만 갔다. 이러한 재일한국인의 입장을 이해하고 더불어 살아가는 길을 모색하려는 움직임이 당시의 일본에는 위에도 아래에도 없었다. 「많은 일본인은 신생 일본으로부터 조선인을 배제하는 것을 당연시했다. 일본정부도 같은 인식…」[73)]에서 재일한국인에 대한 시책을 생각하고 있었던 것이다.

1951년 한일국교정상화를 위한 한일협정(회담)이 시작되었지만 재일한국인의 문제를 그들의 입장에서 같이 생각하고 그들의 법적지위·인권향상이나 개선을 위한 움직임은 거의 보이지 않았다. 그 이유로서는 ① 한일회담 그 자체가 지지부진하여 세인의 이목을 끌지 못했다는 점, ② 재일한국인 중에서도 그 당시 절대다수였던 좌파세력(「조련」계 혹은 그 승계조직인 「조총련」계)이 일본에서의 계속 거주나 일본사회에의 참가와 공생보다 조국(북한)으로의 귀국 혹은 연대를 중시하고 있었다는 점,[74)] ③ 한국전쟁의 발발로 국가(일본)가 반공태세를 강화하고 나서는 상황이었기 때문에 좌파 성향이 강하다고 인식되고 있었던 재일한국인의 권익향상을 위한 눈에 띄는 움직임을 하기 어려웠다는 점 등을 들 수 있다.

한일회담을 시작할 때(1951.12.20)는 샌프란시스코조약과 동시에 한일국교정상화조약을 발효시키고 싶다는 미국의 의향도 존중하여 서두르는 분위기였지만 한일 간의 회담에 대한 생각이 다르고 정치적으로 조정하기 어려운 문제들이 표면화되면서 회담은 중단과 재개를 되풀이했다. 특히 다음과 같은 일들이 회담을 지연시켰다. ① 한국의 이승만 대통령이 「평화라인(이라인)」 설정을 선언한 후 이라인을 넘어 조업하

---

73) 위의 책, p.397
74) 위의 책, p.398 참조

던 일본 어선이 나포된 사건, ② 일본측 수석대표 쿠보타 칸이치로(久保田寬一郎)의 「식민지 개발론」(식민지 시절 일본의 대대적 투자로 한국은 빨리 개발, 근대화될 수 있었다는 생각) 발언, ③ 1959년부터 시작되는 재일한국인(조선인)의 북한으로의 「귀국사업」 등이 회담을 지연시켰던 것이다. 그 밖에 1953년까지 계속되는 한국전쟁, 1960년 4·19혁명에 의한 이승만 정권의 붕괴도 회담을 지연시키는 요인으로 작용했다.

한일회담이 급속히 진행되기 시작한 것은 1961년 쿠데타로 정권을 잡은 군사정부가 회담을 이어받고 나서부터였다. 군사정부는 정권의 정당성을 인정받기 위해서는 무엇보다도 경제개발을 서둘러야 했고 그에 필요한 자금을 마련하기 위해서는 한일회담을 조속히 마무리해야 했다. 또 동서 대립이 심각해지는 상황에서 한일 양국의 협력태세를 구축해야 한다는 미국의 아시아 정책도 회담을 서두르게 했다. 이렇게 상황의 변화와 함께 한일회담은 빠른 속도로 진행되기 시작했다.

회담의 진행이 빨라지면서 민단을 중심으로 재일한국인의 법적지위의 안정화와 인권향상, 처우개선을 요구하는 운동도 활발해지기 시작했다. 그러나 회담의 결과에 대한 재일한국인의 기대와 회담에 임하는 한국정부의 생각 사이에는 큰 갭이 있었다. 한국의 군사정부(외교 관계자도 포함하여)는 하루빨리 한일 간에 조약을 체결하여 경제개발에 필요한 자금을 마련하는 것이 최우선이라고 생각하고 있었던 것이다. 정권의 정당성 확보를 위한 경제개발을 신속히 추진해야 한다는 절박한 사정에 직면하고 있었던 군사정부는 회담을 지연시키는 모든 요인을 제거하면서 회담을 추진해나갔다. 한국정부로서는 재일한국인의 법적지위나 인권문제로 발목을 잡히고 싶지 않았다고 볼 수밖에 없다. 그리고 회담에 임하는 한국정부의 책임자들은 어차피 조만간 없어질 재일한국인 집단 때문에 「국가대계(国家大計)」를 그르칠 수 없다고 보고 있었던 흔적이 있다. 실제로 한국정부의 책임자들 중에 재일한국인 집단은 멀지 않은 장래에 소멸할 것이라고 말하고 있었다는 증언이 있다.[75] 이렇게 당시 한국정부 지도자들의 재일한국인의 법적지위와 인권문제에 대한 관심·이해가 낮았던 것이다. 국가와 개인의 관계를 엿볼 수 있는 대목이다.

1964년에 들어서 한일회담의 내용이 세상에 알려지면서 그에 대한 의문의 소리가 커지기 시작했다. 한국정부에 협력적이었던 민단으로부터도 불만이 터져나왔다. 재일한국인의 요구가 반영되지 않았기 때문이었다. 한국 내에서도 한일회담 반대운동이 격렬하게 전개되었다. 1964년 3월부터 시작되는 한국에서의 회담반대운동의 선두에 섰던 것은 주로 학생들이었고 이들의 운동은 군사독재정권에 반대하는 민주화운동의 성격도 띠고 있었다. 당시 학생들에 의한 한일회담 반대운동에서 제기되었던 「국가에 의한 개인의 인권·권리의 경시 내지 포기(재일한국인의 법적지위·개인청구권)」 문제는 오늘날까지도 중대한 과제로 남아있다. 최근 한일관계를 악화시키고 있는 요인 중의 하나인 「징용공」의 개인청구권 문제를 협정 문맥으로 볼 때 사실상 포기했고 「위안부」 문제는 아예 의제로 다루지도 않았다. 학생들이 문제를 제기할 만큼 회담의 방향이 잘못되어 있었음에도 불구하고 원천적인 문제상황을 만든 일본은 물론 피해 당사자들의 보호 임무를 갖는 한국도 개인의 인권·권

---

75) 「김-오히라(大平) 메모」를 남기고 한일조약 성립에 큰 역할을 한 김종필, 조약체결 당시 외무부 장관이었던 이동원, 한일회담 수석대표였고 조약체결 후 초대 주일대사가 되는 김동조 등은 「…입을 모아 재일한국인이라는 집단은 2·30년 후에는 소멸한다고 말하고 있었다…」는 증언이, 李修京·権五定(2021) 「在日コリアンの '共生に生きる'という主体的選択(3)－在日コリアンの共生を求める「相近」努力－」 『東京学芸大学紀要 人文社会科学系Ⅰ』第72集, p.99에 실려있다.

리를 소홀히 다루었다는 것은 역시 국가는 개인의 존엄성보다 체제유용성을 우선한다는 사실을 말해주고 있다. 한국 학생의 한일회담 반대운동은 1964년 6월 3일 서울 대집회(6·3사태)를 계기로 계엄령이 선포되어 표면상 잠잠해지고 말았다.

한일회담 그 자체를 반대하고 있던 조총련은 한일회담에서 합의에 가까워지는 재일한국인의 법적지위와 권리의 향상, 처우개선의 내용에 큰 변화가 없고 외국인등록법의 운용 문제(등록증의 휴대 의무와 지문날인 등)와 민족학교에 대한 탄압 등 문제의 개선이 기대되지 않는다는 이유로 회담을 비난, 반대했다. 다만 조총련(배후의 북한)은 근본적으로 재일한국인(조선인)의 북한에로의 귀속 혹은 귀국 방침을 고수하는 기본 입장에서 회담을 반대하고 있었던 점에서 본다면 역시 개인의 존엄보다 체제유용성을 우선시키고 있었던 한국이나 일본과 다를 바 없었다.

한일회담 반대운동과 관련하여 한국 학생 중심의 반대운동이 일본 학생의 반대운동, 조총련의 반대운동과 연계되어 있었다는 견해가 있는데 이는 훗날 정치적 계산이 만들어놓은 전혀 근거 없는 허구이다. 조총련의 반대운동은 앞에서 살펴본 바와 같이 체제논리에 따른 것이었고 일본 학생의 반대운동은 「동북아시아 군사동맹 위험론」, 「한반도 남북통일 저해론」, 「일본 독점자본의 대한 침략론」 등 계파에 따라 다른 이론 혹은 이념 아래 전개되고 있었다. 일본 학생의 반대운동은 대학에서 출발하고 있었던 만큼 그들의 운동 이론이나 이념은 시대를 리드하는 방향성을 내포하고 있었고 혁신적 정치세력의 중계를 통하여 조총련이나 그 밖의 반대운동집단에 적지 않은 영향을 주었다고 본다. 다만 그들의 운동에서 절실한 요구를 읽을 수 없었고 형해화된 구호의

나열에 그치는 경우가 많았다. 거기에 그들의 운동이 특정 이념에 경사된 다른 종류의 운동과 뒤섞이면서 일본 학생의 한일회담 반대운동의 파급효과는 한계를 갖게 되었다. 그리고 일본에서의 전체적인 한일회담 반대운동도 이를 주도했던 혁신정치세력의 분열 등으로 뚜렷한 역사적인 흔적을 남기지 못했다는 의미에서 실패로 끝나고 말았다.76) 이러한 일본 학생이나 조총련의 한일회담 반대운동과 한국 학생의 한일회담 반대운동의 연계 또는 연대라는 것은 우선 현실적으로 불가능했다. 한일국교정상화 이전에 반체제적인 운동의 교류라는 것은 상상도 할 수 없었던 것이다. 그리고 실제로 당시 한국 학생의 반대운동에서 일본으로부터의 메시지 흔적은 찾아볼 수 없었다. 한국 학생의 한일회담 반대 구호 중에 「일본 제국주의 자본의 한국 침략을 경계한다」는 내용이 있었지만 이는 자생적 경계심의 발로였다. 한국 학생의 한일회담 반대운동은 식민지 청산, 인권향상, 민주화를 요구하는 「순수한 이의제기」였던 것이다.

열쇠는 한일회담을 반대하는 민간세력이 아니라 회담을 서두르는 국가권력이 쥐고 있었다. 1964년 미국의 요청으로 한국이 베트남전에 참전하면서 한·미·일의 동맹관계를 공고히 해야 한다는 미국의 의도는 더욱 노골화되었고 한일회담의 신속한 마무리를 재촉하는 주문도 거세졌다. 이러한 정세 속에서 14년 동안의 우여곡절 끝에 1965년 드디어 한일국교정상화조약, 그 중에서도 이 글의 주제인 재일한국인의 법적 지위에 관한 다음과 같은 협정에 한일 양국이 서명을 하게 되었다(주요

---

76) 吉澤文寿(2004) 『戦後日韓関係の展開(1945年から1965年まで)－日韓国交正常化交渉を中心に－』一橋大学大学院 博士論文 참조

부분만 요약).

　　『일본국에 거주하는 대한민국 국민의 법적지위 및 대우에 관한 대한민국과 일본국의 협정』(약칭 :『재일한국인의 법적지위 협정』)

　　1965년 6월 22일 서명
　　1966년 1월 17일 발효

　　제1조: 영주 자격자의 범위 및 신청(일본국 정부는, 1945년 8월 15일
　　　　　이전부터 일본에 거주하고 있는 자, 그 자의 직계비속으로서
　　　　　1945년 8월 16일 이후 이 협정의 발효로부터 5년 이내에 일본에
　　　　　서 출생하고 계속해서 일본국에 거주하고 있는 자의 신청이 있
　　　　　으면 영주를 허가한다.)
　　제2조: 영주자의 직계비속의 거주에 관한 정부간 협의(일본국 정부는,
　　　　　영주자의 직계비속으로서 일본국에서 출생한 대한민국 국민의
　　　　　일본국 거주에 대해서는, 대한민국의 요청이 있으면 협정의 발
　　　　　효일부터 25년이 경과할 때까지는 협의할 것에 동의한다.)
　　제3조: 영주자에 대한 퇴거 강제 사유(일본국에서 내란·외환·외국의
　　　　　원수·외교사절·외국 공관에 대한 죄로 금고 이상의 형에 처해
　　　　　진 자, 그 외의 죄로 3년 이상의 금고 혹은 징역, 또는 3회 이상
　　　　　형에 처해진 자 이외는 퇴거를 강제당하지 않는다.)
　　제4조: 교육, 생활보호, 국민건강보험, 재산 휴대 및 송금(일본국 정부
　　　　　는 일본국에서의 영주가 허가된 대한민국 국민의 교육, 생활보
　　　　　호 및 국민건강보험에 관한 사항, 일본국에서의 영주를 포기하
　　　　　고 귀국하는 경우의 재산 휴대 및 대한민국으로의 송금에 관한
　　　　　사항에 대하여 타당한 고려를 한다.(이하 생략)

　　재일한국인의 법적지위에 관한 한일 양국의 협정이 성립됨으로써 우

선 재일한국인에게는 「협정영주권」이 주어져(허가받아) 일본으로부터 퇴거가 강제되는 불안은 경감되었다. 그러나 이 협정은 많은 문제점을 남기고 있었다. 1991년의 특별영주권으로 해결된 부분도 많지만 재일 한국인의 문제 나아가 국가와 마이너리티의 문제와 관련된 많은 역사적 과제를 남기고 있었던 것이다.

첫째, 이 조약 혹은 협약은 식민지 청산이라는 역사적 과제를 거의 그대로 덮어두고 말았다. ① 1910년의 「식민지조약」(한일병합조약)을 원천적 무효(한국측 주장)로 볼 것인가 일본의 패전에 따르는 실효(일본측 주장)로 볼 것인가에 대한 명확한 결론을 얻지 못했다. ② 한국은 일본으로부터 「전쟁배상금」을 받지 못하고 「재산 및 청구권에 관한 문제해결과 경제협력에 관한 대한민국과 일본국 간의 협정」에 의해 유·무상 합해 5억 달러를 받는 것으로 얼버무렸다. 이는 징용공 등의 개인 청구권 문제와 같이 국가에 의한 개인의 권리 침해 혹은 포기로 이어지고 있다. ③ 당시 한일 양국 간의 조약·협약은 한국을 한반도의 유일한 합법정부로 본다는 전제 하에서 출발하고 있다. 그렇다면 당연히 재일 한국인 모두를 포용하여 모두의 법적지위와 권리보호에 진력해야 했다. 그러나 이 조약·협약은 오히려 재일한국인의 분열을 조장하고 말았다.

둘째, 위와 같은 근본적인 문제를 남기고 있었기 때문에 다음과 같은 문제·과제가 뒤따르게 되었다.

① 이 협정은 일본과 한국 사이에 맺어진 것이었기 때문에 영주권을 신청하기 위해서는 「한국적」(한국 국적을 갖는 자)이라는 조건을 갖추어야 했다. 실제로 한국적을 갖지 않은 많은 사람이 신청을 하지 못했다. 당시 한국적을 갖고 있는 사람보다 갖지 않고 있는 사람이 많았고 한국적을 갖지 않고 「조선적」으로 있다 하여 북한 국적자라고 볼 수만

도 없었다. 국적을 크게 의식하지 않고 이전부터의 「조선적」 그대로 있는 사람, 하나의 Korea에 집착하여 「조선적」으로 있는 사람 등 재일한국인의 국적 문제는 매우 복잡했다. 이러한 사정을 감안하지 않고 국가, 체제의 실정법상의 논리에 따른 국가 간 협의만으로 많은 재일한국인의 거주권을 위협하는 결과를 초래했다. 그리고 재일한국인·조선인 집단의 분열을 심화시켰다. 한국은 재일한국인 개개인의 불안과 아픔은 돌아보지 않고, 결과적으로 「한국적」으로 국적을 변경하는 재일한국인이 많아져 자국의 귀속집단을 크게 할 수 있었다는 점에서 성공적인 협정으로 치부했으리라 본다.

② 1945년 이전부터 일본에 거주해온 자와 협정 발효로부터 5년 이내에 일본에서 태어난 직계비속에 한하여 영주권을 허가할 경우 그 후에 태어나는 세대나 결혼 등으로 만들어지는 가족과의 단절을 피할 수가 없다. 인도적으로 생각할 수 없는 국가 간의 「합의된 폭력」이라고 볼 수밖에 없다.

③ 강제퇴거의 조건을 명문화함으로써 영주권자의 거주의 안정성을 높였다고 말할 수도 있지만 「강제퇴거」를 조문화했다는 것 자체가 납득하기 어렵다. 영주권자에게 형벌을 줄 수 있는 권한을 갖는 국가는 당연히 형벌을 집행·관리하는 책임도 함께 져야 한다. 협정영주권자(재일한국인)를 비국민이라는 이유로 배제하려는 국가적 논리가 숨겨져 있었다고 보지 않을 수 없다.

④ 영주권을 갖고 있는 사람이라도 3년마다 「재류하는 이유」를 써서 지문을 찍어 제출하지 않으면 안되었다. 이에 대하여 인터뷰에 응한 Y 씨는 다음과 같이 말하고 있다.

「…학교를 결석하고 입국관리사무소에 가서 재류하는 이유를 써내고 (안 그러면 영주권 갱신이 안되니까), 다시 구청에 가서 지문을 찍고, 이 짓을 3년에 한 번, 「이런 이유가 있으니까 일본에 살게 해 주십시오」 이렇게 「부탁드리는 것」이 부화가 치밀어…」[77)]

⑤ 협정영주권자의 교육, 사회보장에 대하여 「일본국 정부는 …타당한 고려를 한다…」라고 기술하고 있는데 그 타당성의 근거가 무엇이며 그것의 출처가 어디인지 이해하기 어렵다. 문맥상으로 볼 때 타당성의 근거는 일본국의 국가적 유용성이며 재일한국인 즉 마이너리티를 긍휼히 여기는 일본국의 국가적 도량에서 교육과 사회보장의 기회를 주는 「시혜」라는 강한 느낌을 갖게 한다. 다만 이는 앞에서 본 근대 제국주의 국민국가가 다문화주의의 시발로서 마이너리티(원주민 혹은 이민)에게 베푼「시혜」와는 또 다른 뉘앙스를 갖고 있다. 한일 간의 협정에서 재일 한국인과의 공생을 염두에 둔 일본의 「타당한 고려」는 읽히지 않기 때문이다. 무엇보다 협정은 교육, 사회보장을 마이너리티의 권리로 보지 않고 국가의 결정 사항(고려된 시혜)으로 보고 있었다는 근본적인 오류를 남기고 있었다.

재일한국인의 법적지위의 중심 내용이라고 볼 수 있는 협정영주권의 성립과정이나 그 내용에서는 체제유용성 즉 국가의 논리가 마이너리티

---

77) 이 인터뷰는 Y씨(1930년 경 조부모 때 일본에 온 재일한국인 3세·57세·남)를 상대로 이수경과 권오정이 2021년 8월 9일 도쿄토 고쿠분지(国分寺) 역사 내 식당에서 이루어졌다. 인터뷰의 진행은 일본에 정착하게 된 경위, 생애를 통해 변화해온 인간관계(부모 형제 친척 동포 클래스 메이트를 포함한 일본인과의 관계 등), 조국에 대한 생각, 귀화·참정권 등 재일한국인으로서 품고 있는 문제의식 등에 관해 질문하고 자유롭게 얘기해가는 형식을 취했다. 녹음한 내용을 문장화한 결과는 Y씨 본인이 확인하여 수정 보완하여 정리하였다(2021.8.16 최종 확인).

개개인의 인간으로서의 존엄성이나 권리를 통제·관리하고 있음이 분명히 나타나고 있었다. 재일한국인의 법적지위나 권리향상에 대하여 「시혜자」로서의 입장을 관철해온 일본은 물론 재일한국인에 대하여 국가로서의 보호 의무를 다하지 못했고 새로운 국가로서 보호하지 않으면 안되는 한국 역시 재일한국인의 존엄과 권리보다 국가의 필요성을 충족시키는 방향에서 국가적 논리를 우선시키는 한일회담을 진행해왔던 것이다.

4.3 재일한국인의 「특별영주권」과 「공생권」

한일 간의 재일한국인의 법적지위에 관한 협정이 성립하여 재일한국인은 소위 「협정영주권」을 얻을 수 있었지만 문제가 해결되었다고는 볼 수 없었다. 일본에서는 「이민족」의 특권적 지위를 우려하는 배타적 여론이 일고 있었고,[78] 한국에서는 「굴욕적 외교」에 반대한다는 「행동화하는 여론」이 계속 일고 있었다.

특히 주목해야 할 것은 불안정한 「협정영주」에 불만을 품고 있는 당사자 재일한국인이 협정 성립 후(본격적으로는 1977년 민단이 「인권선언」을 채택한 이후) 권익옹호, 차별철폐 운동을 전개하기 시작한 일이다. 협정에서는 재일한국인의 교육·생활보호·건강보험에 대하여 타당하게 고려한다고 말하고 있지만 그 후 일본의 경제발전에 따라 200 항목 가까이 늘어난 복지제도에서는 재일한국인을 배제했다. 새로 늘어난 복지제도에 대해서는 일본 국적을 가진 자에 한해 적용한다는 「국적조항」을 두고 있었기 때문이었다. 협정 내용에 재일한국인에게도 적용

---

78) 木宮正史·李元德 앞의 책, p.401

한다는 기술이 없다는 이유로 재일한국인에게는 적용을 계속해서 배제해왔던 것이다.[79] 이러한 제도적, 행정적 차별에 대하여 민단은 「재일한국인의 권익옹호위원회」를 설치하고 ① 공공주택 입주 차별철폐, ② 아동 수당 지급·국민연금의 적용, ③ 주택금융 등의 융자, ④ 공무원 채용, 그 밖에 외국인등록법·출입국관리령에 관한 요망서를 작성하고 전국적인 운동을 전개한 것이다. 이러한 요망 사항은 일본이 「인권규약」(1980년 가입), 「난민조약」(1982년 가입)이라는 「선언적 장치」에 떠밀려 수용할 때까지 재일한국인에게 적용되지 않았다.

〈사진〉 재일한국인의 권익향상과 일본사회에서의 공생을 위해 노력해온 민단의 창립 70주년 기념행사(왼쪽)와 민단이 설립한 도쿄한국학교에서 민족음악(장고)를 배우는 동포들

위의 요망이 용인된 다음에도 「전쟁희생자원호입법」에 관한 13항목에 대해서는 여전히 적용을 인정하지 않고 있다.[80] 「국적조항」은 그 밖에도 널리 「활용」되어 일본 국민 이외의 재일외국인을 배제하는 장

---

79) 在日本大韓民国民団中央本部 앞의 책: 56
80) 위의 책, pp.58-60

치로 기능하여왔다.

한일협정의 발효로부터 25년(「협약」에 기술되어 있는 재협의의 연수)이 지난 1991년 『일본국과의 평화조약에 토대하여 일본 국적을 이탈한 자 등의 출입국 관리에 관한 특례법』(법률 제71호)이 성립되어 재일한국인의 법적지위는 한발 전진했다. 제2세대까지의 본인에 한해 주어졌던 영주권이 제3세대 이후의 본인 및 그 직계 가족에게도 주어지고 「한국적」 이외의 재일한국인도 「특별영주권」을 갖게 된 것이다.

특별영주자 증명서를 교부 받아 항상 휴대해야 한다는 점, 특별영주자 증명서에 유효기간이 설정되어 있다는 점, 특별영주자는 거주지(변경)를 신고해야 한다는 점, 퇴거 강제의 항목이 살아있다는 점, 해외에 나갈 경우 재입국 허가를 받아야 한다는 점 등 특별영주권에도 여러가지 제약과 통제가 따랐다. 「시혜」의 폭이 그만큼 좁았다는 것을 의미한다. 그래도 재일한국인의 법적지위가 향상되었다는 것은 사실이다. 그리고 재일한국인의 처우개선도 어느 정도 이루어졌다. 여기까지 오는데 종전부터 반세기 가까이 걸렸고 서구의 제국주의 국가들이 마이너리티의 권리를 부분적으로 용인하기 시작해서 30여 년 더 걸렸다. 일본의 마이너리티와의 공생 정책이 그만큼 늦어지고 있었다는 것을 알 수 있다.

재일한국인의 「특별영주권」은 1945년 이전부터 일본에 거주하여 영주권을 소유하게 된 당사자에 한하지 않고 사실상 자자손손 일본에 거주할 수 있는 권리를 의미한다. 당연히 재일한국인은 일본인 혹은 그밖의 일본에 거주하는 타민족, 타국민 등 다문화와 더불어 살아갈 「권리」를 갖게 되었다고 보아야 한다. 「특별영주권」은 곧 「공생권」인 것이다. 실제로 재일한국인은 「특별영주권」을 「공생권」의 문맥에서 인식, 수용하고 있으며 일본에서의 안정된 거주와 함께 일본사회 속에서의 공생을 위한 노력을 경주해오고 있다.[81] 그러나 일본의 다문화공생정책은 아직도 확실한 모습을 보이지 않고 있다. 2006년 총무성이 「지역의 다문화공생 추진플랜」을 책정·공표한 것 이외에 다문화공생을 위한 종합적인 정책을 내놓은 적이 없다. 이 플랜도 주로 「기능실습」제도나 「특정기능」제도의 창설로 입국하는 외국인 노동자의 출입국, 재류관리에 관한 내용과 외국인에 대한 일본어 교육이나 외국인 어린이의 일본인학교 취학 등 동화정책이 중심이 되어 있다. 마이너리티와 더불어 살아갈 방향이나 방책을 제시하고 있지는 않다는 것이다. 일본은 일찍이 서구 제국주의 국민국가의 배타적·독점적 지배정책을 충실하게 도입하여 아이누·오키나와 원주민과 조선·타이완의 식민지로부터의 이주민과 후손들의 자치권·토지권·언어권·문화권 등을 빼앗았다. 그러나 서구 제국주의 국민국가들이 1960년대 후반부터 마이너리티의 자치권(「부분국가」로서의 통치권)·토지권·언어권(마이너리티 모어의 공용어화)·교육권(모어·모문화 학습권)을 용인하기 시작했음에도 불구하고 일본에서는 아직 그러한 움직임은 전혀 찾아볼 수가 없다.

위에서 본 「국적조항」은 타민족, 타국민이나 마이너리티 배제의 전형적인 장치다. 부분적으로 완화 내지 철폐된 것도 있지만 아직도 원칙적으로 이 장치는 살아있다. 재일한국인은 이 「국적조항」이라는 장

---

81) 재일한국인의 일본사회에서의 공생 노력을 다루고 있는 이수경·권오정의 「재일코리안의 「더불어 산다」라는 주체적 선택(在日コリアンの「共生に生きる」という主体的選択)」(東京学芸大学紀要 人文社会系 I 第69集·第71~73集)은 현재 4회까지 연속되고 있다.

치에 의해 수많은 차별을 받아왔다. 히타치(日立)취직 차별(해고) 사건(1974년 해고 무효 판결), 사법시험 합격자의 사법연수생 채용 거부 사건(1977년 대법원, 채용 거부에 대한 부당성 판결), 공영주택의 입주·아동 수당 지급·국민연금의 거부 사건(1980년 전국적으로 수용), 국공립대학 교원의 임용 거부 사건(1982년 특별법의 성립으로 임용 가능) 등 모두 「국적조항」에 의해 재일한국인을 배제한 일이었다. 초중고 교원 채용은 아직도 「국적조항」이 걸림돌이 되어 재인한국인을 포함하여 외국인의 채용 문제가 해결되지 않고 있다.[82]

다문화공생사회를 구축하기 위해서는 마이너리티의 언어권, 교육권의 보장이 절대불가결한 조건이다. 사회 내의 모든 문화가 자유·평등하게 영위되고 그 문화가 모어에 의해 학습될 때 각자의 문화가 지속·공유될 수 있기 때문이다. 바꾸어 말하면 마이너리티의 언어와 교육이 살아서 기능하지 못하면 마이너리티의 문화는 소멸할 수밖에 없고 다문화공생사회의 실현은 바랄 수 없다. 그러나 지금까지 일본이 취해온 방향은 마이너리티에 대한 일본어교육, 마이너리티 어린이의 일본인학교에의 취학만을 철저히 추진하는 일이었다. 동화를 위한 정책이었던 것이다. 1970년대부터의 「해외·귀국자녀교육」에서 볼 수 있듯이 다문화를 경험하여 발달 가능성의 증폭이라는 보물을 가진 일본의 어린이들에 대해서도 일본어·일본역사교육 즉 일본인 형성만을 요구해왔다. 다문화화, 다양성에 대한 긍정적인 대응보다 「단일」민족·국민적 동질성만을 우선시켜온 것이다. 일본인 이외의 마이너리티의 모어교육에 눈을 돌릴 리가 없다. 재일한국인의 모어교육을 지원한 예가 없고 오히려

---

82) 歴史教科書在日コリアンの歴史作成委員会 編(2006)『歴史教科書在日コリアンの歴史』明石書店, pp.98-111 참조

억제해왔다.

　재일한국인 스스로의 「민족교육」은 복잡한 경위를 거쳐 왔다.[83] 그 재일한국인의 교육에 대하여 일본은 자신의 체제유용성만을 우선하는 정책을 고수했다. 종전 직후 조국에의 귀속 혹은 귀국만을 꿈꾸며 정성을 쏟고 있던 재일한국인의 민족교육을 반일·반체제라 규정하고 학교 폐쇄를 명령했다. 이때 강렬히 저항하는 재일한국인과 오사카후 사이에 나눈 「각서」를 토대로 칸사이 지역(오사카와 그 주변 지역)의 일부 공립학교에 「민족학급」을 만들어 운영하게 한 것이 일본이 재일한국인의 교육에 베푼 「시혜」의 전부였다. 「민족학급」은 특별활동 시간에 재일한국인의 어린이들이 모어·모문화를 학습할 수 있는 기회이기는 하지만 그 지도를 담당하는 것은 교원면허를 갖고 있는 정규 교사가 아니라 재일한국인 단체에서 파견하는 강사이며 공교육기관의 교육활동이라고 보기 어렵다. 최근에는 「민족학급」의 운영이 소극적 방향으로 변질되고 있으며, 「민족학급」 활동에 참가하는 어린이가 차별받기 쉽고 소외당할 위험을 증폭시키는 학급 운영이 이루어지고 있다는 보도도 눈에 띈다.[84]

　1965년 한일회담 당시 회담 의제로 일본측으로부터 「재일조선인 청소년의 일본학교 취학 촉진에 관한 건」이 상정되었다. 이 제안에 대하여 한국측은 재일한국인 어린이들에 대한 교육 기회의 확보를 위한 일본의 배려라고 생각해 깊은 논의도 없이 동의하고 말았다. 그러나 이 제안은 일본의 동화교육 정책의 일환일 뿐이었다. 마이너리티 재일한

---

83) 李修京·権五定(2018) 「在日コリアンの'共生に生きる'という主体的選択(1)－在日コリアンの「民族教育」の変遷を辿って－」『東京学芸大学紀要　人文社会系Ⅰ』第69集, pp.113-125 참조
84) 『産経新聞』 기사 참조(sankei.com/article/20210719)

국인의 모어·모문화 학습 기회를 보장하고 지원하는 다문화주의, 다문화교육의 시점과는 전혀 무관한 것이었다. 그 이후에도 일본은 재일한국인의 교육을 위한 특별한 프로그램을 제시한 적도 시도한 적도 없다.

재일한국인의 언어권·문화권·교육권을 가볍게 다루어온 네 대한 책임은 일본뿐만 아니라 한국도 함께 지지 않으면 안된다. 앞에서 살펴본 바와 같이 일본이 재일한국인 어린이의 일본인 학교 취학 문제를 제기했을 때, 한국은 보다 심도 있게 재일한국인의 교육권 문제를 종합적으로 논의해야 했음에도 불구하고 너무나 가볍고 간단하게 동의하는 선에서 그치고 말았다. 그리고 한국은 재일한국인을 위한 학교를 하나도 만들어주지 않았다. 최근에 와서 한국 정부는 한국계 학교를 재정적으로 지원은 하지만 그 대신 교육내용(국민적 아이덴티티의 육성 요구 등)과 교원의 인사권에 깊이 관여하고 있다. 그리고 그 동안의 경위는 헤아리지 않고 일본의 영주권을 향유하고 있으며 한국어가 서투르다는 이유로 한국 사회는 그들을 배제·무시·차별하기도 한다.[85] 한국 사회의 배타성이 동포라 부르는 재일한국인에게 작용하고 있는 것이다.

재일한국인은 「선택제한정황」 속에서 국가의 결정에 자신의 운명을 맡기며 살아온 시간이 너무나 길었다. 그런 가운데에서도 「특별영주권」 이후 그들은 「재일(在日)의 아이덴티티」를 갖는 「자기찾기」 노력을 계속해왔다. 그것은 곧 주체적인 선택의 길을 모색하는 과정이기도 했다. 그리고 그들이 찾은 주체적 선택 중 가장 중요한 하나가 일본 사회에서

---

85) 趙慶喜(2012)「在韓在日朝鮮人の現在－曖昧な'同胞'の承認に向けて－」『インパクション』185号 및 金雄基(2016)「韓国国民としての属性を持つ存在としての在日コリアン－日本における権益伸張における限界と克服のための試論－」李修京編(2016)『誠心交隣に生きる』合同フォレス, pp.154~174 참조

지역주민으로서의 공생이었다.

더불어 산다는 것은 사회적 관계의 발전·성숙 과정이다. 앞에서 만난 Y씨(인터뷰)의 술회를 더 들어보기로 한다. 재일한국인으로 살아오면서 자신이 겪은 삶을 전하는 그의 말 속에서 더불어 산다(공생)는 것을 이해할 수 있는 중요한 시사점을 얻을 수 있다. 한국인·타이완인·오키나와인 등 마이너리티가 많이 사는 지역에 살아왔다는 그의 말에 따르면 재일한국인 1세의 사회적 관계는 주로 가족·친척·고향 사람들끼리의 서로 돕는 선에서 머무르고 있다. 2세도 기본적으로는 1세와 크게 다르지 않지만 학교에서 일본인과의 친구 관계가 넓어지고 있다. 3세 이후가 되면 학교의 친구 관계는 물론 지역사회의 구성원으로서의 인간관계, 업무상의 인간관계가 중시된다. 지역사회나 업무상의 인간관계에서는 국적은 관계의 시작이나 발전에 거의 작용하지 않는다. 중요하게 작용하는 것은 주민 혹은 동업자로서의 경쟁·협력·이해(利害)·의사결정의 내용일 뿐이다. …그리고 지역주민으로서의 의사결정의 하나인 참정권에 대해서 다음과 같이 말하고 있다.

「참정권을 권리라고 말하는 것은 허풍스러운 사치입니다. 난 참정권을 사치스런 권리라고 생각한 적이 없습니다. 일상생활 속에서 지역의 어떤 일을 결정할 때나 동업자끼리 얘기를 나누고 무슨 문제에 대해 결정을 할 때 그 결정에 참여한다고 해서 그것을 권리라고 생각해야 합니까? 똑같은 얘깁니다. 규모가 좀 크고 형식을 갖추어서 하는 게 선거고 투표 아니겠습니까. 참정권이라는 것도 같이 사는 사람들이 같은 이익을 만들어내기 위하여 하는 일이니까 그렇게 사치스럽게 호들갑떨지 않는 게 좋다고 봅니다. 일본에는 우리에게 참정권을 주면 나라를 빼앗긴다고 떠드는 사람들이 있은데, 내가 일본인이라면 창피해서…」

너무나 쉽게 그러나 너무나 명쾌하게 말하는 Y씨로부터, 재일한국인의 일상생활에서는 이미 국적이 갖는 중압은 없어지고 있다는 사실을 확인할 수 있었다. 재일한국인은 국적·민족·문화의 벽을 넘어 (주로) 일본인과 가치를 교환하며, 서로 다가서며, 평등한 의사결정에 자연스럽게 참여하는 공생의 삶을 영위하고 있는 현실이 보였다. 거기에 정치적 판단이 개입하여 공생의 삶을 차단하고 있는 또 하나의 현실이 있다. 재일한국인을 포함한 외국적 주민(마이너리티)에게 참정권 부여를 반대하는 정치 세력이 존재하고 있는 것이다. 2021년 11월 13일 도쿄토 무사시노시(東京都武蔵野市) 시장이 외국적 시민에게 「주민투표권」을 부여하는 조례안을 시의회에 제출해 많은 관심을 끌었다(『朝日新聞』디지털 2021.11.13). 그러나 법적 구속력을 갖지 않는 여론 수렴 정도의 주민투표권 조례안을 제출한 것만으로 헤이트 스피커들은 엄청난 소란을 피웠고 결국 시의회에서는 조례안을 부결시켰다. 이것이 일본의 현실이다.

〈사진〉 도쿄 신오쿠보에 생긴 코리아타운은 헤이트 스피치에도 코로나에도 지지않고 젊은이를 중심으로 많은 사람이 북적대는 명물이 되었다(왼쪽). 오른쪽의 오사카 츠루하시의 코리아타운도 예전부터 변함없이 많은 사람이 찾는 명소이다. 신오쿠보나 츠루하시의 코리아타운은 이제는 재일한국인만이 아니라 일본인, 중국인, 베트남인, 타일랜드인… 등이 더불어 삶을 즐기는 다문화 타운이 되었다. 여기서 생성되는 다양성의 에너지가 일본의 발전에 보태지고 있다.

재일한국인이 지방참정권 운동을 본격적으로 시작한 것은 1980년대 후반부터이다. 평등의 이념 실현이라는 시점에서 시작한 지문날인 거부운동의 연장선에서 일본 각지역의 주민으로서 재일한국인도 당연히 지방참정권을 가져야 한다고 생각하기에 이른 것이다. 그리고 1995년 대법원의 「정주외국인에게 지방참정권을 부여하는 것을 헌법은 금지하지 않는다」라는 판결로 활기를 띠게 되었다.[86] 1998년에는 일본을 방문한 김대중 대통령이 재일한국인의 지방참정권을 제안했고 일본 정부도 이를 긍정적으로 받아들여 적극적으로 검토 작업에 들어간 일도 있었다.[87] 그러나 그 후 정권이 바뀌고 외국인 지방참정권에 대하여 긍정적인 생각을 가지고 있던 정치 지도자들이 사망하거나 정치 일선에서 물러나면서 지방참정권 문제가 정치무대에서 논의되는 일이 거의 없어지고 말았다. 이러한 변화는 다문화공생정책에 대한 소극적인 흐름과 함께 이루어져 왔다.

눈을 세계로 돌려보면 다문화공생 의식이 확산되면서 외국인의 참정권을 인정하는 나라가 45개국으로 늘어나고 있다. 유럽의 경우 스웨덴·덴마크·노르웨이·네덜란드·스위스·독일·영국… 나라에 따라 참정권 부여의 대상, 부여 조건 및 자격, 부여 범위 등은 다르지만 외국인 주민에게 지방참정권을 인정하는 기본 방향은 확립되어 있다고 볼 수 있다.[88] 한국도 2005년부터 영주권을 취득하고 3년이 경과한 18세 이상의 외국인에게 지방참정권을 인정하고 있으며 2018년 제7회 지방선거

---

86) 歷史教科書在日コリアンの歷史作成委員会 앞의책, pp.119~121 참조
87) 재일한국인의 참정권에 관한 한국측의 요구와 일본측의 검토 준비태세에 대해서는 『東京学芸大学紀要』게재 이수경·권오정의 앞 연구시리즈 3(在日コリアンの 共生を求める「相近」努力·2019)에서 상세히 보고하고 있음.
88) 田中宏 앞의 책, pp.155-161 참조

때는 외국인 유권자가 106,205명에 이르고 있다.[89] 이념적 방향성까지 내포된 의미에서 다문화 공생시대라고 일컬어지는 오늘날, 더불어 살고 있는 사람이라면 누구나 「국적조항」에 구속되지 않고 적어도 지방참정권을 행사하는 것은 기본적 권리라는 인식도 널리 정착되어가고 있다고 보인다.

더불어 산다는 것은 공유할 수 있는 가치를 찾아 함께 결정하고 선택하는 과정이며 그러한 결정·선택의 자유와 권리가 보장될 때 「특별영주권」이라는 법적지위가 의미있는 제도가 될 수 있다. 지방참정권도 갖지 못하는 재일한국인의 특별영주권의 의미를 다시 묻지 않을 수 없다.

「특별영주권」이 재일한국인의 권리 향상의 최종목표가 아니다. 영주는 당연히 일본 사회의 다른 구성원(주로 일본인)과의 공생을 전제로 한다. 재일한국인들은 공생을 위해 다른 구성원에게 다가가고(상근·convergence), 다른 구성원과 가치를 교환하고(호혜·reciprocity), 다른 구성원과의 합의 형성과 선택을 위한 의사결정과정에 참가(participation)해왔다. 재일한국인은 일상생활 속에서 사실상 「공생권」을 권리라 의식하지 않고 행사해왔으며 정치적으로 「굴절되지 않은」 모든 구성원도 똑같이 다가오고, 교환하고, 참가해왔다. 「공생권」은 모두가 공유하는 인간으로서의 존엄과 관계인 「인간적 지위」 위에 성립하는 최상의 권리이다. 「공생권」의 정치적 선택 방법인 참정권을, 일본의 정치는 「굴절된 구성원」들과 함께 인정하지 않고 있다. 결국, 일본은 자신의 일부로 존재하는 마이너리티, 재일한국인의 「인간적 지위」를 아직도 인정하지 않고 있다는 모습이 되고 말았다.

---

89) 『연합뉴스』2021.4.1

5 에필로그

근대 국민국가로 새로난 일본은 홋카이도를 자국 영토로 편입하고 홋카이도 개척사업을 본격적으로 추진했다. 이 사업의 추진과 함께 전국으로부터 많은 인력을 모아 홋카이도로 이주시켰다. 이때 홋카이도로 이주해온 사람들 중에는 일본사회에서 소외되거나 배제되어온 사람이 많았다. 그 중 대표적인 게 조선인 노동자들이었다. 한반도에서 빈곤과 싸우던 사람들, 일본이 추진한 토지조사사업으로 경작권을 잃고 방황하던 사람들, 한반도의 소외된 마이너리티가 노동 기회를 얻기 위하여 일본에 왔고 다시 일본 사회의 소외된 마이너리티로 바뀐 조선인 노동자들이었다. 이들이 홋카이도로 이주함으로써 홋카이도의 붙박이 올드 마이너리티 아이누와 떠돌이 뉴 마이너리티 조선인 노동자가 만나게 되었다. 노동 현장에서 일상적으로 만나는 경우도 있었지만 이들의 만남은 특별한 곳에서, 특별한 모양으로 이루어졌다. 이들의 특별한 만남에서 메이저리티와 마이너리티, 국가와 개인간의 부조리한 관계를 읽을 수 있다.

사례1: 홋카이도의 탄광이나 도로·철도·항만 등의 공사 현장에서는 혹독한 노동의 강제와 굶주림에 견디지 못한 조선인 노동자가 노동캠프로부터 탈출하여 도주하는 「사건」이 자주 일어났다. 강제란 반드시 물리적 힘으로 특정 행위를 요구하는 것만이 아니다. 강자(권력)가 원하는 선택지 하나만 남기고 다른 모든 선택을 차단했을 때 이루어지는 행위는 곧 강제다. 조선인 노동자가 놓여진 것은 바로 그러한 강제 상황이었다.

도주는 했지만 조선인 노동자에게 갈 곳이라고는 없었다. 결국 그들이 찾아가는 곳은 같은 처지의 마이너리티 아이누의 부락이었다. 그리고 아이누는 그들을 받아들여 숨겨주고 돌보아주었다. 모든 권리와 존엄을 제한·박탈당한 두 마이너리티 사이에는 인간으로서의 존재가치를 서로 인정하는 「인간의 만남」이 있었던 것이다. 시간이 지나 안전이 확인되면 함께 개간이나 농사를 짓는 일도 했다. 경우에 따라서는 노동 현장으로부터 멀리 떨어진 다른 아이누에게 가서 숨도록 주선을 해주기도 했다. 때로는 아이누의 여성과 조선인 노동자 사이에서 아이가 탄생하는 일도 있었다. 이러한 사실들에 대한 기억은 지금도 그들이 살던 공간에 남아있다. 「지인의 처남이 결혼한 것은 아이누와 조선인 노동자 사이에서 태어난 딸이었습니다.」(삿포로 거주 K 씨의 증언 2021.9.20 채록)

홋카이도 히라토리(平取), 호베츠(穗別) 지방에 다른 곳에서는 잘 쓰지 않는 「월년사위(오츠넨무코·越年婿)」라는 말이 있다. 여름 농번기에 아이누 부락에 홀연히 찾아와서 일하고 해가 바뀌면(越年하면) 어디론가 떠나버리는 조선인 노동자를 가리키는 말이다. 엄마와 아이만 남겨놓고 떠나는 「월년사위」도 있었다.[90] 아이누는 떠나는 사람을 붙잡지도 원망하지도 않았다고 한다. 두 마이너리티 사이의 사랑과 이별의 아픔은 「월년사위」라는 말 속에 숨어 전해질 뿐이다.

사례2: 1905년 러일전쟁이 끝나고 러시아와 일본은 사할린의 영유권(할양) 문제를 놓고 교섭에 들어갔다. 이때 일본은 교섭을 유리하게 진행시키기 위하여 아이누(이미 일본 국적자)를 대거 사할린에 이주시켰다. 그리고 일본인이 많이 사는 사할린은 일본의 영토라고 주장했다. 결국 북위 50도 이남의 사할린은 제2차 대전이 끝나고 소련(당시)에 반환될 때까지 일본의 영토가 되어 카라후토라고 불리게 되었다. 사할린을 손에 넣은 일본은 석탄 등의 지하자원 개발과 인프라 정비를 위해 조선인 노동자를 포함한 노동력을 대거 투입했다. 여기서 다시 조선인 노동자와 아이

---

90) 石純姬(2017) 『朝鮮人とアイヌ民族の歷史的つながり』 壽郞社 : pp.95-96 참조. 이 책(pp.74~94)에는 아이누와 탈출한 조선인 노동자와의 만남에 대한 여러 사례가 소개되어 있다.

누의 특별한 만남이 이루어졌다.

사할린에 강제 이주된 아이누도 조선인 노동자도 마이너리티로서의 고통은 여전했다. 그리고 혹독한 노동과 굶주림에 못 이긴 조선인 노동자의 탈출과 도주 사건도 여전히 발생했다. 노동캠프를 탈출해 도망온 조선인 노동자를 숨겨주는 것도 역시 아이누밖에 없었다. 아이누도 고통스러운 생활을 하고 있었지만 그들은 조선인 노동자보다 먼저 와있었기 때문에 집도 있었고 대부분 가정도 있었다. 1905년 전후에 강제로 이주해온 아이누 말고도 그 전부터 사할린에 살고 있었던 아이누도 있었다. 조선인 노동자들은 아이누의 십에 숨어늘어 보호를 받았고 홋카이도에서처럼 아이누의 여성과 사랑을 나누고 그들 사이에서 아이가 태어나는 일도 볼 수 있었다.(사할린에서 철수하여 현재 쿠시로에 거주하는 E 씨의 증언 2021.11.1 채록)

전후 남사할린이 소련에 반환되면서 일본인은 집단적으로 철수했다. 이때 이전부터 사할린에 거주해온 사할린 아이누를 포함한 아이누도 대부분 철수했다. 그러나 조선인은 철수 대상에서 제외되었다. 아이누를 포함한 일본인과 결혼하고 있는 조선인도 제외되었다. 뿐만 아니라 조선인(한국인)은 전전에는 일본인에게 학살되기도 했고, 전후에는 소련에 의해 중앙아시아로 강제 이주되기도 했다.[91] 강제 이주, 억류, 강제 노동, 학살까지 국가는 이렇게 마이너리티를 짓밟고 있었다.

사례3: 홋카이도 쿠시로시 시운다이(紫雲台)라는 곳에 넓은 공동묘지가 있다. 그곳에 전쟁 중 홋카이도의 탄광 등에 강제로 투입되었다가 목숨을 잃은 조선인 노동자의 넋을 위로하기 위하여 동포들이 해마다 제사를 올리는 사당이 있다. 또 그 옆에는 「태평양전쟁강제노동희생자위령비」가 서있다. 이 묘지에 강제노동으로 희생된 많은 사람들이 매장되어있다는 것을 알 수 있다.

이 묘지의 입구에서 보아 오른쪽 경사면에, 지금은 주택들이 들어서있지만, 종전 직후까지만 해도 큰 격리(隔離)병원이 있었다. 「전쟁 때 괴

---

91) 위의 책, pp.136-158 참조

질이 돌자 많은 감염자들이 이 병원에 수용되었습니다. 탄광이나 공사장에서 부상한 아이누와 조선인 노동자도 많이 수용되었습니다. 부상과 굶주림으로 허약해진 그들이 괴질에 감염되면 살아날 가능성은 제로에 가까웠다 합니다. 괴질에 걸린 아이누와 조선인 노동자를 구덩이에 그대로 묻어버렸다고도 전해집니다」(쿠시로시 거주의 F 씨의 증언 2021.10.31 채록)

전해지는 기억들의 진실 여부를 「객관적」으로 파악하기는 어렵지만 기억이 전해지는 과정은 곧 「간주관성(intersubjectivity)」을 확보해가는 과정일 수도 있다. 아이누와 조선인 노동자, 국가는 이들을 필요한 만큼 쓰다가 쓸모없다고 판단되면 쓰레기처럼 땅속에 묻어버렸다는 증언의 진실성 여부를 따지기에 앞서, 최근 감염병에 걸린 돼지나 닭을 구덩이를 파고 묻어버리는 TV의 뉴스 영상이 떠올랐다.

국가와 그 동행자들에게 자신의 권리와 존엄성을 박탈당하고 주검까지 쓰레기처럼 버림받은 아이누와 조선인 노동자, 이 두 마이너리티들은 극한상황에서 만났고 그 극한상황을 더불어 살았다. 그리고 함께 지하에 묻혔던 것이다.

일본은, 아니, 「국가」는 이 글 안에서 확인된 사실만으로도 알 수 있듯이 영토나 자원뿐만 아니라 사람까지도 모두 「내 것」으로 만들려 해왔다. 내 것으로 하기 위해서는 나와 문화적(언어·사상·행동·생활…) 동질성을 갖도록 만들 필요가 있었고 그것이 바로 동화정책이다. 서구 제국주의 국민국가들은 인디언, 이누이트, 애보리진, 사미 등의 원주민을 자국의 국민으로 편입시키기 위하여 철저한 동화정책·교육을 실시했고 여의치 않으면 학살(cultural genocide)도 마다하지 않았다. 미국도 독일도 한국도 자기 영역 안에 들어온 이민을 내 것으로 하기 위한 동화정책·교육을 추진해왔다. 일본이라고 예외일 수 없다. 원주민 아이누의 모든 권리를 빼앗았고 아이누로서의 존엄성, 아이덴티티마저도 박탈하며 「구 토인 보호법」이라는 악법까지 만들어 동화정책·교육을 실시했다. 종전 후 전원 철수하기를 바랐던 재일한국인이 다수 남게 되자 그들에 대하여는 「법적으로나 정신적으로 일본인화시키기 위한 대책」을 강구하도록 했다.[92] 그러나 문제는 거기서 끝나지 않는다.

국가는 일단 내 것(국민 혹은 자국 내 재류 주민)으로 만든 원주민, 식민지 출신자, 이민을 영원한 마이너리티로 전락시키고 배제·차별·학대의 대상으로 삼아왔다. 그리고 국가(권력)의 편에 서야 하는 경제(자본), 지식, 사회의 일부 세력은 국가를 대변하고 국가의 행위를 정당화해왔다. 동화의 선의를 의심할 수밖에 없고 정치적 공동체의 통합 이념과도 맞지 않는다. 정치적 공동체 구성원의 통합을 통해 국가 발전에 필요한 에너지를 얻기 위해서는 다양한 구성원의 조화로운 관계가 성립되지 않으면 안된다. 그러나 국가는 눈앞의 체제유용성만을 우선하여 구성원의 조화로운 관계 형성이라는 시간과 비용이 따르는 「비효율적인 행위」는 피해왔다.

일본은 아이누와의 조화(공생)보다는 지배를 선택했다. 「구 토인보호법」이 그 대표적인 사례. 또 일본은 재일한국인과의 나눔보다는 배제를 선택했다. 종전과 함께 법률적으로 국적 소유자인 재일한국인을 국적 이탈자로 보고 배제했으며 그들을 주민참가(지방참정)에서 배제하고 있다.

조화보다는 지배를, 나눔보다는 배제를 선택하는 것은 일본뿐만 아니라 일본 속 마이너리티와 관련되는 모든 국가가 한결같이 일본과 같은 모습을 보여왔다. 한국과 북한은 재일한국인·조선인의 조화보다는 내 것 만들기에 열중하여 결과적으로 동포사회의 분열을 조장했고, 동

---

92) 이수경(대표)·권오정·김태기·김웅기·이민호(1917)『2015재외동포재단조사연구용역보고서·재일동포민족교육실태심화조사 및 정책방향제시』재외동포재단

포의, 귀화를 포함한 일본 사회와의 조화도 꺼려왔다. 한국은 재일한국인을 배제하고 차별까지 하고 있으며 정치적 이유로 반일 정서를 부채질하여 일본의 거류자인 재일한국인을 어렵게 하고 있다. 북한은 재일한국·조선인에 대하여 자기 세력의 확장만을 획책하여 기만의 「귀국사업」을 자행하기도 했다. 미국은 재일한국인을 해방민족으로 대우하지 않았고 동서대립체제가 가시화되면서 동측체제에 경사되어가는 것만을 우려해 오히려 억압했다. 체제유용성의 잣대만으로 재일한국인을 취급했던 것이다. 당시 소련 역시 아이누의 일부와 한국·조선인을 억류했고 한국인을 중앙아시아로 강제 이동시키기도 했다. 일본 속의 마이너리티 아이누·재일한국인과 관련을 갖는 국가 모두 마이너리티의 인간으로서의 권리와 존엄은 아랑곳하지 않고 오직 자신들의 체제유용성만을 우선하여 그들을 다루었던 것이다. 거기에서 인간의 공생 질서라는 것은 찾아볼 수 없었다.

인류의 지혜와 견식은 향상되어왔다. 정보기기의 발달은 그 지혜와 견식의 공유 범위를 확대시켜 왔다. 정보나 기술의 독점 영역은 점점 좁아지고 있다. 국제화, 글로벌리제이션은 그것을 주도했던 세력이 노렸던 것처럼 폭주의 리스크도 증폭시켰지만 그들의 의도와는 상관없이 세계의 평준화를 가속시켜 왔다. 이러한 변화 속에서 국가는 이성적 윤리책무의 수행이라는 고전적 규범의식의 성숙이라기보다 그 전에 세계의 신뢰를 잃는 것이 자국의 이익을 손상시킬 수 있다는 현실을 받아들일 수밖에 없게 되었다. 이러한 변화가 가져온 것 중의 하나가 다문화주의·다문화공생의 실현을 위한 노력이다. 마이너리티의 권리와 존엄 회복을 위한 시책을 강구하고 마이너리티와의 공생을 통해 얻는 다양성을 발전의 에너지로 승화시킬 수 있는 나라가 선진국이라는 인식이 상식화되어가고 있다. 그리고 그 상식은 UN과 같은 국제기구를 통하여 「선언적 장치」와 같은 형식을 갖추어 국제적인 촉발이나 압력 수단으로 기능하기 시작해 반세기 이상의 시간이 흘렀다. 그 사이 다문화주의·다문화공생의 실현을 위한 노력이 가시화되어온 것이다.

물론 그러한 상식이 통하지 않는 나라도 있고 상식에 저항하거나 역행하는 세력도 있다. 그 전형적인 모습을 일본에서 본다. 일본 속의 마이너리티 아이누와 재일한국인, 그 밖의 재일외국인과의 공생 노력에 일본은 인색했고 지금도 크게 변하지 않았다. 서구의 제국주의 국민국가들이 「선언적 장치」에 촉발되어서, 혹은 지속적인 경제발전에 필요한 노동 이민의 수용에 따르는 다문화화에 대응하기 위해서, 그리고 마이너리티의 시민권운동의 결과로서, 제각기 다른 모습이기는 하지만 다문화공생정책을 추진해왔다. 그러나 《부록》에서 다시 한번 간단히 확인할 수 있듯이 일본은 그러한 움직임을 외면해왔다. 아이누의 권리와 존엄성을 박탈하고 훼손시키는 법적 근거를 만들기 위하여 1899년에 제정했던 「구 토인보호법」을 1997년까지 유지했고 원주민의 권리 회복을 요구하는 국제적인 합의에도 따르지 않았으며 2019년에 와서야 겨우 아이누를 원주민족으로 인정하고 「아이누의 긍지가 존중되는 사회 실현을 위한 시책 추진에 관한 법률」을 제정, 그에 토대한 Upopoy (민족공생상징공간)를 오픈했다. 다만 이 법률에도 아이누의 토지권, 자치권 등의 회복에 대한 명시 조항이 없고 Upopoy는 관광 스포트로 그칠 가능성이 높다. 아이누의 권리와 존엄의 회복이 없는 곳에 아이누의 「공생권」 보장이 있을 수 없다. 재일한국인에게는 통제와 제한이 따르는 「특별영주권」을 부여한 다음에도 「주민참가권(지방참정권)」 즉

「공생권」을 인정하지 않고 있다.

　다문화공생은 이념이나 사치의 차원이 아니라 국가·사회 발전의 에너지 창출 차원에서 보아야 할 때가 되었다. 양자의 인과관계를 데이터분석을 통해 확인한 결과는 아니지만 다문화공생정책을 추진하는 나라들은 높은 수준의 국가경쟁력을 유지하거나 상위권으로 부상하는데 반하여 공생정책 추진에 인색한 나라들은 저변에서 맴돌거나 추락하고 있는 경향을 나타내고 있다. 예컨대 IMD의 『세계경쟁력연감(World Competitiveness Yearbook 2021)』에서 보면 일본(2021년 64개국 중 31위), 스페인(39위), 헝가리(42위) 등 다문화공생에 소극적이고 난민 수용에서도 인색한 「선진국」들의 국가경쟁력은 중간 혹은 그 이하의 주변에서 맴돌고 있다.[93)]

　다문화주의·다문화공생의 이념은 기본적으로 인간 존엄성의 존중에서 출발한다. 개개 인간의 존엄성이야말로 최고의 보편적 가치이고 그 가치를 누구나 동등하게 나누고 있으며 따라서 서로 존중하면서 더불어 살아가자는 것이다. 국가주의적 사고의 틀에서는 인권향상을 「법적 지위」의 차원에서 보기 때문에 개인의 권리는 국가에 의한 제한이나 통제 안에 머물 수밖에 없다. 아이누나 재일한국인 혹은 재일외국인과 같은 일본 속의 마이너리티뿐만 아니라 개개의 일본인도 「일본국의 법적지위」 안에서 일본국의 제한이나 통제를 받고 있다. 다문화공생은 「인간적 지위」를 누리는 사람들의 삶의 방식이다.

---

93) MRI(三菱総合研究所) 『MRIエコノミックレビュー』 2021.10.7 참조

《부록》 시간계열로 보는 다문화공생을 위한 세계의 노력과 일본 속 마이너리티의 지위와 권리

시대	세계의 노력	일본 속 마이너리티의 지위와 권리	비고
고대	로마의 다문화정책(동짓날, 빛의 축제날 12월 25일에 크리스마스 설정)		토착신앙, 미트라스교, 크리스트교의 공존
~12 c		아이누의「홋카이도」정착	신·자연·인간의 공생공간
14 c~		아이누와 일본인의 교역	자유·평등한 교류
1457~		코샤마인 분쟁(영토침입 등에 대한 아이누의 저항)	아이누와 일본의불균형 심화
1604~		마츠마에한 설치·상인자본의 침투·아이누와의 교역제도의 변화·아이누의 토지권/자원권/이동권/교역권/노동권의 제약, 박탈	아이누모실(대지)에 일본의 공권력 침입
1669		샤쿠샤인의 싸움(토지/자원의 박탈과 불균형 교역에 대한 아이누의 저항)	아이누의 일본 종속 가속화
1789		쿠나시리·메나시 사건(아이누학대)	아이누의 자존·존엄 완전 상실
18 c~	제국주의국민국가의 배타적 독점적지배체제(원주민의 토지권/통치권/언어권/문화권 등 박탈과 선별적 이민 수용)		미대륙의 인디언·이뉴이트·호주의 애보리진·북구의 사미 원주민족 등 백호주의
1869		일본영토「홋카이도」성립 홋카이도개척사업	
1899		『홋카이도구토인보호법』(아이누의 토지/자원/문화 등 모든 권리 박탈의 법적 근거)	홋카이도에 대한 독점적 지배체제 아이누 동화정책
1900 중엽~	미국으로의 노동이민		melting-pot(동화) 정책
1910~		한반도의 식민지화(토지조사사업/창씨개명/한국어금지) 재일한국인사회 형성	통치권/경작권/명명권/언어권 등 박탈
1945	2차 세계대전 종식	한반도 해방	

연도			
1945 (12.15)		『중의원의원선거법』개정(부칙)	조선인의 참정권 (투표권) 정지
1947 (5.2)		『외국인등록령』(칙령·제11조)	조선인·타이완인을 외 국인 취급, 등록 강요
1948	UN『세계인권선언』 채택		
1949 (4.28)		참의원법제국장에보낸최고재판소사무 총장의 답신	재일한국인의 일본 국적 유지
1951		『샌프란시스코 강화조약』	
1952 (4.28)		「평화조약의 발효에 따르는 조선인 타 이완인등에 관한 국적 및 호적 사무의 취급에 대하여」(법무성민사국 장의 통달)	조선인·타이완인 일본 국적으로부터 이탈
1960	UN『식민지독립부 여선언』채택		
1960 후반~	캐나다, 호주 등 마이너리티의 권리 용인과 이민정책의 수정		다문화정책 가시화 인종선별적 이민정책 폐지
1960~	서독으로의 노동 이민		독일의 다문화정책 (개발교육)
1965 (6.22)		『일본국에 체재하는 대한민국국민의 법적지위및처우에 관한 대한민국과 일본국간의 협정』 (체결전후 재일한국인의 인권운동)	재일한국인 「협정 영주권」 취득
1964	미국의『시민권법』 성립(시민운동결과)		인종분리정책의 위헌 판결
1966	UN주도의『인종차 별 철폐조약』		
1980~	미국의 다문화정책 본격화		multi-cultural education 추진
1990	『세계원주민의해』		
1990~		재일한국인의 참정권운동 본격화	1998년 한일정부간 협의·검토 태세정비
1991 (11.1)		『일본국과의 평화조약에 의해 일본의 국적을 이탈한자등의 출입국관리에 관한 특례법』	재일한국인 「특별 영주권」 취득
1997		『아이누문화의 진흥과 아이누의전통 등에 관한 지식의 보급 및 계발에 관한 법률』 제정	마이너리티의권리· 존 엄 회복과 무관

2000~	한국으로의 노동 이민		한국의 다문화정책 (다문화교육)
2007	『원주민권리선언』		
2008		일본국회, 아이누를 원주민족으로 인정 결의	
2019		일본정부, 아이누를 원주민족으로 인정	
2019		『아이누의 긍지가 존중되는 사회실현 을 위한 시책 추진에 관한 법률』 제정	마이너리티(아이누)의 권리·존엄회복 조항 없음
2020		Upopoy(민족공생상징공간) 오픈	마이너리티의 권리 ·존엄성 회복과 공생의 실험공간인가, 관광 스포트인가?
현재		아이누에게는 「원주민족」, 재일한국 인 에게는 「특별영주권」이라는 「법적 지위」는 주어져있지만 「인간적지위」 (공생권)는 인정 받지 못하고 있다.	

제4장

다문화 공생사회와 재일코리안의 에스닉 아이덴티티

─외부로부터 그리고 내부로부터의 차별에 직면하여─

마키노 에이지(牧野英二)

호세이대학 대학원에서 문학박사 학위를 받았으며 호세이대학 철학과 교수를 역임하였다. 현재 호세이대학 명예교수로 재직 중이다. 일본칸트협회 회장, 일본딜 타이협회 회장 등을 역임했고 호세이대학 서스테이너빌리티연구교육기구 연구원 으로도 활동하였다. 안중근의 동양평화론에 지대한 관심을 가지고 있으며 동일본 대지진 및 후쿠시마 원전 사고의 수습에 대한 인문사회학적 해결 방안을 제안하고 있다. 『칸트의 순수이성비판 연구』, 『칸트읽기─포스트모더니즘 이후의 비판철학─』, 『칸트의 생애와 학설』을 비롯한 다수의 저역서가 있다.

번역 : 이행화 (동의대학교 동아시아연구소 연구교수)

1 들어가며

이 글의 목적은 「다문화 공생사회」[1]를 표방하는 일본 사회에서 생활하는 「재일코리안」의 「에스닉 아이덴티티(ethnic identity)」[2]를 둘러싼 현황과 과제를 규명하는 것에 있다.

메이지 이후 일본 사회는 「재일코리안」을 이질적인 타자로 배제·차별·억압하고 국가가 이들을 지배하고 동화시킨 역사이기도 했다. 이러한 점에 있어서는 나치독일의 유대인 대응과 비슷하다. 그러나 일본과 독일의 결정적인 차이는 제2차 세계대전 이후 독일이 유대인에 대한 철저한 반성과 개인보상을 추진하면서 이들에 대한 차별적 언동을 윤

---

1) 일본에서의 「다문화 공생사회」의 정의는 1980년대의 호황을 타고 외국인 노동자의 수용과 그 후의 지역사회에서의 의료, 보건, 복지, 교육, 재해대책이나 자립지원 등에 대한 총무성의 지시에 따르고 있으며, 본고의 주제인 「재일코리안 사회」의 복잡한 문제는 실제로는 경시되고 있다. 따라서 본고에서는 「재일코리안 사회」에 특화된 「다문화 공생사회」의 방향성으로 논점을 한정한다. 사실 총무성의 지침에 의한 「다문화 공생사회」 실현을 위한 방향성 자체가 「재일코리안 사회」나 그들의 문화적·민족적 다양성을 덮고 일본정부와 일본사회의 재일코리안에 대한 차별과 배제 논리의 근거가 되고 있음을 지적하고자 한다. 이것에 대해서는 본문·결론도 참조. 總務省『地域の国際化』HP及び『日本の地方自治における多文化共生の現在と今後多文化共生と外国人受け入れについてのアンケート調査2017』報告書(公益財団法人 日本国際交流センター編、2018年2月)을 참조할 것.

2) 본고에서는 「재일코리안」이라는 표현을 통해 「재일 한국인 및 조선인」을 가리킨다. 한일기본조약(1965년 6월) 체결 이후 한국 국적으로 전환한 사람들이 생겨나 「재일한국·조선인」의 국적상 구별이 생겼지만, 국적이 아닌 민족으로서의 정체성 때문에 「재일조선인」이라고 부르는 경우가 있다. 이를테면 조선적은 외국인의 등록기호이며 북한의 공민을 의미하는 것은 아니다. 본고에서는 원칙적으로 민족적 개념으로서 「재일코리안」을 사용한다. 또한 필자는 「에스닉 아이덴티티(ethnic identity)」를 「민족적 동일성」 내지 민족의 근거·존재 근거로 이해한다. 단, 이 개념은 「동일성(identity)」이 자기 동일성, 귀속 의식, 자기의 존재 증명, 살아있는 증거, 고유성, 주체성, 일체성 등의 다양한 의미를 갖는다. 따라서 본고에서는 「에스닉 정체성(ethnic identity)」을 「민족적 동일성」이라고 번역했으나 필자는 위의 다양한 의미를 함축한다는 것을 염두에 두고 기술하기로 한다.

리적·법적으로 엄격하게 금지한 데 비해, 일본에서는 지금도 정부·지자체·주민이 재일코리안에 대해서 차별·배제·억압하는 언동이 계속되고 있다는 데 있다. 이러한 상황은 「다문화 공생사회」의 시대로 불리는 오늘날에도 「재일코리안의 에스닉 아이덴티티」를 위협하고 그들의 생활과 아이덴티티를 유지하기 위해 「당사자의 의사에 반하는 존재근거」를 강요받는 경우도 적지 않다. 글로벌하게 전개되는 「다문화 공생사회」가 일본에서는 여전히 「재일코리안에 대한 강제사회」로 나타나고 있다. 게다가 그들 중에는 일본 사회에서 일본인과 공생하기 위해 스스로 재일코리안을 차별·억압하는 자와 피억압자 상호 간의 차별과 억압구조를 만들어내고 있다.

그러므로 본 연구에서는 이들 과제에 대해 「스토리텔링(Story-telling)」 방법을 통해서 다음과 같은 내용을 중심으로 살펴본다. 첫째, 일본사회·일본인으로부터 바꾸어 말하면 「재일코리안의 외부로부터」 억압받아 온 「재일코리안 사회」의 현황과 직면한 과제를 밝혀낸다. 둘째, 같은 민족 간의 「재일코리안 내부로부터」의 차별과 억압구조를 밝혀낸다. 셋째, 이러한 「외부로부터의 차별」에 직면하여 재일코리안의 「에스닉 아이덴티티」의 다양화와 변모의 실태를 고찰한다. 넷째, 일본에서의 「다문화 공생사회」의 실현을 위해 필요한 이론적 전제와 실천적 과제의 복잡한 상황을 밝혀낸다. 마지막으로, 필자는 본고 고찰의 성과와 본 총서의 공통 주제와의 관련을 통해 「다문화 공생사회」 시대에 있어서 일본사회와 일본인이 떠맡아야 할 과제에 대해서 고찰한다.

2 신형 코로나 바이러스의 감염 확대와 새로운 「외부로부터의 차별」

2.1 「다문화 공생사회」에 배치되는 사태와 그 주요 원인

우선, 올해 일본 사회의 「재일코리안」에 대한 새로운 차별을 보고하고 「외부로부터의 차별」의 실체를 밝혀낸다. 신형 코로나 바이러스 감염증(COVID-19) 확대 속에서 2020년 3월 6일 필자가 거주하는 사이타마현에서는 사이타마시가 부족한 마스크를 배부하는 어린이집, 유치원, 방과후 아동 클럽 등 데이서비스 사무소 등 영유아나 어린아이들이 모이는 장소나 고령자 시설, 돌봄시설 직원들을 대상으로 배포하기로 결정했다. 그런데, 이 배포 대상에서, 사이타마시 오미야구에 있는 사이타마 조선초등중급학교 유치원 직원들은 제외되었다. 이 유치원이 배포 대상 외로 분류된 이유는 「(이 학교 유치원이) 사이타마시의 지도감독 시설에 해당하지 않기 때문에 마스크가 부적절하게 사용된 경우 지도할 수 없다」[3]고 말했다.

이 결정에 대해 재일본조선인인권협회는 사이타마 시장 앞으로 항의문을 제출했다. 이와 관련해서 사이타마시는 2014년 3월에 공표한 「국제화 추진 기본계획」 제3장 「시책의 내용(3) 다문화 공생 사회 조성을 통한 국제화 추진」에서는 「외국인 시민도 살기 좋은 도시 조성을 목표로 서로의 문화나 관습의 차이를 인정하고 대등한 관계를 구축하고자 하며 지역사회의 일원으로서 함께 생활하고 환경을 공유하는 다문화 공생 사회 조성을 추진합니다」[4]라고 선언하고 있다. 그럼에도 불구하

---

3) 『朝日新聞DIGITAL』 2020년 3월 11일자.

고 사이타마시의 대응은 「사이타마시에 거주 또는 체재하는 외국인 시민에 대해서는 (중략) 인권보호나 생활지원 외 일본의 문화나 일본어 학습 등의 확충이 요구되고 있습니다」5)라는 문구 및 정신에 배치되는 차별적인 것이었다.

이에 조선학교 관계자뿐만 아니라, 이 사실을 알게 된 시민들로부터 사이타마시에 대한 항의와 비판이 이어졌고, 결국 사이타마시는 사죄를 거쳐 방침을 전환, 사이타마 조선초등중급학교 유치원 직원들에게도 마스크를 배부하게 되었다. 유치원부 박양자 원장은 「배부가 결정된 것은 진일보한 일이지만, 그 배경에 어떤 경위와 생각이 있었는지를 시에 설명해달라」6)고 말했다.

한편, 조선학교에 대한 사이타마시의 차별적 대응에는 시민들 사이에서도 시를 지지하는 시민 일부의 발언이 있었다. 이는 어린이의 건강이나 생명과 관련된 중대한 인권문제를 지자체나 일부의 일본인이 재일코리안의 기본적 인권이나 생존권을 경시 내지 무시하고 있음을 보여주는 것이었다. 필자는 이 마스크 배포 문제뿐만 아니라, 전국의 조선학교에 대한 고교 무상화 제외와 유치원·보육원의 무상화 대상 외, 보조금 비지급 등 공적 기관에 의한 차별적인 사례가 있다고 생각한다.

신종 코로나 바이러스의 팬데믹 여파로 일본 내에서는 재일코리안에 대한 편견과 차별, 그리고 심신의 위해를 가하려는 협박 등이 심해지고 있다. 도쿄신문(2020년 11월 23일자 조간)은 「가와사키역 앞에서는 22일 일장기를 들고 납치피해자 송환 등을 호소하는 집단과 인종차별주의자

---

4) 「国際化推進基本計画」 埼玉県さいたま市HP, p.22
5) 「国際化推進基本計画」 第1章 「国際化推進の基本方針」, p.9
6) 『埼玉新聞』 2020년 3월 14일자

집단이 바리케이트를 사이에 두고 대립하는 이상한 분위기에 휩싸여 있다」고 전했다.

또한, 2020년 1월 초순 가와사키시의 다문화 교류시설인 「가와사키시 후레아이관」에 재일코리안 말살을 선동하는 내용의 연하장이 도착했다. 그리고 같은 달 27일에는 가와사키시 직원 앞으로 「가와사키시 후레아이관」 폭파 예고와 재일코리안에게 위해를 가할 것임을 예고하는 엽서가 도착했다. 「가와사키시 후레아이관」은 지금까지도 한일·일조 관계가 뒤틀릴 때마다 「조선으로 돌아가라」는 차별적인 협박 전화가 걸려오는 등 헤이트 스피치의 표적으로 여겨져 왔다. 이에 가나가와현 변호사회는 회장 명의로 「계속되는 엽서에 의한 협박은 재일코리안 시민에 대해 학살을 선언하여, 공포를 조장하고, 지역을 분단시키면서 차별과 폭력을 선동하는 지극히 비열한 행위입니다. (중략) 이는 헤이트 스피치·헤이트 클레임이며 절대 용서해서는 안 됩니다」라는 성명을 발표했다.

나아가 도쿄신문은 가와사키시가 징벌 조례를 제정해도 재일코리안에 대한 차별적 언동에 대한 대책의 운용이 이를 따라가지 못하는 현실에 문제가 있다고 전제하고 과거 식민지 지배나 재일코리안 역사에 대한 정확한 이해의 필요성을 지적하고 있다. 실제로 일부 지자체와 시민들은 겉으로는 다문화 공생사회를 표방하지만 실제로는 이러한 사회를 원하지 않는다. 이는 이들이 재일조선인의 에스닉 아이덴티티를 인정하지 않으려 한다는 것을 의미한다.

2.2 「다문화 공생사회」 실현을 위해 노력하는 지자체와 그 중요성

전국적으로 보면 지자체 중에는 사이타마시와 대조적인 입장을 취하는 경우도 나타났다. 예를 들어 2019년 12월 12일 가나가와현 가와사키 시의회는 일본 최초의 재일코리안에 대한 형사처벌 관련 헤이트 스피치 규제 조례, 「차별 없는 인권존중 마을조성 조례」를 정해 2020년 7월 1일 전면 시행했다.[7] 이 조례는 한일관계 악화의 영향 등으로 격화하는 헤이트 스피치에 대한 재일코리안의 인권을 보호하고 인간의 존엄에 어긋나는 증오적 언동을 엄격히 금지한다는 점에서 「다문화 공생사회」 에 부합하는 획기적인 조례이자 다른 지자체의 모범적인 선례가 될 것 이다. 하지만 그래도 가와사키시의 재일코리안에 대한 차별과 편견, 헤 이트 클레임은 사라지지 않고 있다.

그런 만큼 가와사키시의 대응은 본고의 주제와의 관계에서 볼 때, 다음과 같은 점에서 중요하다고 생각한다. 첫째로 이 조례는 일본사회 에 있어서의 「다문화 공생사회」의 실현에 불가결한 제도이다. 둘째, 이 조례 제정에 힘쓴 사람들의 운동은 재일코리언 사회가 가와사키 시민

---

7) 『朝日新聞DIGITAL』 2019년 12월 12일자. 이와 관련하여 가와사키시의 헤이트 스 피치 규제 조례 제정을 위한 움직임에 대한 지지표명은, 가나가와현 변호사회 회장 명으로 2019년 6월 13 일자의 HP에 공표되어 있다. 또한, 「2020년 1월 초순, 가와 사키시의 다문화 교류시설 가와사키시 후레아이관에 재일한국인·조선인의 말살 을 선동하는 내용의 연하장이 도착했습니다. 27일에는 가와사키시 직원 앞으로 가와사키시 후레아이관 폭파 예고와 재일코리안에게 위해를 가할 것을 예고하는 엽서가 도착했습니다. 이곳은 과거에도 한일간 관계 악화 등이 있을 때마다 「조선 으로 돌아가라」는 차별적 협박 전화가 걸려오는 등 헤이트 스피치의 표적이 되어 왔으나, 이번에 엽서를 통한 거듭된 협박은 재일코리안 시민에 대한 학살을 선언하 고 공포를 자아내거나 지역의 분단과 차별과 폭력을 선동하는 지극히 비열한 행위 입니다. (중략) 이는 헤이트 스피치, 헤이트 크라임으로 절대 용서해서는 안 됩니 다」神奈川県弁護士会HP, 2020년 1월 31일자 참조.
『東京新聞』(2020년 11월 23일자 조간)은 가와사키역 앞에서는 22일 일장기를 들고 납치피해자 탈환 등을 호소하는 집단과 레이시스트(인종차별주의자)라고 호소하 는 집단이 바리케이트를 사이에 두고 서로 으름장을 놓는 등 이상한 분위기에 휩싸였다고 전했다. 가와사키시가 벌칙 부과 조례를 제정해도 재일코리안에 대한 차별적 언동에 대해서 대책 마련이 뒤따르지 못하는 상황을 전하면서 과거 식민지 지배나 재일코리안 역사에 대한 정확한 이해의 필요성을 지적하고 있다.

사회와 유화적인 관계에 있음을 시사하고 있다. 셋째로 가와사키시와 같은 특정 지방자치단체의 새로운 동향이 아래로부터의 시민운동으로서 헤이트 스피치라는 직접적 폭력과 그것을 용인하는 구조적 폭력에 대해 지역에서 「다문화 공생사회」를 실현할 수 있게 하고 이를 통해 시에서 현, 그리고 국가적 차원에서 법을 정비할 가능성을 확대시킨 점에 있다. 넷째, 이 조례의 제정·시행으로 「재일코리안의 에스닉 아이덴티티」 유지에도 적극적인 영향을 미칠 것이다.

그러나 많은 지자체와 일본 정부는 표현의 자유와의 관계상 어렵다는 이유로 벌칙을 부과한 헤이트 스피치 규제 조례나 규제법을 제정할 의사가 없다. 여당과 일부 야당 의원 중에도 재일코리안에 대한 차별과 편견 의식과 아시아에서 일본인의 우수성이라는 「신화」를 믿고 있는 사람들이 적지 않다. 그에 동조하는 국민도 일부 존재하기 때문이다. 최근의 혐한 동향과 이를 부추기는 국민에게는 일본인들의 아시아인에 대한 뿌리 깊은 차별의식과 구미인들에 대한 왜곡되고 비굴한 열등감이 여전히 잠재해 있는 것이다. 이들은 「다문화 공생사회」의 실현과 「재일코리안의 에스닉 아이덴티티」 유지를 가로막는 큰 요인이 되고 있다.

3 재일코리안 내부에서의 차별 구조

3.1 남북 분단과 대립, 「에스닉 아이덴티티」의 벽 극복

다음으로 필자는 시계 바늘을 거꾸로 돌려봄으로써 재일코리안 사회에 뿌리내린 복잡성을 규명하고자 한다. 일본의 전후사는 재일코리안에게는 국내 사정뿐 아니라 일본과 한반도의 정치적 관계에 의해 농락당한 역사이기도 했다. 1950년 6월 25일 발발한 한국전쟁은 패전 후 일본의 경제발전에 크게 기여했지만, 재일코리안들에게는 한반도의 정치적 상황에 영향을 받아 재일코리안들 사이에도 남북의 분단과 대립, 그리고 살육을 낳았다. 여기서도 재일코리안 사회와 재일코리안의 에스닉 아이덴티티 유지를 어렵게 만들었다.

　본고에서는 종래의 학문연구의 대상이 되기 어려운 한 개인사에 주목하고자 한다. 그 중 한 사람이 오야마 마스다쓰(大山倍達)이고, 다른 한 사람은 야나가와 지로(柳川次郎)이다. 오야마 마스다쓰(귀화 전 본명은 최영의)는 풀 컨택 가라테 극진회관의 창설자이기 때문에 한국인들 사이에서도 비교적 알려진 인물이다. 한국전쟁 전후 일본 내에서 한국인과 조선인의 충돌과 야쿠자의 출입 과정에서 오야마는 동포 야나가와 지로와의 만남이 있었다. 오야마는 한국전쟁 전후에 민단측의 재일코리안으로서 북측을 지지하는 재일코리안들과 격렬한 무력투쟁을 벌이고 있었다. 그가 치바현 내에 풀 컨택의 극진 가라테 도장을 개설하기 전에 가라테를 배운 배경에는 이러한 사정이 있었기 때문이다. 재일코리안끼리의 이른바 남북전쟁 무기로 가라테를 쓰기 위해서였다고도 한다. 오야마는 야나가와와의 첫 만남 때는 결투 직전의 상태에 있었지만, 그 후 두 사람은 의기투합하여 오야마가 극진회관을 세우자, 야나가와는 상담역에 취임하여 두 사람의 신뢰관계는 오야마가 죽을 때까지 계속되었다.[8]

---

8) 小島一志·塚本佳子(2006)『大山倍達小伝』新潮社, p.177f, 오야마 마스다쓰의 유족은 재일교포 마쓰이 쇼케이가 극진회관의 후계자가 되고 회관 건물도 상속받겠

그 후, 오야마 마스다쓰는 일본 국내나 미국 등 해외에서의 보급 활동에 의해, 또 세계대회 개최 등에 의해 가라테 세계에서의 「다문화 공생사회」를 실현했다고 볼 수 있다. 그리고 그는 「에스닉 아이덴티티」의 벽에 부딪혔고, 이를 극복하고 후계자로 일본인이 아닌 재일코리안 젊은이 마쓰이 쇼케이(松井章奎)를 선택했다.[9] 마쓰이는 주위의 어드바이스에도 불구하고 스승인 오야마와는 달리 일본에 귀화하지 않고 오늘날까지 한국 국적 그대로 오야마의 정신을 계승해 극진 가라테 보급 활동을 계속하고 있다. 그는 「국제공수도연맹 극진회관 관장」으로 일본 사회에서 활약하면서 「재일코리안의 에스닉 아이덴티티」를 유지하고 있는 인물 중 한 명이다.

3.2 차별 없는 야쿠자 사회의 실태

다음으로 야나가와 지로가 믿은 「재일코리안에 대한 차별 없는 야쿠자 사회」를 둘러싼 복잡한 실상을 살펴본다. 야쿠자 사회에서 야나가와 파의 흥망성쇠의 경위는 재일코리안의 일본 사회에 대한 반역과 재일코리안과의 연대와 투쟁에 대한 이야기였다. 당시 재일코리안 중에는 일반 일본 사회와 달리 협객 세계에는 재일코리안에 대한 차별이 없다고 믿은 이들이 있었다. 1980년 11월 TBS의 「JNN 보도 특집」 인터뷰에

다는 유언에 승복할 수 없다며 재판을 벌여 결국 유족 측 승소로 결말이 났다. 오야마 마스다쓰의 유언에 반하여 극진회관 총본부 건물과 오야마의 초상권은 유족이 상속받아 현재 셋째 딸이 총재직에 있지만, 그녀는 자신이 재일코리안의 피를 이어받고 있음을 인정하려 하지 않고 있다. 그런 의미에서 셋째 딸은 자신의 에스닉 아이덴티티를 부정하는 입장을 취하고 있다.

9) 小島一志(2012)『大山倍達の遺言』新潮社. 유언장의 자세한 내용은 pp.21~24. 마쓰이 쇼케이의 2대 관장 탄생의 경위와 대분열에 관해서는 pp.25~96 참조.

서, 야쿠자 세계에서 일세를 풍미한 야나가와파 초대 두목의 다음 발언이 수록되었다.

「야쿠자 사회는 차별이 없잖아. 그래서 말이야. 종전 직후 그 시대에도 야쿠자끼리의 만남이 있었지. 그런 점이 있었기 때문에 뛰어든 거죠.」[10] 이 발언은 일본 최대의 야쿠자 집단 야마구치파 산하의 야나가와계열 두목 야나가와 지로(본명 양원석)가 야쿠자의 세계에 뛰어든 동기를 말한 것이다. 실제로 해방 직후의 혼란기에는 국내 치안 유지를 위해 경찰도 야쿠자와 재일조선인·중국인을 비롯해 과거 식민지 지배를 했던 재일외국인의 도움을 필요로 했다. 이 무렵은 일본 현대사에서 재일코리안의 존재감을 공공연히 드러낼 수 있었던 몇 안 되는 시기로, 이들은 제국주의 지배로부터의 해방감을 맛보고 「재일코리안의 에스닉 아이덴티티」를 자각할 수 있었던 귀중한 시기였다.

하지만 야쿠자 조직에서는 재일코리안에 대한 차별이 정말 없었던 것일까. 또 재일코리안의 주요 구성원으로 조직된 재일코리안의 이면 사회를 대표하는 야나가와파가 차별 없는 신뢰와 우정으로 맺어진 재일코리안 사회였을까.

현실은 그렇지 못했다. 이는 「메이유카이 사건」으로 불린 야나가와파를 비롯한 재일코리안 간의 처참한 항쟁 사건이 증명해주고 있다. 1960년 5월부터 6월 일본에서는 미일 안보조약 개정 반대 투쟁으로 도쿄 시내 국회 주변은 전후 최대 규모의 반대 투쟁으로 몸살을 앓다가 6월 15일 시위 여학생이 숨지기도 했다. 두 달 뒤 오사카시 최대의 재일코리안 사회가 있는 이쿠노구 이카이노 지구에서는 전후 최대의 폭력단 항쟁 사건이 발생했다. 1000명 이상의 구성원이 있는 메이유카이는

---

10) 竹中明洋(2019.7)『殺しの柳川 日韓戦後秘史』小学館, p.55

이카이노가 만들어냈다고 할 수 있는 조선인 우련대 조직이었다. 이 항쟁사건에 대하여 요미우리신문 1960년 8월 22일자 기사에 의하면, 「지금 오사카는 완전히, 「폭력도시」의 양상마저 보이고 있다. 서일본 일대에 세력을 가진 고베의 야마구치파 계열이 오사카의 이름을 내건 폭력단 메이유카이 계열에 대해 맹렬하게 싸움을 벌이고 있기 때문이다. 야마구치파 회원들은 지난 12일 아침에는 후세의 아파트를 습격해 같은 메이유카이 계열의 미쓰다카이 회원 2명을 살해하고 「메이유카이 죽이기」을 강행하려 하고 있다.」[11]

이 항쟁으로 메이유카이는 일거에 궤멸되었다. 「이러한 메이유카이 죽이기에는 야마구치파 산하의 각 계열이 대량으로 투입되었는데, 그 중에서도 첨병으로서 최전선에서 싸우라는 명령을 받은 것이 바로 야나가와파였다. 이처럼 함께 재일코리안을 중심으로 하는 메이유카이와 야나가와 계열의 싸움은 재일코리안 끼리의 싸움이라 할 수 있는」[12] 처참한 싸움이었다.

한때 야마구치파 못지않은 세력을 자랑했던 야나가와파는 두목 이하 간부를 비롯한 재일코리안들을 중심으로 한 조직이어서 경찰로부터 혹독한 탄압의 대상으로 몰리자 해체됐다. 그 결정적 이유에 대해, 야나가와는 재일코리안 소녀의 신문 투고를 언급했다. 그 투고는 다음과 같은 내용이다. 「당신이 하고 있는 일은 좋지 않은 일이라고 생각합니다. 당신 때문에 일본에 있는 한국인 중에는 부끄러움을 느끼는 사람이 많이 있습니다. 부디 하루 빨리 야나가와파를 해산해 저희의 부끄러운 마음을 씻어 주십시오.」[13] 이 투고를 읽은 야나가와는 「어쨌든 야나가와라

---

11) 黃民基(2016)『完全版 猪飼野少年愚連隊 奴らが哭くまえに』講談社, p.8
12) 竹中明洋. 前掲書, p.33

고 말하면, 나라의 수치야. 우리 한국인들이 야나가와파에 의해 얼마나 많은 고통을 받고 있는지 모르겠다는 글 때문에 (중략) 저는 엄청난 충격을 받았습니다.」[14]라고 말했다.

하지만 야나가와파 해산의 진상은 야마구치파와 경찰의 연계에 의한 철저한 「야나가와파 죽이기」의 결과였다. 효고현 경찰청이 작성한 취급주의 자료 「폭력단 야마구치파 괴멸사』에 따르면, 「야마구치파 계열 각 단체 중에서도 가장 흉악한 방법을 동원하여, 한사람이 반드시 한사람을 맡아서 죽이는 것으로 유명한 것이 야나가와파이다. 조선인 단체의 독특한 무치부절조하고 강대한 조직의 교만함 때문에 근래 야마구치파 본가도 무시하는 경향을 보이고 있다. (중략) 세력의 확대와 독특한 민족의식을 갖고 있는 야나가와파가 점차 야마구치파와 선을 긋게 되는 일이 일어나는 것도 가능할 것이다.」[15] 본래대로라면 야마구치파를 단속해야 할 효고현 경찰 또한 야마구치파와 마찬가지로 재일코리안에 대한 차별과 편견으로 가득 차 있었던 것이다.

경찰과 야마구치파 모두 이용가치가 있을 때는 야나가와파를 이용하고, 눈에 거슬리면 「독특한 민족의식을 가진다」는 이유로 야나가와파를 궤멸시킨 것이 사실이었다. 야나가와 지로가 생각한 야쿠자의 세계에는 재일코리안에 대한 차별이 없다는 이해는 전혀 사실무근이며, 이들은 이용 가치가 없어지면 재일코리안이라는 이유로 야쿠자 사회에서도 일본 사회에서도 공격받아 말살된 것이다. 이와 관련해서 오사카 주변에서는 야나가와에 의한 메이유카이 궤멸에 대해서는 재일코리안들

---

13) 竹中明洋, 前揭書, p.49
14) 竹中明洋, 前揭書, p.49
15) 黃民基, 前揭書, p.288

이 혹독한 비판이 있었기 때문에 야나가와 자신도 마지막까지 동포 탄압에 관여하여 내심 괴로운 생각을 갖고 있었던 것 같다.

3.3 일본인 사회와 재일코리안 사회로부터의 고립

마지막으로 일본 사회로부터 즉 「밖으로부터」도, 재일코리안으로부터 즉 「안으로부터」도 고립된 재일코리안의 체험을 이야기하고자 한다. 2014년 필자는 헤이트 스피치 문제를 다룬 한 학술대회에서 발표자로 참가했을 때, 전날의 다른 발표자 중 한 명인 재일코리안 출신 인사로부터 심각한 얘기를 들었다.[16] 그 사람에 따르면, 반 헤이트 스피치 운동과 관련해서 재일코리안 찬동자를 모집하기 위해 전화로 협력을 요청했더니 일본 이름을 자칭하는 많은 작가·연예인·학자들로부터 반대 의견을 받았으며, 그중에는 울면서 실명을 밝히지 않도록 간청한 사람들도 있었다.

필자는 이 이야기를 듣고 일본인 사회의 재일코리안 차별의 가혹한 현주소를 새삼 깨닫게 되어 깜짝 놀랐다. 이 사람은 일본 내에서 급진적인 비판적 언동에 의해 점차 고립되어 과거 재일코리안 사회의 찬동자·후원자를 잃어갔다. 일본 사회와의 비판적 거리가 동시에 동포인 재일코리안 사회와도 소원한 거리를 만들어낸 것이다. 그는 그런 의미에서 일본인 사회에서도 재일코리안 사회에서도 모두 고립된 존재다. 어쨌든 필자의 생각으로는 이러한 사태를 낳은 배경에는 일본에 다문화 공생사회가 쉽게 실현될 수 없는 뿌리 깊은 문제점이 있음을 시사하고

---

16) 牧野英二「異文化間哲学における他者理解の課題」(多文化関係学会第13回大会·シンポジウム2014年11月、福島大学)

있다.

반면 재일코리안의 차별과 편견에서 벗어나기 위해 출신을 숨기고 재특회 등을 통한 헤이트 스피치나 헤이트 클레임에 가담해 스스로 가해자의 편에 서는 재일코리안도 있다. 그러나 이들은 메이저리티의 차별적인 편에 선다 해도 일반 일본인 사회의 환영을 받는 것이 아니라 폐쇄적인 배타적 집단에 일시적으로 귀속될 뿐이어서 피차별자인 재일코리안 사회로부터 자신을 고립시키는 결과를 낳고 있다. 그런 의미에서 이들은 자신이 의지할 정체성을 상실한 가장 비참한 사람들이며 이들도 재일코리안 차별의 피해자들이다. 이러한 비극을 낳게 된 근본 원인은 일본 사회의 구조적 차별이자 그것을 재생산시키고 있는 일본의 정책이며, 일본 정부와 일본 국민의 차별과 편견 때문이다.

4 재일코리안의 에스닉 아이덴티티 다양화와 변모

4.1 재일코리안 학생 대상의 조사결과: 5가지 유형

상술한 일화가 말해 주듯이 재일코리안은 자신이 놓인 역사적·사회적 상황의 차이에 따라 일본 사회 내에서 「재일코리안 사회」의 다양한 삶의 방식이나 국적의 선택, 사회적 신분의 선택지가 강요되어 왔다. 그에 따라 「재일코리안의 에스닉 아이덴티티」도 다양화되고 한국어를 못하는 재일코리안의 비율도 증가하면서 일본 사회와의 관계도 다양해져 2세·3세대는 부모세대와는 다른 「에스닉 아이덴티티」를 선택하게 되었다. 요컨대 일본인에 대한 대항 원리로 존재해 온 「재일코리안의 에스닉 아이덴티티」 또한 확실히 변모한 것이다.

우선, 이 점에 관한 최근의 조사 연구를 참고하고자 한다. 재일코리안 학생을 조사한 연구보고에 따르면 「재일코리안의 에스닉 마이너리티」에 대한 젊은이 유형은 다음의 5가지 유형으로 구분할 수 있다.

① 「공생지향」 유형: 일본 사회에서의 민족적 뿌리를 달리하는 사람이 함께 살아갈 수 있는 사회를 구축해 나가려는 유형.

② 「조국사고」 유형: 한반도 발전에 기여하기 위해 재외공민으로 살고자 하는 유형.

③ 「개인지향」 유형: 위의 「조국사고」와는 달리 재일코리안으로서 「에스닉 아이덴티티」를 버리지 않고 일본 사회 내에서 개인적 노력에 의한 자기실현의 형태로 사회적 상승을 도모하려는 유형.

④ 「동포지향」 유형: 「공생지향」과 「조국지향」의 중간 지점에 위치한 유형.

⑤ 「귀화지향」 유형: 자신이 일본에 귀화함으로써 「재일코리안의 에스닉 아이덴티티」를 버리고 일본인이 됨으로써 새로운 「에스닉 아이덴티티」을 확보하고자 하는 유형이다. 다시 말하면, ⑤의 경우는 자신의 정체성을 재일코리안에서 일본인으로 전환함으로써 「재일코리안 사회의 일원」에서 「일본인 사회의 일원」으로 변경하는 것을 의미한다.

4.2 필자의 견해: 개인사와의 관련을 통해서

다음으로 앞에서 살펴본 사람들을 참고로 하여 필자의 독자적인 견해를 기술하기로 한다. 이 연구 성과는 필자의 고찰에 중요한 시사점을 준다. 단, 필자는 다음의 몇 가지 이유로 인해 수정과 보충이 필요하다고 생각한다.

첫째, 위의 5가지 유형은 사회인으로서 일본 사회에서 생활하기 이전의 학생이라는 수학 단계에서의 견해이므로 한정적이며, 「다문화 공생 사회」에 있어서의 현상을 정확하게 파악하기에는 불충분하다. 그들은 취직·결혼·육아 등에 직면하여 일본 사회에서의 차별·편견·억압에 노출되어 있다. 그로 인해 그들은 학창시절보다 훨씬 복잡한 감정과 견해를 갖고 자신이나 가족의 「에스닉 아이덴티티」의 흔들림이나 변화에 직면하기 때문이다.

둘째, ① 「공생지향」 이하의 5가지 유형은 이전의 연구에서는 각기 다른 유형으로 구분되고 있다. 하지만 필자의 견해에 따르면, ①에서 ⑤의 유형을 재일코리안 구성원에게 그대로 적용하는 것은 곤란하며 오히려 복합적으로 이해하는 것이 실태에 맞다. 예를 들어 ① 「공생지향」 유형을 말하자면, 그들은 「다문화 공생사회」를 재일코리안으로서 적극적으로 받아들여 일본인이나 다른 재일외국인과 함께 다양한 가치관이나 이질적인 생활양식을 서로 인정하려는 삶의 방식을 선택하고 있다.

셋째, ② 「조국사고」 유형에 대해서는 그들은 한국 국적의 재일코리안이면 한국인으로서 민단의 활동에, 조선 국적의 재일코리안이면 조선인으로서 조선학교 등의 조직 활동에 적극적으로 관여함으로써 남한 또는 북한을 조국으로 선택하여 그 발전에 기여하고자 한다. 모국의 한국 또는 북한에 대한 귀속 의식을 가지고 거기서 민족적인 아이덴티티를 찾고자 하는 이런 유형은 주로 재일코리안 1세한테서 많이 볼 수 있다. 이 유형은 고령화 등으로 점차 줄어들었지만, 박양자 원장처럼 조선학교 출신자나 그 관계자, 지지자들에게는 나이에 관계없이 조선 국적을 유지하도록 함으로써 재일코리안의 에스닉 아이덴티티를 긍정 적으로 찾는 사람들이 적지 않다. 다만, 이들 또한 「다문화 공생사회」를 재일코리안으로서 적극 받아들여 일본 사회에서 다양한 가치관이나 이 질적인 생활양식을 서로 인정하려는 삶을 사는 한 「공생지향」 유형과 다르지 않다.

넷째, ③ 「개인지향」 유형에는 「조국사고」 유형과는 반대로 일본에 귀화하여 일본 사회에 완전히 동화되려고 하는 유형의 사람들이 있다. 특히 한글을 읽고 쓰기가 어려운 2세·3세·4세 세대에게 많이 나타난다. 하지만 재일코리안으로서 일본 사회와 재일코리안 사회 양쪽에서 자신 의 재능을 살리면서 일본 사회에서 활약하고 재일코리안의 긍지를 잃 지 않고 자신의 자아실현을 이루려고 노력하는 사람들도 있다. 이들 중 에는 마쓰이 쇼케이처럼 재일코리안의 에스닉 아이덴티티를 긍정적으 로 찾는 사람들이 있다.

다섯째, ④ 「동포지향」 유형에 대해서도 「공생지향」과 「조국지향」 의 중간 지점에 위치한다는 견해도 있을 수 있지만, 이와는 별도로 야나 가와 지로와 같이 재일코리안 사회에 뿌리를 두고 재일코리안과의 유 대관계를 중시하면서 범죄 경력 때문에 귀화 신청을 단념하고 한일 간 의 가교로서 정계의 인맥을 살려 활약하는 사람도 일부 존재한다. 야나 가와와는 다른 이유로 심사의 벽에 막혀 귀화를 단념하는 재일코리안 도 존재한다. 이러한 괴로운 체험을 한 사람들은 필자가 앞에서 언급한 지인처럼, 한편으로 「에스닉 아이덴티티」를 강하게 의식하면서 「에스 닉 아이덴티티」를 근거로 재일코리안 세계에서 살아가는 길도 어려워지는 사람도 있다.

여섯째, ⑤「귀화지향」유형에 관해서는 민족적인 귀속 의식도 희박하지만, 그렇다고 적극적으로 일본에 귀화할 의사를 갖지 않는 유형도 있다. 이 유형은 상대적으로 많아지고 있는 것으로 생각된다. 이러한 유형의 사람들 중에는 자신의「에스닉 아이덴티티」의 소재에 대해서는 완전히 일본인이 될 수 있게 됨으로써 일본인으로서의「에스닉 아이덴티티」를 구축하는 사람들도 있는 반면, 표면적으로는 일본인이 되더라도 마음 깊은 곳에서는「재일코리안의 에스닉 아이덴티티」를 버리지 못하는 사람들도 있다. 오야마 마스다쓰가 그런 사람들 중의 한 명이다.

더욱이 일본 사회의 배타성은 과거 재일한국인 및 조선인이었던 과거를 들추어냄으로써 새로운 차별을 받고 배제와 억압의 피해자가 되는 사람들을 만들어냈다. 그로 인해 이들은 자신의「에스닉 아이덴티티」가 동요하여 정신적·사회적으로도 불안정한 상태에 빠지는 경우가 적지 않다.

4.3 최근 재일코리안의 「에스닉 아이덴티티」 변화

여기서 고찰의 관점을 바꿔 과거 재일코리안 출신 연구자들의 귀화 경험을 토대로 한 일본 정부의 귀화 행정과의 관계를 중심으로 분석한 귀화 동기와 정체성의 변천으로 눈을 돌려보고자 한다. 그 연구 성과에 따르면 패전 후부터 현재까지 다섯 단계로 구분할 수 있다.[17]

---

17) 李洙任(2021)『奪われた在日コリアンの日本国籍 日本の移民政策を考える』明石書店、pp.23-30. 본문의 기술은 필자가 적절히 요약한 것임을 밝혀둔다.

① 제1단계(1952~1960년대) 동화정책 귀화제도

1950년대 신청인의 대다수는 북·일 결혼을 한 일본인 여자가 이혼하고 그 자녀와 함께 귀화한 자, 즉 「전 일본인의 국적 회복」이었다. 1960년대에는 미래가 불투명한 일본 사회를 포기한 재일코리안들은 신천지를 찾아 조선민주주의 인민공화국으로 귀환했다. 이는 「재일조선인 귀환사업」으로 불렸다. 일본 정부에는 이 사업에 대한 위기감으로 귀화를 재촉하는 요인이 된 것 같다.

② 제2단계(1970~1980년대) 차별에서 도피를 위한 귀화

재일코리안의 정주화·영주화가 진행되면서 국적 외에는 일본인과 다름없는 젊은 세대가 늘고 있는데도 귀화 허가기준의 엄격성은 여전했다. 그리고 이 시기의 재일코리안에게는 귀화로 일본국민이 되어 일본국가에 대한 애국심이 고조되어 차별이나 편견에서 심리적 갈등과 사회적 마찰이 일어나지 않기를 바랐다 하더라도 이는 어려운 상황에 처해 있었다.

③ 제3단계(1980년대) 상실된 정체성의 회복

이 시기에 일본정부는 국제인권규약 등의 비준에 의해 국내법을 정비하였으며 1985년 국적법이 부모양계 혈통주의로 개정되었다. 그리고 외국인 지문 날인제도 폐지운동이 시작되면서 귀화 신청자들의 일본과 한국에 대한 견해가 세대별로 달랐다. 특히 재일코리안의 젊은 세대가 귀화제도에 대해 의문을 갖게 됐다. 그 결과 귀화 후 일본식 성명에 대한 의문으로 「민족명 되찾기 모임」이 결성되고 1985년 호적법이 외국의 성을 수용함에 따라 귀화한 재일코리안을 기존의 코리안 이름으로 일본인이라고 부를 수 있게 되었다.

④ 4단계(1990년대) 자기긍정감을 높이면서 코리아계 일본인으로 살아가는 경우도 있다. 이 단계에 이르러서는 귀화가 더 이상 「조국이냐 일본이냐」라는 양자택일의 「걸림돌」이 아니라 일본과 한국·북한 간의 교두보 역할을 하는 사람들이나, 귀화 이후에도 민족명을 남겨 「코리아계 일본인」으로서의 하이브리드 정체성을 갖는 사례도 늘어났다.

⑤ 5단계(2000년~현재) 귀화 신청자의 높아진 다양성
귀화를 통한 일본 국적 취득은 더 이상 차별으로부터의 도피가 아니라 일본 사회에 적극 참여하려는 의사가 되기도 했다. 소프트뱅크의 손정의(孫正義)나 마루한 회장의 한창우(韓昌友)와 같은 자신의 뿌리를 드러내면서 일본 국적을 취득하는 사례는 귀화하려는 사람들에게도, 또한 한국·조선인이 속한 커뮤니티에도 막대한 영향을 미쳤다. 저자에 따르면 「귀화를 한 사람들은 더 이상 차별에서 도피한 사람들이 아니라 〈차별을 이겨낸 일본판 드림의 아이콘〉으로서 강한 역동성을 느끼게 하는 사람들이며 일본인들에게도 용기를 북돋워 주는 사람들이다」라고 한다.[18]

이상의 견해는 확실히 기존의 관련 연구에서 찾아볼 수 없는 새로운 재일코리안 및 코리안계 일본인의 정체성을 제시하고 있다. 특히 5단계 「코리아계 일본인」으로서의 하이브리드 정체성을 갖는 사례의 견해는 차별과 편견에 시달리는 재일코리안들에게 큰 용기를 줄 것이다. 한편 일본사회에서 재일코리안의 귀화 동기가 다양한 것은 분명하며 그들의 정체성이 다양해진 것도 사실일 것이다. 단, 그것이 곧바로 재일코리안

---

18) 李洙任, 前揭書, p.30

이 차별을 이겨내는 것을 의미하는 것은 아니며, 하물며 차별과 편견의 해소로 이어지는 것은 아니다. 이러한 복잡한 상황은 일본의 귀화 행정의 추이나 특징의 고찰만으로는 밝혀지지 않는 문제이다. 실제로 일본 법무성 홈페이지의 공개로 1995년 이전 귀화자의 신상정보를 파악할 수 있기 때문에 인터넷 보급은 일본인 이름으로 귀화한 정치인이나 기타 저명인사들이 SNS상에서 괴롭힘을 당하고 있는 현실을 잊어서는 안 된다.[19]

요컨대 재일코리안 사회는 아니 재일코리안은 일본이라는 국가나 국내의 여러 사정에 나아가 한일, 북일 관계의 동향에 크게 좌우되어 농락당해 왔다. 예를 들면, 2002년 고이즈미 준이치로 당시 총리가 방북해 김정일 국방위원장이 일본인 납치사실을 인정하고 사죄한 이래 재일코리안 사회에서는, 특히 조선적 사람들에게 큰 동요가 일어났다. 이후 수년간 한국 국적, 특히 조선 국적의 귀화 신청자수와 허가수가 정점에 달했다. 여기에서도 국내외 정치·사회적 정세에 농락당한 「재일코리안 에스닉 아이덴티티」의 변모를 지적할 수 있다.[20] 한일문제의 악화는 과거에도 현재도 재일코리안뿐만 아니라 코리안계 일본인에 대한 차별과 편견과 증오를 낳아 그들의 정체성을 흔들고 있다.

---

19) 李洙任, 前揭書, p.31

20) CHO, Kyongho「在日朝鮮人のエスニック・アイデンティティの多様性に関する調査研究—日本学生在学生と朝鮮学校在学生の比較を中心に—」東京外国語大学教育研究センター編『多言語多文化—実践と研究』vol.5、2013年11月、pp.100-130

5 일본 사회의 「다문화 공생사회」 실현을 위해

5.1 「다문화 공생사회」 사상의 두 조류

본고의 주제를 보다 정확하게 파악하기 위해, 일본에서의 「다문화 공생사회」 실현을 위해 필요한 이론적 이해의 전제와 실천적 과제의 복잡한 상황을 밝힌다. 그것을 위해서 일본에 있어서의 「다문화 공생사회」가 수용된 경위와 목적을 밝혀낸다. 「다문화 공생사회」의 정확한 이해를 위해서는 이 말이 일본에서 수용된 두 가지 문맥을 구별하는 동시에 양자의 관련성을 파악할 필요가 있다.

첫째, 서양 비교문화론 및 에스닉 연구 등의 수용사이다. 이 맥락에서는 「다문화 사회(Multicultural Society)」의 연구라는 표현이 타당할 것이다. 여기에서는 복수의 문화나 민족으로 이루어진 사회와 그 구성원의 다양한 자세가 요구되고 있다. 단, 이러한 연구는 어디까지나 이론적인 연구대상에 머물러 일본 내 다문화 공생을 위한 실천적 노력과 결부되지는 않는다. 또한 이들 연구는 대부분 아카데미 내부에서의 연구 동향으로 일반 대중의 다문화 공생에 필요한 이해에 반드시 기여하지는 않는다.

둘째, 일본 사회의 국제화에 대응하는 정부·총무성 주도의 정책의 일환이며, 2006년 3월에 제출된 「다문화 공생의 추진에 관한 연구회 보고서」에 의거한 제언의 실행에 있다.

외국인 노동자의 급증에 의한 「다문화 공생사회 실현」의 기본방침과 슬로건의 영향도 있어 다언어화 교육·학습지원, 주거생활지원, 노동

환경 개선, 의료·보건·복지, 커뮤니티 구축, 재해에 대한 대책 등「다문화 공생사회 실현」의 기본방침에 따라 수도권에 한정하지 않고 많은 지역에서 주로 아시아계 주민을 위한 다국어로 된「광보(廣報)」가 발행되었다.

그러나「다문화 공생사회 실현」을 위한 지방자치단체의 노력은 각 광역자치단체, 기초자치단체, 행정기관에 따라 크게 달라서 사이타마시와 같이「다문화 공생사회」와 거리가 먼 자치단체가 있는 반면 가와사키시나 고베시와 같이,[21] 재일조선인의 인권존중과 지역연계를 추진하는 지자체도 꾸준히 증가하고 있다. LGBTQ라 불리는 이들을 포함한 사회적 소수자·약자에 대한 차별·편견·배제를 금지하고 다양성 존중을 주창하면서 국내 몇몇 지자체에서는 조례 등을 통해 동성결혼에 대해 이해하는 방침이 제시되고 있다.[22]

필자가 보는 바와 같이, 일본에 있어서 행정 주도의「다문화 공생사회」의 견해에는 일본문화나 일본어교육 등을 포함한 일본 사회로의 동화가 은밀하게 전제되어 있는 경우가 많으며, 그와는 다른 공생 방법은「이질적인 타자」로서 배제되는 경향을 부정할 수 없다.「다문화 공생사회」는 본래 다양한 문화와 이질적인 가치관을 갖고 다양한 생활양식을

---

21) 법무성 민사국이 공개한「귀화허가 신청자수, 귀화허가자수 및 귀화불허가수 추이」는 정확히 1969년 이후 2019년까지의 데이터이다. 이를 보면 북한이 공식적으로 납북을 시인한 2002년 이후 3년간은 과거 데이터 중 최고치이다.

22) 간사이권에서 재류외국인이 많은 현 중 하나인 효고현에서는 현청 소재지인 고베시가 재일코리안 비율이 가장 많으며 한신아와지대지진 재해 때 고베 조선초중급학교가 대피 장소로 제공해 배식을 평등하게 하는 등의 방법으로 인근 주민이 그 후 경찰에 압력을 가해 신호등이 학교 앞에 설치되었다. 이러한 경위도 있어, 학교측과 주민 상호 간의 제휴도 활발하다. 또한 고베시의 법령 등도 추진되고 있어 재일코리안 등의 차별을 금지하는 법령「고베시 외국인에 대한 부당한 차별 해소와 다문화 공생사회 실현에 관한 조례」가 2019년 6월 5일 본회의에서 만장일치로 가결되어 2020년 4월 1일부터 시행되고 있다.

영위하는 다양한 민족과 그들의 고유한 「에스닉 아이덴티티」를 유지하면서 공존 공영하는 것을 의미한다. 그러나 일본 사회에서는 이러한 사회 실현과는 거리가 먼 실정이다.

5.2 「다문화 공생사회」의 실태

「다문화 공생사회」의 실태에 대해서는 패전 전부터 거주하는 재일코리안과 그 후손의 존재가 복잡한 변화를 가져왔다. 한편, 당연한 일이지만, 상술한 일본 사회의 국제화에 의한 정부·총무성 주도의 정책의 구체화의 문맥과도 겹쳐 있다. 본고의 주제는 이처럼 복잡한 맥락에서 논할 수 있는 과제였다.

위에서 기술한 바와 같이 재일코리안에 대한 개개의 일본인이나 행정·법령 등에 의한 차별과 편견, 언어폭력 등은 여전히 끊이지 않고 있다. 이는 총무성 주도의 다문화 공생 사회 구호가 대부분 실태 없는 사회적 표상에 불과하다는 것을 의미한다. 이러한 맥락에서 말하면, 「다문화 공생사회에 산다」는 표현은 현실의 모습을 나타내는 타이틀이라기보다는 앞으로 실현해야 할 과제로 이해해야 할 것이다.[23] 「다문화 공생 사회에 살아가기」 위해 「글로벌 시대의 다양성, 인권, 교육」의 중요성을 강조하는 것은 의미 있고 중요한 일이다.

다만, 현 상황을 냉철하게 분석해 보면, 총무성 주도의 다문화 공생 사회 구호와는 달리 유럽 국가에서 허용되고 있는 중장기 체류 외국인

---

23) LGBTQ라 불리는 사람들의 국내 차별이나 편견의 현황과 일본 사회의 대처과제 및 다문화주의와 상대주의와의 관계에 대해서는 다음의 졸론을 참조. 牧野英二 「平和と世界市民の理念―情報化時代の〈和〉の実現可能性」『比較文明』36号(比較 文明学会編、風行社、2020年11月)

의 지방참정권이 특별영주자인 재일코리안에게는 인정되지 않는다. 그리고 지자체 대부분은 실현해야 할 「다문화 공생사회」에서 「재일코리안 사회」를 일본 사회에 동화하고 암묵적으로 이들의 귀화를 강요하고 있는 실정이다. 그 결과 다문화 공생사회는 재일코리안의 독자적인 문화와 역사를 배제하고 그들에 대한 차별과 편견을 고착화해 방치할 뿐만 아니라, 이러한 현실을 공생이라는 미사여구로 은폐하는 기능을 하고 있다. 필자는 재일코리안 사회와 그들의 삶을 「스토리텔링(Story-telling)」함으로써 이러한 사실을 밝히고자 했다.

 맺으며: 「다문화 공생사회」와 「재일코리안의
6   에스닉 아이덴티티」의 전망

　본고의 마무리에 있어서 본 총서의 공통테마와 관련해서 일본 사회와 일본인이 담당해야 할 과제를 밝히고자 한다.

　우선, 시대적 표상과 관련해 다양한 의미에서의 「이질적인 타자」에 대한 언어에 의한 차별·편견·배제, 제도 등의 폭력적 기능을 언급한다. 재일코리안 및 그들의 사회에 대한 차별·편견·배제의 논리는 일본인의 무의식에 기인하는 심층구조에서 사회적·정치적 구조에 의거하고 있다. 이러한 직접, 간접적인 폭력은 일본 사회 구석구석에 미치고 있어, 헤이트 스피치에서도 볼 수 있듯이 언어나 심신의 폭력성이 뒷받침된 표상 시스템이다.24) 이로 인해 재일코리언의 에스닉 아이덴티티가 위협받고,

---

24) 「多文化共生社会に生きる―グローバル時代の多様性·人権·教育―」(李修京編著·権五定/鷲山やすひこ監修、明石書店、2019年5月). 필자 또한 이 책의 편자

재일코리안 사회의 안정적 존속도 어려운 상황에 직면하고 있다.[25]

하지만 이러한 사태는 차별하고 배제하는 일본인과 일본 사회의 문제점도 조명하고 있다. 필자에 따르면, 다양화되고 국제화되는 현대에는 재일외국인이 법적으로도 평등하고 대등한 관계에 기초하여 상호 이해와 공존 공영할 수 있는 사회야말로 지향해야 하는 「다문화 공생사회」이다.[26] 이 경우 「다문화공생」은 다양한 문화나 「에스닉 아이덴티티」를 「자문화 중심주의적 입장」에 의거한 차별·편견·배제·법적 불평등과는 상충되는 개념이다.

글로벌한 규모로 다양화되는 현실에 직면해 일본 고유의 문화의 특권성과 재일코리안이나 다른 아시아계 주민과의 차이를 우위적인 입장에서 차별할 이유나 근거는 존재하지 않는다. 고유한 문화에 뿌리를 둔 재일코리안도 동등한 인간이다. 이러한 당연한 주장이 일본 사회에서 널리 인정되고 그들에게도 일본인과 같은 권리가 존중될 때 본래의 「다문화 공생사회」가 실현된다. 이는 일본국민 전체의 인간으로서의 보편적 과제이자 실현해야 할 의무이다.

감수자 및 필자들의 생각에 동참한다. 여기서 필자도 재일코리안이 「다문화공생 사회에 산다」는 것의 중요성과 함께 어려움을 보다 많은 일본인과 공유하고, 개인적인 자각과 함께 제도 개혁의 노력이 요구되고 있다는 것을 강조해 두고 싶다.

25) 다문화 공생 사회의 사회적 소수자·약자에 대한 철학교육, 특히 글로벌 시티즌십 교육의 과제는 다음의 졸론을 참조. 野英二「言語と人間形成－哲学者の使命と「グローバル·シティズンシップ」の可能性－＜シンポジウム哲学と教育学の対話＞」『ディルタイ研究』31号(日本ディルタイ協会編、2020年、12月)

26) 2018년 8월 30일 유엔 인종차별철폐위원회는 일본 정부에 인종차별철폐조약 시행을 위한 개선 권고를 내렸다. 그 중 특히 재일코리안의 처우개선에 관해서는 「직접차별도 간접차별도 금지하는 포괄적 인종차별금지법 채택」, 「조약 제4조(헤이트 스피치 금지)에 대한 유보철회 가능성 검토」, 「고등학교 취학지원금 제도에 따른 지원금 지급의 조선학교 차별 시정」 등이 중요하다. 그러나 이와 같은 개선 권고에 대한 일본 정부의 대응은 그다지 적극적이지 않은 실정이다. 『国際人権ひろば No.142』(一般財団法人アジア·太平洋人権情報センター編、2018年11月)

동아시아연구총서 제8권
재일코리안 사회 형성과 시대적 표상

제5장

법적지위협정 시행과 재일한인 사회의 형성
─한국정부 생산 외교문서를 토대로─

이경규(李京珪)

일본 도카이대학 대학원에서 문학박사를 받았으며 도카이대학 외국어교육센터 전임강사를 거쳐 현재 동의대학교 일본어학과 교수로 재직 중이다. 한국일본근대학회 회장, 동의대학교 인문사회연구소 소장, 인문대학 학장, 중앙도서관 관장 등을 역임하였으며, 현재 동의대학교 동아시아연구소 소장을 맡고 있다. 관심 연구 분야는 근대번역과 한자어이며,『중세기 일본 한자어 연구』,『근대번역과 동아시아』(공저),「키워드 네트워크 분석 방법을 통한 재일한인분야 지식구조 분석」,「디아스포라의 관점에서 다룬 재일한인분야 연구동향 분석」,「일제강점기 여성교육과 가정개량 담론에 관한 고찰」등 다수의 논저가 있다.

이행화(李杏花)

동의대학교 대학원에서 국제학박사 학위를 취득하였으며 현재 동의대학교 동아시아연구소에서 연구교수로 재직 중이다. 동의대학교 인문사회연구소 연구원을 역임하였고, 한국일본근대학회 편집이사로 활동하고 있다. 동아시아의 근대여성과 재일한국인 마이너리티에 관심을 갖고 연구하고 있다.「일제강점기 조선의 신여성에 관한 담론 형성」,「일제강점기의 직업여성에 관한 담론」,「미군정기 재일조선인 발행 신문의 사설 고찰」,「미군정기 외국인등록령에 관한 신문기사」등 다수의 논문이 있다.

1 들어가며

일본국 헌법 시행 전날인 1947년 5월 2일 「외국인등록령」을 공포하면서 조선인과 대만인 등 구식민지 출신자를 외국인으로 취급한다고 공포하게 된다.[1] 한반도 출신으로 일본에 남아있던 60여만 명 재일한인의 국적을 「조선적」으로 표시했다.[2] 1947년 5월 식민지 출신의 재일한인 관리를 목적으로 만들어진 칙령으로서 외국인등록령을 공포하여 이후 연합국과의 강화조약이 체결되기 이전의 구식민지 출신자들은 모두 외국인으로 취급되었고 외국인 등록과 동시에 의무적으로 외국인 등록증을 소지하도록 하였다. 강화조약이 아직 체결되지 않은 상황이어서 한인들은 일본 국적을 그대로 유지하고 있었는데, 외국인이기 때문에 외국인 등록을 하도록 했던 것이다. 재일한인은 일본 국적을 갖고 있으면서도 외국인으로 취급되는 모순된 상황에 직면하게 되었다.[3]

당시, 연합국 최고사령부는 재일한인들을 미군정의 치안 유지에 불안요소로 작용하는 집단으로 판단하고 있었다. 미군정이 재일한인들에게 일본 교육기본법에 따라 교육을 받도록 지침을 내린 것도 어수선한 일본의 내치 안정을 최우선 목표로 하고 있었기 때문이었다. 이러한 과

---

1) 「외국인등록령」은 일본국 헌법 시행 전날인 1947년 5월 2일 공포·시행된 마지막 포츠담 칙령이다. 「외국인등록령」은 샌프란시스코 강화조약 발표에 따라 1952년 4월 28일 폐지되었다.
2) 1945년 일본 제국의 패망 후 1947년에 주일 미군정이 재일한인에게 외국인 등록제도의 편의상 만들어 부여한 임시 국적으로, 현재는 이 가운데 대한민국이나 일본의 국적을 취득하지 않은 사람들이 이에 해당된다.
3) 서경식(2012) 『역사의 증인, 재일조선인』 반비, 형진의 옮김, p.132

정에서 재일한인들은 일본의 법 제도에서 철저히 배제되어 선거권과 피선거권을 박탈당했던 것이다.

미군정은 재일한인을 독립한 국민으로 인정하지 않고 일본 경찰권의 통제를 받아야 하는 외국인으로 취급하면서 한인들의 권리마저 박탈했다. 미군정은 재일한인의 거주와 귀환의 권리를 인정하지 않고 이들을 일제강점기처럼 송환의 대상으로 몰아갔다. 일본 정부는 1947년 외국인등록령을 실시해 재일한인의 퇴거를 강제할 수 있는 근거를 마련하여 재일한인의 기본적 인권과 민주적 권리를 탄압하였다. 그리고 1952년 샌프란시스코 강화조약을 통해 전범국 지위에서 벗어나 국제무대로 복귀한 일본 정부는 예고도 없이 외국인등록령을 해제하며 일본 국적을 취득할 기회마저도 주지 않았다. 재일한인들은 한순간에 난민과도 같은 무국적자(국적이탈자)가 되었다.[4] 이에 재일한인들은 자신들의 생활권과 거주권 확보 그리고 외국인으로서의 법적 지위 보장을 미군정 당국에 호소할 수밖에 없었다.

한일회담[5]에서는 오랜 기간에 걸친 협의 이후 1965년 6월 22일에 기본조약 및 제 협정과 더불어 「재일한국인의 법적지위 및 대우에 관한 협정」(이하, 「법적지위협정」)이 조인되었다. 이 협정은 재일한인의 영주권 문제, 강제퇴거 문제, 처우 문제 등에 대한 규정을 두고 있으며, 이를 통해서 재일한인들이 영주권을 획득할 수 있는 길이 열렸다. 그럼에도 이 협정 내용에 대해 재일한인들의 평가는 긍정적이지 못했다. 그리고 한일회담에 반대했던 북한 지지자들이 거세게 비판하는 것은 물

---

4) 일본에서는 공식적으로 「평화조약 국적이탈자」로 칭한다. 미군정 때 외국인등록령에 의거해 이들을 임시로 「조선적」으로 분류, 무국적 외국인으로 등록하게 된다.
5) 한일회담은 1951년부터 1965년 6월 22일 한일기본조약이 타결되기까지 14년간 총 7차례에 걸쳐 이루어진 대한민국과 일본국 간의 일련의 회담을 말한다.

론이고, 한국을 지지하며 한일회담을 촉구하던 사람들로부터도 불만이 표출되었다.[6] 이와 같은 법적지위협정에 관련된 연구는 지금까지 김병묵, 정인섭, 김광열, 도노무라, 김부찬, 장박진을 비롯한 많은 관련 연구자들에 의해 상당부분 이루어진 것 또한 사실이다.[7] 이번 연구에서는 우선 이들 연구성과를 살펴보고, 현재 동의대학교 동아시아연구소에서 구축하고 있는 「해방이후 재일조선인 관련 외교문서의 수집 해제 및 DB 구축」의 프로젝트 수행과정에서 수집된 한국 정부 생산 외교문서를 중심으로 법적지위협정 시행[8] 과정에서 나타난 재일한인의 영주권 문제와 강제퇴거 문제 등에 대해서 살펴보고자 한다.

---

6) 1965년 6월 22일 재일한국청년동맹은 비난 성명을 발표하고, 자자손손 협정영주권의 보장, 강제퇴거 반대, 일본인과 동등한 사회보장 실시, 교육의 기회균등, 부당과세의 폐지 등을 주장하였다.
7) 김병묵(1987) 「재일교포의 법적지위에 관한 연구」『경희법학』제22집, 경희법학연구소
정인섭(1990) 「재일한국인 법적지위협정-그 운영 25년의 회고-」『재외한인연구』제1호, 재외한인학회
김광열(2004) 「전후 일본의 재일조선인 법적지위에 대한 정책」『한일민족문제연구』제6호, 한일민족문제학회
도노무라 마사루(2005) 「한일회담과 재일조선인-법적지위와 처우 문제를 중심으로-」『역사문제연구』제14호
장박진(2009) 「한일회담에서의 재일한국인 법적지위 교섭의 문제점 검토」『민족학연구』제8호, 한국민족학회
김부찬(2012) 「재일교포 법적지위협정의 국제법적 의의와 문제점」『법과정책』제18집 제1호, 제주대학교 법과정책연구소
8) 법적지위협정의 시행기간은 1966년 1월 17일부터 1971년 1월 16일까지 5년간이며 25년 이내에 한국측의 요청이 있으면 일본은 재일한인의 법적지위에 대해 재협의하기로 결정한 바 있다.

2 재일한인의 법적지위협정

1951년 10월에 개최된 한일예비회담을 거쳐 1952년 2월부터 제1차 회담이 이루어지게 되는데, 한일예비회담에서 제7차회담에 이르기까지 재일한인 귀국 때 재산 제한을 철폐할 것과 일본에 영주하는 재일한인들의 권익 보장을 일관되게 주장하게 된다. 1965년 6월 22일 한일기본조약이 타결되면서 1965년 12월 18일 한일 양국 정부의 비준서가 교환되고, 1966년 1월 17일부터는 효력이 발생하기에 이른다. 한일기본조약과 더불어 이 조약의 부속협정으로 「재산 및 청구권에 관한 문제의 해결과 경제협력에 관한 협정」, 「재일한국인의 법적지위 및 대우에 관한 협정」, 「어업에 관한 협정」, 「문화재 및 문화협력에 관한 협정」 등이 함께 조인되는데, 이 중에서 「재일한국인의 법적지위 및 대우에 관한 협정」은 재일한인의 영주권 문제, 강제퇴거 문제, 본국 귀환 때의 재산 처리 문제 등에 대한 규정을 두고 있다. 이 법적지위협정은 협정 취지가 담겨진 전문과 6개 조항을 규정하고 있으며, 협정문의 내용은 다음과 같다.

〈대한민국과 일본국간의 일본국에 거주하는 대한민국 국민의 법적지위와 대우에 관한 협정〉

대한민국과 일본국은 다년간 일본국에 거주하고 있는 대한민국 국민이 일본국의 사회와 특별한 관계를 가지게 되었음을 고려하고, 이들 대한민국 국민이 일본국의 사회질서 하에 안정된 생활을 영위할 수 있게 하는 것이 양국 간 및 양국 국민 간의 우호관계 증진에 기여함을 인정하여 다음과 같이 합의하였다.

제1조

1. 일본국 정부는 다음의 어느 하나에 해당하는 대한민국 국민의 본 협정의 실시를 위하여 일본 정부가 정하는 절차에 따라 본 협정의 효력 발생일로부터 5년 이내에 영주허가의 신청을 하였을 때에는 일본국에서의 영주를 허가한다.

   (a) 1945년 8월 15일 이전부터 신청 시까지 계속하여 일본국에 거주 하고 있는 자

   (b) (a)에 해당하는 자의 직계비속으로서 1945년 8월 16일 이후 본 협성의 효력 발생일로부터 5년 이내에 일본국에서 출생하고 그 후 신청 시까지 계속하여 일본국에 거주하고 있는 자

2. 일본국 정부는 1의 규정에 의거하여 일본국에서의 영주가 허가되어 있는 자의 자녀로서 본 협정의 효력 발생일로부터 5년이 경과한 후 에 일본국에서 출생한 대한민국 국민이 본 협정의 실시를 위하여 일본 정부가 정하는 절차에 따라 그의 출생일로부터 60일 이내에 영주허가의 신청을 허가하였을 때에는 일본국에서의 영주를 허가 한다.

3. 1(b)에 해당하는 자로서 본 협정의 효력 발생일로부터 4년 10개월이 경과한 후에 출생하는 자의 영주허가의 신청기한은 1항의 규정에 불구하고 그의 출생일부터 60일 이내로 한다.

4. 전기의 신청 및 허가에 대하여는 수수료는 징수되지 아니한다.

제2조

1. 일본국 정부는 제1조의 규정에 의거하여 일본국에서의 영주가 허가 되어 있는 자의 직계비속으로서 일본국에서 출생한 대한민국 국민 의 일본국에서의 거주에 관하여는 대한민국정부의 요청이 있으면 본 협정의 효력 발생일로부터 25년이 경과할 때까지는 협의를 행함 에 동의한다.

2. 1의 협의에 있어서는 본 협정의 기초가 되고 있는 정신과 목적을 존중한다.

제3조

　제1조의 규정에 의거하여 일본국에서의 영주가 허가되어 있는 대한민국 국민은 본 협정의 효력 발생일 이후에의 행위에 의하여 다음의 어느 하나에 해당되는 경우를 제외하고는 일본국으로부터의 퇴거를 강제당하지 아니한다.

(a) 일본국에서 내란에 관한 죄 또는 외환에 관한 죄로 인하여 금고 이상의 형에 처하여진 자(집행유예의 언도를 받은 자 및 내란에 부화수행한 것으로 인하여 형에 처해진 자를 제외한다.)

(b) 일본국에서 국교에 관한 죄로 인하여 금고 이상의 형에 처하여진 자 또는 외국의 원수, 외교사절 또는 그 공관에 대한 범죄행위로 인하여 금고 이상의 형에 처하여지고 일본국 외교상의 중대한 이익을 해한 자

(c) 영리의 목적으로 마약 등의 취체에 관한 일본국의 법령에 위반하여 무기 또는 3년 이상의 징역 또는 금고에 처하여진 자(집행유예의 언도를 받은 자를 제외한다). 또는 마약류 취체에 관한 일본국의 법령에 위반하여 3회(단, 본 협정의 효력 발생일 전의 행위에 의하여 3회 이상 형에 처하여진 자에 대하여는 2회) 이상의 형에 처하여진 자

(d) 일본국의 법령에 위반하여 무기 또는 7년을 초과하는 징역 또는 금고에 처하여진 자

제4조

　일본국 정부는 다음에 열거한 사항에 관하여 타당한 고려를 하는 것으로 한다.

(a) 제1조의 규정에 의거하여 일본국에서 영주가 허가되어 있는 대한민국 국민에 대한 일본국에 있어서의 교육, 생활보험 및 국민건강보험에 관한 사항

(b) 제1조의 규정에 의거하여 일본국에서 영주가 허가되어 있는 대한민국 국민(동조의 규정에 따라 영주허가의 신청을 할 자격을 가지고

있는 자를 포함함)이 일본국에서 영주할 의사를 포기하고 대한민국
으로 귀국하는 경우의 재산의 휴행 및 자금의 대한민국에의 송금에
관한 사항

제5조

제1조의 규정에 의거하여 일본국에서의 영주가 허가되어 있는 대한
민국 국민은 출입국 및 거주를 포함하는 모든 사항에 관하여 본 협정에
서 특히 정하는 경우를 제외하고는 모든 외국인에게 동등히 적용되는
일본국의 법령의 적용을 받는 것이 확인된다.

제6조

본 협정은 비준되어야 한다. 비준서는 가능한 한 조속히 서울에서
교환한다. 본 협정은 비준서가 교환된 날로부터 30일 후에 효력을 발생
한다. 이상의 증거로서 하기 대표는 각자의 정부로부터 정당한 위임을
받아 본 협정에 서명하였다. 1965년 6월 22일 토오쿄오에서 동등히 정
본인 한국어 및 일본어로 본서 2통을 작성하였다.

대한민국을 위하여	일본국을 위하여
이 동 원	시이나 에쓰사부로오
김 동 조	다까스기 싱이찌

이와 같은 법적지위협정이 타결되기까지 한일회담을 통해서 협의
된 재일한인의 법적지위에 관한 주요 논의 의제는 재일한인의 영주권
범위 및 부여 방법, 영주권자 귀화문제, 강제퇴거 문제, 재산반출 및
국적 확인 등이었다. 영주권의 범위에 대해서 한국측은 종전 당시부
터 일본에 계속 거주한 자, 협정 체결 당시까지 출생한 그 자손 및
협정 체결 당시부터 상당한 기간 이내에 출생한 자손에게 영주권을

부여할 것을 제안하고 있는데 대해 일본측은 영주권의 부여 범위가 확대되면 강제퇴거 사유도 당연히 확대되어야 한다는 입장을 취하고 있었다. 이러한 법적지위협정에서 원칙적으로 합의된 내용은 종전부터 거주한 자에 대한 영주권 부여, 영주허가 신청기간, 강제퇴거 문제, 영구귀국자의 재산반출 및 송금 등에 관한 내용 등이었다. 그리고 재일한인들이 일본에 거주하게 된 역사적 배경의 특수성을 고려하여 그들에게 특별한 법적 지위와 처우를 부여해야 한다는 내용으로 협의가 진행되었다.

이러한 내용을 통해서도 알 수 있는 바와 같이 한일회담의 법적지위에 관한 협의를 통해서 도출된 가장 큰 성과 중의 하나가 재일한인의 영주권에 관한 내용이라고 할 수 있을 것이다. 그러나 종전 당시부터 일본에 거주한 자와 협정 효력 발생 5년 이내에 출생한 직계비속에 한정하여 영주허가를 할 수 있는 내용이기 때문에 그 이후 세대 또는 가족과의 단절을 피할 수 없는 기형적이고 모순적인 내용으로 맺어진 협정이라고 볼 수 있을 것이다. 이 법적지위협정으로 인해서 재일한인을 대한민국 국민과 국적이 없는 조선인으로 양분하여, 결과적으로 전자에게는 영주권을 인정하고 후자는 영주권을 인정받지 못하는 처지에 직면하게 되는 결과를 가져왔다. 그리고 강제퇴거를 명시적으로 삽입함으로써 국가권력에 의한 재일한인 개개인의 기본권이 침해될 수 있는 내용이라는 점 또한 지적하지 않을 수 없다.

3 법적지위협정에 대한 한일 양측의 기본적인 입장

1951년 10월에 시작된 한일예비회담의 교섭에서 1965년 6월 22일 한일기본조약이 체결되기까지 14년의 세월을 거친 한일회담의 본래의 취지는 한국에 대한 일본의 불법지배가 남긴 유산을 법적으로 청산하고 한일 양국 간의 새로운 정치·경제 관계를 구축하는데 있었다. 그렇기 때문에 단순한 「우호·통상조약」이 아닌 「기본관계조약」이라는 명칭을 사용하게 되었고, 재일한인의 지위 및 처우 개선에 관한 조약의 경우에도 일본측은 재일한인의 「대우」라는 표현을 사용하자고 주장했지만, 한국측은 처음부터 「법적지위」에 집착했다고 볼 수 있다.

일본측은 한일회담 초반에는 「법적지위」라는 용어는 그 개념이 광범위하기 때문에 협정의 표제를 일본국에 재류하는 대한민국 국민의 「대우」에 관한 협정으로 할 것을 강력히 주장하였으나, 한국측은 교섭의 경위나 협정에 규정되는 내용으로 보아 「법적지위」라는 용어 사용을 강력히 주장하여 한국측 입장을 관철시켜 「법적지위 및 대우에 관한 협정」으로 체결되었다(공보부)고 한다.

법적지위협정 제1조(영주권 관련)는 1945년 8월 15일 이전부터 일본국에서 계속 거주하던 자(1항-a)와 그들의 직계비속으로 본 협정 발효일로부터 5년 이내(1971년 1월 16일)에 일본국에서 출생하고 계속하여 일본국에 거주하고 있는 자(1항-b), 그리고 이들의 자녀로서 1항의 협정영주권 신청만료일이 경과한 후에 일본국에서 출생한 자(2항)에 대하여 신청이 있는 경우 영주권을 부여하도록 하고 있다. 영주신청 시에 제출하는 서류는 (1) 영주허가신청서, (2) 국적증명서, (3) 사진, (4) 가족관계 및 일본국 거주경력 진술서, (5) 외국인 등록증명서 등인데, 국적증명서에 관해서는 대한민국 여권 또는 재외국민 등록증을 제시할 수 있는 신청자는 대한민국 국적을 갖고 있다는 진술서를 우선 제출하고 일본 정부 당국의 조회에 관해 한국 정부의 확인으로 간소화하는 절차를 취하고 있다. 이러한 간소화 절차를 토대로 재일한인 중에 조총련계에 속해 있는 자에 대해서도 폭넓게 포용하는 길이 열려 있다(공보부)는 점을 홍보하고 있다.

그리고 일본은 재일한인의 법적지위에 대해서는 주로 강제퇴거에 치중하여 외국인에 대한 강제송환권이 주권국가의 자주적 권한임을 내세워 「출입국관리령」에 따라 퇴거강제 처분을 취할 수 있도록 하고 있다. 이에 대해서 한국은 재일한인에 대해서는 일본의 국내법과 관계없이 그 지위의 특수성에 상응하는 대우가 부여되어야 한다는 점을 강조하고, 강제퇴거 사유에 대해서는 일본의 「출입국관리령」과는 별도로 협의가 필요하다는 입장을 견지하고 있다.

 ## 4 재일한인의 법적지위협정 시행에 따른 문제점

1965년 한일기본조약 체결 당시 한국 국적을 보유한 재일한인에게는 협정영주권을 부여하였으나 당시 협정영주권자 후손의 법적지위는 미해결 상태로 남겨두고 있었다. 이 문제를 협정 발효 시점인 1966년 1월 17일부터 25년 이내에 한국측의 요청이 있으면 일본은 재일한인의 법적지위에 대해 재협의하기로 결정하였다.[9] 한일회담 이후 영주권 신청에 대한 재일한인들의 관심도를 알아보기 위해 민단신문의 보도를 잠시 살펴보면, 한일회담 직전의 1965년 4월 18일자 신문기사에서 알 수 있는 바와 같이 재일한인의 법적지위 관철, 영주권 문제 일보 전진, 처우문제의 계속 협의, 재일한인의 영주권 범위와 처우문제에 관한 좌담회 개최 등이 헤드라인의 대부분을 차지하고 있다.10) 그리고 1966년 1월 17일 「법적지위협정」이 발효된 시점인 1월 18일자 신문기사를 보면, 17일부터 재일한인들의 영주권 신청을 위한 제출서류, 영주허가신청서 양식, 출입국관리특별법11) 등에 대해 자세히 안내하면서 민단 지부를 통해 일괄 신청하도록 홍보하고 있다. 그리고 조총련 산하 동포도 한국 국적을 취득할 수 있도록 설득하고 영주권 신청을 통해서 재일한인의 법적지위 확보에 적극적으로 나서도록 계몽하는 내용의 기사가 헤드라인을 차지하고 있다.12) 이처럼 「법적지위협정」의 핵심인 영주권 신청은 1966년 1월 17일 협정 발효와 더불어 시작되는데, 이때부터 1971년 1월 16일 영주권 신청이 마감될 때까지 5년 동안의 민단신문 주요 기사가 영주권 신청 촉진과 홍보에 주력하는 기사 내용이 상당 부분을 차지하고 있었다는 것은 재일한인들에게는 영주권 문제가 그만큼 중요한 사안이었기 때문일 것이다.

그러면, 이러한 영주권 신청 촉진과 관련된 외교문서의 사례를 살펴보기로 한다. 「법적지위협정」의 발효시점인 1966년에는 재일한인의 법

---

9) 일본 정부가 허가한 협정영주권으로는 협정영주권자 후손의 법적지위 문제가 해결되지 못했다. 재협의 마감시한인 1991년 1월 한일 양국 간의 「합의각서」 채택을 통해 재일한인 후손들에게 일률적으로 특별영주권이 부여되었다.
10) 한국신문 제828호(1965년 4월 18일자) 1~3면 참조
11) 일본국에 거주하는 대한민국 국민의 법적지위 및 대우에 관한 일본국과 대한민국 간의 협정 실시에 따른 출입국관리특별법
12) 한국신문 제849호(1966년 1월 18일자) 1~3면 참조

적지위 현안 문제를 협의하기 위해 대사관과 민단의 법적지위대우대책
위원회(이하, 법대위) 간에 수차례에 걸친 법적지위협의회를 개최하여,
재일한인의 법적지위 문제에 관한 전반적인 검토 및 현황을 파악하게
된다.[13] 특히, 협정영주권 신청의 진척 상황 파악과 문제점 검토를 위
해 한국 정부와 민단이 적극적으로 나서고 있음을 확인할 수 있다. 그러
나 영주권 신청은 한국 정부가 의도하는 바와 달리 좀처럼 순조롭게
진척되지 못하고 부진한 상황에 직면했다. 이러한 상황에 직면한 이유
로는 국적진술서 등의 서류작성이 지나치게 번거롭다는 점과 외교공관
의 계몽 및 지도가 불충분했던 점, 영주허가의 실질적 이익이 무엇인지
를 이해하지 못하는 재일한인들이 많았다는 점에 있다고 판단하고
1967년부터는 더욱 적극적으로 영주권 신청 촉진 운동을 전개하게 된
다. 그리고 영주권 신청 부진 사유에 대해서는 민단 법대위(위원장 이
유천)가 한국 정부에 제출한 「본국정부에 대한 요청사항」에도 잘 나타
나 있다.[14] 법대위의 청원서에 따르면, 1966년 1월 17일의 재일한인
법적지위협정 발효에 따른 협정영주권과 일반영주권을 신청함에 있어
서 재일한인에 대한 주거 안정을 위해 일본 당국과 강력하게 교섭해줄
것을 요청하고 있다. 이 청원서에는 영주권 신청의 부진 사유로 전후
입국자 문제와 외국인등록증 문제, 출입국관리령에 의한 재입국허가의
심사 문제 등 부당한 조치를 당할 위험성이 있다고 지적하고 일본 정부
와 교섭하여 이러한 문제점 해결을 위한 요망사항이 관철될 수 있도록

---

13) 일본한국대사관과 민단의 법적지위대우대책위원회는 제1차(1966년 5월 19일)에서
   제6차(1967년 1월 16일)까지 시행 1년 동안 총 6차례에 걸친 법적지위협의회를
   개최한 바 있다.
14) 재일본대한민국거류민단 법적지위대우대책위원회 「본국정부에 대한 요망사항ㅡ
   재일한국인의 법적지위 및 대우문제에 관하여ㅡ」(1967.1.25.)

한국 정부가 적극적으로 나서줄 것을 요청하는 내용이 담겨져 있다. 이 외에도 샌프란시스코 강화조약(1952년 4월 28일)때까지의 입국자 문제, 그 이후의 입국자 문제가 담겨져 있으며, 첨부서류 간소화 등의 내용이 포함되어 있다. 그리고 처우문제로서 사회보장 문제(각종 복지연금 적용,15) 직업권, 재산권), 재산 반출 문제,16) 세금공제에 대한 문제,17) 현금 송금 문제,18) 모국 투자방법 문제19) 등이 구체적으로 담겨져 있다.

---

15) 각종 복지연금 적용에는 중심기업금융공고법, 국민금융공고법, 농어업금융공고법, 공영주택 입주, 주택금융공고법 등을 전면적으로 적용시킬 것을 포함하고 있다.
16) 영주귀국자의 재산반출에 있어서 협정문에는 「법령의 범위 내에서 그 휴대품, 이사 물품 및 직업용구의 휴대를 인정한다」고 되어 있으나, 일본에서 생산사업을 하고 있는 자는 그 사업시설에 전부 또는 귀국을 계기로 타업종 생산사업을 하려는 자에게는 외환수속없이 일화(日貨)로 동사업 시설을 구입반출할 수 있도록 요청하고 있다.
17) 한일협정 발효 이후 한국인 상공업자에 대하여 일본 정부의 세금공제가 전국적으로 진행되고 있는데, 지금까지의 한국인에 대한 금융조치 등 보험책이 전무했던 실정에 비추어 외관상으로는 재산이 축적되어 있는 것 같으나 실질적으로는 부채 등 빈약한 상태에 놓여 있는 실정이므로 일본 세무당국의 이에 대한 시정 또는 완화책이 수립될 수 있도록 외교적인 조치를 취해줄 것을 요청하고 있다.
18) 영주귀국자의 현금 송금자에 있어서 1만불을 넘는 자에 대해서 매년 그 잔금의 5분의 1을 송금할 수 있도록 되어 있으나 5등분하여 5년간에 송금할 수 있도록 시정해줄 것을 요청하고 있다.
19) 일본거주의 한국인 상공업자로서 모국에서 사업을 영위할 경우, 현금이나 사업시설 등을 외환 조치없이 합법적으로 한국에 가지고 갈 길이 없기 때문에 한일 정부 간의 협의를 통해서 합법적인 길을 타개해주길 요청하고 있다.

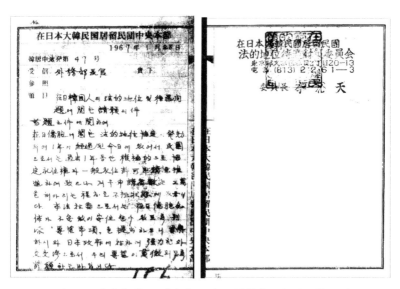

〈자료1〉 민단이 본국 정부에 보내는 청원서(1967년 1월 25일)

그리고 민단 법대위의 청원서 제출에 이어 다시 법적지위 진정단은
민단 중앙본부 주최로 개최된 제48회 3.1절 기념 경축민중대회에서 채
택한 대통령에게 보내는 메시지와 함께 첨부된 재일한인 법적지위 문
제에 관한 진정서를 제출하고 이승만 대통령 예방을 요청하게 된다.[20]
이 진정서의 첨부자료로 제출된 민단 법대위의 「법적지위의 문제점과
해설」에는 앞서 제출한 청원서보다 한층 더 구체적인 재일한인의 법적
지위에 관한 문제점을 잘 정리하고 있다.[21] 이 진정서의 성명서에 따르
면, 법적지위협정은 지금까지 무국적 상태로 방치되어 있던 재일한인
이 법적으로 그 지위를 인정받은 것은 사실이지만, 이로 인하여 지금까

---

20) 외아교 제725호 「대통령 각하에게 보내는 멧세지」, 1967년 3월 15일
21) 재일본대한민국거류민단 법적지위대우대책위원회「법적지위의 문제점과 해설」
　　(1967.2.)

지 자격이 다른 부모와 자식이 불안한 상태에서 생활해야 하고 가족 간의 이별이 현실로 다가왔다는 문제점을 제기하고 있다. 해방 직후에 일시 귀국하였는데 법적지위협정으로 인하여 불법입국자 신분으로 조사를 받아야 하는 처지에 놓여있기 때문에 경우에 따라서는 강제로 추방당할 수 있다는 재일한인의 불안감과 위기감을 반영한 진정 내용이었다. 그러므로 이러한 복잡한 사정을 정당하게 처리하고 법적지위협정을 올바르게 운용하기 위해서 한일 양국 간 「공동위원회」의 조속한 설치를 강력하게 요구하고 있다. 그리고 이 위원회에 민의를 적극적으로 대변할 수 있도록 당사자인 재일한인 대표를 참가시킬 것을 요구한다는 내용이었다. 이 법적지위협정 시행에 관한 공동위원회 설치 요청은 1967년 2월 13일에 개최된 제9회 민단 중앙위원회에서 만장일치로 결의한 민단 대표를 포함하는 한일 공동위원회 설치를 한일 양국 정부에 요청하는 내용이었다.[22]

여기에서 협정영주권 제도는 재일한인의 기본적인 거주권을 무시한 퇴거강제 조항과 재입국 허가 등의 부수적인 조건이 붙어 있었다. 「법적지위협정」 제3조에서 다음에 해당하는 자는 일본에서 강제로 추방한다고 명기하고 있다.

　　(a) 일본국에서 내란죄 및 외환에 관한 죄로 인하여 금고 이상의 형을 받은 자
　　(b) 일본국에서 국교에 관한 죄로 인하여 금고 이상의 형에 처해진 자 또는 외국원수 및 외교사절 또는 그 공관에 대한 범죄행위로 인하여 금고 이상의 형에 처해지고 일본국의 외교상 중대한 손해를 입힌 자

---

22) 한국신문 제870호(1967년 3월 28일) 1면 참조

(c) 영리 목적으로 마약류 단속에 관한 일본국 법령을 위반하여 무기 또는 3년 이상의 징역 또는 금고형에 처해진 자. 또는 마약류 단속에 관한 법령을 위반하여 3회 이상의 형을 받은 자

(d) 일본의 법령에 위반하여 무기 또는 7년 이상의 징역 또는 금고에 처해진 자

위의 협정 내용에 따르면 영주권 허가를 받은 자의 재입국 허가를 면제한다는 조항이 없으므로, 협정영주권자라 하더라도 일본 출국 후에 재입국을 희망할 때는 다시 재입국 허가를 받아야 한다는 의미로 해석될 수 있다. 다시 말하면, 재입국 허가를 받지 않고 출국할 경우에는 일본에 처음 입국하는 외국인과 동일한 심사를 받아야 한다는 것이다. 협정 조항의 이러한 내용은 일반 재일외국인의 영주권과 별반 다르게 없는 내용이었다.

이러한 가운데, 한국 정부는 주일한국대사관을 비롯한 공관을 통해서 재일한인의 법적지위협정 시행을 위해 영주권 신청 절차를 간소화하는 등의 조치에 대해 적극적으로 홍보하고 나섰다. 예를 들어 1967년 주일한국대사관에서 외무부에 보내는 협정영주권 허가 신청 촉진 방안 관련 외교문서를 살펴보면, 협정영주권 신청 촉진을 위해 대사관의 안내서 배포 및 강연회 개최는 물론이고, 민단조직을 통한 촉진 운동과 교포신문을 통한 선전 홍보 등 더욱 더 구체적이고 체계적인 홍보 활동에 나서고 있음을 알 수 있다. 아울러 민단의 법대위에 대한 발전적 개편을 지도하고, 영주허가 신청 촉진을 위한 구체적인 내용을 각급 공관장에 통보하며 관할 민단장에게도 이에 대한 적극적인 동참을 촉구하게 된다. 재일한인의 영주허가 신청 촉진을 위해 신청서류 중에서 가장 문제가 되었던 국적증명서를 대신하는 국적에 관한 진술서 제출

이 손쉽게 이루어질 수 있도록 관할 공관의 적극적인 지도와 신청서류 간소화 등의 조치를 취하게 된다. 이에 대해서는 주일한국대사관이 작성한 「재일교포의 법적지위에 관한 문제점 및 교섭현황」에서도 잘 알 수 있다.[23] 이 자료에 따르면, 구비서류가 과다하고 기입이 복잡하다는 점과 접수창구의 불친절 및 거주경력의 조사가 엄격하다는 점 등을 협정영주권 허가신청의 부진 이유로 들고 있다.

그러면, 1969년 주일한국대사관에서 외무부에 보내는 재일한인 법적 지위에 관한 청원 관련 외교문서를 살펴보기로 한다. 재일거류민단 단장 이희원이 대통령에게 제출한 「재일교포의 법적지위 및 대우문제에 관한 청원서」의 내용을 요약하면 다음과 같다.[24]

(1) 협정영주권 문제 : 협정영주권을 신청함에 있어서 거주경력을 조사하지 않도록 할 것.
(2) 전후 밀입국자에 대한 영주권 문제 : 대일평화조약 발효일(1952. 4.28.) 이전에 입국한 자에게 일본출입국관리령에 따른 일반영주권을 부여할 것.
(3) 일반 밀입국자에 대한 거주권 문제 : 대일평화조약 발효일부터 법적지위협정 서명일(1965.6.22.) 이전에 입국한 자에 대하여 거주권이 부여되도록 할 것.
(4) 밀입국자 퇴거강제 문제 : 이상의 문제점이 해결될 때까지 퇴거강제자를 인수하지 말 것.

(1)의 청원 사항은 해방 이전에 일본에 입국하였다가 해방 후 본국에

---

23) 주일영 제725-1945호 「재일교포 법적지위에 관한 문제점 및 교섭현황 송부」, 1967년 7월 18일
24) 외아교 제725-14643호 「재일교포 법적지위에 관한 청원」, 1969년 5월 26일

다녀감으로서 일본에서의 거주경력이 사실상 중단된 적이 있었던 자 중에서도 외국인등록증에 「126-2-6」으로 표시된 자[25]에 대해서는 계속 거주경력의 사실 조사를 하지 않고 협정영주권을 부여받을 수 있도록 하는 것이며, (2)의 경우는 해방 이전부터 일본에 거주하였으나 해방 이후 일시 귀국하였다가 대일평화조약 발표일 이전에 일본에 입국하여 거주해온 자에 대해서는 입국관리법령에 의한 일반영주권을 취득할 수 있으나 해방 이전부터 거주하지 않았더라도 샌프란시스코 강화조약 발효일 이전에 일본에 입국한 자에게도 복잡한 심사를 하지 않고 일반영주권을 부여받을 수 있도록 요청하는 내용이다. 그리고 (3)의 청원 사항은 샌프란시스코 강화조약 발효일 이후부터 법적지위협정 서명일까지 일본에 밀입국한 자는 가족 구성 등 인도적인 견지와 법적지위협정의 정신에 입각하여 거주권(특별재류허가)이 부여받을 수 있도록 하는 것이며, (4)는 (1)~(3)의 청원 사항이 반영되지 못해서 발생하는 강제퇴거자에 대해서는 한국정부가 인수를 거부하도록 요청하는 내용이다.

이에 대한 주일한국대사관의 의견은 다음과 같다.[26]

> (1) 협정영주자의 거주력 추인에 관하여 민단에서 주장하는 126-2-6의 외국인 등록증을 소지하고 있는 자에 대한 무조건적인 협정영주권 부여 요구는 한일 간 법적지위협정 시행에 있어서 지금까지 양해사항 및 실무자회담의 경위에서 잘 나타난 일본측의 태도를 보아 현

---

25) 재일한인을 증명할 수 있는 법적근거가 없기 때문에 법률 제126호를 제정하여 별도의 재류자격이 정해질 때까지 계속해서 일본에 재류할 수 있도록 했다. 일본 정부는 법률 제126호를 통하여 종전 이전부터 일본에 거주하던 재일한인들에게는 출입국관리령상의 재류자격과 관계없이 당분간 일본에 살 권리를 인정한 것이다. 재일한인 재류에 관해서는 제126호 제2조 6항에 명기되어 있기 때문에 「법률 126-2-6」이라고 칭한다.

26) 주일영 제725-1-2416호 「재일교포 법적지위에 관한 청원」, 1969년 7월 3일

실성이 없는 요구라고 생각됨. 이 문제는 한일 양국 간의 고차적 회담에서 결격자의 구제를 강구해야 할 것으로 생각됨.

(2) 일반영주권 신청에 대하여 일본정부가 호의적으로 취급하지 않고 실제로 허가된 자가 전무하다고 하지만, 어떠한 근거에서 이렇게 과대해석을 하는지 이해하기 곤란함. 이 문제는 출입국관리령에 의한 것으로서 수속상의 서류가 복잡하기는 하지만, 특별한 사유가 있는 자를 제외하고는 호의적으로 허가하고 있음. 좀 더 용이하게 허가될 수 있도록 계속 실무진과 접촉함이 효과적이라고 생각됨.

(3) 법적지위협정 서명일까지 입국한 자까지도 일본국에 정주할 수 있도록 요구하는 것에 대하여 현단계에서는 문제를 제기함이 현실적이지 못하기 때문에 계속적인 노력을 하는데 주력하고 순차적으로 확대해가는 것이 타당하다고 생각됨.

위에서 살펴본 바와 같이 재일한인의 법적지위협정 시행에 따른 문제점 해결을 위해 주일한국대사관과 각 지역공관은 민단이 구성한 대책위원회와 함께 대책을 강구하게 된다. 민단은 재일한인의 안정된 거주권 확보와 권익 옹호를 위해 한국 정부가 일본 정부와 교섭해서 해결해줄 것을 강력하게 촉구하고 나섰다. 이와 관련하여 재일한인의 법적지위 및 처우에 대한 한일 간 실무자회담이 열리게 되는데,[27] 그 실무자회담의 주요 내용은 다음과 같다. 아래의 주요 내용은 대한민국 외교사료해제집을 참고로 정리한 내용이다.[28]

---

27) 재일한인의 법적지위 및 처우에 대한 실무자회담은 제1차 회담(1967.7.20.~21. 도쿄), 제2차 회담(1968.11.5.~6. 도쿄), 제3차 회담(1971.4.16.~17. 도쿄), 제4차 회담(1971.10.11.~12. 도쿄) 등이 개최되었다.
28) 외교부(1966~67)『대한민국 외교사료해제집』, 외교부(1968~69)『대한민국 외교사료해제집』, 외교부(1971)『대한민국 외교사료해제집』

(1) 제1차 실무자회담(1967.7.20.~21. 도쿄)
 - 한국측은 협정 기본정신에 비추어 재일한국인이 일본 국내에
   서 안정된 생활을 영위할 수 있도록 협정의 효율적인 운영이
   필요하며, 협정의 시행과정에서 생긴 제문제(특히, 협정영주허
   가)를 촉진시킬 필요가 있음을 강조함.
 - 이에 대해 일본측은 협정영주허가 촉진을 포함하는 제문제의
   해결을 위해 한국측과 협조할 용의가 있다고 발언함.
 - 한국측은 1945.8.15. 또는 그 이전부터 계속하여 일본에 거주한
   사실이 확인된 자, 일본국적을 가진 자로 협정영주자인 대한민
   국 국민과 혼인한 자, 협정영주신청 자격자가 일본국외 여행
   중에 출산한 자녀 등에 대해서는 협정영주를 허가할 것과 협정
   영주자 가족의 퇴거강제에 있어서 정상참작 및 인도적 견지에
   서 퇴거강제를 자제하도록 요청함.
 - 이에 대해 일본측은 전전부터 일본거주가 확인된 자에 대한 사
   실조사 제외, 대한민국 국민과 혼인한 자에 대한 인도적 고려,
   협정영주자의 재입국기간 내 일본국외에서 출산한 경우 그 자
   녀의 영주 신청 유자격자 취급, 협정영주자 가족의 퇴거강제에
   대한 인도적 고려 의향 등을 표명함.

(2) 제2차 실무자회담(1968.11.5.~6. 도쿄)
 - 협정영주권자의 거주력 추인 : 협정영주 신청자가 제1차 외국
   인 등록(1947)에는 누락되었으나 제2차 등록시 처음 등록하였
   을 경우에도 당해인이 전후에 입국했다는 의심이 없는 경우에
   는 거주력 조사 없이 허가함.
 - 협정영주권자의 재입국 : 금후 특별한 사정이 있는 형벌 위반자
   의 경우에 대해서도 여행목적이나 범죄, 거주상황 등 사정을
   감안하여 인도적 견지에서 호의적으로 고려함.
 - 협정영주권자 가족의 강제퇴거 : 가족구성 등 사정을 충분히
   감안하여 인도적 견지에서 고려할 것이며 일반협정 영주자의

배우자 또는 미성년자의 동거를 위한 입국도 호의적으로 고려할 것이므로 정식으로 일본에 입국할 것을 요망함.

- 출입국관리령에 의한 영주허가 : 해방 이후 1952.4.28.까지의 기간 중 일본 입국자는 일반영주 허가를 신청할 수 있으며, 1968.3월 이후에도 특별체류를 허가한 직후 일반영주를 허가하는 등 호의적인 고려가 이루어지고 있기 때문에 신청 자격자는 신속히 신청할 것을 요망함.

(3) 제3차 실무자회담(1971.4.16.~17. 도쿄)
- 협정영주권 미신청자에 대한 구제 : 한국측은 협정영주권 미신청자에 대한 구제기회 부여를 요청했으나 일본측은 기신청자 35만 명은 만족할 만큼의 성과이므로 신청기간의 연장 및 재설정은 불가하다는 입장임을 나타냄.
- 협정영주권 신청자 허가문제 : 한국측은 거주력 조사 생략 및 신청자 전원에 대한 허가를 촉구했으며 일본측은 현재 형식적인 서면심사만 하기로 함.
- 재일한국인 처우 문제 : 한국측이 한국학교 졸업자에 대한 상급학교 진학 자격 인정을 요청한 데 대해서 일본측은 인정하기 어렵다는 입장을 나타냄. 기타 국민연금이나 공영주택, 재산권, 직업권, 출입국관리령상의 혜택 등에 대해서는 일본측이 호의적인 처리 입장을 밝힘.

(4) 제4차 실무자회담(1971.10.11.~12. 도쿄)
- 협정영주권 미신청자에 대한 구제조치 : 일본측은 협정영주권의 신청기간 연장이나 재설정은 불가하다는 기존입장을 고수하고, 협정에 의하지 않더라도 영주할 수 있는 길이 열려 있음을 강조함.
- 협정영주권 신청자의 허가문제 : 일본측은 계속 거주력을 조사하지 않을 방침이며, 협정영주권 허가를 받지 못한 신청자에게

는 일반영주권을 부여하고 있다고 설명함.

- 기타 : 일본측은 출입국관리법을 개정할 때 협정영주자에게 재입국 허가의 회수제 인정 및 재입국 허가 기간의 연장, 본국 가족의 동거를 위한 신속한 허가 등에 대해 언급함.

- 사회보장을 통한 처우 향상 : 일본측은 재일한국인의 처우가 우대되어야 한다는 점에 동의하면서도 민단계 우대에는 반대하며, 국민연금법을 기본으로 하는 사회보장 관련 제법은 법규정상 일본 국민에게만 해당되기 때문에 법 개정에는 반대한다는 입장과 공영주택은 일본 국민에게만 적용되며 4개 한국학교 출신자의 상급학교 진학 인정은 불가하다는 등 기존의 입장을 반복함.

이렇게 해서 재일한인의 법적지위협정에 의한 영주권 신청기한인 1971년 1월 16일 시점을 기준으로 협정영주권 신청자수가 60만 재일한인 중에서 대략 35만 명을 상회하는 것으로 파악되었다. 협정영주권 신청기간 5년 동안 많은 재일한인들이 외국인등록의 국적 표기를 「조선」에서 「한국」으로 변경하였다. 대한민국 국적자수는 1969년을 기점으로 조선적을 추월하게 되었다.[29] 그리고 네 차례에 걸친 재일한인의 법적지위에 관한 실무자회담의 주된 내용은 재일한인의 협정영주권 신청 허가 및 범위 확대, 강제퇴거 및 사회보장을 통한 처우 개선에 관한 사항이었다. 한국측은 재일한인의 영주권 취득과 처우 향상을 위해 인도적 견지에서 호의적으로 처리해달라는 요청이었고, 일본측은 법적지위협정의 합의조항을 근거로 내세워 불가하다는 입장을 보인 경우가 많았다. 실무자회담을 통해서 진행되는 내용을 살펴보면, 재일한인이

---

29) 한영혜·김인수·정호석(2020)『경계와 재현－재일한인의 국적, 사회 조사, 문화 표상－』한울, p.35

존재하는 역사적인 배경에는 일본 정부가 가장 큰 책임이 있음에도 불구하고, 최소한 재일한인의 거주권을 보장해주기는커녕, 한국 국적을 선택하는 자가 영주권을 신청했을 경우에 한해서 이를 허가하겠다는 논리로 일관한 결과라고 볼 수 있을 것이다.[30]

참고로 제4차 실무자회담이 개최되기 직전에 민단본부는 한국 정부에 대한 청원서를 제출하게 되는데, 이 청원서 내용은 1971년 1월 16일로 신청기한이 마감되면서 재일한인들에게 다가올 불투명한 미래에 대한 불안함과 초조함을 여실히 보여주는 내용에 가깝다고 볼 수 있다.[31]

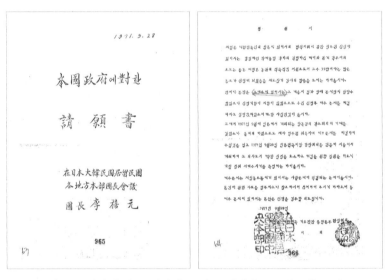

〈자료2〉 민단이 본국 정부에 보내는 청원서(1971년 9월 28일)

---

30) 조총련측은 재일한인들이 모두 「법률 126-2-6」에 의한 재류를 계속 유지할 것을 주장하고 있는 상황이었다.
31) 재일본대한민국거류민단「본국정부에 대한 청원서」(1971.9.28.)

이 청원서에는 재일한인의 영주권 신청기한의 연장 요청과 대우문제 (사회보장관계법령 및 금융관계법령 차별대우 개선 등)에 관한 내용이 담겨져 있다. 이 청원서 내용에 담겨 있는 영주권 신청기한의 연장 요청 사유는 다음과 같다.

(1) 일본정부가 전체 해당자에게 공지시킬 의무를 다하지 않음으로서 신청하지 못한 동포가 많다.
— 신청안내서를 해당자 559,147명 중 12,000명 정도밖에 보내지 않았다는 사실 때문에, 조총련의 허위선전에 속아 기간이 연장 되는 것으로 알고 신청하지 못한 동포가 많다.
— 협정영주권에 대한 행정상의 지도가 불충분하여 지방 구시정촌의 담당계원 자체가 인식하지 못하고 있었으며, 신청마감 당일(토요일)에는 24시까지 접수하는 데가 있고 정오까지밖에 접수를 한 곳도 있는 등 행정상 만전을 기하지 못 했다.
— 1월 16일 이후 일본각급신문을 보고 비로소 영주권에 관한 사실을 알고 지금은 신청할 수 없느냐고 문의해온 사실이 많다.

(2) 신청자의 안전을 확보하지 않았다.
— 조총련의 방해공작과 폭력적인 저지행동을 배제하지 않음으로서 신청을 하기 위하여 구청에까지 왔다가 조총련의 간부 및 친지 등이 진을 치고 대기하고 있음으로서 조총련 산하 동포들은 물론 중립계 동포들이 신청을 못하고 돌아 갔다.
— 신청마감 일자가 박두하자 조총련은 각급 조직간부를 총동원하여 각 시정촌사무소의 신청접수 창구를 점령하고 소위 국적변경신청, 인감증명서 교부신청 등의 구실로 신청을 방해하고 신청용지를 접수시키면 탈취하여 찢는 등 난동을 부렸다.
— 구시정촌은 조총련의 집단폭력을 구실로 접수를 지연 혹은 거부했다.

- 조총련 및 일본 혁신계 단체의 접수처 점령, 압력, 공갈 등으로 신청하지 못한 사실도 있다.

영주권 신청기한 연장 요청 사유는 일본 정부의 행정지도 미흡과 조총련의 방해공작 때문에 영주권 신청을 하지 못한 재일한인들이 많다는 내용이었다. 그러나 결과적으로 영주권 신청기한 연장 요청은 일본 측의 거부로 반영되지 못했다. 한국측의 영주권 신청기한 연장 요구에 내해 일본측은 행정적으로 신청기한 연장이 불가능하며 그 외에도 「법률 126-2-6호」 해당자에 대한 경과 조치를 어떻게 처리할 것인가 하는 문제가 더 중요하다는 입장이었다. 결과적으로 협정영주권의 미신청자에 대한 구제 조치는 이루어지지 못했다. 그리고 협정영주권은 한국적을 전제로 부여되면서 조총련계는 이를 외면하였기 때문에 재일한인 사회 속의 이념적 갈등과 분열을 야기하는 결과를 초래했다는 점과 협정영주 3세에 대한 관련 규정이 없다는 점 등의 많은 문제점을 노출시켰다.[32]

5 맺으며

샌프란시스코 강화조약이 발효되면서 미군정의 일본 점령은 종결되었고, 주권을 회복한 일본 정부는 1952년 4월 28일 「외국인등록령」을 폐기하고 「외국인등록법」을 공포하여 재일한인을 포함한 구식민지 출

32) 정인섭(1990) 「재일한국인 법적지위협정－그 운영 25년의 회고－」 『재외한인연구』 제1호, 재외한인학회. pp.22~23

신자들에게 법적으로는 외국인으로 규정하기에 이르렀다. 구식민지 출신자들을 외국인으로 규정하면서 그들이 일본에 체류할 수 있는 법적 근거를 마련해야 했기 때문이다. 「외국인등록법」의 시행과 더불어 법률 제126호를 공포하면서 재류 자격을 가지지 않고도 계속해서 일본 내에 거류할 수 있다는 규정을 두게 된 것이다. 이처럼 일본 정부의 재일한인에 대한 법적지위 정책은 논리적으로 모순되며 도의적인 측면에서도 이치에 맞지 않는 것이었다.

1965년 한일 양국은 1951년부터 시작된 국교정상화를 위한 한일회담을 마무리하고 한일기본조약과 더불어 4개의 하위 협정을 체결하였다. 이 한일회담을 통해서 일본은 한국에 3억 달러의 무상원조와 2억 달러의 유상원조를 제공하기로 약속하였다. 그러나 한일 양국의 국교정상화는 한국과 일본, 미국이 당면한 이해관계가 합치된 결과물이었다. 한국측은 군사 쿠데타를 통해서 수립된 박정희 정권의 정통성을 확보하기 위해 식민지 지배의 피해 청구라는 명분으로 일본의 자본을 원조받을 수 있게 되었고, 일본측은 미일안보체제 협력의 일환으로 한국과의 국교 수립이 필요했던 상황이었다. 그리고 미국측 역시 동북아시아의 공산세력 남하에 대처하기 위해 안보 동맹국인 한국과 일본의 국교 수립이 필요한 상황에 직면해 있었다. 하지만 한일 국교정상화 회담은 일본측이 제국주의 강제 점령 역사에 대한 반성이 없는 상황에서 이루어진 회담으로써 우려했던 여러 문제점들이 현실로 드러나는 상황에 직면하게 되었다.

이러한 문제점들은 재일한인의 법적지위협정 시행 과정을 통해서도 드러나기 시작했다. 이 과정에서 한국 정부는 처음에는 재일한인이 대대로 일본에 영주할 수 있는 조치를 취해달라는 주장을 펼쳤지만, 결과적으로는 재일한인의 형성과정에 역사적인 책임이 있는 일본 정부가 무책임하게 재일한인을 강제퇴거하려는 방침에 대해서 결과적으로 묵인하는 결과를 초래하였다. 특히, 법적지위협정 제3조의 내용은 일본 정부가 과연 재일한인의 형성과정에 책임이 있는 정부라고 한다면, 도저히 묵과할 수 없는 규정이었다는 사실을 법적지위협정 시행 기간 동안의 외교문서 내용을 통해서도 확인할 수 있을 것이다.

재일한인의 법적지위 개선에 있어서 가장 궁극적인 목표는 재일한인 개개인이 일본사회에서 거주하기를 희망하는 한 그들 각자의 정체성을 지키며 살아갈 수 있는 제도적인 시스템의 마련이었을 것이다. 일본 정부의 무책임한 재일한인 차별 논리에 말려들어, 오히려 재일한인들이 민족적 자존심과 생존권을 지키며 살아갈 수 있도록 해야 하는 역할을 한국 정부는 제대로 하지 못했다. 한국 정부는 해외에서 거주하는 자국민의 권익을 옹호해야 하는 국민국가로서의 기본적인 도리마저 지켜내지 못했다. 친미 진영인 한국을 국적으로 선택하는 자에게만 영주를 허가하고 조선적으로 남은 자에게는 영주권을 부여하지 않는 고립정책을 취하는 오류를 범했다. 민단 역시 조총련계에 대한 정치적 대항단체로서의 역할이 강조되었기 때문에 한국 정부의 정치적 전위대 역할에 충실하였던 바, 재일한인 사회 전체의 구심적인 역할을 제대로 하지 못했다는 평가를 받아 마땅하다. 이러한 상황에서 체결된 법적지위협정은 그 시행 과정에서 당연히 여러 문제점을 낳을 수밖에 없었다.

《부록》 법적지위협정 시행 관련 외교문서목록

1965년 6월 22일 한일기본조약이 타결되면서 1965년 12월 18일 한일 양국 정부의 비준서가 교환되고, 1966년 1월 17일부터는 효력이 발생하기에 이른다. 법적지위협정 시행기간(1966년 1월 17일부터 1971년 1월 16일까지) 동안의 재일한인 관련 외교문서는 재일한인의 법적지위에 관련된 변화 과정을 이해하는데 중요한 자료이다. 이에 재일한인의 법적지위협정 시행과 관련된 대한민국 정부 생산 외교문서를 외교부의 분류체계에 맞추어 정리하였다. 아래 문서목록은 외교부에서 공개할 때 분류한 등록파일을 문서 생산 시기와 주제별로 나누어 배치한 것이다.

문서목록의 각 항목은 분류번호, 생산과, 생산연도, 문서명, 첨부자료, 프레임번호, 문서종류, 발신, 수신, 생산일 등의 항목을 토대로 정리하였다. 문서의 제목은 해당 문서에 표기된 문서명을 그대로 붙이는 것을 원칙으로 하였다. 다만, 문서 제목이 없는 문서들이 상당히 존재하므로 이 경우에는 문서 내용을 확인하여 임의로 문서명을 붙였으며 (*)로 표시하였다. 그리고 문서의 종류는 보고서, 요청문, 회의록, 통보문, 서한, 자료 등의 항목으로 분류하였다.

① 재일한인의 법적지위협정 시행문제, 1966

분류번호 : 791.23

생산과 : 교민과

생산연도 : 1966년

건 제목	첨부자료	프레임	종류	발신	수신	생산일
(*)법적지위협의회 내용 보고		0004	보고서	주일대사	외무부 장관	1966.05.20
법적지위문제 협의회 개최		0005	보고서	주일대사	외무부 장관	1966.05.30
	법적지위문제 협의회 2차회의 토의기록	0006-0013	회의록			
법적지위문제 협의회 3차 개최		0015	보고서	주일대사	외무부 장관	1966.06.29
	법적지위문제 협의회 3차회의 토의기록	0016-0019	회의록			
	재일거류민단 요청사항	0026-0038	요청문			
재일거류민단의 본국 정부에 대한 요청사항에 대한 현황 보고		0039	보고서	외무부 장관	대통령 비서실장	1966.07.25
재일거류민단의 본국 정부에 대한 요청사항에 대한 현황 보고		0040	보고서	외무부 장관	대통령 비서실장	1966.07.25
	대책 현황서	0041-0049	자료			
법적지위협의회 제4차 회의 보고서		0052	보고서	주일대사	외무부 장관	1966.09.15
	법적지위협의회 제4차회의록	0053-0056	회의록			
	협정영주권자가 현행출입국관리령에 의하여 구속당하는 민단의 문제점	0057-0061	자료			

민단 법적지위 대우 대책 위원회 제2차 총회 개최 보고		0062- 0066	보고서	주일대사	외무부 장관	1966.11.17
	재일한국인의 법 적지위 및 대우문제에 관 한 요망사항	0067- 0072	자료			
	법적지위 대우 대책위원회 명 단	0073- 0074	자료			
민단 법적지위 대우 대책 위원회의 동태		0075	보고서	외무부 장관	주일대사	1966.11.22
민단 법적지위 대우 대책 위원회의 동태		0076	보고서	외무부 장관	주일대사	1966.11.22
	첩보통보	0077	자료	내무부 장관	중앙정보 부장 외무부 장관	1966.11.16
(*)진정단 본국방문에 관 한 조치 요청		0078	요청문	외무부 장관	주일대사	1966.11.23
민단 법적지위 대우 대책 위원회 주최 일본 중국지 방 공청회 결과 보고		0082- 0090	보고서	주일대사	외무부 장관	1966.11.24
	재일한국인의 법적지위 및 대 우문제에 관한 요망사항	0091- 0105	자료			
법적지위 협의회 제5차 회 의 보고서		0108- 0110	보고서	주일대사	외무부 장관	1966.12.05
제67회 관동지국 협의회 개최 보고		0111	보고서			
	제67회 관동지 국 협의회 개최 보고서	0112- 0116	자료			
민단의 "법적 지위 대우 대 책위원회"에 관한 보고		0119- 0123	보고서	주일대사	외무부 장관	1966.12.14
	오사카지방 법 적지위 대우 대 책위원회 명단	0124- 0125	자료			

② 재일한국인의 법적지위협정의 시행에 관한 양해사항 확인문제(제1
차 실무자회담, 1967.7.20.-21 포함) 1966-67

분류번호 : 791.22

생산과 : 동북아주과

생산연도 : 1967년

건 제목	첨부자료	프레임	종류	발신	수신	생산일
(*)제9회 민단 중앙위원회 결의내용 일부 보고		0005	보고서	주일대사	외무부 장관	1967.02.14
재일한인 이산가족 집합		0006	보고서	외무부 장관	주일대사	1966.02.28
(*)在日韓人의"近親者" 定義에 대한 기안회신 요청		0007	요청문	외무부 장관	주일대사	1966.3.15
재일한인 이산가족의 재회		0009-0010	보고서	주일대사	외무부 장관	1966.03.08
	(*)재일교포 지위협정 보완	0011	자료			
	(*)재일교포 지위협정보완을 위한 재교섭 방침	0012	자료			
(*)재일한인 법적지위 협정 수정보완 교섭제의에 관한 동향 보고		0013	보고서	외무부 장관	주일대사	1967.05.23
(*)재일교포 지위협정보완을 위한 재교섭에 대한 신문보고 확인 및 보고요청		0014-0015	요청문	외무부 장관	주일대사	1967.05.23
	한일간 문제점 문답 일람표	0016-0018	자료			
(*)한일정기 각료회의에 관한 건		0019	보고서	주일대사	외무부 장관	1967.06.01
(*)법적지위협정 보환에 대한 조선일보 기사내용에 대한 정부방침 요청		0020	요청문	주일대사	외무부 장관	1967.06.01
(*)위 요청에 대한 회신		0021	통보문	외무부 장관	주일대사	1967.06.01

법적지위 협정 보완 기사에 대한 교포의 동향		0024-0025	보고서	주일대사	외무부 장관	1967.06.15
	법적지위 협정 보완에 관한 기사	0026-0028	자료			
	재일한국인의 법적지위 및 대우에 관한 협정의 보다 원활한 시행을 위하여 고려되어야할 제점과 정부의 기본방침 연구	0029-0035	자료			
	협정영주권자 거주경력 문제 외	0036-0053	자료			
법적지위협정관계 회담 보고		0054	보고서	주일대사	외무부 장관	1967.07.20
(*)법적지위회의 일정 보고		0055	보고서	주일대사	외무부 장관	1967.07.22
(*)법적지위협정관계 회담 보고		0056	보고서	주일대사	외무부 장관	1967.07.23
법적지위협정관계 회담 보고		0057	보고서	주일대사	외무부 장관	1967.07.25
	회의참석 보고서	0058-0061	자료			1967.07.26
(*)한일간 회담요록 교환 송부 보고		0062	보고서	주일대사	외무부 장관	1967.7.27
법적지위협정 시행과 관련된 한일양국 법무차관 회담결과 보고		0065-0067	보고서	주일대사	외무부 장관	1967.7.27
	한일양국 법무차관 회담요록 (한국어)	0068-0075	회의록			
	한일양국 법무차관 회담요록 (일본어)	0076-0087	회의록			
(*)영주권 관련 신문발표 이후 조치 보고		0088	보고서	주일대사	외무부 장관	1967.08.24
(*)영주권 관련 신문발표에 관한 건 보고		0089	보고서	주일대사	외무부 장관	1967.08.24

	신문자료(경향 신문 1968.8.29.)	0090	자료			
(*)입국관리국 전보 관련 보고		0091	보고서	주일대사	외무부 장관	1968.09.10
협정영주권 허가신청 촉 진		0092- 0093	요청문	교민과	주일대사 외 7개 영사	1967.08.26
	법적지위 및 대 우에 관한 협정 의 일본 국내에 서의 시행에 관 한 한일양국 실 무자간 양해 사 항요지해설	0094- 0107	자료			
최광수 동북아과장의 법 무성 방문 보고		0108	보고서	주일대사	외무부 장관	1966.09.20
	최광수동북아 과장의 법무성 방문 보고서	0109- 0110	자료			
재일한인의 법적지위협정 시행에 관련한 양해사항 확인 원문 송부		0111	요청문	아주국장	방교국장	1967.09.27
일 법무대신 방문보고		0113- 0114	보고서	주일대사	외무부 장관	1966.10.18
법적지위문제에 관한 대 사관 민단과 일법무성과 의 연합회의 보고		0115- 0122	보고서	주일대사	외무부 장관	1966.10.22
(*)국적정정에 관한 보고		0123- 0124	보고서	주일대사	외무부 장관	1966.10.22
(*)법적지위협정 관련 신 문보고		0125- 0126	보고서	주일대사	외무부 장관	1966.11.28
	제1차 한일정 기각료회담 콤 뮤니케 (1967.08.11.)	0127	자료			
(*)다나까 법상 방한 관련 보고		0128- 0129	보고서	주일대사	외무부 장관	1967.08.17
(*)방한목적 및 동향파악 보고		0130- 0131	보고서	주일대사	외무부 장관	1967.08.18
(*)다나까 법상 면접후 결 과보고 요청		0132- 0133	요청문	주일대사	외무부 장관	1967.08.19

(*)다나까 법상 면접 보고		0134	보고서	주일대사	외무부 장관	1967.08.19
한일 법적지위 협정에 관한 양해 사항 확인 및 일본 법무대신의 방한 (안)		0135	보고서	외무부 장관	대통령/ 국무총리	1967.08.21
(*)한일 법상 및 차관 방한 안일본 확인 보고		0136	보고서	주일대사	외무부 장관	1967.08.21
(*)일법무대신 일행 방한 수락보고		0137	보고서	주일대사	외무부 장관	1967.08.21
(*)김외무차관 체일 일정 관련 사항 조치		0138	요청문	외무부 장관	주일대사	1967.08.21
(*)법적지위협정 시행에 관련한 양해사항 확인을 위한 외무차관 도일에 있어 확인방법 제시		0139-0140	요청문	외무부 장관	주일대사	1967.08.21
(*)김외무차관 도일관련 협의내용 보고		0141-0142	보고서	주일대사	외무부 장관	1967.08.21
(*)김차관 체일일정 보고		0143	보고서	주일대사	외무부 장관	1967.08.21
한일 법적지위 협정에 관한 양해사항 확인		0144	보고서	동북아과		1967.08.21
법적지위 협정 시행에 관한 대표단 파견		0145-0146	보고서	동북 아주과	국무총리	1967.08.22
(*)인원 외 체일경비 입체 요청		0147	요청문	외무부 장관	주일대사	1967.08.22
(*)김차관 일본행 출발 통보		0148	통보문	외무부 장관	주일대사	1967.08.22
(*)양해사항 및 확인사항 확인 요청		0150	요청문	외무부 장관	주일대사	1967.08.22
(*)김차관 장관대리로 일 법상과 서명합의 통보		0151	보고서	주일대사	외무부 장관	1967.08.22
(*)안공사 및 최광수과장의 입관국장과의 회합 보고		0152	보고서	외무부 차관	외무부 장관	1967.08.23
(*)양해사항 신문발표 전문 통보		0153	보고서	주일대사	외무부 장관	1967.08.23
	(*)양해사항신문발표 요지	0154-0155	자료			
(*)김차관과 다나까 법무대신 교환 확인문서 전문 보고		0156	보고서	주일대사	외무부 장관	1967.08.23

(*)양해사항 확인 및 신문보고 외		0157	보고서	외무부차관	외무부장관	1967.08.23
(*)법적지위협정 신문발표 배포시 중점사항 및 해설에 참고할 자료송부		0158	요청문	외무부차관	아주국장	1967.08.23
	협정영주허가 신청한 자에 대하여	0159-0162	자료			
(*)법적지위관계 신문발표문 착오부분 사실확인 요청		0163	요청문	외무부장관	주일대사	1967.08.24
(*)법적지위관계 신문발표문 착오부분 정정보고		0164	보고서	주일대사	외무부장관	1967.08.24
한일 법적지위 협정에 관한 양해사항 보고(안)		0165	보고서	외무부장관	대통령 국무총리	1967.08.24
	신문발표문	0166-0167	자료			
한일 법적지위 협정에 관한 양해사항		0168-0169	보고서	동북아주과	중앙정보부장	1967.08.24
한일 법적지위 협정에 관한 양해사항 해설자료 보고		0170	보고서	동북아주과	대통령 국무총리	1967.08.24
	일본국에 거주하는 대한민국 국민의 법적지위와 대우에 관한 협정	0171-0177	자료			
	대한민국과 일본국간의 어업에 관한 협정 (내용삭제)	0178	자료			
법적지위협정양해사항 대사관 및 일측의 발표상황		0179	보고서	주일대사	외무부장관	1967.08.23
(*)영주권 관련 신문발표		0180	보고서	주일대사	외무부장관	1967.08.24
(*)다께우찌 일법무차관에 전달요청		0181	요청문	외무부차관	주일대사	1967.08.25
법적지위협정 시행관계 양해사항 확인문서 및 신문발표문 사본 송부		0182	보고서	주일대사	외무부차관	1967.08.28
	(*)확인문서및 신문발표 사본	0183-0196	자료			

재일한인 법적지위협정에 관한 양해사항의 국무회의보고		0197	보고서	동북아주과	품의	1967.08.25
공무해외여행 허가통보		0204	통보문	국무총리	외무부장관	1967.08.30
국무회의 의결사항 통지		0205	보고서	총무처장관	외무부장관	1967.09.13
(*)다나까 법무대신 방한 관련 진행사항 보고 요청		0207	요청문	외무부장관	주일대사	1967.08.14
(*)다나까 법무대신 방문 후 방한요청의사 전달 및 일정 조정 보고		0208-0209	보고서	주일대사	외무부장관	1967.08.15
(*)다나까 법무상 방한 수락의사 보고 외		0210-0211	보고서	주일대사	외무부장관	1967.08.17
(*)신문보고		0212	보고서	주일대사	외무부장관	1967.08.17
(*)다나까 법상 방한목적 조율 보고		0213-0214	보고서	외무부장관	주일대사	1967.08.18
(*)안공사와 나까가와 입관국장 방문 면담 내용 보고		0215	보고서	주일대사	외무부장관	1967.08.17
(*)다나까 법상 방한문제 본부방침 지시예정 대기 요청		0216	요청문	외무부장관	주일대사	1967.08.19
(*)다나까 법상 방한환영 및 일정조율에 관한 한국측 의견에 대한 조치 및 결과보고 요청		0217-0218	요청문	외무부장관	주일대사	1967.08.19
(*)위의 지시사항에 대한 결과보고		0219	보고서	주일대사	외무부장관	1967.08.19
한일 법적지위 협정에 관한 양해사항 확인 및 일본 법무대신의 방한보고		0220	보고서	외무부장관	대통령 국무총리	1967.08.21
(*)일본법상 방한에 대한 외무장관의 서신		0221	서한	외무부장관	일본법상	1967.08.21
(*)일법무성의 김외무차관 체일 구두초청 및 일법무 대신 방한일정에 관한 사항 회시 요청		0222	보고서	주일대사	외무부장관	1967.08.21

(*)김외무차관 체일일정에 관한 요청사항 통보		0223	요청문	외무부 장관	주일대사	1967.08.21
(*)김차관 방일과 다나까 법상의 방한안 확인 보고		0224	보고서	주일대사	외무부 장관	1967.08.21
(*)다나까법상의 방한 신 문보고		0225	보고서	주일대사	외무부 장관	1967.08.21
(*)다나까 법무대신관련 기사		0226-0227	보고서	아주국장	의전실장	1967.08.21
일본 법무대신 방한		0228-0229	요청문	아주국장	의전실장	1967.08.22
(*)김차관의 일본도착 및 다나까법상 방한에 있어 일정의 세부사항 조정요청		0230	요청문	동북 아주과장	아주과장	1967.08.22
(*)다나까 법무대신 방한 및 체한일정 회보요청		0231	요청문	주일대사	외무부 장관	1967.08.22
(*)외무장관주최 만찬회와 국무총리 오찬에 대한 일 정 조정 요청 및 법상 내한 일정 회시 요청		0232	요청문	주일대사	외무부 장관	1967.08.25
다나까법상 방한		0233	보고서	주일대사	외무부 장관	1967.08.25
	다나까법상 일 정표	0234-0243	자료			
	장관의 다나까 법상 면담시 말 씀하실 사항	0244-0248	자료			
	국무총리각하 의 다나까법상 과의 면담자료	0249-0250	자료			
	정국무총리각 하와 다나까 일 법상 간 면담사항 요 지	0251-0252	자료			
(*)다나까법상 귀일후 신 문보도내용 보고		0253	보고서	주일대사	외무부 장관	1967.09.01
다나까 일본 법무대신과 의 면담 보고		0254	보고서	외무부 장관	대통령 국무총리	1967.09.02
장관의 다나까 일본법무 대신과의 면담 기록 송부		0255	보고서	주일대사	중앙 정보부장	1967.09.04

	외무부장관과 다나까 법무대신과의 면담기록(1967.8.28.)	0256-0261	자료			
	최규하 외무부장관과 다나까 법무대신과의 면담기록(1967.8.31.)	0262-0265	자료			
	다나까 일본법무대신이 김영주 외무부차관에 보낸 서한	0266-0267	서한			
(*)다나까 법무대신 대사관 방문 보고		0268	보고서			
	면담기록 및 신문자료	0269	자료			
다나까 일 법상의 방한 귀국 보고		0270	보고서	외무부장관	대통령	1967.09.04
	다나까 일본 법무대신이 김영주 외무부차관에 보낸 서한	0271-0274	서한			
(*)다나까 일 법무대신의 방한 귀국보고		0275	보고서	동북아주과	주일대사	1967.09.08
	대통령각하께의 다나까 일법무대신에게 말씀하신 주요내용 요지	0276-0277	자료			
(*)재일교포 법적지위에 관한 협의 보고문		0278-0279	보고서	주일대사	외무부장관	1967.10.25

③ 재일한국인의 법적지위협정의 시행에 관한 양해사항 확인(영주권 신청 절차의 간소화 등)

분류번호 : 791.22

생산과 : 교민과

생산연도 : 1967년

건 제목	첨부자료	프레임	종류	발신	수신	생산일
(*)방한 법부성 입관국장 일행 북동아과 이노우에 우끼히꼬 사무관 신상 보고		0004	보고서	주일대사	외무부 장관	1967.02.06
(*)나까가와 입관국장 방문일정 변경 보고		0005	보고서	주일대사	외무부 장관	1967.02.07
재일교포 영주허가 신청 촉진 교섭 보고		0010	보고서	주일대사	외무부 장관	1967.01.12
	재일교포영주허가 신청촉진 교섭 보고	0011- 0015	자료			
(*)주일 각급 영사관장 회의 결과보고 외 영주권 신청문제 관련 즉보 요청		0016	요청문	주일대사	외무부 장관	1967.01.23
(*)주일 공관장 회의 내용 보고		0017	보고서	주일대사	외무부 장관	1967.01.23
대만계 중국인의 지위 협정에 관한 신문 보고		0018	자료	주일대사	외무부 장관	1967.01.23
일반영주허가 신청 및 허가상황		0021	보고서	주일대사	외무부 장관	1967.01.21
	영주허가신청 및 허가에 관한 보고	0022- 0023	자료			
영주허가 신청 및 허가에 관한 교섭 보고		0026	보고서	주일대사	외무부 장관	1967.01.23
	영주허가신청 및 허가에 관한 보고	0027- 0028	자료			
(*)법적지위협정 토의기록 (1) 규정에 따른 일후생성의 의견 보고		0029	보고서	주일대사	외무부 장관	1967.01.28
(*)법적지위협정 일주년을 기하여 제기된 문제점 종합토 및 해결을 위한 양국의 비공식회합 요청		0030	요청문	주일대사	외무부 장관	1967.01.31
(*)법적지위협정 관련 한일 합동위원회 설치에 대한 의견 통보		0031	통보문	외무부 장관	주일대사	1967.02.01

영주권 협정 시행에 따르는 제 문제점에 대한 교섭지시		0032-0035	요청문	동북아과장	주일대사	1967.02.01
협정영주 허가자에 대한 일 국민건강보험법의 적용		0038	보고서	주일대사	외무부장관	1967.01.30
	일 후생성 방문보고	0039-0046	자료			
일법무성 협정영주실 방문보고		0049	보고서	주일대사	외무부장관	1967.02.02
	법무성 협정영주실 방문보고	0050-0051	자료			
협정영주권 허가신청 촉진방안 및 예산		0053-0056	요청문	주일대사	외무부장관	1967.02.02
영주권취득 교포에 대한 입관의 수사		0057	보고서	주센다이영사	외무부장관	1967.02.16
영주권 획득 교포에 대한 입관의 수사 보고		0058	보고서	주센다이영사	외무부장관	1967.02.10
	국민보호조치서	0059	자료			
재입국문제에 관한 일 법무성과의 협의결과 보고		0062-0065	보고서	주일대사	외무부장관	1967.02.09
법적지위문제에 관한 일 법무성과의 연석회의 결과 보고		0070	보고서	주일대사	외무부장관	1967.02.15
	법적지위 문제에 관한 일법무성과의 연석회의 결과보고	0071-0075	자료			
재일교포의 일반 영주허가 신청 및 허가 현황에 관한 보고		0078	보고서	주일대사	외무부장관	1967.02.23
	일반영주허가 신청 및 허가 현황에 관한 보고	0079-0080	자료			
국민등록 및 영주허가 신청 안내서 작성 보고		0081	보고서	주일대사	외무부장관	1967.02.28
	국민등록 및 영주허가신청안내	0082	자료			
재일교포의 강제퇴거에 관한 보고		0085-0087	보고서	주일대사	외무부장관	1967.02.25

(*)협정영주권자 신청자중 국적에 관한 진술서 제출한 자 분석 보고 요청		0088	요청문	외무부 장관	주일대사	1967.04.20
(*)협정영주권자 분석에 대한 확인보고 요청		0089	요청문	외무부 장관	주일대사	1967.04.24
(*)협정영주권자 관련 분석 및 통계 회보		0090	보고서	주일대사	외무부 장관	1967.04.25
협정영주권 신청자 중 국적에 관한 진술서 제출자에 대한 분석		0093-0096	보고서	주일대사	외무부 장관	1967.04.26
국적에 관한 진술서 재비 상황 보고		0098-0099	보고서	주일대사	외무부 장관	1967.04.27
	국적조회상황표 (1967.4.22.현재)	0100	자료			
(*)국적진술서 제출자 분석에 대한 확인 요청		0101	요청문	외무부 장관	주일대사	1967.05.08
(*)국적진술서 제출자 분석에 대한 확인 및 정정보고		0102	보고서	주일대사	외무부 장관	1967.05.09
협정영주권 허가신청 안내 포스타 송부		0103	보고서	주일대사	외무부 장관	1967.05.31
(*)통계표분류 참조사항 송부		0104	보고서	주일대사	외무부 장관	1967.06.07
국회제출자료		0105	요청문	동북아주 과장	교민과장	1967.06.13
국회제출자료		0106	요청문	동북아 과장	교민과장	1967.06.14
	(*)화태억류교포 송환문제 및 법적지위협정 시행의 보안을 위한 대일교섭	0107-0112	자료			
(*)미국영주권 취득 전후 대우의 변화 보고 요청		0113	요청문	외무부 장관	주미대사	1967.07.06
(*)1945.8.15.-1952.4.28. 사이 재일교포의 합법적 임시귀국 여부, 수속절차 등 조사 보고 요청		0114	요청문	외무부 장관	주일대사	1967.07.06

(*)1945.8.15.-1952.4.28. 사이 재일교포의 합법적 임시귀국 여부, 수속절차 등 조사 보고		0115	보고서	주일 대사	외무부 장관	1967.07.07
재일교포의 일시귀국에 필요한 수속		0116	보고서	교민과	법무부/ 내무부 장관	1967.07.06
국적확인 조회를 위한 예산 조치		0119	보고서	주일대사	외무부 장관	1967.06.27
(*)미국영주권 취득 전후 대우의 변화 보고		0120	보고서	주미대사	외무부 장관	1967.07.11
(*)미국영주 외국인 재입국 허가제도 만료와 관련 규정 조사 보고 요청		0121	요청문	외무부 장관	주미대사	1967.07.13
(*)협정영주권 관련 사무 엽서 인쇄비 송금의뢰		0122	요청문	아주국장	동북아 과장	1967.07.13
국적확인 조회를 위한 예산 조치		0123- 0124	통보문	교민과		1967.07.10
	(*)국적확인 진술서를 통한 영주 허가 안내문 및 확인서	0125- 0126	자료			
재일교포의 일시 귀국에 필요한 수속		0127	보고서	법무부	외무부 장관	1967.07.12
(*)휴대한 안 대로 가함		0128	통보문	아주국장	교민과장	1967.07.19
재일교포 법적지위에 관한 문제점 및 교섭 현황 자료 송부		0130	보고서	주일대사	외무부 장관	1967.07.18
	재일교포의 법적지위에 관한 문제점 및 교섭 현황	0131- 0173	자료			
법적지위협정 관계 회담 보고		0174- 0175	보고서	주일대사	외무부 장관	1967.07.21
(*)각료회의 법상 불참 통보 및 이후 법상회담 계획 송부		0176	보고서	주일대사	외무부 장관	1967.07.25
(*)정기각료회의 양국법상 불참과 20일 양국 법무차관 회담 교섭결과 보고 및 건의		0177	보고서	주일대사	외무부 장관	1967.07.25

한일정기각료회의		0178	보고서	주일대사	외무부 장관	1967.07.25
(*)다나까 법상 방한 신문 보도 보고		0179	보고서	주일대사	외무부 장관	1967.08.17
다나까 법상 방한		0180	보고서	주일대사	외무부 장관	1967.09.01
법적지위협정 시행에 관한 회담요록의 실시에 관한 건		0184	보고서	주일대사	외무부 장관	1967.09.21
	법적지위협정 시행에 관한 회담 요록의 실시	0185-0187	자료			
(*)회담 요록 4항에 관한 일측 입장 보고 요청 및 일본인처 이시자끼 시즈꼬 건 포함여부 보고요청		0188	요청문	외무부 장관	주일대사	1967.09.29
(*)일본인처 이시자끼 사즈꼬 영주허가 여부 보고		0189	보고서	주일대사	외무부 장관	1967.09.29
법적지위협정 시행에 관한 회담요록의 실시에 관한 건		0190	보고서	주일대사	외무부 장관	1967.10.12
	법적지위협정 시행에 관한 회담요록의 실시를 위한 활동 보고	0191-0194	자료			
일반 영주 허가 신청		0195	보고서	주일대사	외무부 장관	1967.10.13
일반영주 허가신청상의 문제		0196-0197	보고서	주일대사	주일 각 공관장	1967.10.12
	국적확인신청서(영문)	0198	자료			
	국적확인신청서(국문)	0199	자료			
법적지위협정 시행에 관한 회담요록의 실시에 관한 교섭 보고		0200	보고서	주일대사	외무부 장관	1967.11.08
	일 입관국 차장 방문보고(1967. 11.08.)	0201	자료			

(*)사증발급에 관한 심사기준에 관한 대화내용 보고		0204	보고서	주일대사	외무부장관	1967.11.27
법적지위협정 시행에 관한 회담요록의 실시에 관한 교섭 보고		0205	보고서	주일대사	외무부장관	1967.11.29
	법적지위협정 시행에 관한 회담요록의실시에 관한 교섭	0206-0208	자료			
일법무성 입관국 관계관 접촉 보고		0210	보고서	주일대사	외무부장관	1967.12.20
	입관국 차장 방문 보고	0211-0212	자료			
재일교포 일본국 재입국에 대한 통보		0213-0214	보고서	법무부장관	외무부장관	1967.12.30
	영주허가서	0215	자료			
	재입국허가서	0216	자료			
	퇴거명령서	0217	자료			

④ 재일한국인의 법적지위협정 시행문제, 1967

분류번호 : 791.23

생산과 : 교민과

생산연도 : 1967

건 제목	첨부자료	프레임	종류	발신	수신	생산일
(*)법적지위대우대책위원회 성명 관련 신문보고		0004-0005	보고서	주일대사	외무부장관	1967.01.18
(*)재일교포 영주권신청 선전 및 계몽과 관련 시달사항		0006-0007	통보문	외무부장관	주일대사	1967.01.19
법적지위협의회 제6차 회의보고서		0008-0010	보고서	주일대사	외무부장관	1967.01.23
법적지위협의회 제6차 회의보고서		0011-0013	보고서	주일대사	외무부장관	1967.01.18
	신문자료(한국일보 1967.01.19.)	0014	자료			

(*)한국일보 영주권신청부진사유보도에 관한 진상회보 요청 및 재발방지 지도 요청		0015-0016	요청문	외무부장관	주일대사	1967.01.19
(*)한국일보 영주권신청부진 사유보도에 관한 진상회보 요청 및 재발방지 지도 요청		0017-0018	요청문	외무부장관	주일대사	1967.01.19
한일 법적지위협정 발표1주년을 기한 법대위 성명서		0019	보고서	주일대사	외무부장관	1967.01.23
한일 법적지위협정 발표1주년을 기한 법대위 성명서		0020	보고시	주일대시	외무부장관	1967.01.19
(*(한국일보 영주권신청부진사유보도에 관한 진상회보 요청 및 재발방지지도요청에 대한 회신		0024	보고서	주일대사	외무부장관	1967.01.24
국민등록 갱신부진 이유		0025-0026	보고서	주일대사	외무부장관	1967.01.25
	출장복명서	0027-0042	자료			
협정영주신청부진 이유 및 법대위 성명에 관한 회보		0043-0044	보고서	주일대사	외무부장관	1967.01.30
협정영주신청부진 이유 및 법대위 성명에 관한 회보		0045-0048	보고서	주일대사	외무부장관	1967.01.26
(*)거류민단 재)회 중앙위원회 개최계획과 의제 송부		0049	보고서	주일대사	외무부장관	1967.01.28
(*)법대위의 본국 진정단 파견 취소 통보 외		0050	보고서	주일대사	외무부장관	1967.01.28
	방한중인 법대위 간부가 제출한 영주권 신청 문제에 관한 건의 내용	0051-0055	자료			
	본국정부에 대한 요망사항	0056-0069	자료			
법적지위문제에 대한 민단중앙위원회 토의보고		0070-0071	보고서	주일대사	외무부장관	1967.02.21
법적지위문제에 대한 민단중앙위원회 토의결과 보고		0072-0085	보고서	주일대사	외무부장관	1967.02.16

	재일거류민단의 법적지위대우대책위원회로부터 제출받은청원서 내용 요지	0086-0090	자료			
내동령 각하에게 보내는 멧세지 송부		0091-0092	보고서	주일대사	외무부 장관	1967.03.09
대통령각하에게 보내는 멧세지		0093-0094	보고서	교민과	대통령 비서실장	1967.03.13
(*)법적지위문제에 관한 진정을 위해 입국한 재일교포 정보 보고		0095	보고서	주일대사	외무부 장관	1967.03.13
(*)재일교포 방한시 방한 일정 보고 요청		0096	요청문	외무부 장관	주일대사	1967.03.16
재일민단간부진 대통령각하 예방		0097-0098	보고서	아주국장	의전실장	1967.03.16
재일민단간부단 접견		0099	요청문	외무부 장관	국무총리	1967.03.16
재일민단간부단 접견		0100	보고서	외무부 장관	국무총리 법무장관 대통령 비서실장	1967.03.15
재일민단간부단 접견		0101	보고서	외무부 장관	대통령 비서실장	1967.03.16
(*)민단간부 방한일정 결정 및 인원변경 보고		0102	보고서	주일대사	외무부 장관	1967.03.18
	재일교포 법적지위 진정단 명단	0103	자료			
(*)민단간부 방한일정 변경		0104	보고서	주일대사	외무부 장관	1967.03.20
(*)민단간부 인원 변경		0105	보고서	영사과장	교민과장	1967.06.24
민단 법대위 발행의 법적지위의의 문제점과 해설 송부		0106	보고서	주일대사	외무부 장관	1967.03.27
	법적지위 문제점과 해설	0107-0150	자료			
	민단 법대위 발행의 법적지위의 문제점과 해설서 송부	0151-0153	자료			

⑤ 재일본한국인의 법적지위에 관한 실무자 회의, 제2차 동경, 1968. 11.5.-6

분류번호 : 791.22

생산과 : 동북아1과

생산연도 : 1968년

건 제목	첨부자료	프레임	종류	발신	수신	생산일
	재일한국인의 법적지위에 관한 한일양국실무자회의회의록(제2차)	0004-0015	회의록			
	이선중 수석대표 인사	0016-0017	자료			
	한일실무자회담 양해사항	0018-0019	자료			
	실무자회담 요지	0020-0024	자료			
한일 법상회담에의 민단 참여 요청		0025	보고서	주일대사	외무부 장관	1968.08.22
	한일법상회의에 대한 요청의 건	0026	자료			
재일교포 나환자 대우개선에 대한 진정처리 지시		0027	요청문	교민 과장	주일대사	1968.08.21
재일교포 나환자 대우개선에 대한 진정처리 지시		0028	요청문	장관	주일대사	1968.08.22
재일교포 나환자 대우개선 협조요청		0029	요청문	보건사회 부장관	외무부 장관	1968.08.14
	(*)나환자대우개선 진정서	0030-0032	자료			
(*)민단의 진정단 파견 시기 조정		0033	요청문	주일대사	외무부 장관	1968.08.21
	신문자료(대한일보 68.08.30)	0034	자료			

⑥ 재일한국인의 법적지위협정 시행에 관한 양해사항 확인(영주권 신청절차의 간소화등) 1968

분류번호 : 791.22

생산과 : 교민과

생산연도 : 1968

건 제목	첨부자료	프레임	종류	발신	수신	생산일
(*)협정영주권자 신정덕 재입국에 관한 건 보고 요청		0004-0005	요청문	외무부 장관	주일대사	1968.01.11
재일교포 신정덕의 일본 재입국에 대한 사실 회보		0006-0007	보고서	교민과	법무부 장관	1968.01.25
재일교포 신정덕의 일본 재입국에 대한 사실 회보		0008-0010	보고서	외무부 장관	법무부 장관	1968.01.27
(*)협정영주권자 신정덕 재입국에 관한 보고		0011	보고서	주일대사	외무부 장관	1968.01.20
(*)신정덕씨의 퇴거건에 관한 회보		0012	보고서	주일대사	외무부 장관	1968.01.23
재일교포 신정덕의 일본 재입국 경위		0013-0014	통보문	법무부 장관	외무부 장관	1968.02.01
(*)신정덕씨의 일본 재입국 결과 보고 요청		0015	요청문	외무부 장관	주일대사	1968.02.03
(*)신정덕씨의 일본 재입국 결과 보고		0016	보고서	주일대사	외무부 장관	1968.02.08
재일교포 신정덕의 일본 재입국 허가		0017	요청문	교민과	법무부 장관	1968.02.09
재일교포 신정덕의 일본 재입국 허가		0018	요청문	외무부 장관	법무부 장관	1968.02.09
재일교포 신정덕의 일본 재입국 허가 요청		0019	요청문	외무부 장관	법무부 장관	1968.02.09
법적지위협정 발효2주년에 대한 재일한국 거류민단의 성명발표		0021	보고서	주일대사	외무부 장관	1968.01.22
	성명서	0022-0037	자료			
	성명서 요약	0038-0039	자료			

		0040	보고서	주일대사	외무무 장관	1968.01.31
국적에 관한 진술서 처리 보고		0040	보고서	주일대사	외무무 장관	1968.01.31
국적에 관한 진술서 처리		0041- 0042	보고서	주일대사	재일 각공관장	1968.01.19
협정영주자의 대우에 관한 교섭 보고		0044- 0048	보고서	주일대사	외무부 장관	1968.02.01
	퇴거강제 실례 집	0049- 0059	자료			
협정영주권 신청 촉진		0060	요청문	외무부 장관	주일 각공관장	1968.02.05
협정영주권 신청 촉진		0061- 0062	요청문	외무부 장관	주일 각공관장	1968.02.05
	신문요약	0063- 0064	자료			
조선국적 소유 교포의 영주권 획득에 대한 여론		0065	요청문	정보 문화국장	아주국장	1968.06.10
조선국적 소유 교포의 영주권 획득에 대한 여론		0066	요청문	중앙 정보부장	외무부 장관	1968.06.05
	민단간부의 여론	0067	자료			
조선국적 소유 교포의 영주권 획득에 대한 여론		0068- 0069	요청문	외무부 장관	주일대사	1968.06.18
	재일한국인의 협정 영주권 신청 촉진을 위한 방안	0070- 0079	자료			

⑦ 재일본한국인의 법적지위 향상을 위한 한일본간 법무장관 회담 동
경, 1969.8.19.-20

분류번호 : 791.22

생산과 : 동북아1과/교민과

생산연도 : 1969년

건 제목	첨부자료	프레임	종류	발신	수신	생산일
	성명서	0004- 0005	자료			
면담요록 송부		0006	통보문	외무부	주일대사	1969.06.02

	면담요록	0007-0009	자료			
(*)장관과 가나야마주한일본대사와의 면담 내용 보고 요청		0011-0012	요청문	외무부장관	주일대사	1969.07.03
	전화기록		자료			
(*)정기각료회의전 법상회담개최를 위한 법무장관 도일일정 절충하여 회보 요청		0013	요청문	외무부장관	주일대사	1969.07.16
한일법상회의		0014	보고서	주일대사	외무부장관	1969.07.17
	최규하외무부장관과 아이찌 일본외상과의 면담내용	0015	자료			
(*)일측제안 한일법상회의 일정 재교섭 일정 회보 요청		0017	요청문	외무부장관	주일대사	1969.07.18
(*)진필식 외무차관과 가나야마 주한일본대사와의 면담요록 보고		0018	보고서	외무부장관	대통령 국무총리	1969.06.19
	진필식 외무차관과 가나야마 주한 일본 대사와의 면담요록	0019-0024	자료			
(*)진외무차관과 일본대사의 면담 내용 통보		0025-0026	통보문	외무부장관	주일대사	1969.06.21
면담내용 송부		0027	통보문	동북아주과장	교민과장	1969.06.23
	최규하외무부장관과 사또수상과의 회담요록	0028-0029	자료			
	진필식 외무차관과 가나야마 주한 일본대사와의 면담요록 (발췌)	0030-0032	자료			
(*)강공사와 외무성 수노베국장과 예비회담 관련 면담내용 보고		0034-0035	보고서	주일대사	외무부장관	1969.06.28

면담기록 송부		0036	통보문	교민과장	동북아주 과장	1969.06.30
	법상회담관련 면담 기록 (1969.06.28.)	0037-0040	자료			
	법상회담관련 면담 기록 1969.06.30.)	0041-0042	자료			
(*)법상회담 개최시기 일본측 통보		0043	통보문	외무부 장관	주일대사	1969.06.30
(*)법상회담 관련 정무과장과 외무성 다떼북동아과장 면담보고		0044-0045	보고서	주일대사	외무부 장관	1969.07.02
(*)마에다 주일본대사관 참사관의 김아주국장 방문 법상회담관련 일측 입장 내용 보고		0046	보고서	외무부 장관	주일대사	1969.07.04
	강공사의일법무성 나까가와입관국장 면담요지(1969.07.04)	0047	자료			
(*)강공사와 일법무성 나까가와 입관국장 면담요지 보고		0048-0049	보고서	주일대사	외무부 장관	1969.07.06
	강공사와 스노베아세아국장 면담지(1969.07.05.)	0050	자료			
(*)강공사와 스노베 아세아국장면담요지 보고		0051	보고서	주일대사	외무부 장관	1969.07.06
(*)지참사관과 외무상아세아가나자와 참사관방문 면담내용보고(재화태교포 구출문제 및 법상회담)		0052-0053	보고서	주일대사	외무부 장관	1969.07.11
(*)법상회단 관련 진차관과 가네야마 대사간의 양해사항 통보		0056	통보문	외무부 장관	주일대사	1969.07.23
한일 양국 법상회담		0057	보고서	외무부	법무부 장관	1969.07.23
한일 양국 법상회담		0058	보고서	외무부 장관	법무부 장관	1969.07.23

	면담요록 (1969.07.22.)	0059-00 60	자료			
한일양국 법상회담의 대표단 구성		0061	보고서	교민과	법무부 장관	1969.07.23
한일양국 법상회담 개최		0062- 0063	보고서	교민과	총무과장	1969.07.23
한일 법상회담 운영절차와 우리정부 입장에 관한 보고		0064	보고서	외무부 장관	대통령 국무총리	1969.07.25
	한일법상회담의 운영절차와 우리정부 입장	0066- 0069	자료			
	면담요록 (1969.07.26	0070- 0071	자료			
(*)법상회담에 제시할 요구사항 건의 요청		0072	요청문	외무부 장관	주일대사	1969.07.29
호텔예약 보고		0073	보고서	주일대사	외무부 장관	1969.07.30
한일 법상회담 요구사항에 관한 당관 의견		0074	보고서	주일대사	외무부 장관	1969.08.01
	법상회담에 관한 견해(문제점)	0075- 0080	자료			
	재일한국인의 법적지위 및 관련된 문제-법상회담자료-	0081- 0098	자료			
공무 해외여행 심사요구		0099- 0100	보고서	교민과	국무총리 /공무해 외여행심 사위원회	1969.08.05
공무 해외여행 심사요구		0101- 0102	보고서	외무부 장관	국무총리	1969.08.05
공무 해외여행 심사요구		0103	보고서	외무부 장관	국무총리	1969.08.05
(*)다떼북동아과장의 한일법상회담에 관한 협의내용 수용 보고		0104	보고서	주일대사	외무부 장관	1969.08.06
(*)한일법상회의에 대한 우리측 수용 보고		0105	통보문	외무부 장관	주일대사	1969.08.06

(*)법무성 쯔다사무차관 방문법상회담 관계 결의 내용 송부		0106	보고서	주일공사	외무부 장관	1969.08.06
(*)법상회담 관련		0107	보고서	주일대사	외무부 장관	1969.08.07
(*)한일법상회담 관련		0108	보고서	주일대사	외무부 장관	1969.08.07
(*)강공사 후나다나까 전 중의원방문 법상회담에 관한 협의 요청 내용 보고		0109	보고서	주일대사	외무부 장관	1969.08.07
공무해외여행 승인 봉지		0110	통보문	총무처 장관	외무부 장관	1969.08.08
(*)강공사의 쯔다 사무차 관 초대 오찬 참석 내용 보 고		0111-0112	보고서	주일대사	외무부 장관	1969.08.08
(*)법상회담 및 실무자회 담 참석자 송부		0113	통보문	외무부 장관	주일대사	1969.08.09
한일 법상 회담에 관한 훈 령		0114	통보문	외무부	법상회담 수석대표 (법무부 장관)	1969.08.12
한일 법상 회담에 관한 훈 령		0115	통보문	외무부	법상회담 수석대표 (법무부 장관)	1969.08.13
	법상회담의한 국측 제안요지	0116-0120	자료			
	주일대사관이 비공식으로 일 본 법무성에제 안내용	0121-0123	자료			
(*)법상회담관련 만찬 초 청공문		0124	요청문	외무부 장관	주일대사	1969.08.12
(*)법상회담관련 만찬 비 용 지급 요청		0125	요청문	주일대사	외무부 장관	1969.08.14
	법상회담 및 북송 에 관한 면담기록 (1969.08.16.)	0126-0129	자료			
(*)신총영사와 법무성다끼 가와차장 방문 법상회담 에 제의할 요점 보고		0130-0131	보고서	주일대사	외무부 장관	1969.08.16

(*)강공사의 수노베아세아 국장 방문에 관한 내용 보고		0132	보고서	주일대사	외무부 장관	1969.08.17
(*)한일법상회담 아국대표 출발계획 보고		0133	통보문	외무부 장관	주일대사	1969.08.18
(*)강공사의 나까가와입관 국장, 쓰다법무차관 방문 내용 보고		0134- 0135	보고서	주일대사	외무부 장관	1969.08.18
(*)강공사와 나까가와입관 국장 만나 법상회담 절차 최종 합의내용 보고		0136	보고서	주일대사	외무부 장관	1969.08.19
	한일양국 법상 회담 일정	0137	자료			
	한일양국 법상 회담 도착인사	0138- 0139	자료			
	이호법무부장관 의 인사(한국어)	0140- 0151	자료			
	이호법무부장관 의 인사(일본어)	0152- 0167	자료			
	일법무부장관 의 제안	0168- 0173	자료			
	실무자회담의 Talking paper (일본어)	0174- 0195	자료			
	실무자회담의 Talking paper (영어)	0196- 0200	자료			
(*)법상회담 진행 내용 보고		0202- 0203	보고서	주일대사	외무부 장관	1969.08.19
	한일법상회의 자료	0204- 0213	자료			
(*)법상회담 공동신문발표 문 전문 보고 요청		0214	요청문	외무부 장관	주일대사	1969.08.20
(*)법상회담 공동 발표문 전문 보고		0215- 0217	보고서	주일대사	외무부 장관	1969.08.20
(*)공동발표문 발표일정 협의 보고		0218	보고서	주일대사	외무부 장관	1969.08.20
(*)강공사와 법상회담개최 문제에 관한 쯔다법무차 관 면담내용 보고		0219- 0220	보고서	주일대사	외무부 장관	1969.08.21

(*)강공사와 쯔다법무차관의 법상회담에 관한 면담 내용 보고		0221-0222	보고서	주일대사	외무부 장관	1969.08.21
	재일본대한민국거류민단의 성명서	0223	자료			
(*)합일법상회담 종료 보고		0224	보고서	외무부 차관	외무부 장관	1969.08.21
(*)한일양국 법상회담 결과보고		0225-0226	보고서	외무부 장관	대통령 국무총리	1969.08.21
	법상회담에 대한 보고	0227-0229	자료			
	공동발표에 대한 보도자료	0230-0232	자료			
	공동발표문(일본어)	0237-0239	자료			
	일반영주신청 서류 및 신청강 소화내용	0267	자료			
	영주권신청 관련 신문자료	0268-0278	자료			
(*)한일법상회담 참여일행 귀국일정 회보 요청		0279	요청문	외무부 장관	주일대사	1969.08.22
(*)한일법상회담 참여일행 귀국일정 회보		0280	보고서	외무부 장관	주일대사	1969.08.22
(*)강공사의 새로 부임한 법무성 요시다겐조 입관국장 예방 보고		0281	보고서	주일대사	외무부 장관	1969.09.01
(*)서한 전달		0282	요청문	외무부 장관	주일대사	1969.09.03
	법무부장관 서한	0283	서한			
서한전달		0286	보고서	주일대사	외무부 장관	1969.09.09

⑧ 재일한국인 법적지위협정 시행에 관한 양해사항 확인(영주권 신청
절차의 간소화 등) 1969

분류번호 : 791.22

생산과 : 교민과

생산연도 : 1969년

건 제목	첨부자료	프레임	종류	발신	수신	생산일
재일교포 법적지위에 관한 청원		0004	보고서			1969.05.23
	재일교포의 법적지위 및 대우 문제에 관한 청원서	0005-0006	자료			
재일한국 거류민단 청원에 대한 대책		0007	보고서	외무부 장관	대통령	1969.06.04
	재일한국 거류민단 청원에 대한 대책	0008-0016	자료			
	재일교포문제 강연회 참석보고	0017-0021	자료			
	재일거류민단의 재일교포 법적지위에 관한 중리대사의 의견요지	0022-0023	자료			1969.07.04
재일교포 법적지위에 관한 청원		0024-0025	보고서	주일대사	외무부 장관	1969.07.01
재일한국 거류민단 청원에 대한 대책		0026-0040	보고서	외무부 장관	대통령	1969.07.04
(*)재일교포 가족에 대한 교포여권 발급		0041	통보문	의전실장	아주국장	1969.08.02
(*)재일교포 가족에 대한 교포여권 발급		0042	요청문	주일대사	외무부 장관	1969.07.03
재일교포 가족에 대한 교포여권 발급		0043	통보문	아주국장	의전실장	1969.08.13

협정영주허가 관계 통계 표 송부		0044	보고서	주일대사 대리	외무부 장관	1970.01.09
	협정영주권허 가 관계 통계표	0045	자료			

⑨ 재일본한국인의 법적지위 향상을 위한 한일간 법무차관 회담, 동경, 1970.10.27.-28

분류번호 : 791.22

생산과 : 동북아과/재외국민과

생산연도 : 1970년

건 제목	첨부자료	프레임	종류	발신	수신	생산일
(*)양국법상회담 개최에 대한 의견 회보요청		0005	요청문	외무부 장관	주일대사	1970.08.14
한일 양국 법상회담 개최		0006	보고서	법무부 장관	외무부 장관	1970.08.17
	영주권신청 촉 진을 위한 일정 부의 협력요망 사항	0007- 0011	자료			
	영주권신청 촉 진을 위한 요구 사항	0012	자료			
(*)양국법상회담 개최와 관련 일본차관 면담내용 보고		0013- 0014	보고서	주일대사	외무부 장관	1970.08.21
(*)쯔다차관 요청 법상회 담에 관한 강공사의 면담 내용 보고		0015- 0016	보고서	주일대사	외무부 장관	1970.08.21
(*)강공사의 수노베아세아 국장 방문면담 보고		0017- 0018	보고서	주일대사	외무부 장관	1970.09.01
	한일법상회담 강공사보고(9.12)	0019	자료			
(*)법상회담 관련 일정부 와 접촉사항 보고		0020- 0021	보고서	주일대사	외무부 장관	1970.09.12

(*)북해도지사 예방 관련 보고		0022	보고서	주일대사	외무부 장관	1970.09.12
(*)강공사와 수노베아세아 국장의 면담내용 보고		0024-0026	보고서	주일대사	외무부 장관	1970.09.19
(*)외무부의 실무자회담 개최에 대한 외무부 회답		0027	통보문	외무부 장관	주일대사	1970.09.23
(*)실무자회담 희망날짜 회신 요청		0028	요청문	주일대사	외무부 장관	1970.09.28
(*)실무자회담 개최에 따른 강조사항 보고		0029-0030	보고서	주일대사	외무부 장관	1970.09.30
(*)영주권신청 촉진 문제 관련 호리관방장관과 면담 보고		0031-0036	보고서	주일대사	외무부 장관	1970.10.03
(*)영주권 신청촉진 관련 고바야시법무대신과의 면담결과 보고		0037-0041	보고서	주일대사	외무부 장관	1970.10.03
(*)실무자회담 관련 아측 대표 선정 건의		0042	요청문	주일대사	외무부 장관	1970.10.04
(*)법무차관 회담 시기 알림		0043	통보문	외무부 장관	주일대사	1970.10.12
(*)사또총리 방문 결과 보고		0044-0046	통보문	외무부 장관	주일대사	1970.10.14
(*)외무성 아세아국장 방문 차관회의 일시 협의 보고		0047	보고서	주일대사	외무부 장관	1970.10.14
(*)외상 면담 결과 보고		0048	보고서	주일대사	외무부 장관	1970.10.14
(*)차관회의 관련 통보사항		0049	통보문	외무부 장관	주일대사	1970.10.15
(*)한일법무차관 회담 참석자 명단 통보		0050	통보문	법무부 장관	외무부 장관	1970.10.16
공무 해외여행 심사 요구		0051-0056	보고서	외무부 장관	국무총리	1970.10.16
한일법무차관 회의		0057	통보문	법무부 장관	외무부 장관	1970.10.16
공무 해외여행 심사요구		0058-0059	보고서	재외 국민과	국무총리/ 공무 해외여행 심사위원회	1970.10.16

(*)강공사의 요시다 입관국장 방문 일정 협의 결과 보고		0060	보고서	주일대사	외무부 장관	1970.10.17
한일 법무차관회담 개최 및 대표단 파견		0061-0062	요청문	재외 국민과	법무부	1970.10.18
(*)법무차관회의 참석대표단 일본 도착시간 통보		0063	보고서	주일대사	외무부 장관	1970.10.19
(*)한일 법무차관회담에 관한 발표문		0064-0065	보고서	주일대사	외무부 장관	1970.10.28
한일 법무차관회담의 운영절치와 이측 입장에 관한 보고		0066-0080	보고서	외무부 장관	대통령/국무총리	1970.10.20
(*)법무차관회의 참석인원 및 의제 일정부에 통보요청		0081-0083	요청문	외무부 장관	주일대사	1970.10.20
(*)법무차관의 법무대신 예방 주선 의뢰		0084	요청문	외무부 장관	주일대사	1970.10.22
(*)양국 법무차관 회의에 대한 협의 보고		0085-0086	보고서	주일대사	외무부 장관	1970.10.22
여권발급 협조의뢰(한일 법무차관 회담)		0087	요청문	아주국장	의전실장	1970.10.23
한일 법무차관 회담에 관한 훈령		0088	보고서	재외 국민과	법무부 차관	1970.10.23
	법무차관 회담에 임하는 우리 정부 입장	0089-0093	자료			
(*)한일 법무차관회의 개최에 관한 논의 보고		0094-0095	보고서	주일대사	외무부 장관	1970.10.24
	한일법무차관회의 한국측 제안요지	0096-0115	자료			
영주권 관계 자료 송부		0116	보고서	주일대사	외무부 장관	1970.10.20
	영주권신청에 관한 제요망관계서류	0117	자료			
	영주권신청촉진을 위한 일본국 정부에 공표를 요청하는 한국측의 담화문(안)	0118	자료			

	영주권 획득한 자와 소득없는 자의 대우문제	0119-0122	자료			
	영주권신청촉 진을 위한 일본 정부에 대한 협 력 요망 사항	0123-0126	자료			
(*)법무차관 동경회담 일 정보고		0127-0128	보고서	주일대사	외무부 장관	1970.10.27
(*)한일 법무차관 제1차 회 의 진행상황 보고		0129-0130	보고서	법무차관	외무부 장관	1970.10.28
공무해외여행 승인 통지		0131	통보문	국무총리	법무부 차관	1970.10.28
(*)한일법무차관 회담 종 료		0132	보고서	주일대사	외무부 장관	1970.10.28
(*)한일법무차관회담 폐회 와 양해사항 보고		0133-0135	보고서	주일대사	외무부 장관	1970.10.28
(*)한일법무차관회담 발표 문 송부		0136-0137	보고서	법무부 차관	외무부 장관	1970.10.28
(*)기 송신문 중 정정요청		0138	요청문	주일 대사관	외무부	1970.10.29
(*)한일법무차관 제1차회 의 진행상황 보고		0139-0140	보고서	주일대사	외무부 장관	1970.10.28
(*)한일법무차관 회담 폐 회보고와 양해사항 보고		0141-0143	보고서	주일대사	외무부 장관	1970.10.28
	한일법무차관 회담 결과	0144	자료			
(*)법무차관 외 3인 공관소 재지 도시순회 허가요청		0145	요청문	주일대사	외무부 장관	1970.10.29
법무차관 일행 귀국일자 연장		0146	요청문	법무부 장관	외무부 장관	1970.10.29
(*)재일거류민단 정기 중 앙위원회 개최 보고		0147-0148	보고서	주일대사	외무부 장관	1970.10.30
(*)한일법무차관 회담 보 고		0149-0154	보고서	외무부 장관	대통령/ 국무총리	1970.10.30
(*)법무차관 일행 도시순 방 허가		0155	통보문	외무부 장관	주일대사	1970.10.30
(*)법무차관 일행 도시순 방 허가 요청		0156	요청문	주일대사	외무부 장관	1970.10.30

(*)법무차관일행 순회일정 및 여비보고 요청		0157	요청문	외무부 장관	주일대사	1970.10.31
(*)아이찌외상 기자회견요지		0158-0159	보고서	주일대사	외무부 장관	1970.10.31
(*)법무차관 일행 귀국일정 보고 요청		0160	요청문	외무부 장관	주일대사	1970.11.02
	협정영주권신청 촉진을 위한 지방순회간담회 결과보고	0161-0166	자료			
	재일교포협정 영주권 신청촉진을 위한 일본 각지방 거류민단 간부와의 순회간담회	0167-0171	자료			
(*)법무차관일행 순회일정 및 여비 보고		0172-0173	보고서	주일대사 대리	외무부 장관	1970.11.02
(*)차관일행 간담회 및 출국일정 보고		0174	보고서	주오사카 총영사	외무부 장관	1970.11.02
영주권촉진 간담회		0175	보고서	주코베 영사	외무부 장관	1970.11.04
공무 해외여행 기간연장 심사 요구		0176-0178	요청문	외무부 장관	국무총리	1970.11.12
공무 해외여행 승인 통지		0179	통보문	국무총리	외무부 장관	1970.11.20
(*)강영규공사의 요시다입국관리국장 방문 내용 보고		0180-0182	보고서	주일대사	외무부 장관	1970.11.21
(*)강공사의 쓰다 법무성 사무차관 방문 보고		0183	보고서	주일대사	외무부 장관	1970.12.03
	인덱스	0184	자료			
한일법상회담 개최		0185	통보문	동북 아주과	법무부 장관	1970.08.06
한일법상회담 개최		0186	통보문	외무부 장관	법무부 장관	1970.08.07

	제4차 한일정 기각료회에서 의 외무부장관 의 양국관계일 반 및 국제정세 에관한 발언	0187- 0195	자료			
	한일 법무차관 회담자료	0196- 0227	자료			
	법무차관인사	0228- 0233	자료			
	한일법무차관 회담에서 한국 오택근법무차 관의 개회인사	0234- 0241	자료			
	신문자료	0242- 0247	자료			
한일 법무차관 회의결과 보고		0248	보고서	주일대사	외무부 장관	1970.10.29
	한일양국 법무차 관회담 종료에 제하여 일본극 법무대신 담화	0249- 0265	자료			
	한일법무차관 회담 한국측 발 표문	0266	자료			
	신문자료	0267	자료			
	오법무차관 나 고야영사관 방 문 영주권 관계 자료	0268- 0273	자료			
한일법무차관 회의자료 송부		0274	보고서	주일대사	법무부 장관	1970.11.02
	회의자료	0275- 0279	자료			
	오택근법무차관 코오베 일정표	0280	자료			
	코오베관활 7 현 영주권신청 현황	0281	자료			

현별 교포수	0282	자료				
영주권신청추진 코베 행동조	0283	자료				
신문자료(코베신문)	0284	자료				
제안내용	0285-0289	자료				
법무차관 인사말	0290-0292	자료				
일한법무차간 회담 일본측 참가자	0293	자료				
합의사항	0294-0300	자료				
한국측의 공동발표	0301-0305	자료				
한국측의 공동발표	0306-0309	자료				
합의사항 일측안	0310-0312	자료				

⑩ 재일본국민의 법적지위에 관한 실무자회의, 제3차. 동경, 1971.4.
16.-17. (전2권 V.1 기본문서철)

분류번호 : 791.22

생산과 : 동북아과/재외국민과

생산연도 : 1971년

건 제목	첨부자료	프레임	종류	발신	수신	생산일
재일교포의 영주권 신청 기간 연장 교섭		0004-0005	보고서	교민과장		1970.02.25
	협정영주권신청도표	0006	자료			
	연도별 협정영주권 신청자허가상황	0007	자료			

(*)협정영주권 미신청자포함 법적지위문제 사후대책에 대한 의견 요청		0008	요청문	외무부장관	주일대사	1970.12.14
	(*)협정영주권 신청기간만료 후의 재일한국인의 법적지위 대책	0009-0015	자료			
	(*)법적지위대책(영문)	0016	자료			
	영주권신청기간 종료후 재일한국인 법적지위문제 주일대사 건의	0017	자료			
재일교포 법적지위문제		0018	통보문	영사국장	아주국장	1970.12.28
재일교포 법적지위문제		0019	보고서	주일대사	외무부장관	1970.02.21
	(*)1971년 1월 16일 이후 재일한국인의 법적지위 개선 문제	0020-0029	자료			
	(*)재일거류민단 단장의 재일국민 영주권신청 기간연장에 관한 건의	0030	자료			
	재일동포 영주권 신청기간 연장조치 건의	0031-0034	자료	거류민단 이희원	외무부장관	1971.01.05
재일국민 협정영주권 신청현황 보고 및 대책		0035	보고서	외무부공문	대통령/국무총리	1971.01.06
	재일국민 협정영주권 신청현황 보고 및 대책	0036-0042	자료			
	재일국민 협정영주권 신청현황보고 및 대책(영문)	0043-0046	자료			

(*)1971년 1월16일 이후 재일한국인의 법적지위 개선 문제 견해 회신 요청		0047	요청문	주일대사	외무부 장관	1971.01.07
(*)1971년 1월16일 이후 재일한국인의 법적지위 개선 문제 견해 회신		0048	보고서	주일대사	외무부 장관	1971.01.08
(*)1971년 1월16일 이후 재일한국인의 법적지위 개선 문제 견해 회신건에 대한 추가건의 요청		0050	요청문	주일대사	외무부 장관	1971.01.08
(*)장관과 가나야마대사 초치면담 내용 보고		0058-0060	보고서	수일대사	외무부 장관	1971.01.13
	장관과 가나야마 주한일본대사와의 면담요록	0051-0055	자료			
	(*)영주권신청연장관련 비망록	0056-0057	자료			
(*)영주권신청연장관련 비망록 송부		0061	보고서	주일대사	외무부 장관	1971.01.13
	(*)영주권신청연장관련 비망록	0062-0063	자료			
	(*)국적변경문제	0064	자료			
	(*)국적변경문제	0065-0068	자료	수도변호 사회	외무부 장관	1971.01.04
(*)쓰다 사무차관 방한초청에 관한 건		0069	보고서	주일대사	외무부 장관	1971.01.13
영주권신청 기간연장 문제		0070	통보문	아주국장	영사국장	1971.01.15
	(*)영주권신청 관련 조선중앙통신 보도요약	0071-0074	자료			
	(*)영주권신청 관련 조선중앙 제1방송내용	0075-0077	자료			
(*)협정영주권신청 현황		0078	보고서	주일대사	외무부 장관	1971.01.20
(*)협정영주신청기한에 관한 건		0079	보고서	주일대사	외무부 장관	1971.01.25
(*)고바야시 법무대신 예방결과 보고		0080-0081	보고서	주일대사	외무부 장관	1971.01.26

(*)협정영주권 종료에 대한건		0082	보고서	영사국장	외무부장관	1971.01.29
(*)외무성방문 면담내용 보고계획 통지		0083	보고서	주일대사	외무부장관	1971.01.30
(*)영사국장의 요시다입관국장 예방결과 보고		0084-0086	보고서	주일대사	외무부장관	1971.01.31
(*)영사국장의 쯔다사무차관 예방결과 보고		0087-0088	보고서	주일대사	외무부장관	1971.01.31
(*)영사국장의 수노베아세아국장 예방결과 보고		0089	보고서	주일대사	외무부장관	1971.01.31
(*)영사국장의 호겐외무심사의관 예방결과 보고		0090	보고서	주일대사	외무부장관	1971.01.31
(*)영사국장의 고베영사관 방문일정 보고		0091	보고서	주오사카총영사관영사국장	외무부장관	1971.02.01
(*)협정영주권신청 마감후 대책수립과 대일교섭 관련사항 파악 보고요청		0092	요청문	외무부장관	주일대사	1971.02.06
(*)아주국장의 마에다공사 초치 결과보고		0093	보고서	외무부장관	주일대사	1971.02.13
	아주국장과 마에다공사의 면담요록	0094-0099	자료			
(*)마에다국장의 김아주국장 방문후 비망록에 대한 일측회답요지 전달 보고		0100-0101	통보문	외무부장관	주일대사	1971.02.22
	강공사와 요시다국장간 면담요지	0102	자료			
(*)강공사와 요시다국장의 면담내용중 법적지위협정에 관한 사한 보고		0103-0105	보고서	주일대사	외무부장관	1971.03.04
(*)요시다국장과의 면담시 국적환서에 관한 사항 보고		0106-0107	보고서	주일대사	외무부장관	1971.03.04
	영주권관계 회의	0108	자료			
(*)강공사의 스노베아세아국장 방문 면담결과 보고		0109-0111	보고서	주일대사	외무부장관	1971.03.05

협정영주권에 관한 주일 대사 보고서 사본 송부		0112	통보문	영사국장	아주국장	1971.01.31
협정영주권 신청 결과 분 석 및 앞으로의 대책		0113	보고서	주일대사	외무부 장관	1971.02.26
	협정영주권신 청결과 분석 및 앞으로의 대책	0114- 0134	자료			
(*)김정무과장 나까하라북 동아과장 비망록 관련 면 담내용 보고		0135	보고서	주일대사 대리	외무부 장관	1971.03.11
(*)협정영주권신청기간 재 설정 및 취득자 대우문제에 관한 회담개최에 관한 건		0136- 0137	보고서	외무부 장관	주일대사	1971.03.16
(*)협정영주권신청기간 재 설정 및 취득자 대우문제 에 대해수노베국장과 향 후계획 논의내용보고		0138	보고서	주일대사	외무부 장관	1971.03.19
(*)강공사 요시다입관국장 면담결과 보고		0139- 0144	보고서	주일대사	외무부 장관	1971.03.24
	실무자회담개 최문제	0145	자료			
(*)협정영주권 신청자집계 현황		0146- 0147	보고서	주일대사	외무부 장관	1971.03.24
(*)주일대사의 우에끼법무 대신 예방결과 보고		0148- 0149	보고서	주일대사	외무부 장관	1971.03.25
	우에끼법상과 의 면담요지	0150	자료			
(*)실무자회담 시기 관련 논의결과 보고		0151	보고서	주일대사	외무부 장관	1971.03.26
(*)실무자회담시기 절충 요청		0152	요청문	외무부 장관	주일대사	1971.03.26
(*)실무자회담시기 결정 결과보고 요청		0153	요청문	외무부 장관	주일대사	1971.03.26
	재일동포시책에 관한 장관담화	0154- 0160	자료			
(*)강공사 스노베국장 방 문결과 보고		0161	보고서	주일대사	외무부 장관	1971.03.29
(*)실무자회담일자 확정보고		0162	보고서	주일대사	외무부 장관	1971.03.30

(*)실자회담일자 확정수락		0163	통보문	외무부 장관	주일대사	1971.03.31
재일한인 처우개선문제에 관한 한일간 실무자회의 개최		0164	기안문	동북아과	법무부 장관	1971.03.31
재일한인 처우개선문제에 관한 한일간 실무자회의 개최		0165	요청문	외무부 장관	법무부 장관	1971.04.01
(*)재일한인 처우개선문제에 관한 한일간 실무자회의개최건에 대한 회신		0166	통보문	외무부 장관	주일대사	1971.04.01
(*)실무자대표 방일일정에 관한 제반사항 요청		0167	요청문	외무부 장관	주일대사	1971.04.02
	한일실무자회의 자료	0168-0171	자료			
(*)실무자대표 방일일정에 관한 정정 요청		0172	요청문	외무부 장관	주일대사	1971.04.06
교섭지침		0173	요청문	동북아과	영사국장	1971.04.08
교섭지침		0174	요청문	외무부 장관	영사국장	1971.04.08
재일한인의 법적지위 및 처우문제에 관한 한일간의 실무자회의에 임하는 아측의 교섭지침		0175	요청문	동북아과	품의	1971.04.06
	재일한인의 법적지위 및 처우문제에 관한 한일간의 실무자회의에 임하는 아측의 교섭지침	0176-0189	자료			
(*)강공사 요시다입관국장 방문 실무자회담 관련 제문제 협의보고		0198	보고서	주일대사	외무부 장관	1971.04.08
(*)강공사 스노베 아세아국장 방문 실무자회담 관련 제문제 협의보고		0199	보고서	주일대사	외무부 장관	1971.04.08
(*)실무자대표자 명단변경 통보		0200	통보문	외무부 장관	주일대사	1971.04.10

(*)강공사 일정보고		0201	보고서	주일공사	주일대사	1971.04.09
(*)강공사 귀임 일정보고		0202	보고서	주일공사	주일대사	1971.04.12
(*)강공사 일정보고 외		0203	보고서	주일공사	주일대사	1971.04.12
최규하 외무부장관과 주한일본대사간의 면담		0204-0205	보고서	외무부 장관	대통령/ 국무총리	1971.04.15
	외무부장관과 주한일본대사 간의 면담요록	0206-0211	자료			
	외무부장관과 주한일본대사 간의 면담요록	0212-0217	자료			
(*)안광수영사국장 귀국전 일본인사 예방일정 주선 요청 결과보고		0218	보고서	주일대사	외무부 장관	1971.04.14
(*)강공사 쓰다사무차관 면담결과 보고		0219	보고서	주일대사	외무부 장관	1971.04.14
(*)강공사 스노베아세아국 장 면담결과 보고		0220	보고서	주일대사	외무부 장관	1971.04.14
(*)강공사 스노베아세아국 장 면담내용 보고에 대한 보고		0221	보고서	주일대사	외무부 장관	1971.04.15
한일 실무자회담 보고(1)		0222-0223	보고서	주일대사	외무부 장관	1971.04.15
한일 실무자회담 보고(2)		0224-0226	보고서			
	실무자회담 보고	0227	자료			
(*)요시다국장면담시 북송 문제에 관한 내용 보고		0228-0229	보고서			
한일간 실무자회의 보고 (3)		0230-0231	보고서	주일대사	외무부 장관	1971.04.16
한일간 실무자회의 보고 (4)		0232	보고서	주일대사	외무부 장관	1971.04.17
	한일실무자회 의 신문발표	0233	자료			

		0234-0235	보고서	외무부 장관	대통령/ 국무총리	1971.05.05
재일한인의 법적지위 및 처우향상을 위한 한일간 실무자회의						
	재일한인의 법적지위 및 처우향상을 위한 한일간 실무자회의 경과보고	0236-0247	자료			
	재일한인의 법적지위 및 처우향상을 위한 한일간 실무자회의 경과보고	0248-0260	자료			
	한일 실무자회담에 있어서의 한국측의 제안요지	0261-0267	자료			
	한일공동 신문발표(한국어)	0268-0269	자료			
	한일공동 신문발표(일본어)	0270-0271	자료			

⑪ 재일한국인의 협정영주권 신청촉진, 1970

분류번호 : 791.23

생산과 : 재외국민과

생산연도 : 1970년

건 제목	첨부자료	프레임	종류	발신	수신	생산일
(*)협정영주권 신청현황		0004-0008	보고서	주일대사	외무부 장관	1970.01.07
제9차 주일각급 공관장회의 종합보고		0009	보고서	주일대사	외무부 장관	1970.02.14
	회의종합보고	0010-0020	자료			
	주일공관장회의 토의자료	0021-0029	자료			

	참고사항	0030-0035	자료			
	69년 영주권신청현황	0036-0044	자료			
	69년 영주권신청현황	0045-0058	자료			
(*)주일대사의 후나다나까 중의원 방문면담		0059	보고서	주일대사	외무부장관	1970.03.03
	주일대사와 고바야시법상간의 변남내용	0060	자료			
(*)주일대사와 고바야시 법무대신 면담보고		0061-0064	보고서	주일대사	외무부장관	1970.03.06
조총련의 영주권 신청 방해		0065	보고서	주시모노세끼영사	외무부장관	1970.03.06
	신청방해인쇄물	0066	자료			
조총련의 영주권 신청 방해		0067	통보문	외무부장관	주일대사	1970.03.17
	신청방해관련신문자료	0068	자료			
(*)조선적 인정에 관한 동경특파원발 기사관련 현행절차 확인보고 요청		0069-0070	요청문	외무부장관	주일대사	1970.03.27
(*)협정영주권 신청		0071-0072	보고서	주일대사	외무부장관	1970.03.28
(*)협정영주관련 질의응답집 송부		0073	보고서	주일대사	외무부장관	1970.03.31
	협정영주사무집무제요	0074-0135	자료			
(*)협정영주관련 질의응답집		0136	보고서	주일대사	외무부장관	1970.04.07
(*)질의응답집 내용 설명		0137	보고서	주일대사	외무부장관	1970.04.09
영주권 촉진을 위한 주재국 정부와의 협조		0138-0139	보고서	주일대사	외무부장관	1970.04.14
	협정영주권 신청촉진 활동	0140	자료			
협정영주권 신청촉진 활동		0141-0142	보고서	주일대사	외무부장관	1970.04.16

		0143- 0144	보고서	주일대사	외무부 장관	1970.05.01
북송문제						
	영주권 신청촉 진활동 추친상 황	0145	자료			
	월말사업진도 보고	0146- 0149	자료			
	영주권신청 부 진이유	0150	자료			
(*)정기각료회의 의제작성 에 반영할 현안 의견 요청		0151	요청문	외무부 장관	주일대사	1970.05.14
(*)아사히신문 조총련관련 광고게재 보고		0152- 0153	보고서	주일대사	외무부 장관	1970.05.27
영주권관계 신문광고		0155	보고서	주일대사	외무부 장관	1970.05.28
	신문광고	0156	자료			
(*)조총련 광고기사 송부		0157	보고서	주일대사	외무부 장관	1970.05.28
	조총련 광고기사	0158	자료			
영주권관계 신문기사		0159	보고서	주일대사	외무부 장관	1970.06.10
	신문기사	0160	자료			
(*)영주권촉진활동 tv프로 그램 방영개시 통고 보고		0161	보고서	주일대사	외무부 장관	1970.06.02
(*)영주권신청촉진사업 활 동상황보고 요청		0162- 0163	요청문	외무부 장관	주일대사	1970.06.15
(*)영주권신청촉진을 위한 당국간 교섭 요청		0164	요청문	외무부 장관	주일대사	1970.06.24
(*)영주권신청촉진활동 상 황보고문 제출 요청		0165	요청문	외무부 장관	주일대사 / 주일각급 공관장	1970.07.02
(*)70년 일본무역수출진흥 공관장회의 개최 보고		0166	보고서	주일대사	외무부 장관	1970.07.06
(*)70년 일본무역수출진흥 공관장회의 개최 보고		0167	보고서	주일대사	외무부 장관	1970.07.06
(*)영주권신청 목표달성 독려요청		0168	요청문	외무부 장관	주일대사	1970.07.09

		0170-0173	보고서	주일대사	외무부 장관	1970.07.13
영주권신청촉진을 위한 주일공관장협의회 개최보고						
	영주권신청촉 진을 위한 주일 공관장 협의회 결과보고	0169	자료			
	영주권신청촉 진을 위한 각급 영사관장협의 회자료	0170-0185	자료			
	영주권신청기 한마감 알림	0189	자료			
	재일교포 영주 권긴청촉진을 위한 일측과의 교섭사항 보고	0190	자료			
(*)영주권신청 관련 제반 문제에 관해 요시다입관 국장과의 면담결과 보고		00191	보고서	주일대사	외무부 장관	1970.07.22
(*) 노재조서기관 일시귀 국 보고		0192	보고서	주일공사	주일대사	1970.07.22
(*)요시다입관국장 면담결 과 보고		0193-0195	보고서	주일공사	주일대사	1970.07.22
(*)강공사 스노베아세아국 장 면담결과 보고		0196	보고서	주일대사	외무부 장관	1970.08.01
(*)주일대사의 아이찌외상 방문결과 보고		0197-0198	보고서	주일대사	외무부 장관	1970.08.04
이대사-아이찌외상 회담		0199-0202	보고서	주일대사	외무부 장관	1970.08.05
(*)국적변경		0203-0205	보고서	주일대사	외무부 장관	1970.08.07
	재일한국인 협 정영주권 신청 문제	0206-0217	자료			
재일교포 영주권신청촉진 사업, 70년 상반기 심사분석		0218	요청문	교민과	주일대사 각공관장	1970.08.12
재일교포 영주권신청촉진 사업 및 70년 상반기 심사 분석		0219	요청문	외무부 장관	주일대사 각공관장	1970.08.14

	영주권신청촉 진 현황 및 70 년도 상반기 심 사분석	0220- 0242	자료			
	영주권신청촉 진을 위한 일정 부의 협력요망	0243	자료			
영주권신청촉진을 위한 일본정부의 협력 요망		0244	보고서	주일대사	외무부 장관	1970.08.13
	영주권신청촉 진을 위한 일본 정부의 협력요 망사항(일본어)	0245- 0249	자료			
	영주권신청촉 진을 위한 일본 정부의 협력요 망사항(한국어)	0250- 0253	자료			
	영주권신청에 관한 제요망관 계서류	0254	자료			
	영주권신청촉 진을 위한 일본 정부의 공표를 요청하는 한국 측 담화문(안)	0255- 0258	자료			
(*)영주권촉진을 위한 일 정부 협조요망사항에 관 해 일본내각의 협의 보고		0263	보고서	주일대사	외무부 장관	1970.08.15
(*)영주권촉진을 위한 삿포 로 공관장 회의개최 보고		0264	보고서	주일대사	외무부 장관	1970.08.18
영주권신청촉진을 위한 신문광고		0265- 0266	보고서	주일대사	외무부 장관	1970.08.13
	광고문사본	0267	자료			
영주권관계 조총련의 신 문광고		0268	보고서	주일대사	외무부 장관	1970.08.20
	신문광고문	0269	자료			
(*)영주권긴청 공관장회의 결과 보고 요청		0270	요청문	외무부 장관	주일대사	1970.08.25
오오사카 한국인 영주권신 청 추진위원회 결성 보고		0271- 0272	보고서	주오사카 총영사	외무부 장관	1970.09.01

	주일공관장회의 결과보고	0273	자료			
주일공관장 회의결과 보고		0274-0276	보고서	주일대사	외무부장관	1970.09.02
	주일공관장회의자료	0277-0288	자료			
(*)영주권 촉진을 위한 활동보고		0289-0290	보고서	주오사카총영사	외무부장관	1970.09.16
(*)영주권촉진을 위한 문화영화 송부요청		0291	요청문	주오사카총영사	외무부장관	1970.09.28
(*)조총련의 영주권신청 반대		0292	보고서	주코베총영사	외무부장관	1970.10.07
재일한국인 가족방문		0293	보고서	아주국장	의전실장	1970.10.15
(*)주일지역 각급 공관장 회의 경과 보고		0294	보고서	주오사카총영사	외무부장관	1970.10.12
영주권신청촉진 간담회 개최		0295	보고서	주코베총영사	외무부장관	1970.10.15
영주권촉진을 위한 주일 공관장 회의		0296-0298	보고서	주일대사	외무부장관	1970.10.13
	주일공관장회의자료	0299-0307	자료			
(*)영주권신청촉진활동에 관해 요청한 영화필름 송부요청		0308	요청문	주오사카총영사	외무부장관	1970.10.16
(*)영주권신청촉진 후지 TV 방송계획 보고 요청		0309	요청문	외무부장관	주일대사	1970.10.19
여권발급 협조의뢰		0310	요청문	아주국장	의전실장	1970.10.19
(*)영주권신청촉진 후지 TV 방송계획 보고 요청		0311	요청문	외무부장관	주일대사	1970.10.19
재일교포 영주권신청촉진의 건		0312-0313	요청문	후지산경 그룹한국지부	외무부장관	1970.10.17
	제1차출국예정자 명부(무궁화 어린이 합창단)	0314	자료			
(*)영주권신청촉진을 위한 TV프로 출연 관련 경과보고		0315	보고서	주일대사	외무부장관	1970.10.20

영주권신청촉진을 위한 연예인 방일 협조 의뢰		0316	요청문	아주국장	의전실장	1970.10.20
영주권신청 촉진회의 개최		0317	보고서	주코베 총영사	외무부 장관	1970.10.21
(*)조총련의 영주권신청 방해사례 보고		0318	보고서	주일대사	외무부 장관	1970.10.23
영화필림 배부 회신		0319	통보문	문화공보 무장관	외무부 장관	1970.10.30
	오법무차관 나고야영사관 방문 영주권관계 자료	0320-0326	자료			1970.11.01
영주권신청촉진을 위한 담화문 발표		0327	통보문	재외 국민과	품의	1970.12.03
	외무부장관 담화문	0328-0330	자료			
영주권신청 촉진을 위한 TV대담 실시		0331-0332	통보문	재외 국민과	품의	1970.12.04
(*)영주권신청촉진을 위한 TV대담 준비상황 보고요청		0333	요청문	외무부 장관	주일대사	1970.12.04
(*)영주권신청촉진을 위한 TV대담 준비상황 보고		0334	보고서	주일대사	외무부 장관	1970.12.04
(*)대담차 동경향발하는 이동원 의원 편의제공 요청		0335	요청문	외무부 장관	주일대사	1970.12.08
(*)외무부장관 담화문 홍보요청		0336-0337	요청문	외무부 장관	주일대사	1970.12.12
(*)영주권신청촉진운동 관련 요담내용 보고		0338-0339	보고서	주오사카 총영사	외무부 장관	1970.12.12
집무자료 책자송부		0340	통보문	주일대사	외무부 장관	1970.12.14
	주간대중기사 (재일한국인의 사생을 건 싸움)	0341-0344	자료			
(*)70.11말 협정영주권 신청자수 보고		0345	요청문	외무부 장관	주일대사 각급 공관장	1970.12.17
(*)형무소수감 재일한국인 영주권신청문제에 관한 보고		0346	보고서	주일대사	외무부 장관	1970.12.24

(*)12월 영주권신청현황 보고		0347	보고서	주일대사	외무부 장관	1970.12.26
(*)나라현 영주권신청현황		0348	보고서	주오사카 총영사관	외무부 장관	1970.12.26
영주권신청에 관한 장관 담화문		0349	보고서	주일대사	외무부 장관	1970.12.22
	장관담화문 일 문 번역문	0350- 0351	자료			
	신문기사	0352- 0353	자료			
1971년 1월 16일 이후의 협정영주권 신청 요령		0354- 0355	보고서	주일대사	외무부 장관	1970.12.23
	영주권신청 주 의사항	0356- 0357	자료			
	출입국특별법 시행규칙 일부 개정 반영한 협 정영주사무취 급요령의 일부 개정에 대하여	0358- 0370	자료			
	신청서류기재 요령	0371	자료			
	영주허가신청서	0372	자료			
영주권신청촉진 회보		0373	보고서	주코베 총영사	외무부 장관	1970.12.17
재일교포 법적지위 문제		0374	보고서	주일대사	외무부 장관	1970.12.21
	1971년1월16일 이후 재일한국 인의 법적지위 개선문제	0375- 0387	자료			

⑫ 재일한국인의 협정영주권 신청촉진, 1971

분류번호 : 791.23

생산과 : 재외국민과

생산연도 : 1971년

건 제목	첨부자료	프레임	종류	발신	수신	생산일
(*)1.9일까지 협정영주권 신청집계		0004	보고서	주일대사	외무부 장관	1971.01.11
(*)영주권신청 현황		0005-0006	보고서	주오사카 총영사	외무부 장관	1971.01.11
(*)영주권신청방해 보고		0007	보고서	주오사카 총영사	외무부 장관	1971.01.11
(*)조총련의 영주권신청 방해 방지 일측에 요청		0008	요청서	외무부 장관	주일대사	1971.01.12
(*)영주권신청 현황		0009	보고서	주일대사	외무부 장관	1971.01.13
영주권신청 촉진과 불온 전화		0010-0011	보고서	주오사카 총영사	외무부 장관	1971.01.12
	관련신문기사	0012-0018	자료			
(*)협정영주권 신청기한 만료관련 장관명의 담화 여부 송신요청		0019	요청문	주일대사	외무부 장관	1971.01.19
(*)협정영주권 신청기안 만료에 관한 건		0020	보고서	주일대사	외무부 장관	1971.01.13
(*)협정영주권신청접수 마감 시간 보고요청		0021	요청문	외무부 장관	주일대사	1971.01.14
(*)협정영주권신청마감일 사무시간 조정 요청		0022	요청문	외무부 장관	주일대사	1971.01.14
(*)협정영주권신청마감일 사무시간 조정 요청		0023	요청문	외무부 장관	주일대사	1971.01.14
(*)협정영주권마감시간 담화발표예정 보고		0035	보고서	외무부 장관	주일 각공관장	1971.01.14
	재일국민 협정 영주권 신청상 황및 선전책에 관한 외무부장 관 담화	0024-0029	자료			
	재일국민 협정 영주권 신청상 황및 선전책에 관한 외무부장 관 담화	0030-0034	자료			
(*)조총련의 영주권신청 방해		0036	보고서	주일대사	외무부 장관	1971.01.14

(*)조총련의 영주권신청 방해 관련 증거자료 수집 요청		0037	요청문	외무부 장관	주일 각공관장	1971.01.14
(*)협정영주권신청마감 임 박함에 따른 신청 현황		0038-0039	보고서	주오사카 총영사	외무부 장관	1971.01.14
협정영주권신청 진도보고		0040	보고서	주코베 총영사	외무부 장관	1971.01.14
(*)영주권신청방해건에 관 한 법무성 사무차관방문 협의보고		0041-0042	보고서	주일대사	외무부 장관	1971.01.14
(*)외무장관명의 담화문 발표에 관한 건		0043	보고서	주일대사	외무부 장관	1971.01.14
(*)영주권신청마감 관련 성명서		0044-0046	보고서	주일대사	외무부 장관	1971.01.14
(*)영주권신청기간 만료 관 련 3대신문 기사요지 보도		0047-0048	보고서	주일대사	외무부 장관	1971.01.15
(*)영주권신청마감 만료 현황 보고		0049-0050	보고서	주일대사	외무부 장관	1971.01.15
(*)영주권신청촉진 활동 결과 보고		0051-0052	보고서	주일대사	외무부 장관	1971.01.14
(*)협정영주권 신청고조에 따른 조총련의 방해 보고		0053	보고서	주일대사	외무부 장관	1971.01.14
(*)담화문내용 일부 수정 통보		0054	통보문	주일대사	외무부 장관	1971.01.15
(*)장관담화문 발표예정 보고		0055	보고서	주일대사	외무부 장관	1971.01.15
(*)71.1.16정오, 법무성확 인 협정영주권 신청자수 최종집계에 대한 전망 보 고 요청		0056	요청문	주일대사	외무부 장관	1971.01.15
(*)장관담화문 내용발표에 대한 사전보고 요청		0057	요청문	주일대사	외무부 장관	1971.01.15
(*)민단단장에게 장관 격 려메세지 전달 요청		0058	요청문	주일대사	외무부 장관	1971.01.15
(*)영주권촉진 관련 각급 영사관직원에 대한 장관 의 노고 치하 메시지 전달		0059	보고서	주일대사	외무부 장관	1971.01.15
영주권 신청기간 연장문제		0060	요청문	아주국장	영사국장	1971.01.15

	비망록	0061-0062	자료			
영주권 신청관계 신문기사 송부		0063	보고서	주일대사	외무부 장관	1971.01.14
	신문기사	0064-0065	자료			
	김아주국장과 노다참사관의 면담요록	0066-0067	자료			
(*)조총련의 영주권신청 방해		0068-0069	보고서	주오사카 총영사	외무부 장관	1971.01.15
	성명서-영주권 신청을 마치고-	0070-0071	자료			
(*)조총련의 영주권신청 방해		0072	보고서	주일대사	외무부 장관	1971.01.16
(*)주일대사 담화 보고		0073-0074	보고서	주일대사	외무부 장관	1971.01.16
(*)영주권신청자 집계예상		0075-0076	보고서	주오사카 총영사	외무부 장관	1971.01.16
(*)장관 격려 및 치하전문 각급영사관 전달 요청		0077	요청문	외무부 장관	주일대사	1971.01.16
(*)장관 격려 및 치하전문 이희원민단단장에게 전달 요청		0078	요청문	외무부 장관	주일대사	1971.01.16
(*)조총련 영주권신청 방해공작에 대해 노다참사관의 의사표명 보고		0079-0080	보고서	주일대사	외무부 장관	1971.01.16
1.16자 영사국장을 통한 장관 지시		0081	보고서	주일대사	외무부 장관	1971.01.16
(*)영주권신청 현황 보고		0082	보고서	주일대사	외무부 장관	1971.01.16
(*)협정영주권 신청관계 사고사항 보고		0083	보고서	주일대사	외무부 장관	1971.01.16
(*)코베 후키아이구역소 조총련 방해 보고		0084	보고서	주일대사	외무부 장관	1971.01.16
(*)동경 오오따구역소 조총련 방해 해결 보고		0085	보고서	주일대사	외무부 장관	1971.01.17

(*)코베 나가따 및 후키아이 구역소 조총련방해 해결보고		0086	보고서	주일대사	외무부 장관	1971.01.17
(*)장관 격려 및 치하 메세지		0087	서한	외무부 장관	주일대사 및 각공관장	1971.01.17
(*)장관 격려 및 치하메세지		0088	서한	외무부 장관	주일대사 및 각공관장	1971.01.17
(*)16일 오후6시 현재 협정 영주권신청 현황 보고		0089	보고서	주일대사	외무부 장관	1971.01.18
(*)17일 정오 법무성집계 신청자 현황		0090	보고서	주일대사	외무부 장관	1971.01.17
(*)조총련 방해 주요사건과 관내신청상황 보고		0091-0094	보고서	주오사카 총영사	외무부 장관	1971.01.17
(*)영주권신청 목표달성 축하회개최 보고		0095-0096	보고서	주오사카 총영사	외무부 장관	1971.01.18
(*)현별 영주권신청자 추정총수 보고 요청		0097	요청문	외무부 장관	주일 각공관장	1971.01.15
(*)강공사와 법무부 쓰다 사무차관 면담 보고		0098-0101	보고서	주일대사 대리	외무부 장관	1971.01.20
(*)고바야시법상의 일본 각의 영주권 신청수에 대한 의견 보고		0102	보고서	주일대사	외무부 장관	1971.01.20
주간 영주권신청촉진활동 보고		0103	보고서	주나고야 영사	외무부 장관	1971.01.16
영주권신청촉진에 관한 종합보고		0104-0107	보고서	주오사카 총영사	외무부 장관	1971.01.19
	영주권신청자 추정수	0108	자료			
	신문자료	0109-0123	자료			
(*)북송문제		0124	보고서	주일대사	외무부 장관	1971.09.25
(*)강공사와 고바야시 법무대신 면담결과 보고		0125-0126	보고서	주일대사	외무부 장관	1971.09.26
	신문자료	0127-0128	자료			

(*)안영사국장의 법무성 요시다 입관국장 예방(협정영주권 촉진)		0129-0131	보고서	주일대사	외무부 장관	1971.01.31
(*)안영사국장 법무성 쯔다사무차관 예방(협정영주권 촉진)		0132-0133	보고서	주일대사	외무부 장관	1971.01.31
(*)안영사국장 외무성 수노베아세아국장 예방(협정영주권신청만료 이후 문제 등 논의)		0134	보고서	주일대사	외무부 장관	1971.01.31
재일한국인 협정영주권 신청 신문기가 발취 송부		0135	보고서	주오사카 총영사	외무부 장관	1971.02.15
	공관별 영주권 신청현황	0136-0139	자료			
면담요록(협정영주권 문제)		0140	통보문	아주국장	영사국장	1971.02.23
	면담요록	0141-0145	자료			
협정영주권신청 결과분석 및 앞으로의 대책		0146	보고서	주일대사	외무부 장관	1971.02.26
	협정영주권신청 결과분석 및 앞으로의 대책	0147-0167	자료			
(*)강공사와 법무성 요시다입관국장 현안문제에 관한 면담 보고		0168-0170	보고서	주일대사	외무부 장관	1971.03.04
(*)강공사 면담내용중 법적지위협정에 관한 사항 보고		0171-0173	보고서	주일대사	외무부 장관	1971.03.04
(*)국적환서		0174-0175	보고서	주일대사	외무부 장관	1971.03.04
(*)협정영주권신청기간 재설정 및 영주권취득자의 우대문제		0176-0178	보고서	주일대사	외무부 장관	1971.03.07
(*)오끼나와 반환에 따른 교포의 지위문제		0179	보고서	주일대사	외무부 장관	1971.03.11
(*)조총련방해로 인한 미신청자 및 오끼나와 거주 동포등의 협정영주권 취득교섭 요청		0180	요청문	외무부 장관	주일대사	1971.03.13

(*)협정영주권 미신청자 구제교섭 관한 지시 중 정 정 요청		0181	요청문	외무부 장관	주일대사	1971.03.15
(*)협정영주권 신청기간 재 설정 및 갱신 관련 대표자 회담 개최요청 결과보고		0182-0183	보고서	주일대사	외무부 장관	1971.03.16
(*)출입국관리법안 심의 결과 보고		0184	보고서	주일대사	외무부 장관	1971.03.17
(*)실무자회의 일정 논의		0185	보고서	주일대사	외무부 장관	1971.03.19
(*)오끼나와 거주 한국인 협정영주권 취득 조치에 관한 논의 보고		0187	보고서	주일대사	외무부 장관	1971.03.19
(*)강공사와 요시다입관국 장 면담결과 보고(양국실 무자회담 개최에 관한 건)		0188-0195	보고서	주일대사	외무부 장관	1971.03.24
(*)실무자회담 시기 논의 결과 보고		0196	보고서	주일대사	외무부 장관	1971.03.26
(*)71.3.31현재 영주권신 청 법무성 집계상황		0197	보고서	주일대사	외무부 장관	1971.04.02
영주권 신청종료후의 민 원 사무처리		0198	보고서	재외 국민과	내무부 장관	1971.05.26
영주권 신청종료후의 민 원 사무처리		0199	보고서	외무부 장관	내무부 장관 중앙정보 부장	1971.05.27
영주권 신청종료 후의 민 원 사무처리		0200-0202	요청문	재외 국민과	주일대사	1971.05.20
교섭지침		0203	통보문	외무부 장관	영사국장	1971.04.08
	재일한인의 법 적지위 및 처우 에 대한 한일간 실무자 회의 교 섭 지침	0204-0223	자료			
(*)각급 영사관 활동방향 에 대한 건의 회시 요청		0224	요청문	주일대사	외무부 장관	1971.04.30
(*)협정영주권 신청 마감후 의 민원서류 처리관계에 대한 지시사항 회시 요청		0225	요청문	주일대사	외무부 장관	1971.05.17

영주권 신청종료후의 민원 사무처리		0226	통보문	재외국민과장	영사과장 여권과장	1971.05.26
(*)일법무차관 방한문제 추진 보고		0227-0228	보고서	외무부장관	주일대사	1971.05.27
(*)쓰다법무차관 방한문제에 관한 보고		0229	보고서	주일대사	외무부장관	1971.06.02
(*)강공사 요시다입관국장 면담결과 보고(차관 방한문제, 영주권신청문제)		0230-0232	보고서	주일대사	외무부장관	1971.06.03
(*)강공사 수노베아세아국장 면담 보고(차관방한, 어선나포, 북송문제)		0233-0234	보고서	주일대사	외무부장관	1971.06.03
북송관계		0235	보고서	주일대사	외무부장관	1971.06.07
(*)영주권신청상황 보고		0236	보고서	주일대사	외무부장관	1971.06.21
(*)71.6월말 현재 영주권 신청 및 허가사항 보고		0237	보고서	주일대사	외무부장관	1971.07.02
(*)71.5월말 현재 영주권 신청 및 허가사항 보고		0238	보고서	주일대사	외무부장관	1971.07.02
결산자료 제출		0239	통보문	총무과장	재외국민과장	1971.10.15
결산자료 제출		0240	통보문	재외국민과장	총무과장	1971.10.18
	협정영주권 신청촉진 사업 (1969, 1970)	0241-0244	자료			
강공사와 요시다입관국장과의 면담결과 보고		0246-0247	보고서	주일대사	외무부장관	1971.12.01
	11.29일 강공사와 요시다입관국장과의 면담결과	0245	자료			
(*)71.11월말 현재 영주권 신청 및 허가사항 보고		0248	보고서	주일대사	외무부장관	1971.12.04

⑬ 재일본국민의 법적지위에 관한 실무자회의, 제4차. 동경, 1971.10. 11.-12.

분류번호 : 791.22

생산과 : 동북아과/재외국민과

생산연도 : 1971년

건 제목	첨부자료	프레임	종류	발신	수신	생산일
(*)주일대사와 아이찌외무대신 면담보고		0015-0017	보고서	주일대사	외무부 장관	1971.05.15
(*)일법무차관 방한과 고위회담개최 추진상황 보고 요청		0018	요청문	외무부 장관	주일대사	1971.05.18
(*)강공사 요시다입관국장 면담보고(차관 방한, 영주권문제)		0019-0020	보고서	주일대사	외무부 장관	1971.05.22
(*)강공사 쯔다사무차관 방문 방한문제 면담결과 보고		0021	보고서	주일대사	외무부 장관	1971.05.22
(*)쯔다 법무차관 방한문제 일측과 교섭결과 보고 요청		0022-0023	요청문	외무부 장관	주일대사	1971.05.27
	신문자료	0024	자료			
	강공사와 법무성요시다입관국장간 면담	0025	자료			
(*)강공사와 법무성 요시다입관국장 면담 보고		0026-0028	보고서	주일대사	외무부 장관	1971.07.03
	면담요지	0031	자료			
(*)강공사와 법무성 요시다입관국장 당면문제 면담(법적지위문제, 차관방한문제)		0032	보고서	주일대사	외무부 장관	1971.07.08
(*)신문보고		0035	보고서	주일대사	외무부 장관	1971.08.03

	신문자료	0033-0034	자료			
재일한국인 법적지위 및 대우 향상을 위한 대일교섭		0037	요청문	아주국장	영사국장	1971.08.30
정부대표 임명통보		0038-0039	통보문	재외국민과	법무장관 한국은행 총재	1971.09.10
(*)법적지위 및 처우에 관한 의견 회보요청		0040	요청문	외무부 장관	주일 각공관장	1971.09.15
재일한국인 법적지위 및 대우향상을 위한 대일교섭		0041	협조문	영사국장	아주국장	1971.09.20
	재일한국인 법적지위 및 대우향상을 위한 대일교섭	0042-0052	자료			
(*)한일실무자 회담 의제 관련 일본측의 비공식견해 전언		0053	보고서	주일대사	외무부 장관	1971.09.29
(*)실무자회의에 개최에 관한여 비공식적인 북동아과 관계직원의 의견 보고		0054	보고서	주일대사	외무부 장관	1971.09.30
한일간 법적지위 실무자회담 참석 실무자 파견 요청		0055-0056	요청문	재외국민과	법무부 장관 문교부 장관 보사부 장관	1971.10.02
(*)한일국장급 실무자회의 개최관련 대표단 추천 요청		0057-0058	요청문	외무부 장관	법무부 장관 문교부 장관 보사부 장관	1971.10.02
	신문자료	0059	자료			
(*)일측의 한국측 실무자회담 참석자 명단요청 보고		0060	보고서	주일대사	외무부 장관	1971.10.01
법적지위 문제에 관한 참고 의견		0061-0062	보고서	주시모노 세끼영사	외무부 장관	1971.09.28
	본국정부에 대한 청원서	0063-0064	자료			

본국정부에 대한 요망사항		0065-0067	자료			
재일한국인의 대우문제에 관하여		0068-0071	자료			
재일한국인에게 적용되지 않는 일본법령		0072-0081	자료			
(*)아측실무자대표 통보		0082	통보문	주일대사	외무부 장관	1971.10.06
재일한인의 법적지위에 관한 한일간 실무자회의		0083-0085	통보문	재외 국민과		1971.10.06
한일 법적지위 실무자회담 참석자 추천		0086	통보문	보사부 장관	외무부 장관	1971.10.07
정부대표 교체임명 통보		0087	통보문	재외 국민과	법무부 장관 한국은행 총재	1971.10.07
정부대표 교체임명 통보		0088	통보문	외무부 장관	법무부 장관 한국은행 총재	1971.10.07
한일간 법적지위 실무자회담 참석자 추천		0089	통보문	보사부 장관	외무부 장관	1971.10.07
(*)법적지위대표단 부분교체 보고		0090	보고서	외무부 장관	주일대사	1971.10.07
(*)한일실무자회담 아측명단 및 일정		0091	보고서	주일대사	외무부 장관	1971.10.07
(*)한일실무자회담 호텔 변경		0092	통보문	주일대사	외무부 장관	1971.10.08
(*)한일실무자회담 아측 명단 한자성명 확인 요청		0093	요청문	주일대사	외무부 장관	1971.10.08
(*)한일실무자회담 아측 명단 한자성명 확인		0094	보고서	주일대사	외무부 장관	1971.10.08
(*)한일실무자회의 개최 경과보고		0119-0120	보고서	주일대사	외무부 장관	1971.10.12
(*)한일실무자회의 법적지위분과회의 토의내용 확인 및 미결현안문제 해결을 위한 토의 합의		0121-0123	보고서	주일대사	외무부 장관	1971.10.12

재일한인의 법적지위 및 처우에 관한 한일 실무자 회의 경과 보고		0124	보고서	재외 국민과			1971.10.13
	재일한인의 법적지위 및 처우에 관한 한일실무자 회의 경고 보고	0125-0137	자료				
	보도자료	0138-0139	자료				
	신문자료	0140	자료				
재일한인의 법적지위등 실무자회의 일측 인사		0141	보고서	주일대사	외무부 장관		1971.10.18
	수노베국장 인사문	0142-0143	자료				

[附記]

　이 글은 「재일한국인의 법적지위협정 시행에 따른 영주권 문제 고찰」(『일본근대학연구』 제75집, 2022)를 토대로 수정 보완하여 작성한 것이다.

동아시아연구총서 제8권
재일코리안 사회 형성과 시대적 표상

참고문헌

제1장 근대 일본의 제국주의 행보와 전후 평화 지향의 시민력 - 이수경

〈국내 문헌 및 자료〉

● 정혜경(2019)『2019년도 일제강제동원 피해 진상조사 학술연구용역보고서 일본지역 탄광 광산 조선인 강제동원 실태-미쓰비시 (三菱) 광업(주) 사도(佐渡)광산을 중심으로』일제강제동원피해자지원재단

● 이수경(2006)「[현장 취재] 카미코치를 떠도는 조선인 노동자의 영혼 가마(釜)터널 속에서 지금도『어이, 어이』하는 소리가 들린다」『월간 조선』2006년 1월호

● 류기헌 저·이수경 감수(2013)『일본탄광도시:큐슈 후쿠오카현 치쿠호지방편』라이프

● 이수경(2016)「재일동포사회의 갈등 기로에 섰던 박열과 김천해-일본의 정치범 최장기수 박열의 삶과 김천해, 그들의 갈구」『人物을 통해서 본 民団 70년 史』(사)해외교포문제연구소

● 이수경(2018)「재일동포 기업가의 한국에서의 육영 장학사업 공헌에 대하여」『변화하는 아시아의 이민과 다문화』전남대 세계한상문화연구단

● 도노히라 요시히코 저, 지상 역(2021)『70년 만의 귀향』서울, 후마니타스

〈국외 문헌 및 자료〉

●「姫観音建立趣意書」(덴타쿠지 소장)

● 上砂川町史編纂委員会編(1959)『上砂川町史』[慰霊碑を建てる会]第4回56号ダム史跡水神碑の前の追悼式·懇談会報告書(第7回, 2020年8月15日)

●『JAFCOF釧路研究会リサーチペーパーvol.13 ふたつの故郷の喪失：樺太からの引揚げと尺別炭鉱閉山─岩崎守男氏による講演の記録─』2018

●「「北」の語りべ〈73〉 在日朝鮮人 蔡晩鎮さん 土地を奪われ炭鉱へ」『朝日新聞』1982년 1월 19일

● 朝鮮人強制連行真相調査団編(1974)『朝鮮人強制連行強制労働の記録─北海道·千島·樺太篇』도쿄, 現代史研究会

- 朝鮮人強制連行真相調査団編(2001) 『朝鮮人強制連行調査の記録 中国編』 도쿄, 柏書房
- 新保磐次(1910) 『小學内國地誌巻二』 도쿄, 金港堂書籍株式会社
- 朴慶植(1965) 『朝鮮人強制連行の記録』 도쿄, 未来社
- 朴慶植(1986) 「在日朝鮮人」 『朝鮮を知る事典』 도쿄, 平凡社
- 梁泰昊編, 朴慶植·山田昭次監修(1993) 『朝鮮人強制連行論文集成』 도쿄, 明石書店
- 飯沼二郎編(1984) 『在日朝鮮人を語るⅠ 七十万人の軌跡』 도쿄, 麦秋社
- 太平洋戦争強制労働犠牲者追悼式実行委員会(2021) 『第50回太平洋戦争強制労働犠牲者追悼式記念事業誌＝人間の尊厳を問う追悼を続けて50年＝』
- 『季刊 日本·朝鮮·中国』제4호, 1971년, 青年アジア研究会(가와사키시)
- 芝竹夫編·著(2000) 『フィールド·ガイド 炭鉱と強制連行』「筑豊」塾刊(후쿠오카)
- 芝竹夫編·著(2003) 『フィールド·ガイドVol.2 炭鉱と強制連行』「筑豊」塾刊(후쿠오카)
- 金廣烈·朴晋雨·尹明淑·任城模·許光茂共著, 朴東誠監訳, 金耿昊·高賢来·山本興正共訳(2010) 『帝国日本の再編と二つの「在日」』 도쿄, 明石書店
- 外村大(2012) 『朝鮮人強制連行』 도쿄, 岩波書店
- 内田雅敏(2020) 『元徴用工和解への道—戦時被害と個人請求権』 도쿄, ちくま書店
- 長澤秀(2011) 『戦後初期在日朝鮮人人口調査資料集1』 도쿄, 緑蔭書房
- 山田昭次·古庄正·樋口雄一共編(2005) 『朝鮮人戦時労働動員』 도쿄, 岩波書店
- 山田昭次編(2012) 『朝鮮人強制動員関係資料(1)』 도쿄, 緑蔭書房
- 山田昭次編(2012) 『朝鮮人強制動員関係資料(2)』 도쿄, 緑蔭書房
- 『歴史教科書 在日コリアンの歴史』作成委員会編(2006) 『歴史教科書 在日コリアンの歴史』 도쿄, 明石書店
- 『在日コリアンの人権白書』制作委員会編(2018) 『在日コリアンの人権白書』 도쿄, 明石書店
- 岩波書店編(2012) 『記録·沖縄「集団自決」裁判』 도쿄, 岩波書店
- 小林多喜二(2003) 『蟹工船 一九二八·三·十五』 도쿄, 岩波文庫
- 李修京(2005) 『帝国の狭間に生きた日韓文学者』 도쿄, 緑蔭書房
- 李修京編(2006) 『韓国と日本の交流の記憶—日韓の未来を共に築くために』 도쿄, 白帝社
- 李修京·湯野優子(2008) 「宇部の長生炭鉱と戦時中の朝鮮人労働者」 『東京学芸大学人文社会科学系Ⅰ』 59集

- 李修京編(2011)『海を超える100年の記憶』도쿄, 図書新聞
- 柳基憲著・李修京監修(2013)『日本炭鉱都市:九州福岡県筑豊地方編』서울, 라이프
- 李修京(2013)「書評 安世鴻『重重 中国に残された朝鮮人日本軍「慰安婦」の物語』」『季論21』제22호
- 李修京(2019)「在日韓国人の母国への教育・奨学事業の貢献について」『学校法人 金井学園 秀林外語専門学校創立30周年記念誌』学校法人金井学園
- 李修京(2020)「日本国内における戦争加害の痕跡について(1)」『季論21』제48호, 99-112쪽
- 李修京(2020)「日本国内における戦争加害の痕跡について(2)」『季論21』제49호, 81-93쪽
- 李修京(2020)「日本国内における戦争加害の痕跡について(3)」『季論21』제50호, 195-213쪽
- 李修京(2021)「일본의 초기 서양음악의 동향에 대한 일고찰」『제12회 코리아 연구실·BOA 학술 세미나－근대 한국의 서양문화와 초기 서양음악－』2021년 9월 25일 발표집
- 李修京(2009)「楠本イネ 日本初の女性産科専門医」『国際社会で活躍した日本人 明治―昭和13人のコスモポリタン』도쿄, 弘文堂
- 木村玲子(2016)『イトムカからのメッセージ』삿포로, 自費出版
- 島崎尚子・中澤秀雄・島西智輝・石川孝織共編(2018)『釧路叢書第38巻 太平洋炭砿(上)』쿠시로, 釧路市教育委員会
- 島崎尚子・中澤秀雄・島西智輝・石川孝織共編(2019)『釧路叢書第39巻 太平洋炭砿(下)』쿠시로, 釧路市教育委員会
- 在日韓国・朝鮮人生徒の教育を考える会編(1996)『東京のなかの朝鮮』도쿄, 明石書店
- 小池善之「大井川流域における電源開発と朝鮮人」『本川根町史』(通史篇3 近現代) 2003年 3月
- 松代大本営の保存をすすめる会編(1991)『松代大本営と崔小岩』도쿄, 平和文化
- 松代大本営の保存をすすめる会編・発行(1995)『マツシロへの旅』
- 松代大本営の保存をすすめる会編(2002)『学び・調べ・考えよう フィールドワーク 松代大本営』도쿄, 平和文化
- 松代大本営資料研究会편(2004)『解説と資料 松代大本営』

- 茶谷十六(2019)「田沢湖姫観音像建立をめぐって—東北振興政策・生保内発電所建設・国鱒絶滅・朝鮮人強制連行—」2019년 11월 10일
- 茶谷十六「七ツ館坑陥没災害報告書—外部賞所蔵, 花岡鉱山七ツ館事件関係資料について—」『한일민족문제연구』投稿論文
- 菊池俊朗(2001)『釜トンネル』나가노, 信濃毎日新聞社
- 供田武嘉津(1996)『日本音楽教育史』도쿄, 音楽之友社
- 福島憲成「小さな町で人知れず続けられている日韓・日朝友好の祈り 旧国鉄松前線殉難者慰霊法要の意味すること」『2021 東義大学東アジア研究所・東京学芸大学 Korea 研究室共催国際学術大会 日本の多文化化と在日コリアン』
- 梅北道夫『日本経済新聞』1992년 4월 16일
- 「強制労働者の埋葬跡発見 釧路の紫雲台霊慰める法要」『朝日新聞』1971년 10월 12日

〈참고 사이트〉
- 대일항쟁기강제동원피해조사 및 국외강제동원희생자등 지원위원회 편(2016),『위원회 활동 결과보고서』
  https://www.fomo.or.kr/kor/contents/14
- 교육부 재외교육기관 포털
  http://okep.moe.go.kr/board/view.do?board_manager_seq=38&board_seq=5507&menu_seq=118
- 한국민족문화대백과사전(조선인 강제연행(朝鮮人強制連行)
  http://encykorea.aks.ac.kr/Contents/Item/E0073592
- 일제강제동원피해자지원재단 공식 웹사이트
  https://www.fomo.or.kr/kor/contents/14
- 「일제, 강제징용 전부터 '노무자 관리'개입」『한겨레』2006년2월20일 인터넷판.
  https://www.hani.co.kr/arti/society/society_general/103479.html
- 「[경술국치 100년] 드라마 '아이리스'의 그 호수엔 숨겨간 조선인 恨이 흐르고 있었다」『국민일보』2010년 4월 13일.
  http://news.kmib.co.kr/article/view.asp?arcid=0003599749&code=11121200
- 김재한「[세상을 바꾼 전략] 푸이 내세운 만주국 건설은 일제의 '차시환혼'책략」『The Joong Ang』2015년 3월 1일
  https://www.joongang.co.kr/article/17249276#home

- 홍윤기 「일본 최초 '백제사'였던 젠코지」, 『독서신문』 2010년 5월 3일.
  http://www.readersnews.com/news/articleView.html?idxno=20484)
- 「요미우리 "한·중·일 정상회담 2년 연속 연기 전망…한일관계 전후 '최악'"」, 『경향신문』 2021년 11월 14일.
  https://www.khan.co.kr/world/world-general/article/202111141345001
- 「한일 사상 최악의 상황, 정상들의 결단이 필요」, 『한국일보』 2019년 6월 11일.
  https://www.hankookilbo.com/News/Read/201906101311357532
- 「국내 거주 재일동포, 한국정부 복지정책에서도 차별 받아」, 『매일경제』 2020년 7월 1일.
  https://www.mk.co.kr/news/politics/view/2020/07/674922/
- 조준형 「日연구자 "징용 조선인 군인·군무원 13만명 명부 증발"」, 『연합뉴스』 2016년 4월 8일.
  https://www.yna.co.kr/view/AKR20160407092600073
- 「도쿄대 역사학자의 사도광산 '팩트체크'…"조선인 강제노동은 분명"」, 『JTBC 뉴스』 2022년 2월 9일.
  https://news.jtbc.joins.com/article/article.aspx?news_id=NB12046125
- 이수경 「힐링의 땅 나가노(長野)에서 한국의 흔적을 만나다(1)」, 『서울문화투데이』 2012년 5월 24일.
  http://www.sctoday.co.kr
- 이수경 「일본의 탄광에 끌려간 김경봉 옹의 호소」, 『서울문화투데이』 2012년 2월 4일.
  http://www.sctoday.co.kr/news/articleView.html?idxno=13167
- 「평균 88살…사할린동포법 첫 대상 1세대 21명 영주귀국한다」, 『한겨레 신문』 2021년 11월 25일.
  https://www.hani.co.kr/arti/politics/diplomacy/1020803.html
- 「[기고칼럼] 산업유산정보센터, 강제징용 역사부정이 아닌 박애와 관용을 알리는 전시를(일본 근현대사 연구가 다케우치 야스토)」, 『코리아넷 뉴스』 2021년6월29일.
  https://www.kocis.go.kr/koreanet/view.do?seq=1038568
- 재일본대한민국민단 중앙본부 공식 웹사이트 참조.
  https://www.mindan.org/old/shokai/toukei.html
- 일본 법무성 입국관리국 재류외국인 통계 12월 통계
  http://www.moj.go.jp/housei/toukei/toukei_ichiran_touroku.html

- 日本政府統計
  https://www.otit.go.jp/files/user/toukei/211001-1-5.pdf
- 일본 국회 중의원 사이트.
  https://www.shugiin.go.jp/internet/itdb_shitsumon.nsf/html/shitsumon/a154056.htm
- 제71회 국회 중의원 석탄대책특별위원회 제5호(1973년 3월29일) 기록.
  https://kokkai.ndl.go.jp/simple/detail?minId=107104589X00519730329&spkNum=73#s73
- 竹内康人(2015)「朝鮮人軍人軍属の強制動員数：37万人以上の動員と消された氏名不明の13万人(特集朝鮮人強連行研究の成果と課題：「戦後70年」の現在から考える(1))」『大原社会問題研究所雑誌』Vol.686, 2015년 12월호
- 竹内康人「徴用工―80万人の強制労働の歴史を捉えなおす」『季刊　社会運動』제436호, 2019년 10월호.
  http://cpri.jp/2946/
- 広瀬貞三(2000)「佐渡鉱山と朝鮮人労働者(1939~1945)」『新潟国際情報大学情報文化学部紀要人文科学編』(3).
  https://cc.nuis.ac.jp/library/files/kiyou/vol03/3_hirose.pdf?fbclid=IwAR2x2B-QokPYuzcGgRLB6d9ne7YKwLOMMYqjvcwzaCUwqVCBpytnu0IhRsk
- 国立国会図書館「資料に見る日本の近代―政党内閣の終焉」
  https://www.ndl.go.jp/modern/cha4/description01.html
- 「河正雄アーカイブ」https://www.ha-jw.com/memorial/himekannon/
  http://www.asahi.com/area/hokkaido/articles/MTW20170925011190001.html
- 夕張市웹사이트.
  https://www.city.yubari.lg.jp/gyoseijoho/shinoshokai/yuubarucitygaiyo.html
- 釧路市 [炭鉱に生きた人によるヤマの記録つくり]
  https://www.city.kushiro.lg.jp/shisei/gaiyou/aramashi/syoukai/1001.html#section1
- 釧路市 [釧路炭田その軌跡]
  https://www.city.kushiro.lg.jp/www/common/003hp/genre/card2/2235i.htm
- 東川町 観光案内公式웹사이트.
  http://www.welcome-higashikawa.jp/areaguide/cyubetsudam/
- 東川町ニュースレター　第5号, 2010年12月号
  https://town.higashikawa.hokkaido.jp/living/press/pdf/2010-12/2010-12-06KYOUSEI_ROUDOU.pdf

- 「유골 봉환·화해와 우호를 위한 동아시아 네트워크 홋카이도 포럼」

  https://blog.goo.ne.jp/kioku-2011/e/ed7cfafe9fd04de7f623873b0749ca47
- 北見市観光協会. 北見の物産品 | 北見市

  kitami.lg.jp
- 長野市松代像山地下壕웹사이트.

  https://www.city.nagano.nagano.jp/site/kanko-nagano/22100.html
- 長野市웹사이트.

  https://www.city.nagano.nagano.jp/site/kanko-nagano/22100.html
- 野村興産웹사이트.

  https://www.nomurakohsan.co.jp/company/history
- NHK(for school)web site
- 北海道庁웹사이트.

  https://www.pref.hokkaido.lg.jp/ks/bns/yurai.html
- 北海道庁웹사이트.

  https://www.hkd.mlit.go.jp/ob/tisui/kds/pamphlet/tabi/pdf/03-04-wajin_kaka
  wari-p136-143.pdf
- 宇部市 웹사이트.

  https://www.city.ube.yamaguchi.jp/kurashi/shiminjinken/shiminkatsudou/101
  0010/1010096/1010124.html
- 長生炭鉱の水非常を歴史に刻む会

  https://www.chouseitankou.com
- 『日本大百科全書』(小学館) 웹사이트.

  https://kotobank.jp/word/%E5%9B%9A%E4%BA%BA%E5%8A%B4%E5%83%8
  D-77086
- 「朝鮮人·中国人強制連行·強制労働犠牲者の慰霊碑を建てる会」웹사이트.

  https://sites.google.com/site/itomukanoomoide/-wei-ling-beiwo-jianteru-hui-n
  o-cheng-linitsuite
- 浄土宗寺院웹사이트.

  http://otera.jodo.or.jp/honzan/zenkouji-daihongan/
- 松村憲勇 「世界初の海底トンネル '関門鉄道トンネル'」 建設コンサルタンツ協会
  編 『土木遺産の香』 제42회, 2007년 7월호.

  https://www.jcca.or.jp/kaishi/236/236_doboku.pdf

- 「川崎在日コリアン　生活文化資料館」웹사이트.
  http://www.halmoni-haraboji.net/exhibit/report/201001fieldwk/page14.html
- 세계유산 사이트 [九州の世界遺産].
  https://www.welcomekyushu.jp/world_heritage/spots/detail/17
- 「筑豊の炭坑史跡と朝鮮人追悼碑—人権平和·浜松」
  http://www.pacohama.sakura.ne.jp/kyosei/tikuhou.html
- 貝島炭鉱の小野浦小学校紹介웹사이트.
  http://fuji.pro.tok2.com/sekitan1.html
- NHK역사 아카이브.
  http://www.nhk.or.jp/archives/shogenarchives/special/
  https://www2.nhk.or.jp/school/movie/clip.cgi?das_id=D0005403060_00000
- 「宣教師ザビエルと日本で初めてのクリスマス」『九州圏広域地方計画推進室』広報
  http://www.qsr.mlit.go.jp/suishin/story2019/04_3.html
- 「徴用受難の歴史共有　日本人の誓文石碑に刻み寄贈　岡山青山倶楽部」『民団新聞』
  2006년 7월 24일.
  https://www.mindan.org/old/front/newsDetail9a58.html
- 「日韓関係は「史上最悪」…対立根本に「安倍首相と文大統領の相性の悪さ」」 朝日
  新聞社『Aera』, 2019년 5월 28일.
  https://dot.asahi.com/aera/2019052400012.html
- 「日本：外国人技能実習制度問題　時給300円、休みは年に数日　抗議したら強制
  帰国　海外からも厳しい目に」『共同通信』2015년 1월 5일.
- 朝里樹「一度入ったら、まず抜け出せない…」『マネー現代』(講談社) 2021년 9월 30일.
  https://gendai.ismedia.jp/articles/-/87654
- 石純姫「アイヌ民族と朝鮮人のつながり」『朝日新聞』2017년 9월 23일.
  http://www.asahi.com/area/hokkaido/articles/MTW20170925011190001.html?i
  ref=com_footer
- 『函館新聞』2014년 5월 4일.
  http://www.hakodateshinbun.co.jp/topics/topic_2014_5_4.html
- 『北海道新聞』2011년 2월 19일.
  https://www.2nn.jp/news4plus/1298118632/
- 「北海道東部の"地図にない集落"で見つかったのは…「水銀を飲む謎の一族」に生

まれた青年の生涯を描く大河小説」『文春オンライン』2022년 2월 20일.

https://news.yahoo.co.jp/articles/bc1f476708cb8da2b2a3dc91c5c6e66d514fa780

●隈元信一, 西正之, 佐藤和雄「歴史は生きている；維新で揺れるなか、なぜ出兵」『朝日新聞』特集사이트(DEGITAL)

https://www.asahi.com/international/history/chapter01/02.html

●「ベトナム人技能実習生「暴行2年受け続けた」岡山で就労, 監督機関が調査」『山陽新聞』디지털판, 2022년 1월 14일.

https://www.sanyonews.jp/article/1217756

●「実習生をほうきでたたき暴行「ろっ骨3本骨折...会社は口止め」悲痛な告白」『FNNプライムオンライン』実習生をほうきでたたき暴行「ろっ骨3本骨折...会社は口止め」悲痛な告白(msn.com) 2022年 1月 17日.

제2장 야마구치에서 바라보는 한국 그리고 재일조선인 – 이자오 도미오

●李榮薫(2019)『反日種族主義』文藝春秋
●井竿富雄(2014)「満州事変・第一次上海事変被害者に対する救恤、一九三三―一九三五年」『山口県立大学学術情報』7号
●井竿富雄(2020)「過ぎ去ろうとしない帝国」『季論21』48号
●李修京・湯野優子(2008)「宇部の長生炭鉱と戦時中の朝鮮人労働者」『東京学芸大学紀要 人文社会科学系Ⅰ』59集
●李里花編著(2021)『朝鮮籍とは何か』明石書店
●内海愛子ほか(2020)『日韓の歴史問題をどう読み解くか』新日本出版社
●加藤圭木監修、一橋大学社会学部加藤圭木ゼミナール編(2021)『「日韓」のモヤモヤと大学生のわたし』大月書店
●菊池嘉晃(2020)『北朝鮮帰国事業の研究』明石書店
●金昌源・金宗郁(1960)『ルポ・帰国した人びと』外国文出版社、平壌
●金賛汀(2010)『韓国併合百年と「在日」』新潮選書
●金太基(1997)『戦後日本政治と在日朝鮮人問題』勁草書房

- 金竜介/姜文江　在日コリアン弁護士協会編(2019)『在日コリアン弁護士から見た日本社会のヘイトスピーチ』明石書店
- 木村健二(2017)『一九三九年の在日朝鮮人観』ゆまに書房
- 権赫泰・車承棋編、中野宣子訳、中野敏男解説(2017)『〈戦後〉の誕生』新泉社
- 黒川創編(1996)『〈外地〉の日本語文学選 第三巻 朝鮮』新宿書房
- 斎藤真理子(2019)『韓国・フェミニズム・日本』河出書房新社
- 佐藤広美・岡部芳広編(2020)『日本の植民地教育を問う』皓星社
- 里見岸雄(1929)『国体に対する疑惑』アルス
- 澤田克己(2020)『反日韓国の幻想』毎日新聞出版
- 澤田克己(2021)「虚構の『嫌韓』からの解放」『東京2020 五輪・パラリンピックの顛末』社会評論社
- 『時事新報社懸賞募集国旗作文集(中等学校)』宝文館(1933)
- 庄司潤一郎(2006)「朝鮮戦争と日本の対応─山口県を事例として─」『防衛研究AK所紀要』8巻 3号
- 新城道彦(2011)『天皇の韓国併合』法政大学出版局
- 鈴木武雄(1946)『朝鮮統治の性格と実績』外務省調査局
- 関貴星(1997)『楽園の夢破れて』亜紀書房
- 仙崎引揚援護局(1946)『仙崎引揚援護局史』(ゆまに書房、2002年復刻)
- 大韓民国政府・国務総理直属　対日抗争期強制動員被害調査及び国外強制動員犠牲者等支援委員会編・刊行(2015)『日本の長生炭鉱水没事故に関する真相報告』(日本語版)
- 高崎宗司・朴正鎮編著(2005)『帰国運動とは何だったのか』平凡社
- 鄭鍾賢、渡辺直紀訳(2021)『帝国大学の朝鮮人』慶応義塾大学出版会
- テッサ・モーリス─スズキ、田代泰子訳(2007)『北朝鮮へのエクソダス』朝日新聞社
- 寺尾五郎(1961)『朝鮮・その北と南』新日本出版社
- 外村大(2009)『在日朝鮮人社会の歴史学的研究』緑蔭書房
- 野間易通(2013)『「在日特権」の虚構』河出書房新社
- 『朴正熙選集』(全三巻) 鹿島出版会(1970)
- 朴美貞(2014)『帝国支配と朝鮮表象』国際日本文化研究センター
- 旗田巍(1969)『日本人の朝鮮観』勁草書房

- 樋口雄一(2002)『日本の朝鮮・韓国人』同成社
- 樋口雄一(1986)『協和会』社会評論社
- 玄武岩(2014)「日韓関係の形成期における釜山収容所/大村収容所の『境界の政治』」『同時代史研究』7号
- 水野直樹(1996)「在日朝鮮人・台湾人参政権「停止」条項の成立」『世界人権問題研究センター研究紀要』創刊号
- 水野直樹・文京洙(2015)『在日朝鮮人』岩波新書
- 水野直樹(2008)『創氏改名』岩波新書
- 『民団70年史』(2017)
- 安広欣記(2000)『至誠は息むことなし』三晃実業出版部
- 『山口県警察史』下巻、山口県警察本部(1982)
- 『山口県史史料編　現代2』(2000)
- 『山口県史史料編　現代5』(2017)
- 大和裕美子(2015)『長生炭鉱水没事故をめぐる記憶実践』花書院
- 山野車輪(2005)『嫌韓流』晋遊舎
- 山野車輪(2006)『嫌韓流2』晋遊舎
- 山野車輪(2007)『嫌韓流3』晋遊舎
- 山野車輪(2009)『嫌韓流4』晋遊舎
- 山野車輪(2015)『大嫌韓流』晋遊舎
- 吉澤文寿(2015)『日韓会談1965』高文研
- 梁英聖(2021)『レイシズムとは何か』ちくま新書

제3장 다문화공생과 일본 속의 올드 마이너리티·뉴 마이너리티 — 권오정

- 青柳周一(2020)「蝦夷地の近江商人」『三方よし』第46号
- Banks, James A.(1995) ed. *Handbook of Research on Multicultural Education* Macmillan Publishing
- Banks, James A.(2008) "Diversity and Citizenship Education in Global Times"

in James Arther, Ian Davies and Carole Hahn eds. *Education for Citizenship and Democracy* SAGE

- Cremin, L. W.(1961) *The Transformation of the School* Random House
- Grant, Carl A. & Sleeter, Christine E.(2007) *Doing Muticultural Education for Achivement and Equity 2nd ed.* Routledge
- 平山裕人(2014)『アイヌの歴史』明石書店
- 平山裕人(2021)『アイヌ民族の現在、過去と未来！』藤田印刷エクセレントブックス
- 木村正人(2017)『欧州絶望の現場を歩く－広がるBrexitの衝撃』株式会社ウェッジ
- Kurk, E. A.(1963) *The Shaping of the American High School* Harper & Row
- 桑原真人(1982)『近代北海道史研究序説』北海道大学図書刊行会
- 권오정·김영석(2006)『사회과교육학의 구조와 쟁점』(증보판) 교육과학사
- 權五定·斉藤文彦(2014)編『「多文化共生」を問い直す』日本経済評論社
- 권오정(2020)「마이너리티가 다문화공생사회를 열어갈 때」동의대학교 동아시아 연구소 편『재일동포의 민족교육과 생활사』박문사
- Kymlicka, Will(2007) *Multicultural Odysseys* Oxford University Press, Inc.(稲田恭明·施光恒(2018)訳『多文化主義のゆくえ』法政大学出版局)
- Lauren, Paul Gorden(1988) *Power and Prejudice* Westview Press(大蔵雄之(1955)訳『国家と人種偏見』TBSブリタニカ)
- MacMillan, Margaret(2001) *Paris 1919: Six Months that Changed the World* Random House
- 三野正洋·田岡俊次·深川孝行(1995)『20世紀戦争』朝日ソノラマ
- 村上良夫(1988)「クリスマスの起源―その歴史的背景」『北陸大学紀要』12号
- ナヤン・チャンダ(2009) (友田錫·滝上広水 訳)『グローバリゼーション人類5万年のドラマ』(上·下)NTT出版
- NEA Commission on the Reorganization of Secondary Education(1918) *A Report of the Cardinal Principles of Secondary Education Bulletin 35* US Bureau of Education
- Nussbaum, Martha C.(1996) "Patriotism and Cosmopolitanism" in Joshua Cohen ed. *For Love of Country: Debating the Limits of Patriotism* Beacon Press(辰巳伸知·能川元一(2000)訳『国を愛するということ』人文書院)

- 歴史教科書在日コリアンの歴史作成委員会(2006)編 『歴史教科書在日コリアンの歴史』明石書店
- Revel, Jean-François(1971)Ni Marx, Ni Jesus Robert Laffont(English version: *Without Marx or Jesus* Doubleday & Company, Inc.)(林誠宏(1990)監訳『マルクスもキリストもいらない』三修社/박재두(1978)『마르크스도 예수도 없는 혁명』법문사)
- 石純姫(2017)『朝鮮人とアイヌ民族の歴史的つながり』寿郎社
- 高倉新一郎(1979)『北海道開拓史』覆刻版 北海道大学図書刊行会
- 田中治彦・三宅隆史・湯本浩之(2016)編著『SDGsと開発教育』学文社
- 田中宏(1996)『外国人の地方参政権』五月書房
- Taylor, Charles M.(1991) *The Ethics of Authenticity* Harvard University Press(田中智彦(2004)訳『「ほんもの」という倫理──近代とその不安』産業図書)
- Taylor, Charles M. & Harbermas, Jurgen(1994) etc. *Multiculturalism: Examining the Politics of Recognition* Princeton University Press(佐々木毅・辻康夫・向山恭一(1996)訳『マルチカルチュラリズム』岩波書店/이상형・이광석(2020) 공역『다문화주의와 인정의 정치』하누리)
- 外村大(2015)「日韓条約以後の'在日朝鮮人問題'の展開」木宮正史・李元徳 編『日韓関係史 1965～2015』東京大学出版会
- Wake, Leonard J.(2008) "Cosmopolitanism and Citizenship Education" in Michael A. Peters, Alan Britton and Harry Blee eds. *Global Citizenship Education* Sense Publishers
- Woodrow, Derek et al.(1997) eds. *Intercultural Education: Theories, Politics and Practice* Ashgate
- 山上萬次郎(1905)『最近統合帝国地理 中学校用』大日本図書株式会社
- 李修京(2003)『近代韓国の知識人と国際平和運動』明石書店
- 李修京(2016)編『誠心交隣に生きる』合同フォレスト
- 李修京(2019)編『多文化共生社会に生きる』明石書店
- 李修京・権五定(2018・2020～2022) 「在日コリアンの'共生に生きる'という主体的選択(1～4)『東京学芸大学紀要 人文社会科学系Ⅰ』第69・71～73集
- 李瑜煥(1971)『在日韓国人60万──民団・朝総連の分裂史と動向』洋々社
- 吉川勇一(1995)『反戦平和と行動』社会評論社

- 吉澤文寿(2004)『戦後日韓関係の展開(1945年から1965年まで)―日韓国交正常化交渉を中心に―』一橋大学大学院博士論文
- Zimmer, Oliver(2003) *Natonalism in Europe, 1890~1940* Palgrave Macmillan(福井憲彦(2009)訳『ナショナリズム 1890~1940』岩波書店)
- AHK Japan(2018)「ドイツの外国人依存度」(japan.ahk.de 2021.12.21)
- Council of Local Authorities for International Relations(1917)「CLAIR PEPORT No.135: ドイツにおける外国人政策をめぐる諸問題」(clair.or.jp 2021.11.5)
- 北海道website(hkd.mlit.go.jp 2022.1.2)
- 公益法人北海道アイヌ協会website(ainu-assn.or.jp 2021.12.10)
- 三菱総合研究所『MRIエコノミックレビュー 2021』(2022.1.29)
- 民団website(mindan.org/syokai/toukei.html 2021.11.12)
- 『産経新聞』(sankei.com/article/20210719)
- 総務省統計局『国勢調査報告』(stat.go.jp 2021.11.20)
- 有珠善光寺website(usu.zenkoji.jp 2021.12.20)
- 山田久(2019)「ドイツ・スウェーデンの外国人政策から何を学ぶか」日本総研HP (jri.co.jp 2021.12.22)
- 吉田和久(2007)「現代アメリカ多文化主義と十八世紀思想史の文脈 (hosei.repo.nii.ac.jp 2021.11.5)

제4장 다문화 공생사회와 재일코리안의 에스닉 아이덴티티 ― 마키노 에이지

- 明石純一(2010)『入国管理政策「1990年体制」の成立と展開』ナカニシヤ出版
- 『朝日新聞DIGITAL』(2019年12月12日付、2020年3月11日付)
- 李修京編著・権五定/鷲山やすひこ監修(2019)『多文化共生社会に生きる―グローバル時代の多様性・人権・教育―』明石書店
- 李洙任(2021)『奪われた在日コリアンの日本国籍 日本の移民政策を考える』明石書店
- 李洙任・田中宏(2007)『グローバル時代の日本社会と国籍』明石書店

- 一般財団法人アジア・太平洋人権情報センター編(2018.11)『国際人権ひろば』No.142
- 大沼保昭(2004)『在日韓国・朝鮮人の国籍と人権』東信堂
- 風間・加治・金編著(2016)『教養としてのジェンダーと平和』法律文化社
- 加藤・小倉・小島編(2021)『東アジアの尊厳概念』法政大学出版局
- 金敬黙(2019)『越境する平和学 アジアにおける共生と和解』法律文化社
- 神奈川県弁護士会HP(2020年01月31日付)
- 公益財団法人日本国際交流センター編(2018.2)『日本の地方自治における多文化共生の現在と今後 多文化共生と外国人受け入れについてのアンケート調査2017』報告書
- 黄民基(2016)『完全版 猪飼野少年愚連隊 奴らが哭くまえに』講談社
- 小島一志(2012)『大山倍達の遺言』新潮社
- 小島一志・塚本佳子(2006)『大山倍達小伝』新潮社
- 後藤光男(2016)『永住市民の人権―地球市民としての責任』成文堂
- 埼玉県多文化共生推進プランHP
- さいたま市国際化推進基本計画HP
- 『埼玉新聞』(2020年3月14日付)
- 佐々木てる(2006)『日本の国籍制度とコリアン系日本人』明石書店
- 総務省『地域の国際化』HP
- 竹中明洋(2019)『殺しの柳川 日韓戦後秘史』(小学館、2019年)
- CHO, Kyongho(2013.11)「在日朝鮮人のエスニック・アイデンティティの多様性に関する調査研究―日本学生在学生と朝鮮学校在学生の比較を中心に―」東京外国語大学教育研究センター編『多言語多文化―実践と研究』vol.5
- 中村研一(2017)『ことばと暴力 政治的なものとは何か』北海道大学出版会
- ベンハビブ、セイラ『他者の権利 外国人・居留民・市民』(Seyla Benhabib, The Rights of Others: Aliens,Residents, and Citizens, Cambridge University Press 2004. 法政大学出版局、2006年、南山恭一訳)法務省民事局HP
- 牧野英二(2013)『「持続可能性の哲学」への道』法政大学出版局
- 牧野英二(2014.11)「異文化間哲学における他者理解の課題」多文化関係学会第13回大会・シンポジウム報告、福島大学
- 牧野英二(2014)『岩波人文書セレクション カントを読む』岩波書店

- 牧野英二(2020.12) 「言語と人間形成─哲学者の使命と「グローバル・シティズンシップ」の可能性─<シンポジウム 哲学と教育学の対話>」『ディルタイ研究』31号、日本ディルタイ協会編
- 牧野英二(2021)「危機管理の哲学─自由と安全のパラドクスの解消に向けて」『理想』705号、理想社
- 牧野英二(2021)「平和と世界市民の理念─情報化時代の<和>の実現可能性」比較文明学会編『比較文明』36号、行人社
- ユネスコ編(2020)『改訂版 国際セクシュアリティ教育ガイダンス』明石書店、浅井・艮・田代他訳

- 김경득(2005)「재일조선인이 본 '재외동포법'과 향후의 과제」『한일민족문제연구』제5호, 한일민족문제학회
- 김광열(2004)「전후 일본의 재일조선인 법적지위에 대한 정책」『한일민족문제연구』제6호, 한일민족문제학회
- 김병묵(1987)「재일교포의 법적지위에 관한 연구」『경희법학』제22집, 경희법학연구소
- 김부찬(2012)「재일교포 법적지위협정의 국제법적 의의와 문제점」『법과정책』제18집 제1호, 제주대학교 법과정책연구소
- 김웅기(2015)「일본 출입국정책의 역사적 변천을 통해 보는 재일코리안의 위상」『일본학보』제102집, 한국일본학회
- 도노무라 마사루(2005)「한일회담과 재일조선인─법적지위와 처우 문제를 중심으로─」『역사문제연구』제14호, 역사문제연구소
- 서경식(2012)『역사의 증인, 재일조선인』반비, 형진의 옮김
- 윤건차(2016)『자이니치의 정신사』한겨레출판사
- 장박진(2009)「한일회담에서의 재일한국인 법적지위 교섭의 문제점 검토」『민족학연구』제8호, 한국민족학회

- 정인섭(1990)「재일한국인 법적지위협정-그 운영 25년의 회고-」『재외한인연구』제1호, 재외한인학회
- 조경희(2014)「남북분단과 재일조선인의 국적-한일 정부의 '조선적'에 대한 해석을 중심으로-」『통일인문학』제58호, 건국대학교 통일인문학연구단
- _____(2015)「한일협정 이후 재일조선인의 국적과 분단정치」『역사문제연구』제34호, 역사문제연구소
- 한영혜(2017)「협정영주권과 재일한인 정체성의 재구성-'조선'과 '한국'; 경계짓기와 경계넘기」『재외한인연구』제1호, 재외한인학회
- _____·김인수·정호석(2020)『경계와 재현-재일한인의 국적, 사회 조사, 문화표상-』반비, 한울
- 中村広司(2014)「戦後の在日コリアン政策を通して見る日本の多文化共生イデオロギー」『日本言語文化』第27輯, 韓國日本言語文化學會
- 외교부(1966~67)『대한민국 외교사료해제집』
- 외교부(1968~69)『대한민국 외교사료해제집』
- 외교부(1971)『대한민국 외교사료해제집』

찾아보기

(ㄱ)

가미카제 25

강연회 108, 109, 391

강제노동 10, 55, 57, 83, 97, 98, 101, 104, 109, 112, 127, 128, 130, 131, 139, 140, 141, 142, 144, 145, 146, 147, 225, 296, 338

강제송환권 385

강제연행 18, 20, 22, 23, 24, 25, 26, 75, 95, 96, 102, 103, 105, 107, 109, 112, 117, 124, 127, 135, 140, 145, 146, 147, 156, 169, 178, 181, 190

강제퇴거 323, 377, 378, 379, 382, 383, 385, 393, 395, 397, 402

개발교육 254, 255, 345

개인지향 362, 364

개척사 44, 295

개척사업 56, 227, 294, 295, 296, 297, 302, 303, 304, 305, 306, 336, 344

거주권 305, 312, 315, 323, 377, 390, 392, 393, 394, 398

경성 47, 60, 198, 199, 203

고려인 257

고베 42, 358, 370

공동위원회 390

공생권 219, 310, 325, 328, 335, 342, 343, 346

공생지향 362, 363, 364

공양비 169

과거사 81, 95, 97, 182

과거사정리위원회 250

과거첩 86, 87, 88, 90, 143, 169

과학기술 191, 193

관동군 62, 63

구식민지 208, 376, 400, 401

구토인보호법 344

국가총동원 54, 65, 66, 118, 146

국민국가 34, 43, 221, 222, 224, 227, 233, 234, 235, 236, 237, 238, 240, 241, 245, 247, 248, 249, 269, 271, 272, 278, 293, 294, 296, 299, 301, 307, 310, 311, 324, 328, 336, 339, 342, 344, 402

국민징용령 54, 118, 124

국수주의 183, 195

국적 선택권 313

국적법 258, 366

국적이탈 80, 226, 313, 377

국적조항 325, 326, 328, 329, 335

국제결혼이민 258

국제사회 ……10, 13, 16, 41, 45, 62, 214, 241, 245, 247, 258, 268, 270, 308, 309

국제연맹 ……………………62, 241, 245

국제연합 …………………………241, 308

국제정세 ……………………………191, 217

국제협약 ……………………………246, 261

국체 ……………………162, 172, 196

군국주의 ……10, 12, 14, 15, 17, 18, 30, 35, 40, 46, 47, 62, 63, 64, 70, 93, 101, 133, 146, 171, 175, 179, 204

군함도 ………………………………26

귀국사업 …69, 93, 226, 314, 317, 341

귀국운동 ……………………………210, 212

귀화지향 ……………………………362, 365

귀환사업 …………………………………366

규슈 ……………………………190, 206

근대 열강 ……………………………14, 35

근대화 ……10, 15, 17, 34, 35, 39, 41, 42, 44, 45, 47, 48, 70, 82, 173, 181, 191, 193, 203, 276, 294, 304, 307, 317

기도 다카요시 ……………………42, 43

기록 ………9, 10, 12, 13, 14, 15, 18, 20, 21, 26, 28, 29, 33, 53, 68, 69, 73, 74, 82, 84, 86, 87, 88, 90, 105, 116, 117, 118, 126, 127, 129, 133, 145, 147, 148, 149, 158, 160, 164, 165, 166, 168, 170, 171, 181, 182, 199, 202, 203, 207, 211, 225, 279

기무라 레이코 ……104, 105, 106, 107, 108

기억 ………10, 12, 13, 14, 15, 17, 18, 29, 34, 35, 73, 82, 90, 91, 96, 98, 100, 104, 105, 106, 107, 109, 110, 125, 130, 142, 143, 164, 167, 170, 181, 182, 207, 236, 237, 245, 337, 339

김종필 ……………………………215

김천해 ……………………………61

(ㄴ)

나가사키 ……34, 35, 36, 38, 42, 67

나치독일 ……………………………348

난민법 …………………………………259

난민조약 ……………………………326

난학 ……………………34, 38, 39

남만주철도 ………………………47, 62, 63

남사할린 …66, 67, 71, 194, 294, 295, 338

남양군도 ……………………………66, 67

내선일체 ……………………………203

내셔널리즘 ……11, 12, 73, 236, 245, 257, 258

노동자 ……9, 10, 12, 14, 15, 17, 18, 20, 22, 23, 24, 25, 26, 27, 28, 29, 30, 31, 33, 47, 48, 50, 51, 52, 53, 54, 55, 56, 57, 58, 59, 60, 61, 65, 67, 70, 72, 73, 75, 76, 77, 81, 82, 85, 87, 88, 89, 90, 92, 93, 94, 96, 101, 102, 103, 105, 106, 107, 108,

111, 112, 113, 122, 124, 127, 130,
131, 132, 133, 134, 135, 138, 139,
142, 144, 145, 146, 149, 151, 152,
153, 154, 155, 157, 158, 162, 164,
165, 166, 167, 168, 169, 170, 171,
172, 175, 176, 177, 178, 179, 180,
181, 182, 183, 184, 201, 224, 225,
246, 250, 251, 252, 253, 255, 256,
257, 258, 259, 270, 287, 288, 289,
291, 292, 303, 304, 306, 328, 336,
337, 338, 339, 369

노동환경 ·····················28, 167, 369
노무자 ·········23, 63, 66, 67, 70, 101,
106, 107, 117, 118, 155, 157, 158
뉴 마이너리티 ····219, 223, 227, 310,
336
뉴커머 ·······························69, 120
니가타 ·················71, 176, 178, 288
니시혼간지 ·····················102, 107
니싱저택 ·····························289

(ㄷ)

다문화 공생사회 ·········248, 262, 265,
310, 329, 347, 348, 349, 350, 352,
353, 354, 356, 360, 363, 364, 369,
370, 371, 372, 373
다문화 공생시대 ···················220, 335
다문화가족 지원법 ·····················258
다문화공생 ·········219, 222, 223, 224,
226, 227, 240, 241, 248, 249, 250,
256, 259, 260, 261, 263, 265, 267,

268, 269, 270, 272, 310, 328, 334,
341, 342, 343, 373
다문화공생정책 ···240, 252, 253, 270,
328, 334, 342, 343
다문화교육 ·········224, 258, 259, 263,
264, 265, 331
다문화교육지원센터 ·····················258
다문화사회 ···················231, 248, 256
다문화정책 ·········222, 231, 247, 248,
250, 253, 254, 255, 256, 257, 258,
259, 265, 266, 267, 268, 269
다문화주의 ·········222, 223, 224, 240,
241, 247, 249, 250, 256, 260, 261,
263, 265, 267, 268, 269, 270, 324,
331, 341, 342, 343
다문화화 ·······88, 224, 227, 229, 230,
231, 238, 240, 249, 251, 252, 253,
254, 256, 258, 268, 270, 281, 329,
342
다케우치 야스토 ·················20, 21, 83
단일민족 ·············235, 277, 278, 299
대동아전쟁 ·····························103
대마도 ·····························190
대만인 ·····························376
대본영 ·······161, 162, 172, 174, 177,
179
대일본제국헌법 ·····························45
대일정책 ·····························208
대한민국 ····44, 76, 78, 80, 130, 205,
209, 212, 213, 321, 322, 379, 380,
381, 382, 383, 384, 385, 394, 395,

397, 403

대한제국 ········47, 194, 196, 197, 198

도요토미 히데요시 ·····················190

도쿄고등재판소 ·····················112

도쿄지방재판소 ·····················112

독일 ·······38, 45, 193, 196, 242, 244,
250, 251, 252, 253, 254, 255, 256,
257, 270, 313, 334, 339, 348

동아시아 ··14, 34, 81, 129, 192, 193,
249

동아시아 공동체 ···························14

동포지향 ···························362, 364

동화정책 ·····200, 203, 238, 297, 328,
339, 366

두뇌유출 ·····························257

(ㄹ)

러시아 ·····42, 47, 82, 192, 194, 196,
243, 302, 337

러일전쟁 ········47, 62, 194, 197, 294,
337

레이시즘 ·····························189

류큐왕국 ·····························194

(ㅁ)

마이너리티 ·········219, 221, 222, 223,
224, 225, 226, 227, 232, 233, 234,
235, 236, 237, 238, 240, 245, 246,
247, 248, 260, 263, 265, 267, 268,
271, 272, 278, 296, 310, 311, 312,

314, 322, 324, 327, 328, 329, 330,
332, 333, 335, 336, 337, 338, 339,
340, 341, 342, 343, 344

막번체제 ·····························41

막부군 ···························39, 40, 43

만세일계 ·····························195

만주 ··············47, 62, 65, 66, 192

만주국 ···························62, 63

만주철도 ·····························62

메이저리티 ·········198, 213, 214, 221,
233, 235, 236, 237, 238, 240, 248,
271, 277, 300, 311, 336, 361

메이지 천황 ···························40, 43

메이지유신 ·······38, 39, 40, 181, 193,
294

메이지정부 ·········288, 294, 296, 297,
302, 303, 305, 306

메이지헌법 ·····························45

무연고자 ·····························29

문명국가 ·····························221

미군정 ·········202, 315, 376, 377, 400

미나마타병 ·····························101

민단 ········69, 90, 91, 120, 121, 130,
131, 139, 143, 144, 174, 225, 311,
317, 318, 325, 326, 355, 363, 386,
387, 389, 390, 391, 393, 394, 397,
398, 402

민단신문 ·····························138, 386

민족공생 ···························309, 342, 346

민족교육 ···························315, 330

민족해방운동 ·····························195

(ㅂ)

박경식 ··············20, 24, 26, 54, 135
박열 ·······································60
박정희 ···········207, 208, 209, 401
발틱 함대 ······························47
방위성 ···································21
방탄소년단 ·····························188
배상청구권 ······························209
백호주의 ··························234, 344
법적지위 ·····226, 310, 312, 314, 315,
316, 317, 318, 319, 320, 321, 322,
324, 325, 327, 335, 343, 379, 384,
385, 386, 387, 389, 392, 394, 397,
401, 402, 403
법적지위협정 ······375, 377, 378, 379,
382, 383, 384, 385, 386, 387, 389,
390, 391, 392, 393, 394, 397, 401,
402, 403
베트남전쟁 ·······················243, 267
봉건체제 ······232, 233, 285, 293, 294
부국강병 ·····17, 34, 41, 75, 181, 294
부속협정 ·································379
북송사업 ······························69, 93
북조선 ······75, 78, 80, 134, 139, 140,
210, 212
북한 ·······69, 93, 129, 205, 210, 212,
216, 217, 226, 311, 315, 316, 317,
319, 322, 340, 341, 363, 367, 377
분리공존 ·························232, 237
비일본인 ·································312
비준서 ·······················379, 382, 403

(ㅅ)

사도광산 ···················22, 23, 71, 72
사이고 다카모리 ··············42, 43, 45
사쿠마 쇼잔 ·····················42, 173
사할린 ··47, 51, 62, 66, 73, 82, 135,
141, 179, 225, 280, 281, 337, 338
사회주의운동 ·····························195
상하이사변 ······························62
샌프란시스코 강화조약 ·······206, 212,
312, 345, 377, 388, 393, 400
생활권 ···························304, 312, 377
샤쿠베츠탄광 ·····················135, 142
샤쿠샤인 ··············279, 286, 290, 291
서구 문화 ···························17, 41
선언적 장치 ·······224, 240, 241, 245,
246, 247, 249, 260, 268, 269, 270,
311, 326, 342
선주민족 ·························308, 309
선택제한정황 ··············307, 310, 331
세계대전 ··47, 57, 85, 118, 121, 148,
172, 190, 195, 203, 212, 217, 224,
238, 240, 241, 245, 249, 250, 303,
311, 312, 344, 348
세계문화유산 ·····························22
세계인권선언 ······240, 245, 246, 260,
345
세계정세 ···························41, 191
소셜미디어 ·····························189
손정의 ···································367
수은광산 ········98, 99, 100, 104, 105,
106, 108, 109

수인노동 ·····················56, 57, 58, 59

순난자 위령비 ·····························85

스토리텔링 ······················349, 372

시모노세키 ·······37, 41, 46, 188, 190,
194, 200, 205, 210

시민교육 ·················239, 240, 263

시민권 ·······································236

시민권운동 ·········223, 224, 241, 260,
261, 263, 267, 269, 342

시민력 9, 12, 13, 14, 17, 22, 34, 91,
114, 181, 182

시민사회 ·····················11, 160, 241

시볼트 ·······························38, 39

시운다이 공동묘지 ···············136, 137

시혜적 승인 ·······························248

식민지 ····10, 12, 17, 24, 25, 26, 29,
30, 31, 45, 47, 48, 54, 55, 62, 64,
69, 70, 73, 75, 82, 92, 101, 119,
137, 149, 159, 166, 169, 181, 183,
193, 194, 195, 196, 197, 198, 203,
204, 205, 207, 209, 212, 214, 217,
221, 226, 234, 236, 238, 244, 256,
257, 294, 311, 313, 314, 320, 322,
328, 340

식민지 정책 ·················54, 181, 204

식민지 통치 ···10, 45, 195, 203, 204,
205, 207, 212, 256

신사참배 ·································237

신정부군 ·····································40

실무자회담 ·········393, 394, 395, 396,
397, 398, 406

실체적 장치 ·······················268, 269

(ㅇ)

아시아태평양전쟁 ·····················75, 77

아이누 ····44, 82, 84, 91, 92, 93, 99,
123, 126, 130, 131, 132, 137, 142,
144, 145, 219, 221, 223, 224, 225,
227, 272, 273, 274, 275, 276, 277,
278, 279, 280, 281, 282, 283, 284,
285, 286, 287, 288, 289, 290, 291,
292, 293, 294, 295, 296, 297, 298,
299, 300, 301, 302, 303, 304, 305,
306, 307, 308, 309, 310, 328, 336,
337, 338, 339, 340, 341, 342, 343

아이누 코탄 ·················92, 131, 144

아이누신법 ·························301, 308

아이누어 ·····279, 280, 299, 306, 308,
309, 310

알선업자 ·································25, 54

야나가와파 ·········356, 357, 358, 359

야마구치 ····27, 37, 39, 74, 133, 188,
189, 190, 191, 192, 194, 200, 203,
205, 206, 207, 209, 210, 284

야마구치파 ·················357, 358, 359

야마다 쇼지 ·····························20

야스쿠니신사 ·····························40

야와타제철 ·································27

야쿠자 ·················355, 356, 357, 359

약소국가 ·············222, 233, 234, 245

약소민족 ·························245, 247

언어폭력 ·································371

에스닉 아이덴티티 ……347, 348, 349, 352, 354, 355, 356, 357, 361, 362, 363, 364, 365, 368, 371, 372, 373

에조치 ……………44, 283, 285, 295

여자근로정신대 ……………………67

역사사회학 ……………………………33

역사수정주의 ……183, 195, 198, 214, 215

연구회 ………………109, 180, 369

연해주 ………………277, 278, 281

연행사 …………………………………191

영일동맹 ………………………………194

영주권 ………322, 323, 324, 327, 331, 334, 377, 378, 379, 382, 383, 384, 385, 386, 387, 391, 392, 397, 398, 399, 400, 402

영주허가 ……380, 381, 383, 384, 386, 387, 391, 395, 396

영주화 …………………………………366

영해선 ………………………206, 207

오사카 ……39, 40, 55, 136, 154, 288, 330, 357, 358, 359

오스트리아 ………………44, 196, 313

오쿠보 도시미치 ……………………42

오키나와 ……172, 174, 192, 287, 328, 332

올드마이너리티 …219, 223, 227, 238, 310, 336

올드커머 …………………………………69

왕공족 …………………………………194

왕정복고 …………………………………43

외교문서 ……375, 378, 386, 391, 392, 402, 403

외교사료해제집 ……………………394

외국인 노동자 ……48, 250, 251, 252, 253, 256, 257, 259

외국인등록령 ………345, 376, 377, 400

외국인등록법 ………319, 326, 400, 401

외래종교 ………………………………230

외무부 …………………………391, 392

요시다 쇼인 …………42, 173, 192, 193

요코하마 …………………………………42

우치다 마사토시 ………………23, 113

우토로 평화기념관 …………………183

원주민 ………220, 221, 222, 223, 233, 234, 238, 247, 261, 272, 273, 277, 307, 310, 324, 328, 339, 340, 342

원주민족 ……222, 272, 273, 308, 309, 310, 342, 346

위령제 ……14, 18, 76, 89, 90, 91, 97, 98, 113, 118, 119, 120, 121, 137, 143, 145, 147, 151, 156, 158, 160, 182

위령탑 ………………72, 123, 124, 126

위안소 …………………………………63

유골봉환 ………………………………95

유대인 …………………………………348

유베츠탄광 …………131, 134, 135, 142

유수록 …………………………………192

이승만 ………206, 207, 208, 316, 317, 389

이승만 라인 …………………………207

이와쿠라 도모미 ·················45

이토무카 ········98, 99, 100, 101, 102, 103, 104, 105, 106, 108, 109, 110

이희원 ·····················392, 439

인권교육 ·····················179

인권규약 ·····················326

인권문제 ······251, 253, 317, 318, 351

인권혁명 ·············247, 248, 268, 309

인도 병합 ·····················196

인류공생 ·····················256

인종차별 ·····246, 260, 261, 262, 266, 307, 345, 351

일반영주권 ··387, 392, 393, 394, 397

일본군 위안부 ·················63

일본문화 ·····················370

일본어교육 ·············329, 370

일본제국 ·····················194

일시동인 ·····················203

일장기 ·····················198, 199, 351

일제강점기 ·····················377

(ㅈ)

자문화 중심주의 ·············12, 373

자민족 우월주의 ·············12

자민족 중심주의 ·············13

자이니치특권 ·············213, 214

재일거류민단 ·················392

재일교포 ·····················392

재일동포 ········13, 92, 131, 139, 154, 160

재일본조선인총연합회 ·················211

재일외국인 ·········326, 342, 343, 357, 363, 373, 391

재일조선인 ····10, 13, 14, 20, 31, 33, 54, 60, 74, 100, 124, 130, 187, 188, 189, 190, 200, 201, 202, 205, 210, 211, 212, 213, 214, 216, 217, 352, 357, 366, 370, 378

재일코리안 ····14, 15, 16, 17, 18, 19, 69, 85, 88, 89, 100, 160, 226, 347, 348, 349, 350, 351, 352, 353, 354, 355, 356, 357, 358, 359, 360, 361, 362, 363, 364, 365, 366, 367, 368, 371, 372, 373

재일한국 ·····················330

재일한국거류민단 ·················212

재일한국인 ·····80, 92, 139, 145, 213, 214, 219, 221, 222, 223, 224, 225, 226, 227, 310, 311, 312, 313, 314, 315, 316, 317, 318, 319, 320, 321, 322, 323, 324, 325, 326, 327, 328, 329, 331, 332, 333, 334, 335, 340, 341, 342, 343, 365, 377, 379, 395, 396, 397

재일한인 ····375, 376, 377, 378, 379, 382, 383, 384, 385, 386, 387, 389, 390, 391, 392, 394, 397, 398, 399, 400, 401, 402, 403

재입국허가 ·····················387

전시노동자 ·················33, 65

전시체제 ·············25, 29, 65, 67, 71

전쟁 비즈니스 ·············46, 181

전쟁국가 ·18, 35, 38, 47, 64, 70, 75,
　　100
전체주의 ……………………13
절대왕권체제 …………………232
정주화 …………………366
정치외교사 …………………189
제국주의 …9, 10, 12, 14, 17, 18, 35,
　　46, 54, 55, 70, 93, 114, 181, 183,
　　192, 204, 221, 222, 227, 233, 234,
　　235, 236, 237, 238, 247, 248, 267,
　　271, 272, 278, 294, 296, 307, 320,
　　324, 327, 328, 339, 342, 357, 401
제주도 …………………106, 259
조국사고 ……………362, 363, 364
조련 ………………………69, 316
조선 병합 …………………196, 197
조선민주주의인민공화국 76, 210, 211
조선반도 …78, 79, 80, 89, 118, 148,
　　194, 197, 199, 200, 201, 202, 203,
　　205, 206, 209, 210, 212, 213, 214,
　　215, 216, 217
조선인 ……9, 10, 12, 14, 15, 17, 18,
　　20, 21, 22, 23, 24, 25, 26, 27, 28,
　　29, 30, 34, 48, 51, 53, 54, 55, 56,
　　57, 58, 60, 61, 62, 65, 66, 67, 70,
　　71, 72, 75, 76, 77, 78, 81, 82, 85,
　　87, 88, 89, 92, 94, 95, 96, 97, 98,
　　101, 102, 103, 104, 105, 106, 107,
　　108, 109, 111, 117, 118, 120, 122,
　　124, 125, 130, 132, 133, 134, 136,
　　138, 142, 145, 149, 151, 152, 155,

　　157, 158, 162, 164, 165, 167, 168,
　　169, 170, 171, 172, 174, 176, 177,
　　178, 179, 180, 181, 182, 183, 184,
　　190, 196, 198, 199, 200, 201, 202,
　　203, 204, 205, 207, 211, 212, 213,
　　214, 225, 303, 312, 313, 314, 316,
　　317, 319, 323, 336, 337, 338, 339,
　　340, 341, 355, 358, 359, 363, 365,
　　367, 376, 383
조선인연맹 …………………205
조선정체사관 …………………214
조선족 …………………257
조선총독부 ……66, 67, 117, 118, 133
조선통신사 …………………190
조선통치 …………………212
조총련 ………69, 85, 90, 91, 93, 120,
　　137, 138, 143, 144, 147, 148, 160,
　　212, 311, 314, 315, 316, 319, 320,
　　385, 386, 399, 400, 402
존엄성 ………12, 13, 17, 30, 91, 114,
　　158, 159, 180, 221, 223, 224, 232,
　　244, 245, 248, 264, 267, 289, 291,
　　292, 301, 306, 307, 308, 310, 319,
　　325, 339, 342, 343
존왕양이 …………………43, 191
죠카마치 …………176, 284, 290, 291
주일한국대사관 …391, 392, 393, 394
중앙위원회 …………………390
중일전쟁 ··10, 25, 64, 117, 132, 151,
　　158, 170, 181, 215
증언 ……20, 26, 27, 28, 29, 53, 64,

92, 95, 96, 108, 119, 122, 125, 126, 134, 141, 144, 169, 170, 171, 177, 178, 225, 226, 251, 298, 299, 318, 337, 338, 339

지문날인 ·····················213, 319, 334

지방참정권 ··········334, 335, 342, 372

지상낙원 ·······················212, 315

지역공관 ·····························394

직계비속 ······321, 323, 380, 383, 384

징병령 ·······························67

징용공 ·······23, 24, 33, 113, 318, 322

(ㅊ)

차별 ····13, 16, 17, 67, 69, 211, 213, 214, 217, 221, 224, 228, 232, 234, 235, 237, 247, 252, 254, 255, 258, 261, 262, 265, 297, 300, 301, 302, 307, 309, 315, 325, 326, 329, 330, 331, 340, 341, 347, 348, 349, 350, 351, 352, 353, 354, 356, 357, 359, 360, 361, 363, 365, 366, 367, 368, 370, 371, 372, 373, 399, 402

참정권 ········201, 212, 313, 314, 332, 333, 334, 335

천황제 ·····················43, 195, 196

청구권 협정 ·················78, 80, 209

청원서 ··············387, 389, 398, 399

청일강화조약 ······················46, 194

청일전쟁 ········46, 47, 181, 193, 194, 197, 294

체제유용성 ·········299, 319, 324, 330,

340, 341

총독부 ·····························65

추모 ···9, 10, 12, 13, 18, 29, 40, 53, 70, 73, 74, 82, 83, 87, 108, 109, 113, 127, 128, 130, 138, 139, 140, 141, 143, 144, 145, 146, 147, 148, 149, 151, 154, 155, 156, 158, 160, 171, 174

출입국관리령 ······326, 385, 387, 392, 394, 396

출입국관리법 ·················258, 397

출입국관리특별법 ··················386

취업차별 ·····························213

(ㅋ)

카무이 ··········99, 275, 276, 293, 305

코샤마인 분쟁 ················279, 282

쿠데타 ·················207, 208, 317, 401

쿠릴열도 ·························280, 281

(ㅌ)

타이완 ·····44, 47, 64, 192, 194, 294, 313, 314, 328, 332

타코베야 ········48, 50, 51, 52, 53, 54, 55, 56, 57, 58, 59, 70, 82, 94, 96, 125, 135

탄광도시 ·····························114

탈북자 ·····························258

태평양탄광 ·········116, 131, 132, 133, 134, 135, 136, 137, 138, 140, 144

토인보호법 ···················307, 340, 342

토착종교 ·······230
통신사 ·······190, 191
특별영주권 ·······322, 325, 327, 328, 331, 335, 342
특별영주자 ·······69, 327, 372

(ㅍ)
페리 ·······34, 234
편견 ·······13, 16, 189, 198, 228, 351, 353, 354, 359, 361, 363, 366, 367, 368, 370, 371, 372, 373
평화교육 ·······179
평화라인 ·······316
평화선 ·······206
포스트모더니즘 ·······268
피억압자 ·······349
피징병자 ·······21

(ㅎ)
하코다테 ·······42, 43, 74, 84, 85, 138, 295, 303
한국 문화 ·······188
한국음악 ·······188
한국전쟁 ·······101, 205, 206, 243, 316, 317, 355
한류 ·······188
한류열풍 ·······11, 188
한반도 ·······12, 17, 34, 45, 63, 67, 69, 70, 71, 87, 114, 121, 160, 189, 194, 196, 206, 221, 226, 273, 275, 294,

298, 310, 311, 312, 322, 336, 355, 362, 376
한일관계 ·······216, 318, 353
한일국교정상화 ·······21, 226, 316, 320
한일기본조약 ·······379, 384, 385, 401, 403
한일예비회담 ·······379, 384
한일합방조약 ·······209
한일협정 ·······208, 209, 316, 327
한일회담 ·······316, 317, 319, 320, 325, 330, 377, 378, 382, 383, 384, 385, 386, 401
한창우 ·······367
해군력 ·······46
해방민족 ·······341
해양주권선 ·······206
해외동포 ·······258
해외유출 ·······257
해저 탄광 ·······27
헤이트 스피치 ·······11, 12, 98, 120, 333, 352, 353, 354, 360, 361, 372
혐한 ·······11, 17, 183, 188, 214, 215, 216, 218, 354
혐한류 ·······214
협정영주권 ·······315, 322, 323, 324, 325, 384, 385, 387, 390, 391, 392, 393, 395, 396, 397, 399, 400
협화회 ·······201
호적법 ·······313, 366
혼슈 ·······176, 189, 190, 200, 283, 298, 306

홋카이도 ······15, 29, 32, 44, 51, 52,
53, 54, 56, 57, 66, 72, 74, 75, 82,
83, 84, 85, 89, 90, 91, 93, 98, 100,
101, 103, 105, 107, 108, 110, 114,
115, 119, 120, 122, 123, 128, 129,
130, 131, 132, 133, 135, 136, 138,
139, 140, 141, 145, 146, 149, 169,
192, 193, 225, 227, 273, 277, 278,
279, 280, 281, 283, 284, 285, 288,
290, 292, 293, 294, 295, 296, 297,
298, 299, 300, 302, 303, 304, 305,
306, 307, 308, 309, 336, 337, 338
홋카이도아이누협회 ············280, 301
홋카이도우타리협회 ············301, 307
황국신민 ·····························118
황민화 ·······························203
후생성 ·············21, 67, 76, 79, 155
흑백분리정책 ·························270

(K)

K-POP ·····························188, 216

〈동아시아연구총서 제8권〉

재일코리안 사회 형성과 시대적 표상

초판인쇄 2022년 06월 15일
초판발행 2022년 06월 20일

편　　자 동의대학교 동아시아연구소
저　　자 이수경·이자오 도미오·권오정·마키노 에이지·이경규·이행화
발 행 인 윤석현
발 행 처 박문사
등록번호 제2009－11호
책임편집 최인노

우편주소 서울시 도봉구 우이천로 353 성주빌딩
대표전화 (02) 992－3253(대)
전　　송 (02) 991－1285
전자우편 bakmunsa@hanmail.net
홈페이지 www.jncbms.co.kr

ⓒ 동의대학교 동아시아연구소 2022 Printed in KOREA

ISBN 979-11-92365-13-8　　93300　　　　　　　　　　**정가** 39,000**원**

이 저서는 2020년도 정부(교육부)의 재원으로 한국연구재단의 지원을 받아 수행된 연구임. (NRF-2020S1A5C2A02093140)